JN458148

이야기 마가복음

이야기 마가복음

마가복음 서사 비평 입문, 개정3판

데이비드 로즈·조안나 듀이·도널드 미키 지음
양재훈 옮김

편집 오수현, 송혜숙, 맹호성
2022년 10월 12일 초판 발행

종이책
기획·마케팅 김정태
총무 곽현자
발행처 도서출판 이레서원
발행인 문영이
출판신고 2005년 9월 13일 제2015-000099호
경기도 고양시 일산동구 백석로71번길 46, 1층 1호
Tel. 02)402-3238, 406-3273 / Fax. 02)401-3387
E-mail: Jireh@changjisa.com
Facebook: facebook.com/jirehpub
ISBN 978-89-7435-604-0 (03230)
정가: 22,000원

전자책
펴낸이 김진실, 맹호성
펴낸곳 알맹e
등록 제25100-2014-000047호(2014년 7월 25일)
주소 서울특별시 노원구 동일로 1700, 1031호 (파르코오피스텔) 01624
e-우편 rmaenge@rmaeng2.com
웹집 www.rmaenge.com
얼굴책 www.facebook.com/rmaenge
eISBN 9791191822267
정가 13,300원

이야기 마가복음

마가복음 서사 비평 입문, 개정3판

데이비드 로즈·조안나 듀이·도널드 미키 지음
양재훈 옮김

이레서원 & 알맹e

© 2012 Fortress Press
Originally published in English as
Mark As Story: An Introduction to the Narrative of a Gospel, Third Edition
by Fortress Press, Minneapolis, MN, USA.

Korean translation © 2003, 2022 by Jireh Publishing Company, Goyang-si, Gyeonggi-do, Republic of Korea
This Korean translation edition © 2022 by rMAENGe, Seoul, Republic of Korea
The Korean text used in this edition is translated by Jayhoon Yang.
This Korean edition is published by arrangement of 1517 Media through rMaeng2, Seoul, Republic of Korea.
This paperback edition is published by Jireh Publishing Company with the arrangement of rMAENGe.
All rights reserved.

한국어 번역 © 이레서원 2003, 2022
이 한국어판의 저작권 © 알맹e 2022

이 한국어판의 저작권은 알맹2를 통하여 1517 Media와 독점 계약한 알맹e에 있습니다. 저작권법에 의하여 한국 내에서 보호받는 저작물이므로 무단 전재와 무단 복제를 금합니다.

이 한국어판의 저작권은 알맹2를 통하여 저작권자와 독점 계약한 알맹e에 있습니다. 종이책은 이레서원이 알맹e의 허락을 받아 이레서원에서 출간합니다. 저작권법에 의하여 한국 내에서 보호받는 저작물이므로 무단 전재와 무단 복제를 금합니다.

이 책의 2판은 2003년 이레서원에서 출간된 적이 있습니다. 이 새 한국어판은 원서 개정3판의 바뀐 부분을 모두 추가 번역하고(12% 정도 분량이 늘어남) 서사 비평 용어들을 새로이 반영하고, 미주는 각주로 변경했고, 이전에 없던 3판 참고문헌을 추가하는 등 새로이 편집한 것으로, 종이책은 이레서원에서, 전자책은 알맹e에서 협력하여 출간합니다.

* 오탈자나 내용상 오류를 알맹e 이메일(rmaenge@rmaeng2.com)로 전해 주시면 더 좋은 책을 만드는 데 큰 도움이 될 것입니다.

우리의 삶과 우리의 사역을 참으로 풍요롭게 해 준,

성경 학자들께 이 책을 드립니다.

목차

일러두기

1. 저자가 강조하기 위하여 원서에 이탤릭으로 구분한 것은 한국어판에서 **볼드**로 처리했습니다.
2. 이해를 돕기 위해 한자, 외국어, 첨언, 역자 주, 편집자 주는 첨자로 넣었고, 역자 주와 편집자 주는 구분하기 위해서 역자 주는 ⓣ로, 편집자 주는 ⓔ로 표시했습니다.

제3판 서문

이 책은 이제 제3판이 나왔고, 이 책의 주된 목적은 세 판 모두 같다. 그 목적은 마가복음을 **이야기로서** 읽도록 소개하는 것이다. 우리는 마가복음을 예로 삼아서 서사 분석이 텍스트의 의미를 어떻게 밝히는지 보여 주려고 할 것이기 때문에, 마가복음을 해석하는 일을 완전히 피할 수는 없겠지만 우선순위를 두지는 않으려고 한다. 초판에서 제3판에 이르기까지 이 책에서 사용한 방법론은 소위 서사 비평이라고 알려진 것이다. 이 비평 방법은 어조tone, 스타일, 화자narrator; 서술자로 번역하기도 하지만, 이 책에서는 구술 실연의 상황을 전제로 하기 때문에 화자라는 용어를 사용하기로 한다.ⓔ, 배경, 플롯, 등장인물, 수사법 등과 같은 서사의 형식적 요소들을 분석한다. 지난 삼십 년 동안 새로운 문학 비평 방법들이 폭발적으로 나왔고 다른 면에서도 많은 발전이 있었다. 그렇지만 성서 서사에 대한 기초적인 소개, 특히 새로운 발전에서 얻은 착안점들과 연결될 수 있는 내용에 대한 소개가 여전히 필요하다. 따라서 이번 판에서 추구하는 목적과 접근 방법론, 그리고 이 책이 대상으로 삼는 독자층도 지난번과 같다.

두 번째 판에서는 안 바뀐 페이지가 없을 정도로 전반적으로 책을 거의 새로 썼다. 하지만 이 세 번째 판에서는 전체적으로 새로

손볼 정도의 필요는 느끼지 못했다. 우리는 두 번째 판에서 분석한 마가의 이야기가 제대로 된 것이라고 확신한다. 그렇지만 우리 생각에 눈에 띌 만한 진보가 세 부분에서 있었고, 그래서 이 새로운 판을 적절한 시기에 내놓게 된 것이다. 이 세 가지는 마가복음이 구술/청취 저작물oral/aural composition이라는 점, 마가의 이야기를 우주적 차원에서 보는 것의 중요성, 그리고 마가의 서사가 처했던 세계를 이해하는 데 로마 제국이라는 배경이 중요한 열쇠가 된다는 점이다. 이제 이 세 가지 진전된 점들을 하나씩 말해 보려고 한다.

구술/청취 저작물oral/aural composition로서의 마가복음

마가의 이야기를 하는 사람은 그 이야기를 외워서 하고, 한 번 할 때 이야기를 처음부터 끝까지 다 했을 것이며, 집이나 시장 거리에서 했을 것이고, 식사 시간이나 저녁 모임 시간에, 그리고 회당 집회 같은 모임에서 했을 것이다. 현대 영어로 마가복음을 재연하려면 두 시간 정도 소요된다. 이 분량은 그 옛날 이야기꾼이 보통 암기하던 길이였고 당시 청중도 충분히 수용할 수 있을 정도였다.

최근 신약학계의 연구에 따르면 1세기 지중해 지역 사회에서는 주로 구술/청취 문화가 주류를 이루었고, 기껏해야 인구의 3-5%에 해당하는 사람들만이 읽거나 쓸 줄 알았다. 따라서 그 당시 사람들이 마가복음을 경험했다면 그것은 구술 실연oral performance**이었다.** 여기에서 우리가 말하는 **실연**은 배우들이 그저 배역을 맡아 연기를 하거나 사람들이 공연이나 쇼를 하는 것을 일컫는 그런 단어를 의미하지 않는다. 우리는 이야기가 생생하고 의미 있는 방식들로 이야기되었다는 점을 강조하기 위해 이 용어를 쓴다. 우리가 추측하건대, 예수를 신실하게 추종하던 사람들은 자기들이 지닌 최선의 이야기 기술을 사용해서 사람들이 예수에 관해 듣게 하고, 하나님의 통치가 임했다는 것을 이해하게 하며, 그래서 모든 반대와 위험 요소에도 불구하고 예수를 따르는 사람이 되게 하려고 마가복음을 그런 식으로 실연했을 것이다.

이런 식으로 마치 연극에서 대본이 하는 역할이나 음악 연주회에서 악보가 하는 역할처럼 마가복음 텍스트 역시 이야기를 위한 대본 역할을 했을 것이다. 음악학자가 연주를 들어 보지도 않고 교향곡 악보를 연구한다는 것은 상상도 못할 일이다. 그리고 연극을 연구하는 사람이 연극 공연을 보지도 않고 대본을 연구한다는 것도 말이 안 된다. 우리도 마찬가지로 마가복음과 같은 성서 텍스트의 실연적 성격을 진지하게 고려할 필요가 있다.

고대 이야기꾼은 이야기할 때 그 이야기의 활력을 살려내고 그 이야기에 자신만의 인장을 찍어 각각 특정한 청중에 맞게 이야기를 전했다. 이야기꾼은 자기 나름대로 해석한 것을 표현하기 위해, 그리고 각각 다른 청중에게 강한 인상을 주기 위해서 목소리 색깔, 목소리 크기와 속도, 몸짓, 표정, 몸동작을 활용했다. 그들의 실연은 청중의 상상력을 자극하고 이야기의 감정이나 유머, 아이러니를 끄집어낸다. 한마디로 말하자면, 고대 청중은 실연자 안에 체화된 복음을 경험한 것이다. 바로 이런 점이 우리가 이야기로서의 마가복음을 어떻게 생각해야 하는지 새롭게 인식하게 해 준다. 화자는 지금 살아 숨 쉬는 사람이다. 배경은 지금 이야기가 펼쳐지는 공간 안에 있는 장소이다. 등장인물들은 극적인 생동감을 가진 존재가 된다. 이야기꾼은 극적 긴장감과 드라마 플롯을 전달하고, 둘러앉은 청중은 이야기 속에 푹 빠져들어 이야기와 서로 소통한다. 청중이 이야기하는 사람과 맺는 관계 때문에, 이야기 세계와 실제 세계 사이의 연결 역시 더욱더 직접적이다.

이 책에서 우리가 초점을 맞추는 것은 이야기의 실연보다는 이야기 그 자체이다. 결국, 고대 이야기꾼이 실연하든 혹은 현대 독자가 혼자서 조용히 읽든, 어쨌거나 마가복음은 **이야기**이고 그 자체로 강력한 힘을 가진다. 그렇지만 우리가 하는 해석은 고대 세계에서 입으로 전해진 서사에 관해 우리가 해 온 작업의 영향을 받았다. 그래서 우리는 이제 마가복음을 가리켜서 구술/청취 "저작물"composition이라고, 저자author는 "저작자"composer라고 부른다. 또한 우리는 그 이야기를 경험한 사람들을 가리켜서 독자라는 말 대신에 공동체 "청중"audience 혹은 "청자"hearers라고 부른다.

마가 이야기를 연구하는 사람들이 마가 이야기의 구술적인 성격oral nature을 더욱더 실제적인 것으로 느낄 수 있도록 돕기 위해 우리는 〈부록 3〉을 첨가했다. 〈부록 3〉에는 독자들이 마가복음에서 뽑아낸 이야기를 학습하고 실연해 보도록 돕기 위해 고안한 몇 개의 연습 교안을 담았다. 성서 저작물들의 구술적 성격에 관한 자료를 보려면 www.biblicalperformancecriticism.org를 보라. 이야기하기에 관한 자료를 보려면 성서 이야기꾼 네트워크the Network of Biblical Storytellers 홈페이지www.nbsint.org를 방문해 보라.

마가 이야기의 우주적 차원의 중요성

이번 제3판에서 우리는 마가가 하나님의 통치를 모든 창조물을 아우르는 우주적 영역을 향해 나아가는 것으로 묘사하는 방식에 더욱 큰 강조점을 두었다. 하나님과 사탄 사이에 벌어지는 우주적인 갈등은 이야기에 나오는 모든 갈등의 기초가 된다. 예수를 통해서 이 우주적 갈등들은 자연의 세력들, 유대Judean[1]와 로마의 권력자들, 제자들, 그리고 치유받고자 예수께 나아오는 모든 사람 사이에서 펼쳐진다. 머지않아 하나님의 확실한 승리로 끝나는 이 우주적 갈등은 결코 "배경"이 아니다. 오히려 이 갈등은 이야기를 만들어 가는 중요한 요소이고, 이야기 안에 나오는 등장인물들과 그 이야기를 듣는 청중 모두에게 중요한 요소이다.

이 우주적인 갈등에 강조점을 두다 보니 우리는 해석적 구심점을 이야기의 끝부분에서 이야기의 시작 부분으로 옮기게 되었다. 학자들은 흔히 마가복음을 "확장된 서론이 있는 수난 이야기"라고 생각하는 경향이 있다. 이렇게 보는 관점은 예수의 죽음을 분수령이 되는 핵심 사건으로 본다. 이와는 대조적으로 우리는 하나님의 통치가 도래했다는 것으로 시작하는 이야기의 첫 부분에서 일어나는 우주적 방향 전환cosmic shift에 초점을 맞춘다. 하나님의 통치가 도래했다는 것(하늘이 열리고, 광야에서 사탄이 패망하고, 예수께서 선포하심)은 이야기 세계에서 분수령이 되는 핵심 사건이다. 이렇게 볼 때 마가복음은 "확장된 대단원의 막이 있는 하나님 통치의 도래"라고 말할 수 있을 것이다. 즉, 이야기 안에 나오는 모든 사건은 하나님의 통치를 세워 가는 중에 하나님께서 행하시는 모든 일이 드러난 것이자 그 결과이다.

1 역사적으로 더욱 정확하게 하려고, 그리고 현대인들이 생각하는 반유대주의anti-Semitism에 힘을 실어 주지 않으려고, 우리는 시대를 초월해서 모든 유대인을 가리키는 용어일 수 있는 **Jews**유대인이나 **Jewish**유대적 대신에, 이스라엘 땅 안팎에 살던, 민족적으로나 종교적으로 이스라엘 백성에 속했던 고대 지중해 지역 사람들을 의미하기 위해, 1세기 당시 그 사람들을 적절하게 지칭하는 용어인 **Judeans**유대인를 사용하겠다. 한국어판에서는 Jews나 Judeans 구분 없이 모두 유대인으로 번역한다.ⓔ

이야기의 초점을 이야기의 시작 부분으로 옮겨서 본다고 해도 예수의 처형이라는 사건이 갖는 극적인 힘과 능력이 절대로 줄어들지는 않는다. 도리어 예수의 처형이라는 이 사건은 하나님의 통치가 어떤 성격을 갖는지를 더 풍성하게 보여 주며, 그 하나님의 통치를 받아들이고자 하는 모든 사람과의 언약을 확증해 준다. 그렇다고 해도 이 초점의 이동은 모든 생명에 대한 하나님의 통치를 세워 가는 하나님 사역의 더욱 넓은 틀 안으로 서사 전체를 확실하게 가져다 놓는다.

로마 제국이라는 배경

마가의 초기 청중에게, 로마 제국의 권력과 파괴적인 힘은 그들의 기억에 깊이 새겨져 있었을 것이다. 왜냐하면, 마가의 이야기는 서기 66-70년에 벌어졌던 로마-유대 전쟁의 상흔이 채 아물기 전에 만들어졌기 때문이다. 이 전쟁은 이스라엘의 반란 세력에 대응해서 로마 군단이 이스라엘을 침략하여 갈릴리 마을에서 유대에 이르기까지 철저하게 파괴하고, 예루살렘을 포위하여 그 도성과 성전을 완전히 폐허로 만들고, 그 도성의 백성을 십자가에 못 박아 죽이고 노예로 끌고 갔던 전쟁이다. 마가의 청중에게 로마 제국은 지배와 파괴라는 단어로 요약되었다.

우리가 보기에, 하나님의 아들로서 유대인 예수가 확실히 이스라엘과 유대인들의 하나님 전통에 뿌리를 두고 있는 것처럼, 마가복음에서는 예수와 하나님의 통치가 로마 황제와 로마 제국에 대한 대안으로 그려지고 있는 것이 분명하다. 하나님의 통치는 로마의 통치와 다르다. 마가에게 있어서 하나님의 통치는 새로운 사회 질서, 즉 연약한 사람들을 돌보고, 다른 사람들을 지배하는 대신에 서로 섬기고, 폭력에 의존하는 대신에 도리어 박해를 견디고; 처형을 당하더라도 다른 이들을 위해 자신을 내주는 사회 질서를 의미한다. 마가의 비전은 예수와 그의 추종자들을 통해 적극적으로 이 세상에 개입하시는 하나님의 임하심이다. 그분의 임하심은 결국 모든 백성과 모든 나라와 모든 피조물이 완성되게 한다.

마가의 실제 세계 안에서 이 이야기의 힘을 제대로 느껴 보도록 돕기 위해 우리는 이 책의 결론부에 이 복음서가 로마-유대 전쟁 직후 팔레스타인에 거주하던 청중의 모임에서 선포되는 구체적인 시나리오를 상상한 사례 연구를 추가했다. 이 사례 연구에서는 이런 현실을 경험했던 사람들에게 이 복음서가 과연 어떻게 들렸을지 제안해 보았다.

지금까지 언급한 이 세 가지 큰 주제들이 우리가 진행하는 마가복음 연구를 잘 드러내 보여 준다. 이런 점들은 이 책의 두 번째 판이 나온 이후에 구해 볼 수 있게 된, 이 책 끝에 있는 참고 도서 목록에 잘 반영되어 있다. 우리는 미주endnotes; 본 한국어판은 각주ⓔ를 두 번째 판 그대로 유지하기로 했다.

이 세 번째 판을 작업하면서 우리는 각자의 삶에서, 그리고 함께 나누는 우리의 삶에서 이 이야기가 중요함을 더욱 민감하게 인지하게 되었다. 생존을 위한 기본적인 욕구 다음으로, 이야기는 우리의 삶에서 중요하다. 이야기를 통해서 우리는 삶의 의미를 이해하게 된다. 이야기를 함께 나눔으로써 공동체는 하나가 된다. 우리는 모두 이러한 문화적, 국가적, 세계적인 이야기 안에 빠져들게 된다. 우리는 시작이 있고 결론을 향해 나아가는 이야기의 한가운데 있는 것으로서 우리 각자의 삶을 해석한다. 다른 사람의 이야기를 읽을 때 우리는 자신의 이야기를 깨닫게 된다. 그리고 이를 통해 자신의 이야기에 질문을 던지고, 새로운 이야기를 품어 안을 기회를 얻게 되며, 심지어 변화와 갱신을 경험하기도 한다. 그러하기에 우리는 여러분이 마가복음을 깊이 생각해 보시기를 권한다.

우리는 이 책 출판 30주년을 기념하여 세 번째 판에 후기를 써 준 우리의 동료 마크 앨런 파월Mark Allen Powell에게 감사드린다. 그는 이 책이 복음서 연구에 공헌한 것을 기리고, 오늘날에 이르기까지 있었던 서사 비평의 다양한 흐름을 추적하여 설명해 준다. 우리는 이 프로젝트를 지원하고 우리를 격려해 준 포트리스 출판사의 편집기획자 닐 엘리엇Neil Elliott에게 감사드린다. 우리는 성서 문학과 초기 기독교 연구에 흥미롭고 생산적인 방식으로 이바지하는 학자들 안에 속해 있다는 것이 참으로 기쁘다.

서론

이야기로서의 마가복음

우리가 마가복음의 이야기 안에 들어갈 때, 우리가 마주치는 세계는 갈등과 긴장감으로 가득한 세계, 기대하지 못했던 대역전극과 낯선 아이러니의 세계, 수수께끼와 감춰진 의미의 세계, 혁명적인 행동들과 정치적인 음모로 가득한 세계이다. 그리고 주인공 예수는 모든 등장인물 중에서 가장 놀라운 인물이다.

마가복음은 삶과 죽음, 선과 악, 하나님과 사탄, 승리와 패배, 인간의 도덕성과 운명 같은 중요한 문제를 다루고 있다. 이 이야기는 단지 선이 악을 이긴다는 간단한 이야기도 아니고, 인생의 지침이 되는 도덕을 가르치는 교훈집도 아니다. 이 서사는 단순한 답을 주지 않는다. 이 서사는 가장 중요한 사람이 되려면 가장 작은 자가 되어야 하며, 감추어진 것들은 모두 알려지게 될 것이고, 자신의 목숨을 구하고자 하는 사람은 잃게 될 것이라는 등, 수많은 아이러니와 역설로 가득한 아주 난처한 도전을 던져 준다.

이야기에 나오는 수많은 등장인물은 지금 일어나는 상황을 잘 이해하고 있다고 생각하지만, 정작 그들이 기대하던 것들은 갑자기 엉뚱한 방향으로 역전된다. 예를 들면, 제자들은 뭇사람들에게 영광을 얻고 화려하게 주목받을 것을 기대하고 예수를 따라다닌다. 그러나 정작 그들이 맞이하게 되는 것은 종이 되라는 부르심이고 박해를 받게 되리라는 것이다. 권력자들은 자기들의 전통과 권위를 지키기 위해서 예수를 심판한다. 그러나 정작 그들은 자신들이 저지른 행동으로 인해 심판받는다. 이야기 끝부분에 나오는 여인들은 죽은 예수께 바를 향료를 들고 무덤을 찾아가지만, 그들은 예수가 살아나셨음을 알게 될 뿐이다.

이 이야기는 그 자체로도 온갖 미스터리와 아이러니로 가득하다. 저자가 이 이야기를 하는 이유는 청중이 이야기를 통해 변화를 받아 하나님의 다스리심이 임하게 하는 일에 한몫을 감당하게 하려는 것이다. 저자는 정교한 이야기하기storytelling 기법을 사용하는데, 등장인물들과 갈등을 전개시키며, 일부러 긴장감을 고조시키기도 하고, 청중이 어떤 깨달음을 얻거나 어떤 반응을 보이도록 이야기하기도 한다. 이 이야기의 끝은 놀라운 반전으로서, 청중은 이 드라마와 자신만의 관계를 숙고하게 된다. 전체적으로, 이 이야기의 목적은 청중이 세상에 대한 관습적인 시각을 버리고 새로운 시각을 수용하게 해서, 그들이 행동하도록 압박하는 데 있다.

마가복음의 역사적 상황

우리는 마가복음의 원저자가 어떤 사람인지, 처음으로 그 이야기를 들은 사람들이 어떤 사람들인지 거의 알지 못한다. 마가복음에는 이 글을 언제 누가 썼는지 알 수 있는 서명이나 정보가 없다. 그뿐만 아니라 이 이야기가 어디에서 어떤 상황을 배경으로 나왔는지 확실하게 말해 주는 정보도 없다. 심지어 이 글을 쓴 사람이 남자인지 여자인지도 모른다.[1] 그렇지만 우리는 편의상 이 글을 쓴 사람을 "마가"라고 부를 것이다.[2]

마가복음의 기원에 대해서는 크게 두 가지 제안이 있다. 어떤 학자들은 2세기 교회의 지도자 파피아스Papias의 전통을 받아들여서, 그의 주장대로 "사도 베드로의 서기관" 요한 마가라는 사람이 이 이야기를 썼고,[3] 예수에 대해 전래된 이야기를 기록했지만 "사건 순서대로 기록하지는 않았다"라고 생각한다. 이런 주장을 하는 학자들은 마가복음이 서기 60년경, 즉 예수가 죽은 지 30년 뒤, 그리고 베드로가 처형당하고 네로 황제가 그리스도인들을 혹독하게 박해한 지 얼마 되지 않아 로마에서 기록되었다고 생각한다.[4]

다른 학자들은 과연 파피아스의 전통이 정확한지 의심한다. 그들은 마가복음을 이런 전통과는 별개로 연구해야 한다면서, 누군지도 모르는 그 저자를 사도 베드로와 연결 짓지 말라고 주장한다. 이런 주장을 하는 학자들은 이 복음서를 팔레스타인이나 그 근방에서 기록했다고 보며, 아마도 갈릴리나 시리아 같은 시골에서 기록했을 것이라고 추측한다. 그들은 마가복음을 서기 66-70년에 일어났던 로마-유대 전쟁(이 전쟁은 이스라엘이 로마인들의

1 서사가 끝날 때에야 비로소 여자 제자들을 언급한 것은 저자가 남성이라는 것을 암시한다. 우리는 이 저자를 남성으로 전제하고 말할 것이다.

2 마가복음의 전승에 대해서는 C. Clifton Black, *Mark: Images of an Apostolic Interpreter* (Columbia: University of South Carolina Press, 1994)를 보라.

3 베드로전서 3:19와 사도행전 12:12를 보라.

4 로마의 지리적인 문제와 관련해서는 예를 들어, Martin Hengel, *Studies in the Gospel of Mark*, trans. John Bowden (Philadelphia: Fortress Press, 1985); Donald Senior, "'With Swords and Clubs…' - The Setting of Mark's Gospel and His Critique of Abusive Power," *Biblical Theology Bulletin* 17 (1987): 10-20; John. R. Donahue, "Windows and Mirrors: The Setting of Mark's Gospel," *Catholic Biblical Quarterly* 57 (1995): 1-26을 보라.

통치에 저항해서 반란을 일으킨 것인데, 그 결과 이스라엘은 완전히 멸망하고 예루살렘과 예루살렘 성전까지 모두 파괴된다)[5] 동안이나 그 이후에 기록했을 것이라고 본다. 우리는 이 두 번째 의견에 동의한다.

학자들에 따라 저자가 유대인인지 이방인인지, 농민인지, 어느 정도 교육을 받은 사람인지, 의견이 분분하다. 대부분의 학자는 마가가 유대인과 이방인이 함께 있는 공동체(들)에게 이 글을 썼다고 생각한다. 어떤 학자들은 마가가 여러 지역에 널리 퍼져 있는 여러 부류의 사람들을 위해 이 이야기를 썼다고 주장한다.[6]

그렇지만 일반적으로 저자가 이 글을 쓴 이유는 예수와 하나님의 다스리심에 대한 말씀을 전파하다가 배척과 핍박을 당하는 사람들을 위해서라는 데 의견이 일치한다. 이 서사는, 유대와 로마의 권력자들이 그들을 박해했다는 것을 암시한다. 마가는 이런 반대와 위협에도 불구하고 사람들이 하나님의 다스리심을 위해 용감하게 살아갈 수 있도록 격려하려고 이 글을 썼을 것이다.

5 팔레스타인의 지리적인 문제와 관련해서는 예를 들어, Howard C. Kee, *Community of the New Age: Studies in Mark's Gospel* (Philadelphia: Westminster Press, 1977) 『새 시대의 공동체』(대한기독교출판사, 1983); Gerd Theissen, *The Gospels in Context: Social and Political History of the Synoptic Tradition*, trans. Linda Maloney (Minneapolis: Fortress Press, 1991); Joel Marcus, "The Jewish War and the Sitz im Leben of Mark," *Journal of Biblical Literature* 111 (1992): 441-62를 보라. 또한 P. J. J. Botha, "The Historical Setting of Mark's Gospel: Problems and Possibilities," *Journal for the Study of the New Testament* 51 (1993): 27-55를 보라. 그는 확실성을 주장하는 일에 대해 지혜롭게 주의를 주고 있다.

6 마가복음의 사회적인 위치에 대한 분석으로는 Richard L. Rohrbaugh, "The Social Location of the Marcan Audience," *Interpretation* 47 (1993): 380-95를 보라.

마가가 쓴 이 글은 어떤 종류인가?

이 복음서에서 마가가 의도한 목적은 무엇이었을까? 마가는 분명 사람들이 하나님의 다스리심이 도래한다는 것에 대한 복음을 믿고, 그 하나님의 다스리심에 걸맞은 삶의 방식대로 살아가도록 이 글을 썼다. 그렇게 함으로써 마가는 그들이 예수를 따르는 자들이 되도록 인도하고 있으며, 또 하나님의 다스리심이 머지않아 완성될 것이라고 경고하고 있다. 그리고 앞에서 우리가 제안했듯이, 지금 마가는 갈등과 핍박으로 고통당하며 예수의 뒤를 따르는 수많은 자에게 힘을 주려고 하고 있다.

이런 중요한 메시지를 청중에게 심어 주기 위해서, 저자는 어떤 장르나 어떤 유형의 이야기를 지금 하고 있는 것일까? 다시 학자들에게로 돌아가서 그들의 의견을 들어보면, 그들 역시 이 점에 대해 의견이 분분하다. 어떤 학자는 고대 전기문, 희랍 비극, 대중 소설, 혹은 고대 수사법의 일종인 이야기하기 등과 같은 그리스-로마 문학 양식과 마가복음이 비슷하다고 한다. 또 어떤 사람은 이 복음서를 유대 문학과 비교해서 '묵시'(종말의 비밀을 드러내 보여 주는 것)나, 수수께끼 같은 비유, 히브리 성경에 대한 미드라쉬 같은 주석, 혹은 히브리 성경 서사와 같은 양식으로 된 글이라고 한다. 마가복음은 여러 문학 양식을 골고루 반영하는 복합된 장르일지도 모른다. 많은 사람은 마가가 새로운 문학 양식을 만들었다고 생각한다. 이 새로운 문학 양식은 다름 아니라 하나님이 나사렛 예수를 통해 행하셨고, 앞으로도 행하실 것에 대한 "기

뿐 소식"을 선포하는 양식인 "복음서" 장르이다.[7]

마가가 의도한 것이 무엇이었든지 간에, 마가는 분명히 청중에게 무엇인가 메시지를 주는 서사를 만들었다. 이것은 실제 있었던 사건들에 근거해서, 실제 있었던 사람들에 대해 기록한 이 이야기가, 앞으로 일어날 사건을 예언하고 있다는 사실을 보면 쉽게 이해가 된다. 마가는 분명히 이 목적을 위해서 자신의 '이야기하기' 기법을 총동원했다.

마가 서사의 일관성

기존에 있던 다양한 구전 자료와 아마도 당시에 더 늘어났을 구전 이야기를 참고해서 마가는 배경과 사건과 등장인물이 있는 하나의 이야기를 만들었다. 그렇다면 우리는 이런 질문을 할 수 있다. 어떻게 마가복음이 서사라고 할 수 있는가? 그 서사는 어떻게 통합되고 일관성을 갖는가?

언뜻 보기에는, 마가 서사는 틈이 많고 끊어진 부분도 많아서 매우 빈약해 보인다. 그렇지만 일반적으로 서사라는 장르가 원래 그렇다는 사실을 기억해 두자. 서사는 손을 대 보면 겉은 딱딱하게 느껴지지만 그 안에는 빈 공간이 아주 많다.[8] 그러므로 모든 서

7 마가복음의 여러 가지 문학적으로 유사한 것들을 개괄한 것을 보려면 Kee, *Community*, 14-30과 거기에 인용된 책을 보라. 분석할 때 장르가 얼마나 중요한지 보려면 Mary Ann Tolbert, *Sowing the Gospel: Mark's World in Literary-Historical Perspective* (Minneapolis: Fortress Press, 1989), 48-79를 보라.

8 Frank Kermode, *The Genesis of Secrecy: On Interpretation in Narrative* (Cambridge: Cambridge University Press, 1979)와 Stephen Moore, "Are the Gospel Narrative Unified?" in ed. Kent H. Richards, *Society of Biblical Literature 1987 Seminar Papers* (Atlanta: Scholars, 1987), 443-58을 보라.

사에는 그 정도만 다를 뿐 항상 공백이 있기 마련이다. 이 공백들은 표현하지 않은 전제나 일관성이 없는 부분, 해결되지 않은 채 남은 부분을 의미한다. 이렇게 마가복음의 많은 공백은 다른 서사들처럼 일관성이 없는 부분들이다. 이런 일관성 없는 공백의 요소들이 있는 이유는 어떤 것을 묘사할 때 몇 가지만 골라서 표현한다든지, 사람이나 장소, 사건이나 삶의 의미 등을 묘사할 때 사용하는 언어에 한계가 있기 때문이다. 따라서 중요한 것은 마가복음에 이런 공백이 있느냐 없느냐의 문제가 아니다. 중요한 문제는 "저자가 하나의 통일된 세계에 대한 일관성 있는 경험을 창조하는 데 얼마나 성공했는가? 이야기들이 서로 연결되는가? 그 이야기는 일관성이 있는가?" 하는 것이다.

이제 마가복음을 살펴보면 알겠지만, 이 서사는 아주 훌륭하게 잘 짠 한 벌의 옷과 같다.[9] 화자의 시점point of view은 일관성 있게 나타난다. 플롯 역시 일관성이 있다. 즉, 일어날 사건들은 예상대로 일어나고, 갈등은 해소되며, 예언된 것들은 이루어진다. 장면마다 등장인물들은 나름대로 일관성을 보인다. 이야기하기의 문학적 기법이나 다시 반복되는 구도, 겹치는 패턴, 서로 맞물려 있는 여러 가지 동기motifs는 서사 전반에 걸쳐서 서로 긴밀하게 연관된다. 인간의 상황, 믿음, 하나님의 다스리심, 도덕적인 선택, 인간이 변화될 가능성 등 주제 면에서도 일관성 있게 기술한다. 이 복음서의 통일성은 전개되는 이야기를 하나로 짜는 데 두드러지게 나타

9 다른 학자들도 마가의 서사가 일관성이 있다고 판단하게 되었다. Norman R. Petersen, "'Point of View' in Mark's Narrative," *Semeia* 12 (1978): 97-121과 Robert C. Tannehill, "The Gospel of Mark as Narrative Christology," *Semeia* 16 (1979): 57-95를 보라.

나는데, 이것은 전체적으로 강력한 수사법적 효과를 낸다. 마가의 복잡한 문학적 예술성은 종종 복잡한 바로크 음악인 "푸가"나 "치밀하게 짠 수예 작품"에 비유되어 왔다.[10]

이런 마가 이야기의 통일성을 고려할 때, 마가복음에 나오는 약간의 공백은 의도적인 것임이 틀림없다. 공백은 긴장감이나 혼동, 혹은 열린 결말을 만들기 위한 수사법적인 전략 때문에 생긴다. 이런 공백은 청중에게 하나하나 모두 설명하는 것이 아니라 단지 암시만 해 주는 절제된 스타일 때문에 발생한다. 또한 마가복음은 구술 실연에 사용하기 위해 만든 것이기 때문에, 이 서사는 에피소드 중심으로 이루어졌으며, 이와 같은 서사의 속성상 공백이 생긴 것이다. 또한 21세기를 사는 우리가 1세기에 살던 마가와 그의 이야기를 듣던 청중이 가진 지식을 다 안다는 것은 불가능하므로, 뜻하지 않은 추가적인 공백이 생기기도 한다. 따라서 우리가 이야기를 이해하기 위해서는 우리가 더 이상 공유하고 있지 않은 지식을 구성하기도 해야 한다.

마가복음은 강력한 효과를 주는 일관성 있는 서사이기 때문에, 이 서사를 전체적인 하나의 작품으로 경험하는 것은 아주 중요하다. 마가복음을 처음 경험한 1세기 청중은 마가복음 전체를 한 번에 다 들었을 것이다. 그들은 분명히 이 이야기의 드라마 세계에 푹 빠져 긴장과 갈등을 느꼈을 것이고, 자기 자신을 등장인물과 동일시하기도 했을 것이며, 그 결과가 어떻게 될지 긴장감도 느꼈을 것이다. 마가의 이야기 세계에서 나온 후, 그들은 아마도 자

10 푸가에 비유한 것에 대해서는 Kee, *Commentary*, 75를 보라. 수예 작품에 비유한 것은 Joanna Dewey, "Mark as Interwoven Tapestry: Forecasts and Echoes for a Listening Audience," *Catholic Biblical Quarterly* 52 (1991): 224를 보라.

기가 지금 처한 현실 세계를 새로운 시각으로 바라보고, 자기 안의 새로운 가능성을 일깨울 수 있었을 것이다.

아쉽게도, 오늘날 대개 우리는 마가복음을 조각조각 잘라 내어 접하고 있다. 교회에서 예배드릴 때는 문맥과는 상관없이 몇 구절만 살펴보거나, 마가복음에 나오는 에피소드 몇 개만 따로 보고 있다. 이런 식으로 마가복음을 이해하는 것은, 마치 셰익스피어의 연극 전체를 관람하지 않은 채 그 작품에서 인용한 몇몇 구절만 듣는 것과 같다. 마가복음이 주는 효과를 충분히 맛보기 위해서는 마가복음을 전체적으로 경험해야만 한다. 따라서 우리는 여러분이 마가복음을 한꺼번에 다 읽거나 듣기를 권한다.

마가의 이야기 세계

일관성 있는 하나의 서사인 마가복음은 우리에게 "이야기 세계"를 제시한다. 그 세계는 우리를 끌어들이고 사로잡기도 하며, 그 세계에서 우리는 소설이나 영화를 볼 때 "완전히 마음을 빼앗기는" 것과 같은 경험을 하기도 한다.

"이야기 세계"가 무엇을 의미하는지 그 개념을 이해하기 위해, 우리가 영화 볼 때의 경험을 한번 생각해 보자. 화면에 펼쳐지는 모든 영상과 소리를 가만히 보고 듣고 있으면, 우리는 자신도 모르게 또 다른 세계로 빠져든다. 그 세계에는 나름대로 가상의 과거와 미래가 담겨 있고, 그 세계 나름의 가치관이 있다. 영화에 몰입해 있으면, 영화를 보고 있다는 생각도 없어지고 내가 사는 현실 세계도 잊게 된다. 영화 속의 또 다른 시간과 공간에 들어가서 등장인물들과 함께 생각하고, 함께 느끼며, 그들이 겪는 사건을 함께 경험한다. 이런 면에서 볼 때, 영화의 이야기 세계에는 그 영화가 기초를 두고 있는 실제 역사와는 별개로 그 나름대로 생명이 있다.

물론 관객인 우리는 자신이 살고 있는 이 세상을 염두에 두고 자신만의 경험이라는 여과지를 통해 영화를 본다. 그런데도 영화의 위력과 그 영화가 우리 삶과 맺는 관계가 어떤가에 따라서, 우리는 현실 세계 경험에서 벗어나 인생을 깊이 이해하게 되고, 목적을 새로 깨닫게 되거나 용기와 창조성을 새롭게 가질 수도 있고 현재 사건을 다른 시각으로 볼 수 있게 된다. 우리는 다른 세계로 들어갔고, 그 세계는 우리를 바꾸어 놓았다. 이야기를 읽는 것도 영화를 보는 것과 똑같은 효과가 있다. 그리고 영화를 볼 때와는 달리, 독서를 할 때는 읽는 것에 근거해서 자기 나름대로 직접 화면을 만들어 가기 때문에, 어쩌면 영화를 볼 때보다 우리가 개입할 자리가 더 많다고 할 수 있다.

마가복음 실연을 경험한 고대 청중에게도 이런 동일한 원리가 적용된다. 마가복음에 나오는 이야기가 그들이 겪는 일상생활 세계와 비슷해서 그 이야기는 특히 강력한 힘을 갖는다. 복음서의 이야기는 그들에게 있어서는 결코 잊지 못할 중요한 사건들을 묘사하고 있고, 그 이야기는 그들 자신과 그들이 처한 상황에 직결되어 있다. 그 당시 청중은 그런 사건들을 마가의 **버전**version으로 경험했고, **그런 방식으로 이야기된** 마가복음은 그들에게 특별한 영향을 주어서 그들의 태도와 행동에 변화를 일으켰다.

그러므로 하나의 이야기 세계를 만든 작품으로서의 마가복음을 읽을 때, 우리는 마가 서사에 나오는 사람들과 장소들과 사건들이 **그 이야기에서 묘사한 것**이라는 사실을 염두에 두어야 한다.[11] 영화가 역사적 사건들을 바탕으로 창조한 것이듯, 마가복음도 역사적 사건을 바탕으로 한다. 예수, 헤롯, 대제사장들, 로마 총독인 빌라도가 실제 인물임에도 불구하고, 마가복음 안에서 이들은 이야기 속에 묘사된 등장인물들이다. 광야나 회당, 예루살렘도 이야기 세계에서 묘사한 배경이다. 귀신을 내쫓는 행위, 여행, 시험을 받은 일, 예수께서 처형당하신 것은 모두 이야기 세계에서 묘사한 사건들이다. 마가복음의 고대 실연자들은 그들의 청중을 바로 이 세계로 끌어들였다. 우리가 지금 다루려고 하는 것도 바로 이 세계이다. **그러므로 1세기 당시 일반적인 문화에서 나온 유용한 배경 정보로 다른 것이 확인되지 않는 한, 이후에 나오는 모든 인물과 장소와 사건에 대한 언급은 마가의 서사 안에 있는 이야기 세계만을 지칭한다.**

마가복음을 이야기로서 읽기 위한 지침

우리가 원하는 방식대로 그 이야기가 말하게 하기보다는, 그 이야기를 그 자체 방식대로 이해하려는 태도가 중요하다. 현대 독자들이 마가복음을 하나의 서사로서, 마가복음 자체의 방식대로 이해하려고 할 때, 다음 네 가지 지침이 도움이 될 것이다.

첫째, 우리가 앞에서 제안했듯이, 마가복음을 역사로 보지 말고 이야기로 보라. 마가복음을 창문으로 삼아서 역사를 들여다보려

11 Norman R. Petersen은, 텍스트에 표현되거나 암시되어 있는 말을, 예수 당시의 역사적인 사실을 **곧바로** 재현한 것으로 보는 것을 "지시적 오류"referential fallacy라고 한다. *Literary Criticism for New Testament Critics* (Philadelphia: Fortress Press, 1978), 38.

한다면, 우리는 먼저 마가가 **그려 놓은** 예수가 아니라 실제 역사적 인물로서의 예수를 생각해야 한다. 우리가 이야기를 통해서 본다면, 그리고 그렇게 했을 때 우리가 이해할 수 없는 부분이 있다면, 우리는 마가가 예수에 대한 어떤 부분을 서사에서 삭제했으리라 생각하고 그것이 무엇인지 찾기 위해서 다른 자료들을 뒤적거릴 것이다. 이와 반대로, 만일 우리가 마가복음을 **서사 안에** 나오는 그대로 등장인물과 배경과 사건을 그려 놓은 책으로 볼 때, 그리고 그렇게 했을 때 우리가 이해할 수 없는 부분이 있다면, 우리는 그 부분을 좀 더 명확하게 이해하기 위해서 마가복음 자체를 다시 주의 깊게 읽어 볼 것이다.

둘째, 마가복음을 다른 복음서와는 별개로 읽으라. 이 서사를 살펴볼 때, 우리는 "빠진 부분을 마저 채워 넣기 위해서", 즉 마가복음을 좀 더 잘 이해하기 위해서라는 명목으로 다른 복음서들을 참고하지 않을 것이다. 예를 들어, 만일 우리가 마태복음이나 누가복음에 나오는 예수 탄생 이야기의 관점으로 마가 이야기를 읽는다면, 우리는 이미 마가의 이야기를 크게 바꾼 것이다. 왜냐하면 마가는 그 탄생 이야기를 다루지 않기 때문이다. 또한 만일 우리가 마가복음에 나오는 어떤 에피소드를 다른 복음서에서 좀 더 자세하게 다루고 있다고 해서 그 복음서의 맥락으로 그 이야기를 읽는다면, 이 또한 마가의 이야기를 바꾸어 놓을 것이다. 마가의 이야기는 다른 복음서들과는 전혀 별개의 것이다. 물론 다른 복음서들도 마가복음처럼 나름대로 예수에 관한 이야기를 하고 있으므로 그것을 읽을 때도 그와 같은 방식으로 읽어야 한다. 이제 마가복음을 읽을 때는, 이 이야기가 우리가 알고 있는 예수에 대한 유일한 이야기라고 가정하고 읽어 보라.

셋째, 1세기 이야기인 마가복음에 오늘날의 문화적 전제를 집어넣어 읽지 말라. 우리는 서구 산업화 이후 시대의, 전자 시대의, 개인주의적 시대의 사고방식에서 비롯된 많은 가정을 대입해서 이야기를 읽지만, 이 시대는 1세기 사고방식과는 근본적으로 다르다. 마가복음은 1세기의 서사이기 때문에, 1세기 사회적, 문화적 유형을 마가 이야기를 이해하기 위한 기본 수단으로 삼는 것이 중요하다. 마치 셰익스피어 극을 이해하기 위해서는 16세기의 언어와 문화와 관습을 알아야 하는 것과 같은 원리이다.

넷째, 예수에 대한 현대 신학을 마가 이야기에 투영해서 읽지 말라. 우리는 예수에 대해 나름대로 가지고 있는 이미지(예를 들어, 찬송가에 나오는 것처럼 예수를 "온유하고 부드러운" 인물로 보는 것)를 통해서 마가복음을 보는 경향이 있다. 그렇지만 마가복음에 나오는 예수는 그렇게 온유하거나 부드러운 인물이 아니다. 또 우리는 마가복음보다 훨씬 뒤에 나온 삼위일체 교리나 그리스도의 두 가지 본성 교리로 이 이야기를 읽을 수도 있다. 또 우리는 마가복음에서 예수의 죽음을, 죄를 용서받기 위한 속죄 제물로 여길 수도 있다. 또 우리는 하나님의 다스리심을 나라들과 모든 창조세계의 변화에 대한 전망보다는 개인 구원에 관한 것으로만 생각할 수도 있다. 이러한 아이디어들이 마가복음에 나오지 않는다면, 그것들이 역사적이거나 종교적인 진리를 얼마만큼 반영하든지에 상관없이, 마가복음을 해석하는 데 그 아이디어들을 사용해서는 안 된다.

텍스트의 특성과 우리 자신의 주관성 등을 고려해 볼 때, 사실 이 네 가지 지침을 절대적인 방법으로 적용하기는 불가능하다. 그런데도 우리가 이 지침들에 충실하려고 끊임없이 노력한다면, 마가 서사를 그 자체로 이해하려는 우리의 노력이 열매를 맺게 될 것이다.

마가복음을 해석하기 위한 서사 용법

서사가 무엇을 의미하는지, 또 그것이 어떻게 작용하는지 알기 위해서 우리는 그 서사를 어떻게 분석해야 할까? 우리는 분석하기 위해서 다섯 가지 중요한 서사 요소인 화자, 배경, 플롯, 등장인물, 수사법을 살펴보고자 한다.

화자는 이야기를 전달하는 수단을 의미한다. 곧 이야기꾼storyteller의 목소리, 시점point of view, 서사의 주된 신념이나 도덕적 기준, 서사를 전달하는 방식과 어조를 뜻하고, 그뿐 아니라 서사 안에 있는 이야기하기 기법도 포함한다. 화자는 저자/저작자가 아니라, 저작자가 이야기를 전달하기 위해 사용하는 일종의 도구다.

배경은 이야기에 있는 상황을 지칭한다. 이는 곧 사건이 일어나는 구체적인 시간이나 공간적인 상황뿐만 아니라, 이야기의 체계, 이야기의 사회적·정치적 세계 묘사를 말한다.

플롯은 사건과 연관되어 있다. 서사 안에서 일어나는 사건들의 순서, 사건들의 순차적인 관계, 전환점과 돌파구, 갈등 전개와 갈등 해결 등을 말한다.

등장인물은 이야기에 나오는 배우들이다. 그들의 정체성과 사회적 위치, 그들의 동기와 욕구, 그들의 성향, 그들이 다른 인물들과 관계하는 방식, 플롯에 나타나는 그들의 모습이 중요하다. 그뿐만 아니라 행동의 결과로 등장인물들이 겪는 변화나 발전도 보아야 한다.

위에서 언급한 서사 요소 네 가지는 전체적인 인생관의 기본 요소이다. 화자는 이야기가 주장하는 신념이나 가치관을 말해 준다. 배경은 사람들이 살아갈 때 가능성을 찾거나 한계를 겪게 하는 요소가 된다. 플롯은 과거에서 현재, 현재에서 미래로 넘어가는 움직임을 특정한 방식으로 표현한다. 등장인물은 개인이나 공동체에 반영된 인간 본성의 관점을 드러낸다. 이 네 가지 요소들이 서사에서 합쳐져 독자나 청중이 나름대로 자기 삶에 참고할 또 다른 시각을 제시해 준다.

마지막으로, 다섯 번째 요소는 **수사법**이다. 이것은 저자가 독자나 청중을 설득해서, 서사에서 주장하는 세계를 받아들이고 그 세계로 들어가도록 위에서 언급한 서사 요소들을 사용하는 여러 가지 방법을 가리킨다. 그러나 이렇게 서사가 무엇을 **의미하는지** 묻는 것에 그쳐서는 안 된다. 더 나아가서, 서사가 청중을 바꾸기 위해서 무엇을 **하는지** 물어보아야 한다. 마가복음의 수사법을 연구하면 서사가 청중을 어떻게 변화시킬 수 있는지 알게 될 것이다.

수사법의 역동성을 온전히 이해하려면 우리는 "이상적 청중"ideal audience 개념을 먼저 알아야 한다. 이 연구의 결론부에서 우리는 마가복음의 실제 청중일 것이라고 생각되는 사람들이 어떤 반응을 보일 것인지 상상해 볼 것이다. 그러나 이 연구를 진행하면서 우리는 이상적인 청중, 혹은 이상적인 청자ideal hearers라는 구성 요소를 활용하고자 한다. 예를 들면, 우리는 화자가 어떻게 청중이나 청자들로 하여금 이야기 세계의 다양한 측면에 대해 어떤 특정한 방식들로 반응하도록 유도하는지 종종 언급할 것이다. 대부분 경우에 있어서 청중 혹은 청자라는 것은 실제로 존재하는 청중/청자를 가리키는 것이 아니다. 왜냐하면, 실제 청중의 반응이 이러저러할 것이라고 예단하는 것은 사실 불가능하기 때문이다.

따라서 마가의 이야기가 갖는 수사적인 효과에 대해 말하기 위해서 우리는 이상적 청중이라는 가설적인 개념hypothetical concept을 활용한다. 이상적 청중이라는 것은 우리가 최선을 다해 가장 그럴듯하게 재구성한, 서사 그 자체에 **내포된**implied 모든 이상적인 반응을 하는, 상상으로 만들어 낸 구성 요소이다. 이상적 청중이라는 것은 화자가 이야기를 전달하는 과정 중에 만들어 내고 모습을 다듬어 보고자 하는 청중이다. 이상적 청중이 어떤 사람들인지 그 초상화를 그려 보는 작업은 서사 안에 있는 모든 구절 안에서 청중이 반응하도록 어떻게 유도되고 있는지, 어떻게 이런 내포된 반응들이 쌓이고 쌓여서 그 청중에게 전반적인 효과를 만들어 내는지 추측하는 작업이다. 우리와 같은 오늘날의 마가복음 독자들은 **이상적인 독자로서** 우리 자신이 보이는 이상적인 반응이 어떤 것인지 주의를 기울여 추론해 봄으로써 부분적으로나마 이런 내포적인 반응들을 추적할 수 있다.

위와 같은 요소들을 연구한다고 해서 이 이야기를 조각조각 잘라 놓으려는 것은 아니다. 하나의 전체적인 이야기를 위와 같이 여러 각도에서 보려고 하는 것뿐이다. 또한 이야기를 해석한다고 해서 그 해석이 이야기 자체를 대신해서도 안 된다. 우리는 이 이야기가 도덕적인 교훈을 주거나 메시지를 전달하기 위한 수단, 혹은 그런 것들을 요약한 것 정도로만 보이게 하고 싶지는 않다. 만일 그렇게 된다면 이것은 더 이상 이야기가 아니기 때문이다. 이야기는 사상을 전달하기 위한 도구가 아니다. 만일 그렇다면 사람들이 그 사상을 취한 후에는 그 이야기는 버려질 수 있다.[12] 무엇보다도 우리의 목적은 이야기를 이야기로서 최대한 경험하게 하는 것이다. 이야기에 있는 이런 요소들을 자세히 살펴보면, 그 이야기를 좀 더 온전히 파악할 수 있다. 이야기를 읽고(혹은 듣고) 나서야 비로소 우리는 그 이야기에 있는 놀라운 신비와 우리를 바꾸어 놓는 그 놀라운 능력을 경험한다.

12 Hans Frei, *The Eclipse of Biblical Narrative: A Study of Eighteenth and Nineteenth Century Hermeneutics* (New Haven: Yale University Press, 1984) 『성서 내러티브의 상실: 18-19세기의 해석학 연구』(감은사, 2022)와 Thomas E. Boomershine, "Mark the Storyteller: A Rhetorical-Critical Investigation of Mark's Passion and Resurrection Narrative" (Ph.D. diss., Union Theological Seminary, 1984)를 보라.

제1장

마가복음

원문 번역 일러두기

우리는 마가복음의 장이나 절 구분을 모두 없애고 마가복음을 하나의 짧은 이야기로 보이게 했다. 따라서 독자들은 이 서사를 통합된 이야기 전체로 경험할 수 있을 것이다.[1] 장면이 전환되거나 말하는 사람이 바뀔 때, 아니면 어떤 갈등이 끝날 때는 문단을 새로 시작했다. 이러한 문장 부호들은 서사에서 서로 연결되는 지점을 마련하는 데 중요한 역할을 하며, 행동이 발전하고 전개되는 것을 강조한다. 물론 고대 사본에는 이런 문장 부호들이 없으며, 이런 것들은 번역자들이 번역 과정 중에 그 말이 갖는 의미나 효과에 적절하다고 생각되는 것을 표현하기 위해 추가한 것이다. 이제 읽어 보면 알겠지만, 우리는 헬라어 원문을 번역해서 한 편의 드라마와 같은 이야기를 만들었다.[2]

우리는 표준 헬라어 성경 원문을 기초로 번역했다. 손으로 직접

1 독자들의 편의를 위해 페이지마다 마가복음의 장, 절을 표시했다.

2 고대 헬라어 사본에는 구두점, 문단 나눔, 에피소드 제목, 단어나 문장 사이의 띄어쓰기, 장과 절 표시 등이 없다.

쓴 최초의 마가복음 원본이 어디에 있는지 우리는 모른다. 우리가 가진 사본은 마가가 처음으로 자신의 복음서를 쓴 지 몇 세기 뒤에 만들어진 것이다. 1세기에 만들어진 초기 마가복음 사본은 사라졌다. 이 초기 단계에서 서로 똑같은 필사본은 없었다. 학자들은 후대에 기록한 마가복음 사본 여러 개를 비교하면서 마가복음 원본을 재구성하려고 노력했다.[3] 이렇게 재구성한 본문이 우리가 번역하는 데 사용한 본문이다.

마가복음은 "그리고 그들은(무덤에 찾아갔던 여인들은) 아무에게 아무 말도 하지 못했는데, 이는 그들이 두려워했기 때문"이라는 아주 의외의 말로 마무리한다. 몇몇 헬라어 사본에는 이에 덧붙여서 마가의 이야기에 다른 결론을 가져다주는 다른 내용이 기록되어 있다. 그러나 학자들은 위의 끝이 원래 마가복음의 끝이라고 생각한다. 그래서 오늘날 대부분의 성경에서는 이 부분을 관주에 따로 기록하거나 "가장 오래된 사본의 끝에는 이런 구절들이 없음"이라고 토를 달아 놓고 있다.[4] 원래의 끝은 마가 이야기의 아주 강력한 마무리이고, 마가의 전체 드라마를 해석하는 데 아주 중요한 내용을 암시한다. 우리가 번역하고자 하는 마가복음은 이렇게 끝나는 원래의 마가복음이다.

3 Matthew Black et al., eds., *The Greek New Testament*, 4th ed. (New York: United Bible Societies, 1994)와 Erwin Nestle, Kurt Aland, et al., eds., *Novum Testamentum Graece*, 27th ed. (Stuttgart: Deutsche Bibelgesellschaft, 1994)를 보라.

4 예를 들어, NRSV나 NIV를 보라. 마가복음의 결말에 대한 텍스트 분석으로는 Bruce Metzger, *A Textual Commentary on the Greek New Testament* (New York: United Bible Societies, 1971), 122-26을 보라. 최근 책으로는 S. L. Cox, *A History and Critique of Scholarship Concerning the Markan Endings* (Lewiston: Mellen Biblical Press, 1993)와 Paul Danove, *The End of Mark's Gospel: A Methodological Study* (Leiden: E. J. Brill, 1993), 119-31을 보라.

번역자들은 이 마가복음의 끝이 어떤 의미가 있으며, 또 어떤 효과를 내포하는지 알기 위해 많은 노력을 기울여 왔다. 그러나 모든 번역은 해석이다. 번역할 때는 어떤 의미를 부각하고 어떤 것을 축소해야 하는지 선택해야 하기 때문이다. 우리가 한 이 번역은 의역이 아니라, 단어에서 단어로 그대로 옮긴 직역이다.[5] 우리는 헬라어 원문의 뜻을 가장 잘 표현하는 단어나 구절을 찾으려고 노력했다. 마가복음은 1세기 당시 매일 사용하던 일상 언어로 쓴 책이기에, 우리도 역시 오늘날 현대인들이 사용하는 일상 언어(영어)로 번역했다.

우리는 마가복음의 분위기나 등장인물의 성격, 갈등, 감정 등을 가장 적절하게 나타내는 단어를 골라서 표현하려고 했다. 흔히 사용하는 단어인 **천국**, **회개**, **용서**, **비유** 등과 같은 단어는 가급적 피했다. 그 대신에, 흔히 다른 말로 번역할 때 그 뉘앙스가 파묻혀 버리곤 하던 원어들은 그 원래 의미가 드러나도록 번역했다. 예를 들어, 하나님의 나라 대신 **하나님의 다스리심**으로, 회개 대신 **돌이킴**으로, 용서 대신 **죄 사함**으로, 비유 대신 **수수께끼**로 번역했다. 그리고 이름 같은 고유명사가 (헬라어에서) 그 속에 다른 뜻을 포함하고 있을 때는 그 뜻을 풀어서 번역했다. 예를 들어, 열 개의 도시라는 뜻의 데가볼리 지역은 '열 개의 도시'로, 기름 부음을 받은 자라는 뜻의 단어인 그리스도는 '기름 부음 받은 분'으로, 반석이라는 뜻의 이름인 베드로는 '반석'Rock이라고 번역했다. 아마도

5 실감나게 잘 번역한 것을 보려면 Daryl Schmidt, ed., *The Gospel of Mark* (Sonoma, CA: Polebridge Press, 1990)에 나오는 Scholars Version Translation을 보라. Reynolds Price는 *Three Gospels* (New York: Scribner, 1996), 37-124에서 마가복음의 과잉되고 달려가는 듯한 스타일을 지적했다.

1세기 청중은 이런 식으로 그 헬라어를 들었을 것이다.

또한 단어를 선택할 때는 전체 이야기의 문맥을 고려했다. 많은 헬라어 단어가 같은 단어임에도 불구하고 여기에서는 이런 식으로, 다른 곳에서는 다른 식으로 번역된다. 예를 들어 자주 등장하는 단어인 헬라어 호도스hodos는 같은 번역본 안에서 문맥에 따라 '길', '여행', '도로' 등으로 번역된다. 마찬가지로 헬라어 파라디도미paradidōmi는 '체포되다', '넘겨지다', '배신당하다'로 번역된다. 그래서 오늘날 번역 성경을 읽는 독자들은 이렇게 다른 단어들로 번역된 단어가 원문에서는 한 단어였다는 것을 알지 못하기 때문에 헬라어의 일부인 언어적 모티프를 알아볼 수 없다. 따라서 우리는 독자들이 헬라어에서 일어나는 것과 같은 언어적 모티프를 알 수 있도록, 될 수 있는 대로 한 헬라어 단어는 영어 단어 하나로 번역했다.[6] 같은 단어를 반복하면 1세기 청중의 귀에는 아마도 어떤 모티프가 있는 것처럼 들렸을 것이다.

단어 선택에 대해서 두 가지 사항을 더 언급하고자 한다. 첫째, 심장이라는 뜻의 카르디아kardia라는 헬라어 단어는 "마음이 굳어졌다"라고 할 때처럼 '마음'이라고 번역했다. 옛날 사람들은 심장을 감정이 자리 잡고 있는 곳이 아니라 생각이나 의지가 나오는 곳이라고 믿었다. 따라서 이런 상황에서는 '마음'이라는 단어가 더 적절한 번역어이다. 둘째, 이오다이오이Ioudaioi라는 단어는 인종 개념으로 사용하지 않고 '유대 왕국'이라고 할 때처럼 유대라는 지역

6 의미가 왜곡될 수 있는 몇몇 중요한 곳을 제외하고는 이 원칙에 따랐다. 예를 들어, 헬라어의 sōzō라는 단어를 '회복하다'와 '구원하다'라는 말로 번역했고, kyrios라는 단어는 하나님을 가리킬 때는 '주님'Lord으로, 예수를 가리킬 때는 '주'lord로 번역했다.

개념으로 사용했다. 이것이 더 문자적인 번역이다. 그리고 그렇게 번역하면 마가복음이 1세기를 배경으로 한 이야기이며 등장인물들도 마가의 이야기 세계 속 등장인물이라는 것이 명확해진다.[7]

또한 번역하는 과정에서 좀 어울리지 않을지도 모르지만, 우리는 저자의 스타일을 최대한 살리는 방향으로 번역했다. 예를 들어, 단어의 순서에 주의하고, 현재분사를 자주 사용하고, 문장을 시작할 때 '**그리고**'라는 단어를 자주 쓰고저자들이 번역한 마가복음의 거의 모든 단락은 '그리고'(And)로 시작하지만, 가독성을 위해 이 책에서는 필요한 곳에만 '그리고'를 남겨 두었다.ⓔ, 미완료시제의 기능을 다양하게 사용하고, 강조하는 부분을 고딕체로 하며, 형식적 관용구를 사용했다.[8] 우리는 2단 점진법漸進, two-step progressions이나 여러 가지 반복법, 중앙 집중식 패턴, 방백 등 이야기를 더 극적으로 만드는 기법들을 최대한 살리려고 노력했다.

마지막으로, 마가 이야기에서 하나님이나 사탄을 가리키는 대명사는 '그분'이나 '그'처럼 남성형을 사용했다.[9] 그와 동시에, 우리는 마가복음에서 사람들을 가리키는 명사에 포괄적인 의미가 있는 것을 적절히 번역하여, 예를 들면 남성형인 안트로포스anthrōpos를 '남자', '남자들'이라는 단어 대신 '사람', '사람들', '인류' 등으로 번역했다. 그렇게 함으로써 우리는, 예를 들어, '사람'humans과 '인자'son of

7 '유대의'Judeans라는 말을 반유대주의anti-Judaism를 피하기 위한 번역으로 사용한 것에 대해서는 David Rhoads, *The Challenge of Diversity: The Witness of Paul and the Gospel* (Minneapolis: Fortress Press, 1996), 35-36, 82-83을 보라. 또한 John Pilch, "No Jews or Christians in the Bible," *Explorations* 12 (1998): 3을 보라.

8 마가는 과거에 일어난 사건을 더 생생하게 묘사하기 위해 현재 시제를 사용하는, 헬라어의 역사적 현재형을 불규칙적으로 사용하는데, 우리는 그 방식을 따르지는 않았다.

9 이 책 후기를 보라. 마가복음을 읽을 때의 윤리 문제를 다루었다.

humanity라는 표현 사이에서, 그리고 '하나님의 방식'대로 생각하는 것과 '인간의 방식'대로 생각하는 것 사이의 대조에서, 마가가 사용한 언어유희를 그대로 유지했다. 또한, 우리는 마가복음에서 단수 남성 대명사를 복수형인 '그들'이나 '모든 사람'이나 '누구든지'나 '누구나'라는 말로 번역함으로써 그 단어가 가진 포괄적인 의미를 강조했다. 이러한 포괄적인 번역은, 모든 사람을 환영하도록 청중에게 촉구하는 이야기를 만든 저자의 의도에 충실한 것이다.

마가복음

기름 부음 받은 분, 하나님의 아들이신 예수에 관한 복음의 시작은 선지자 이사야의 글에 기록된 것과 같다.

"보아라, 내가 내 심부름꾼을 너보다 먼저 보내니,
그가 네 길을 닦을 것이다.
광야에서 외치는 이의 소리가 있다.
'주의 길을 예비하고,
그의 길을 곧게 하여라.'"

세례침례 요한이 광야에 있었는데, 그는 죄를 용서받게 하는 돌이킴의 세례를 선포했다. 그리고 온 유대 지방 사람들과 온 예루살렘 사람들이 그에게 나아와 요단강에서 공개적으로 자기들의 죄를 고백하고 세례를 받았다.

요한은 낙타털 옷을 입고, 허리에는 가죽띠를 매고, 메뚜기와 들꿀을 먹었다. 그는 이렇게 선포했다. "나보다 더 강한 분이 내 뒤에 오시는데, 나는 몸을 굽혀 그의 신발 끈을 풀 자격도 없소. **나는** 당신들에게 물로 세례를 주었지만 **그는** 성령으로 세례를 주실 것이오."

그때에 예수께서 갈릴리 나사렛에서 나왔고, 요단강에서 요한에게 세례를 받았다. 예수께서 물속에서 올라올 때, 하늘이 갈라지고 성령이 비둘기처럼 자기 위에 내려오는 것을 보았다. 그리고 하늘로부터 소리가 났다. "너는 내 사랑하는 아들이다. 내가 너를 선택한 것이 참 기쁘다."

이어서 바로 성령은 예수를 광야로 내보내셨다. 예수께서는 사십 일 동안 광야에 머물렀는데, 거기서 사탄에게 시험을 받았다. 그리고 예수께서는 들짐승들과 함께 지냈고, 천사들이 그의 시중을 들었다.

이제 요한이 감옥으로 넘겨진 뒤에, 예수께서 갈릴리에 와서 하나님에 대한 기쁜 소식을 선포하면서 말씀하셨다. "때가 찼고, 하나님의 다스리심이 임했다. 돌이켜서 기쁜 소식을 믿어라."

예수께서 갈릴리 바닷가를 지나가다가 시몬과 그의 동생인 안드레가 바다에서 그물을 던지고 있는 것을 보셨는데, 이는 그들이 어부였기 때문이다. 예수께서 그들에게 "나를 따라오너라. 내가 너희를 사람을 낚는 어부가 되게 하겠다"라고 말씀하셨다. 그러자 그들은 곧바로 그물을 버리고 그를 따라갔다.

조금 더 가다가 그는 세베대의 아들 야고보와 그의 동생 요한이 배에서 그물을 준비하고 있는 것을 보았다. 그는 그들을 불렀다. 그러자 그들은 자기 아버지 세베대를 대리인들과 함께 배에 남겨 두고 그를 따라갔다.

이제 그들은 가버나움으로 들어갔다. 그리고 예수께서 안식일에 회당에 들어가서 가르치기 시작하셨다. 그리고 사람들은 그의 가르침에 놀랐는데, 그에게는 율법학자들과 다른 권위가 있었기 때문이다.

그때 그들의 회당에는 부정한 귀신 들린 사람이 있었다. 그 귀신은 큰 소리로 이렇게 말했다. "나사렛 사람 예수여, 왜 우리를 대적하십니까? 우리를 멸하려고 오셨습니까? 나는 당신이 누구인지 압니다. 하나님의 거룩한 분입니다." 예수께서 그 귀신을 꾸짖으며 "그에게서 나가라"라고 말씀하셨다. 그러자 더러운 귀신은 그에게 경련을 일으키고 큰 소리를 지르며 그에게서 나갔다.

이에 모든 사람은 깜짝 놀라 서로 논란을 벌이면서 "이것이 무엇이지? 권위 있는 새로운 가르침인가? 그가 더러운 귀신들에게 명하니 그들도 복종하는구나!"라고 말했다. 이어서 그에 대한 소문이 곧바로 갈릴리 주변의 모든 시골 지역에 두루 퍼졌다.

그 후 그들은 회당에서 나와 야고보와 요한과 함께 시몬과 안드레의 집으로 갔다. 그때 시몬의 장모는 열병으로 누워 있었는데, 그들은 예수께 그녀에 대해서 말했다. 예수께서 그 여자에게 다가가서 손을 잡고 그녀를 일으키셨다. 그러자 열병이 그녀에게서 떠나고, 그녀는 즉시 일어나 그들의 시중을 들었다.

저녁이 되었을 때, 해가 진 후에, 많은 사람이 모든 병자와 귀신 들린 사람들을 예수께로 데리고 왔다. 그리고 온 동네 사람들이 그 집 문 앞에 모여들었다. 거기서 예수께서 온갖 병에 걸린 사람들을 고쳐 주시고, 많은 귀신을 내쫓았다. 그러나 그는 귀신들이 말하는 것을 허락하지 않았는데, 그들이 그를 알고 있었기 때문이다.

다음 날 이른 새벽 아직 어두웠을 때, 예수께서 일어나 광야로 나가 기도하고 계셨다. 시몬과 그와 함께한 사람들이 찾아나섰다가 그를 만나자 "모두 당신을 찾고 있습니다"라고 말했다.

예수께서 그들에게 말씀하셨다. "다른 곳으로, 옆에 있는 동네로 가자. 내가 거기에서도 말씀을 선포해야겠다. 바로 이 일 때문에 내가 왔기 때문이다." 그리고 그는 온 갈릴리의 회당에서 말씀을 선포하고 귀신들을 내쫓았다.

한센병 환자 한 사람이 그에게로 와서 그 앞에 무릎을 꿇고 "당신께서 원하신다면 나를 깨끗하게 해 주실 수 있습니다"라고 간청했다.

예수께서 그를 불쌍히 여기셔서, 손을 내밀어 그를 만지면서 그에게 말씀하셨다. "내가 원한다. 깨끗하게 되어라!" 그러자 곧 바로 한센병이 그에게서 떠나고, 그는 깨끗하게 되었다.

예수께서 그를 보내면서 단단히 이르기를 "아무에게 아무 말도 하지 말고, 가서 제사장에게 너를 보이고 네가 깨끗하게 된 것에 대하여 모세가 말한 제물을 그들에게 증거로 바쳐라"라고 하셨다. 그러나 그는 나가서 그 이야기를 널리 알렸고, 따라서 예수께서 드러나게 동네로 들어가지 못하고 바깥, 광야에서 머물렀다. 그러나 많은 사람이 사방에서 그에게 계속 모여들었다.

며칠 후 예수께서 다시 가버나움으로 들어가셨을 때, 그가 집에 계신다는 말이 널리 퍼졌다. 그러자 많은 사람이 모여들어서, 심지어 문 앞에도 들어설 자리가 없었다. 그리고 그는 그들에게 말씀을 전했다.

그때 한 중풍병자를 네 사람이 데리고 예수께 왔다. 그러나 많은 무리 때문에 예수께 가까이 갈 수 없게 되자, 그들은 예수께서 계신 곳 위의 지붕을 걷어 냈다. 그리고 구멍을 뚫어서 중풍병자를 누운 자리와 함께 달아 내렸다. 예수께서 그들의 믿음을 보시고 중풍병자에게 "네 죄가 용서함을 받았다"라고 말씀하셨다.

이에 율법학자 몇 사람이 거기 앉아 있다가 마음속으로 생각했다. '어찌하여 이 사람이 이런 말을 할까? 신성모독을 하고 있지 않은가! 하나님 외에 누가 감히 죄를 용서할 수 있단 말인가?'

예수께서 그들이 속으로 이렇게 생각하는 것을 바로 알아차리고 그들에게 말씀하셨다. "어찌하여 너희는 마음속에 그런 생각을 품고 있느냐? 중풍병자에게 '네 죄가 용서함을 받았다'고 말하는 것과 '일어나서 네 자리를 거두어 들고 걸어가라'라고 말하는 것 가운데서 어느 쪽이 더 말하기가 쉬우냐? 그러나 인자가 땅에서 죄를 용서하는 권세가 있음을 너희에게 알게 하겠다." 그는 중풍병자에게 말씀하셨다. "내가 네게 말하노니, 일어나서 네 자리를 거두어 가지고 집으로 가거라."

중풍병자가 일어나서 곧바로 모든 사람이 보는 앞에서 자리를 거두어 가지고 나가자, 그들은 모두 크게 놀라서 하나님께 영광을 돌리며 "우리는 이런 일을 전혀 본 적이 없다"라고 말했다.

예수께서 다시 바닷가로 나가셨다. 그리고 무리가 모두 그에게로 나아오자 그는 그들을 가르치셨다. 또 그는 거리를 지나가다가 알패오의 아들 레위가 세관에 앉아 있는 것을 보았다. 그는 레위에게 "나를 따라오너라" 하고 말씀하셨다. 그러자 레위는 일어나서 그를 따라갔다.

예수께서 그의 집에서 식사를 하는데, 많은 세리들과 죄인들도 그와 함께 식사를 하고 있었다. 그들은 예수를 따르고 있었기 때문이다.

바리새파의 율법학자들이, 그가 죄인들과 세리들과 함께 음식 먹는 것을 보고 그의 제자들에게 "어찌하여 저 사람은 세리들과 죄인들과 어울려서 음식을 먹습니까?"라고 말했다. 예수께서 그 말을 들으시고 그들에게 말씀하셨다. "건강한 사람은 의사가 필요하지 않으나 병든 사람에게는 절실히 필요하다. 나는 의인을 부르러 온 것이 아니라 죄인을 부르러 왔다."

그때 요한의 제자들과 바리새파 사람들은 금식을 하고 있었다. 그래서 사람들이 예수께 와서 물었다. "요한의 제자들과 바리새파 사람들의 제자들은 금식하는데, 왜 당신의 제자들은 금식을 하지 않습니까?" 그러자 예수께서 그들에게 말씀하셨다. "혼인 잔치에 온 손님들이, 신랑과 함께 있는 동안에 금식할 수 있느냐? 그들이 신랑과 함께 있는 동안에는 금식할 수 없다. 그러나 신랑을 빼앗길 날이 올 터인데, 그날에는 그들이 금식할 것이다."

"누구도 새 천 조각을 낡은 옷에 대고 깁는 사람은 없다. 그렇게 하면 새로 댄 조각이 낡은 데를 당겨서, 더욱 심하게 찢어진다. 그리고 새 포도주를 낡은 가죽 부대에 담는 사람도 없다. 그렇게 하면 포도주가 가죽 부대를 터뜨려서, 가죽 부대와 함께 포도주도 다 버리게 된다. 오직 새 포도주는 새 가죽 부대에 담아야 한다."

그리고 안식일에 예수께서 밀밭 사이로 지나가게 되었는데, 제자들이 밀 이삭을 따 내면서 길을 만들기 시작했다. 그러자 바리새파 사람이 예수께 말했다. "보십시오. 왜 당신의 제자들은 안식일에 해서는 안 되는 일을 합니까?"

예수께서 그들에게 말씀하셨다. "다윗과 그 일행이 먹을 것이 없어서 굶주렸을 때, 그가 어떻게 했는지 너희는 읽어 보지 못했느냐? 아비아달이 대제사장이었을 때, 다윗이 하나님의 집에 들어가서 제사장들밖에는 먹지 못하는 성스러운 빵을 조금 먹고, 또한 자기와 함께한 사람들에게도 주었다." 또한 그들에게 말씀하셨다. "안식일이 사람을 위하여 생긴 것이지, 사람이 안식일을 위하여 생긴 것이 아니다. 그러므로 인자는 안식일의 주인이다."

그리고 그는 다시 회당에 들어갔는데, 거기에 한쪽 손이 오그라든 사람이 있었다. 그들은 예수를 고발하려고, 예수께서 안식일에 그 사람을 고쳐 주는지 안 고쳐 주는지 지켜보고 있었다. 그러자 그는 손이 오그라든 사람에게 "일어나서 가운데로 나오너라" 하고 말씀하셨다.

예수께서 그들에게 말씀하셨다. "안식일에 선한 일을 하는 것이 옳으냐, 악한 일을 하는 것이 옳으냐? 목숨을 구하는 것이 옳으냐, 죽이는 것이 옳으냐?" 그러자 그들은 잠잠했다. 예수께서 화가 나서 그들을 둘러보시고, 그들의 마음이 굳어진 것을 탄식하시면서, 그 사람에게 "손을 내밀어라"라고 말씀하셨다. 그리고 그 사람이 손을 내미니, 그의 손이 회복되었다. 바리새파 사람들은 곧바로 바깥으로 나가서 헤롯 당원들과 함께 어떻게 예수를 없앨 것인지 회의를 열었다.

예수께서 제자들과 함께 바닷가로 물러가니, 갈릴리에서 많은 사람이 따라왔다. 또한 유대와 예루살렘과 이두매와 요단강 건너편과 두로와 시돈 주변에서도 많은 사람이 그가 한 모든 일을 소문으로 듣고 그에게로 몰려왔다.

그리고 예수께서 제자들에게 작은 배 한 척을 가져오라고 하셔서 무리가 자기를 밀치지 않도록 하였다. 그가 많은 사람을 고쳐 주셨으므로, 병이 있는 사람이면 누구나 그를 만지려고 그에게 밀려들었기 때문이다. 그리고 더러운 영들은 그를 보기만 하면, 그 앞에 엎드려 "당신은 하나님의 아들입니다"라고 소리 질렀다. 그러면 그는 그들을 심하게 꾸짖어서 자기를 남에게 알리지 못하게 하셨다.

예수께서 산에 올라가서 원하는 사람들을 부르시니, 그들이 그에게로 나아왔다. 그중에서 그는 열둘을 제자로 세웠는데, 이는 그들을 자기와 함께 있게 하고, 그들을 보내어 말씀을 전파하게 하며, 귀신을 내쫓는 권능을 주려는 것이었다. 그들은 '반석'이라고 이름을 지어 준 시몬, '천둥의 아들들'이라는 뜻의 '보아너게'라는 별명을 지어 준 세베대의 아들 야고보와 야고보의 형제 요한, 또 안드레와 빌립과 바돌로매와 마태와 도마와 알패오의 아들 야고보와 다대오와 가나안 사람 시몬, 그리고 예수를 넘겨준 가룟 유다이다.

예수께서 어느 집에 들어가셨을 때, 다시 큰 무리가 모여들어서 그들은 빵을 먹을 겨를도 없었다. 그리고 예수의 친척들이 예수를 잡으려고 왔는데, "예수가 미쳤다"라는 소문을 들었기 때문이다. 또한 예루살렘에서 내려온 율법학자들은 "예수가 귀신 들렸다"라고 말하고 "예수가 바알세불의 힘을 빌려서 귀신을 내쫓는다"라고도 했다.

예수께서 그들을 불러서 수수께끼로 말씀하셨다. "사탄이 어떻게 사탄을 내쫓을 수 있느냐? 한 나라가 갈라져서 서로 대적하면, 그 나라는 버티고 설 수 없다. 만일 한 가정이 갈라져서 서로 대적하면, 그 집은 버티지 못할 것이다. 사탄이 정말로 스스로에게 반란을 일으켜서 갈라져 대적하면 버틸 수 없어 끝장나고 말 것이다. 그러나 분명히 먼저 강한 자를 결박하지 않고서는 아무도 그 사람의 집에 들어가서 그의 물건을 약탈할 수 없다. 그렇게 하고 나서야 그는 그 집을 털어 갈 것이다."

"내가 진정으로 너희에게 말하는데, 사람들이 짓는 모든 죄와 그들이 하는 어떤 모독도 용서를 받을 수 있지만, 성령을 모독하는 사람은 용서를 받지 못하고, 영원히 유죄가 된다." 그가 이렇게 말씀하신 것은 사람들이 "그는 더러운 귀신이 들렸다"라고 말했기 때문이다.

예수의 어머니와 형제들이 찾아와 바깥에 서서 사람을 보내어 예수를 불렀다. 그리고 무리가 그의 주위에 둘러앉아 있다가 그에게 말했다. "보십시오. 당신의 어머니와 형제들이 바깥에서 당신을 찾고 있습니다." 그러자 예수께서는 그들에게 반문하셨다. "누가 내 어머니이며 내 형제들이냐?" 그리고 주위에 둘러앉은 사람들을 둘러보며 말씀하셨다. "보아라. 내 어머니와 내 형제들이다. 하나님의 뜻을 행하는 사람, 그들이야말로 곧 내 형제요 자매요 어머니이다."

예수께서 다시 바닷가에서 가르치기 시작하셨다. 그리고 매우 큰 무리가 그의 주위로 모여드니, 그는 배에 올라 바다 쪽에 앉았고, 무리는 모두 바닷가 뭍에 있었다. 그리고 그는 수수께끼로 여러 가지를 가르치고 있었다.

그는 가르치면서 그들에게 말씀하셨다. "들어라! 보아라! 씨를 뿌리는 사람이 씨를 뿌리러 나갔다. 그가 씨를 뿌리는데, 더러는 길가에 떨어지니 새들이 와서 그것을 쪼아 먹었다. 그리고 또 다른 씨는 돌밭에 떨어지니, 흙이 깊지 않으므로 싹이 곧바로 나왔다. 그리고 해가 뜨자 그것은 뿌리가 없었기 때문에 그대로 말라 버렸다. 또 더러는 가시덤불 속에 떨어지니, 가시덤불이 나와 햇빛을 막아 버려서 열매를 맺지 못했다. 그러나 다른 씨앗은 좋은 땅에 떨어져서 싹이 나고 자라서 열매를 맺었는데, 삼십 배, 육십 배, 백 배로 결실을 맺었다!" 그러고 나서 그는 "들을 귀가 있는 사람은 들어라"라고 덧붙이셨다.

예수께서 혼자 계실 때, 그의 주위에 둘러 있는 사람들이 제자 열둘과 함께 그 수수께끼에 대해서 물었다. 그는 그들에게 이렇게 말씀하셨다. "너희에게는 하나님의 다스리심의 비밀을 주셨으나, 바깥 사람들에게는 모든 것이 수수께끼로 들린다.

그것은 그들이 보기는 보아도 알지 못하고,
듣기는 들어도 깨닫지 못하게 하려 함이다.
그리하여 그들이 돌이켜 용서를 받지 못하게 하려는 것이다."

예수께서 그들에게 말씀하셨다. "너희가 이 수수께끼를 알아듣지 못하느냐? 그러면 어떻게 다른 모든 수수께끼를 이해하겠느냐? 씨를 뿌리는 사람은 말씀을 뿌린다. 그리고 이제 말씀이 뿌려지는 길가에는 이런 자들이 있으니, 그들은 듣기는 하지만 곧바로 사탄이 와서 그들 속에 뿌려진 그 말씀을 빼앗아 간다. 그리고 말씀이 뿌려지는 돌밭에는 이런 사람들이 있으니, 그들은 말씀을 들으면 곧바로 기쁘게 받아들인다. 그러나 그들 속에 뿌리가 없어서 오래 가지 못한다. 그래서 그 말씀 때문에 환난이나 박해가 일어나면 곧바로 그들은 걸려 넘어진다. 그리고 다른 것들은 가시덤불 속에 뿌려지는 것들이다. 그들은 말씀을 듣기는 하지만 세대의 염려와 재물의 유혹과 다른 것들에 대한 욕심이 들어와 말씀을 막아서 열매를 맺지 못한다. 그러나 좋은 땅에 뿌려지는 것들이 있으니, 그들은 말씀을 듣고 받아들여서 삼십 배, 육십 배, 백 배의 열매를 맺는다."

예수께서 그들에게 말씀하셨다. "등불이 됫박 아래나 침상 밑에 놓이겠느냐? 등경 위에 놓이지 않겠느냐? 알려지게 되어 있지 않고는 어떤 것도 감추어진 것이 없고, 드러나게 되어 있지 않고는 비밀로 감추어진 것이 없다. 들을 귀가 있는 사람은 들어라." 또한 그는 그들에게 말씀하셨다. "너희는 주의하여 들어라. 너희가 사용하는 잣대로 너희가 재어질 것이요, 더욱 엄격하게 재어질 것이다. 가진 사람에게는 더 주어질 것이며, 가지지 못한 사람은 그 가진 것마저도 빼앗길 것이다."

예수께서 말씀하셨다. "하나님의 다스리심은 이와 같다. 어떤 사람이 땅에 씨를 뿌려 놓고, 밤낮 자고 깨고 하는 중에 그 씨에서 싹이 나고 자라지만, 그 사람은 어떻게 그렇게 되는지를 알지 못한다. 땅은 열매를 저절로 맺게 하는데, 처음에는 싹을 내고 다음에는 이삭을 내고 또 그다음에는 무르익은 곡식을 낸다. 그리고 열매가 익으면 곧바로 낫을 대는데, 이는 추수가 준비되었기 때문이다." 또한 그는 말씀하셨다. "우리가 하나님의 다스리심을 어떻게 비유할까? 또는 무슨 수수께끼로 그것을 말할까? 그것은 겨자씨와 같아서 땅에 심을 때는 세상에 있는 어떤 씨보다도 더 작다. 그러나 심고 나면 자라서 어떤 풀보다 더 크게 되고, 큰 가지들을 뻗어 공중의 새들이 그 그늘에 둥지를 틀 수 있게 된다."

예수께서 그들이 알아들을 수 있도록 많은 수수께끼로 그들에게 말씀을 전하셨다. 그는 수수께끼가 아니면 말씀하시지 않았으나, 제자들에게는 따로 모든 것을 설명해 주셨다.

그리고 그날 저녁이 되었을 때, 예수께서 제자들에게 "저쪽으로 건너가자"라고 말씀하셨다. 그래서 그들은 무리를 남겨 두고, 예수께서 배에 계신 그대로 모시고 갔는데, 다른 배들도 함께했다.

그때 사나운 광풍이 일어나서, 파도가 배 안으로 덮쳐 들어와 물이 배에 가득 찼다. 그런데 예수께서 고물에서 베개를 베고 주무시고 계셨다. 제자들이 그를 깨우며 "선생님, 우리가 죽게 되었는데 신경도 안 씁니까?"라고 말했다. 예수께서 깨어나서 바람을 꾸짖고, 바다에게 "조용하라! 잠잠해져라!"라고 말씀하셨다. 그러자 바람이 그치고, 아주 고요해졌다. 그는 그들에게 "너희는 왜 그리도 겁이 많으냐? 아직도 믿음이 없느냐?"라고 말씀하셨다. 그들은 큰 두려움에 사로잡혀서 서로 말하기를 "이분이 누구이기에 바람과 바다까지 그에게 복종하는 것일까?"라고 했다.

그들은 바다 건너편 거라사 사람들의 지역으로 갔다. 예수께서 배에서 내렸을 때, 곧바로 더러운 영이 들린 사람 하나가 무덤 사이에서 나와 예수를 만났다. 그 사람은 이제는 더 이상 쇠사슬로도 묶어 둘 수 없었는데, 그 사람은 여러 번 쇠고랑과 쇠사슬로 묶였으나 쇠사슬도 끊고 쇠고랑도 부수어 버려서 아무도 어떻게 할 수 없었기 때문이다. 그 사람은 밤낮 무덤 사이나 산속에서 소리를 질러 대고 돌로 제 몸에 상처를 내곤 했다.

그 사람이 멀리서 예수를 보고 달려와 엎드려서 큰 소리로 "가장 높으신 하나님의 아들 예수여, 왜 나를 대적하십니까? 제발 나를 괴롭히지 않겠다고 맹세하십시오" 하고 외쳤다. 그것은 예수께서 이미 그에게 "더러운 영아, 그 사람에게서 나가라" 하고 명하셨기 때문이다.

예수께서 그에게 "네 이름이 무엇이냐?"라고 물었다. 그는 "내 이름은 레기온[군대]인데, 이는 우리의 수가 많기 때문입니다"라고 했다. 그리고 자기들을 그 지역에서 쫓아내지 말아 달라고 예수께 강하게 간청했다.

마침 그곳 산기슭에 큰 돼지 떼가 풀을 뜯고 있었다. 더러운 영들은 예수께 "우리를 돼지들에게 보내셔서 그것들 속으로 들어가게 해 주십시오"라고 간청했다. 그래서 예수께서 그들이 그렇게 하도록 하셨다.

그러자 더러운 영들이 그 사람에게서 나와 돼지들 속으로 들어갔는데, 거의 이천 마리나 되는 돼지 떼가 바다 쪽으로 둑방 길을 내리달아 바다에 빠져 죽었다. 돼지를 치던 사람들은 달려가서 동네와 들에 가서 이 사실을 알렸다. 사람들은 무슨 일이 일어났는가 보러 왔다. 그들은 예수께 와서 귀신 들린 사람, 곧 "레기온"(군대 귀신)에 사로잡혔던 사람이 옷을 입고 제정신이 들어서 앉아 있는 것을 보고 크게 두려워했다. 처음부터 이 일을 본 사람들은, 어떻게 이 일이 귀신 들렸던 사람과 돼지 떼에게 일어났는지 그들에게 이야기했다. 그러자 그들은 예수께 자기네 지역을 떠나 달라고 간청했다.

예수께서 배에 오르실 때 귀신 들렸던 사람이 그와 함께 가게 해 달라고 애원했다. 그러나 예수께서는 허락하시지 않고, 그에게 말씀하셨다. "네 집으로 가서 가족에게, 주께서 너에게 무슨 일을 하셨는지, 주께서 네게 어떻게 은혜를 베푸셨는지 이야기하여라." 그러자 그는 떠나가서 예수께서 자기에게 한 일을 '열 개의 도시'에 가서 전파했고, 모든 사람이 놀랐다.

예수께서 배를 타고 맞은편으로 다시 건너가니 큰 무리가 그의 주변에 모여들었고, 예수께서 바닷가에 계셨다. 그리고 회당 지도자들 가운데 한 사람인 야이로라는 사람이 찾아왔다. 그는 예수를 보자 그 발 앞에 엎드려서 간곡히 청했다. "저의 어린 딸이 거의 죽게 되었습니다. 오셔서, 그 아이에게 손을 얹어 고쳐 주시고 살려 주십시오." 그러자 예수께서 그와 함께 갔고, 큰 무리가 뒤따라오면서 그를 밀었다.

그런데 열두 해 동안 하혈증을 앓아 온 여자가 있었는데, 그녀는 여러 의사의 치료를 받으면서 고생을 많이 했고, 그녀가 가진 재산을 다 허비했으나 좋아지기는커녕 도리어 더 악화되었다. 이 여자가 예수의 소문을 듣고 뒤에서 무리 가운데로 끼어 들어와서는 그의 겉옷을 만졌는데, 이는 '내가 그의 옷에 손을 대기만 하여도 나을 것이다'라고 생각했기 때문이었다. 그러자 곧바로 출혈의 근원이 말랐고, 그 여자는 질병에서 나은 것을 몸으로 직접 알았다.

예수께서 곧바로 자기에게서 능력이 나간 것을 느끼고는 무리 가운데서 돌아서서 "누가 내 옷을 만졌느냐?"라고 물으셨다. 그러자 그의 제자들이 그에게 "당신을 떠밀고 있는 이 무리를 보시면서 '누가 내게 손을 대었느냐'라고 물으십니까?" 하고 반문했다. 그러나 예수께서는 누가 그렇게 했는지 보려고 사람들을 둘러보셨다.

그 여자는 자기에게 일어난 일을 알고서 두려워하여 떨면서, 예수께 나아와 엎드려 사실대로 다 말했다. 그러자 그는 그 여자에게 말씀하셨다. "딸아, 네 믿음이 너를 구원했다. 평안히 가고, 그 병에서 자유롭게 되어라."

예수께서 아직 말씀을 계속하고 계신데, 회당 지도자의 집에서 사람들이 와서 "당신의 딸이 죽었습니다. 왜 선생님을 더 괴롭히겠습니까?"라고 말했다. 그러나 예수께서 이 말을 너머로 듣고 회당 지도자에게 "두려워하지 말아라. 그저 믿기만 하여라"라고 말씀하셨다.

예수께서 반석과 야고보와 야고보의 형제 요한밖에는 아무도 자기를 따라오지 못하게 하셨다. 그리고 그들이 회당 지도자의 집에 이르렀을 때, 예수께서 사람들이 울며 통곡하면서 소란 피우는 것을 보셨다. 그는 들어가서 그들에게 말씀하시기를 "왜 소란을 피우며 울고 있느냐? 그 아이는 죽은 것이 아니라 자고 있다"라고 하셨다. 그러자 그들은 그를 비웃었다.

예수께서 그들을 다 내보낸 뒤에 아이의 부모, 그리고 자기와 함께한 사람들을 데리고 아이가 있는 곳으로 들어가셨다. 그리고 아이의 손을 잡고 그 아이에게 "달리다굼!"이라고 말씀하셨다. 이 말을 번역하면 "소녀야, 내가 네게 말한다. 일어나거라"라는 뜻이다. 그러자 소녀는 곧바로 일어나서 걸었는데, 소녀의 나이는 열두 살이었다. 그러자 사람들은 크게 놀랐다. 예수께서 사람들에게 이 일에 대해 아무도 모르게 하라고 엄하게 명하고, 소녀에게 먹을 것을 주라고 하셨다.

예수께서 그곳을 떠나서 고향에 가시니, 제자들도 따라갔다. 안식일이 되자, 예수께서 회당에서 가르치기 시작하셨다.

그러자 많은 사람이 그것을 듣고 놀라서 말했다. "**그가** 어디에서 이런 모든 것을 얻었을까? **그가** 받은 지혜는 어떤 것이기에 그의 손에서 이런 능력의 일들이 일어날 수 있을까? 이 사람은 목수요, 마리아의 아들이요, 야고보와 요셉과 유다와 시몬의 형이 아닌가? 그리고 그의 여동생들도 우리와 함께 여기에 있지 않은가?"라고 했다. 그래서 그것은 그들에게 넘어지게 하는 걸림돌이 되었다.

예수께서 그들에게 말씀하셨다. "예언자는 자기 고향과 자기 친척과 자기 집 밖에서는 존경을 받지 않는 법이 없다." 그는 거기에서 다만 몇몇 병자에게 손을 얹어서 그들의 병을 고쳐 준 것 밖에는 아무 기적도 일으킬 수 없었다. 그리고 그는 그들의 믿음이 없는 것에 놀라셨다.

예수께서 마을들을 두루 돌아다니며 가르치셨다. 그리고 열두 제자를 불러서 그들을 둘씩 내보내기 시작하셨는데, 예수께서 제자들에게 더러운 영을 다스리는 권세를 주시고, 그들에게 명하기를 길을 떠날 때는 지팡이 하나밖에는 아무것도 가지고 가지 말고, 빵이나 자루도 지니지 말고, 전대에 동전도 넣어 가지 말고,

다만 신발은 신되 두 벌 옷을 가지지 말라고 하셨다. 그리고 그들에게 말씀하셨다. "어디서 어느 집에라도 들어가거든 그곳에서 나올 때까지 그 집에 머물고, 어느 곳에서든지 너희를 영접하지 않거나 너희의 말을 듣지 않거든 그곳을 떠날 때 너희의 발에 묻은 먼지를 떨어서 그들에게 증거로 삼아라." 그러자 그들은 나가서 돌이키라고 선포했고, 많은 귀신을 내쫓으며 수많은 병자에게 기름을 발라 병을 고쳐 주었다.

그때 헤롯 왕이 예수에 대한 소문을 들었는데, 그의 이름이 널리 알려졌기 때문이다. 사람들은 말하기를 "세례 요한이 죽은 사람들 가운데서 살아났다. 그 때문에 이런 놀라운 능력이 그에게서 일어나는 것이다"라고 했다. 다른 사람들은 말하기를 "그는 엘리야다"라 하고, 또 다른 사람들은 말하기를 "예언자들 가운데 한 사람과 같은 예언자다"라고 했다. 그러나 헤롯은 그런 소문을 듣고서 "내가 목을 벤 자, 그 요한이 살아났구나"라고 말했다.

헤롯은 자기 동생 빌립의 아내 헤로디아 때문에 직접 요한을 잡아오게 해서 옥에 가두었는데, 그것은 헤롯이 그 여자를 아내로 맞았기 때문이었다. 그런데 요한은 헤롯에게 "동생의 아내를 차지하는 것은 옳지 않다"라고 계속해서 말했다.

이에 헤로디아는 요한에게 원한을 품고 그를 죽이고자 했으나 그렇게 할 수 없었다. 그것은 헤롯이 요한을 올바르고 거룩한 사람인 줄 알고 그를 조심스러워하면서 보호해 주었고, 또 그의 말을 들으면 크게 번민하면서도 달갑게 들었기 때문이다.

그런데 좋은 기회가 왔다. 헤롯이 자기 생일에 높은 지도자들과 장교들과 갈릴리의 요인들을 청하여 잔치를 베풀었다. 그때 헤로디아의 딸이 들어와 춤을 추어서 헤롯과 또 그와 함께 식사하는 사람들을 즐겁게 해 주었다. 왕은 소녀에게 "네가 원하는 것은 무엇이든지 내게 말해 보아라. 그러면 내가 그것을 네게 주마"라고 말했다. 그는 소녀에게 굳게 맹세하기를 "네가 구하는 것이 무엇이든지 다 네게 주겠으니, 이 나라의 절반이라도 주겠다"라고 했다.

소녀는 바깥으로 나가서 자기 어머니에게 "무엇을 달라고 청할까요?"라고 물었다. 그러자 어머니가 "세례 요한의 머리"라고 말했다. 그러자 소녀는 곧바로 왕에게로 돌아와서 "지금 당장 이 자리에서 세례 요한의 머리를 쟁반에 담아서 내게 주세요"라고 청했다.

왕은 몹시 괴로웠지만, 맹세한 것과 거기에 함께 앉아 식사하는 사람들 때문에 소녀의 청을 거절할 수 없었다. 그래서 왕은 곧바로 사형 집행인을 보내서 요한의 목을 가져오게 했다. 그가 나가서 감옥에서 요한의 목을 베어 쟁반에 담아 소녀에게 주고, 소녀는 그것을 자기 어머니에게 주었다. 요한의 제자들이 이 소식을 듣고 찾아와서 그 시신을 거두어다가 장사 지냈다.

예수께서 보내셨던 사람들이 다시 예수께로 모여 와서 자기들이 한 일과 가르친 일을 다 보고했다. 예수께서 그들에게 "너희는 따로 외딴 곳으로 가서, 좀 쉬어라"라고 말씀하셨다. 거기에는 오고가는 사람이 하도 많아서 음식을 먹을 겨를조차 없었기 때문이다. 그래서 그들은 배를 타고, 따로 외딴 곳으로 갔다.

그런데 그들이 가는 것을 보고서, 많은 사람이 그들인 줄 알아보고, 여러 성읍에서 그곳으로 함께 달려가서, 그들보다 먼저 그곳에 이르렀다. 예수께서 배에서 내려 큰 무리를 보고, 그들을 불쌍히 여겼는데, 이는 그들이 마치 목자 없는 양과 같았기 때문이다. 그래서 그들에게 여러 가지를 가르치기 시작하셨다.

그런데 이미 늦은 시각이 되었기 때문에 제자들이 예수께 와서 말했다. "여기는 빈 들이고, 이미 늦은 시각이 되었습니다. 그들을 흩어 보내셔서, 근처 들판이나 마을에서 제각기 먹을 것을 사 먹게 하십시오." 그러자 예수께서 그들에게 "**너희가** 그들에게 먹을 것을 주어라"라고 대답하셨다. 그들은 예수께 "우리더러 지금 가서 이백 데나리온어치나 되는 떡을 사다가 이 사람들을 먹이라는 것입니까?"라고 반문했다. 예수께서 그들에게 "너희에게 빵이 얼마나 있느냐? 가서 알아보아라"라고 말씀하셨다. 그러자 그들이 알아보고 "빵 다섯 개와 물고기 두 마리입니다"라고 대답했다.

예수께서 그들에게 명하여 모두 떼를 지어 푸른 풀밭에 앉게 하셨다. 사람들은 백 명씩, 쉰 명씩 떼를 지어 앉았다. 예수께서 빵 다섯 개와 물고기 두 마리를 손에 들고 하늘을 우러러보며 축복하셨고, 빵을 떼어서 제자들 앞에 놓으면서 사람들에게 나누어 주게 했다. 그는 제자들에게 물고기 두 마리도 모든 사람에게 나누어 주게 하셨고, 그들은 모두 배불리 먹었다. 제자들이 빵 부스러기와 물고기 남은 것을 주워 모으니 열두 광주리에 가득 찼고, 빵을 먹은 사람은 오천 명이었다.

예수께서 곧바로 제자들에게 배를 타라고 재촉하여 자기보다 먼저 건너편 벳새다로 가게 하고, 그동안에 자신은 무리를 흩어 보내셨다. 그리고 그들과 헤어진 뒤에, 예수께서 기도하려고 산에 올라가셨다.

날이 저물었을 때, 그 배는 바다 한가운데 있었고 예수께서 홀로 뭍에 계셨다. 예수께서 제자들이 노를 젓느라고 몹시 애쓰는 것을 보셨는데, 바람이 배를 거슬러서 불어왔기 때문이다. 밤 네 시경에 예수께서 바다 위를 걸어서 제자들에게로 가셨다. 그는 그들을 지나쳐서 가려고 했는데, 그들은 그가 바다 위로 걸어오는 것을 보고 유령이라고 생각했다. 그들은 놀라서 소리를 질렀는데, 그를 보고 모두가 두려워했기 때문이다.

예수께서 곧바로 그들에게 말씀하셨다. "용기를 내어라. 나다. 두려워하지 말아라." 그리고 그가 그들에게 오셔서 배에 타시니 바람이 그쳤다. 그래서 제자들은 몹시 놀랐는데, 이는 그들이 빈 들에서 빵을 나누던 일을 제대로 이해하지 못했기 때문이다. 그들의 마음은 굳어져 있었다.

그들은 바다를 건너가서 게네사렛 땅에 이르러 닻을 내렸다. 그리고 그들이 배에서 내려오자 사람들은 곧바로 예수를 알아보고, 온 지역을 뛰어다니면서 환자들을 침대에 눕혀서 예수께서 어디에 계신다는 소리를 들으면 그곳으로 데리고 오기 시작했다. 그가 들어가는 곳이면 어디든지, 마을이든 성읍이든 들판이든 그들은 병자들을 장터거리에 데려다 놓고, 그에게 그 겉옷의 술만이라도 만질 수 있게 해 달라고 간청했다. 그리고 만지는 사람마다 모두 병이 나았다.

바리새파 사람들과 율법학자 몇 사람이 예루살렘에서 내려와 예수께 몰려왔다. 그들은 예수의 제자들 가운데 몇 사람이 부정한 손으로, 즉 씻지 않은 손으로 빵 먹는 것을 보았다. (바리새파 사람과 모든 유대 사람은 장로들의 전통을 지켜 손부터 팔꿈치까지 씻지 않고서는 음식을 먹지 않았으며, 또 시장에서 사 온 것도 정결하게 하지 않고서는 먹지 않았기 때문이다. 그 밖에도 그들이 전해 받아 지키는 전통이 많이 있었는데, 그것은 곧 잔이나 단지나 주전자 등을 씻는 일이었다.) 바리새파 사람들과 율법학자들은 그에게 "왜 당신의 제자들은 장로들의 전통을 따르지 않고, 부정한 손으로 빵을 먹습니까?"라고 물었다.

예수께서 그들에게 대답하셨다. "이사야가 너희 같은 위선자들을 두고 적절히 예언했다. 이렇게 기록되어 있다.

'이 백성은 입술로는 나를 공경하지만,
그들의 마음은 내게서 멀리 떠나 있다.
그들은 나를 헛되이 예배한다.
사람의 가르침인 가르침을 가르치며.'

너희는 하나님의 계명을 버리고 사람의 관습을 지키고 있다."

예수께서는 그들에게 말씀하셨다. "너희는 너희의 관습을 지키려고 하나님의 계명을 잘도 저버리는구나! 모세는 '네 아버지와 네 어머니를 공경하여라'라고 말했고, 또 '아버지나 어머니에게 악담하는 자는 반드시 죽을 것이다'라고 했다. 그러나 **너희는** 말하기를 만일 어떤 사람이 아버지나 어머니에게 '내게서 받으실 혜택이 고르반(하나님께 드리는 예물)이 되었습니다'라고 하면 그가 아버지나 어머니를 위해서 더 이상 아무것도 해 드리지 못하게 한다. 따라서 너희는 너희가 물려받은 관습으로 하나님의 말씀을 헛되게 한다. 너희는 이와 같은 다른 일도 많이 한다."

예수께서는 다시 무리를 가까이 부르고서 그들에게 말씀하셨다. "모두 내 말을 듣고 깨달아라. 무엇이든지 사람 밖에서 몸속으로 들어가는 것으로서 그 사람을 더럽힐 수 있는 것은 아무것도 없다. 도리어 사람에게서 나오는 것이 그 사람을 더럽게 한다."

무리를 떠나 예수께서 집으로 들어가셨을 때, 제자들이 그 수수께끼를 두고 물었다. 예수께서 말씀하셨다. "**너희도** 깨닫지 못하느냐? 밖에서 사람의 몸속으로 들어가는 것이 사람을 더럽히지 못한다는 것을 알지 못하느냐? 그것은 사람의 마음속으로 들어가지 않고 배 속으로 들어갔다가 몸 밖으로 나가 버리기 때문이다." — 이로써 예수께서 모든 음식은 깨끗하다고 하셨다.

예수께서 말씀하셨다. "사람에게서 나오는 것, **바로 그것이** 사람을 더럽힌다. 나쁜 생각은 안에서, 곧 사람의 마음에서 나온다. 곧 음행과 도둑질과 살인과 간음과 탐욕과 악한 행동과 사기와 부도덕함과 시기심에 가득 찬 시선과 모독과 교만과 어리석음이다. 이런 모든 악한 것들이 속에서 나와서 사람을 더럽힌다."

예수께서 거기에서 일어나셔서 두로 지역으로 가셨다. 그리고 어떤 집에 들어갔는데, 그는 자신에 대해서 아무도 모르기를 바랐지만 숨어 계실 수가 없었다. 더러운 귀신 들린 딸을 둔 여자가 곧바로 예수의 소문을 듣고 와서, 그의 발 앞에 엎드렸다. 이제 그 여자는 그리스 사람으로서 수로보니게 출신인데, 자기 딸에게서 귀신을 내쫓아 주기를 예수께 간청했다.

예수께서 그 여자에게 말씀하셨다. "아이들을 먼저 배불리 먹여야 한다. 아이들이 먹을 빵을 집어서 개들에게 던져 주는 것은 옳지 않다." 그러나 그 여자는 예수께 말하기를 "주여, 그렇습니다. 그러나 상 아래에 있는 개들도 아이들이 흘리는 부스러기는 얻어먹습니다"라고 대답했다. 그러자 예수께서 그 여자에게 말씀하셨다. "네가 그렇게 대답하니, 이제 돌아가거라. 귀신이 네 딸에게서 나갔다." 그 여자가 집에 돌아가서 보니, 아이는 침대에 누워 있고, 귀신은 이미 나가고 없었다.

예수께서 다시 두로 지역을 떠나 시돈을 거치고 '열 개의 도시' 지역을 지나서 갈릴리 바다에 이르렀다. 그런데 사람들이 귀먹고 말 더듬는 사람을 예수께 데리고 와서 손을 얹어 주시기를 간청했다. 그러자 예수께서 그를 무리에게서 따로 데려가셔서 손가락을 그의 귀에 넣고 침을 뱉고 그의 혀에 손을 대셨다. 그리고 하늘을 우러러보고 탄식하시고, 그에게 "에바다"라고 말씀하셨는데, 그것은 '열리라'라는 뜻이다. 그러자 곧바로 그 사람의 귀가 열리고 막혔던 혀가 풀려서 말을 분명히 했다.

예수께서 이 일을 아무에게도 말하지 말라고 그들에게 명하셨으나, 그렇게 명하면 명할수록 그들은 계속해서 더욱 널리 퍼뜨렸다. 사람들이 놀라서 말하기를 "그는 모든 일을 잘 행했다. 그는 듣지 못하는 사람도 듣게 하고, 말 못하는 사람도 말하게 한다"라고 했다.

그 무렵에 다시 큰 무리가 모였는데, 먹을 것이 없었다. 예수께서 제자들을 불러 놓고 말씀하셨다. "내가 보니, 저들이 불쌍하구나. 저들이 나와 함께 벌써 사흘이나 지냈는데, 먹을 것이 없다. 이제 내가 그들을 굶은 채로 집으로 돌려보내면, 길에서 쓰러질 것이다. 그들 가운데 몇몇은 멀리서 왔다."

제자들이 대답했다. "이 광야에서 어느 누가 이 모든 사람이 먹을 빵을 장만할 수 있겠습니까?" 그러자 예수께서 그들에게 "너희가 빵을 몇 개나 가지고 있느냐?"라고 물으셨다. 그들은 "일곱 개입니다"라고 대답했다.

그는 무리에게 명하여 땅에 앉게 하셨다. 그리고 빵 일곱 개를 들고 감사를 드린 뒤에 제자들에게 주어서 사람들에게 나누어 주게 하셨다. 그리고 그들에게는 작은 물고기가 몇 마리 있었다. 그는 그것을 축복한 뒤에 제자들이 사람들에게 나누어 주도록 하셨다. 이에 사람들은 배불리 먹었고, 제자들은 남은 부스러기를 일곱 광주리에 가득 주워 모았다. 그때 사람들은 사천 명쯤이었는데, 예수께서 그들을 흩어 보내시고, 곧바로 제자들과 함께 배에 올라 달마누다 지방으로 가셨다.

바리새파 사람들이 나와서 예수를 시험하여 하늘에서 오는 표적을 요구하며 그와 논쟁을 벌이기 시작했다. 그러자 예수께서 깊이 탄식하면서 말씀하셨다. "왜 이 세대는 표적을 찾는가? 내가 진실로 너희에게 말하노니, 이 세대는 결코 아무 표적도 받지 못할 것이다." 그리고 그는 그들을 떠나 다시 배를 타고 건너편으로 갔다.

그런데 제자들이 빵을 가져오는 것을 잊었기 때문에 배 안에는 빵 한 개밖에는 아무것도 없었다. 예수께서 제자들에게 지시를 내리며 말씀하셨다. "주의하라! 바리새파 사람의 누룩과 헤롯의 누룩을 조심하라." 그러자 그들은 서로 논하기를, "우리에게 빵이 없다"라고 했다.

이것을 알고 예수께서 그들에게 말씀하셨다. "어찌하여 너희는 빵을 가지고 있지 않은 것을 두고 논하느냐? 아직도 알지 못하고 깨닫지 못하느냐? 너희의 마음이 그렇게도 무디어 있느냐? 너희는 눈이 있어도 보지 못하고 귀가 있어도 듣지 못하느냐? 기억하지 못하느냐? 내가 빵 다섯 개를 오천 명에게 떼어 주었을 때, 너희는 남은 빵 부스러기를 몇 광주리나 가득 거두었느냐?" 그들은 예수께 "열둘입니다"라고 대답했다. "빵 일곱 개를 사천 명에게 떼어 주었을 때 너희는 남은 부스러기를 몇 광주리나 가득 거두었느냐?" 그들은 "일곱입니다"라고 대답했다. 이에 예수께서 그들에게 "너희가 아직도 깨닫지 못하느냐?"라고 말씀하셨다.

그들이 벳새다로 가니, 사람들이 눈먼 사람 하나를 예수께 데려와서 손을 대 주시기를 간청했다. 그러자 예수께서 눈먼 사람의 손을 붙드시고 마을 바깥으로 데리고 나가셨다. 그리고 그의 두 눈에 침을 뱉고 그에게 손을 얹으시고 "무엇이 보이느냐?"라고 그에게 물으셨다.

그러자 그 사람이 쳐다보고 말하기를, "사람들이 보이지만, 나무 같은 것들이 걸어 다니는 것 같습니다"라고 했다. 그때 예수께서 다시 그 사람의 두 눈에 손을 얹으니, 그가 주의하여 바라보더니 새롭게 되어서 모든 것을 분명하게 보게 되었다. 그러자 예수께서 그를 집으로 돌려보내며 말씀하시기를 "마을로 들어가지 말아라"라고 하셨다.

다시 예수께서 제자들과 함께 빌립보의 가이사랴 주변에 있는 여러 마을로 길을 나섰다. 그는 도중에 제자들에게 물으시기를 "사람들이 나를 누구라고 하느냐?"라고 하셨다. 제자들이 예수께 대답했다. "'세례 요한'이라 하고, 또 어떤 사람들은 '엘리야'라고 하고, 또 어떤 사람들은 '예언자 가운데 한 분'이라고도 합니다."

예수께서 그들에게 물으셨다. "**너희는** 나를 누구라고 하느냐?" 이에 반석이 대답했다. "**당신은** 기름 부음을 받은 분입니다."

그러자 예수께서는 그들에게 경고하여 자기에 관하여 아무에게도 말하지 말라고 하셨다. 그리고 그들을 가르치기 시작했는데, "인자가 반드시 많은 일을 겪고, 장로들과 대제사장들과 율법학자들에게 배척을 받아 죽임을 당하고 사흘 뒤에 살아날 것이다"라고 하셨다. 예수께서 드러내 놓고 이 말씀을 분명하게 하셨다. 반석이 예수를 붙들고 만류했다.

이에 예수께서 돌아서서 자기 제자들을 보면서 반석을 꾸짖어 말씀하시기를 "사탄아, 내 뒤로 물러가라. 너는 하나님의 방식대로 생각하지 않고 사람의 방식대로 생각하기 때문이다"라고 하셨다.

예수께서 제자들과 함께 무리를 불러 놓고 그들에게 말씀하셨다. "누구든지 나를 따라오려거든 자기를 부인하고 자기 십자가를 지고 따라와야 할 것이다. 제 목숨을 구하고자 하는 사람은 잃을 것이요, 누구든지 나와 복음을 위하여 제 목숨을 잃는 사람은 구할 것이다. 사람이 자기 목숨을 잃고 온 세상을 얻으면 무엇이 유익하겠느냐? 사람이 자기 목숨을 위해서 그 대가로 무엇을 주겠느냐? 음란하고 죄 많은 이 세대에서 누구든지 나와 내 말을 부끄럽게 여기면, 인자가 자기 아버지의 영광에 싸여 거룩한 천사들을 거느리고 올 때 그도 저를 부끄럽게 여길 것이다."

예수께서 이어서 말씀하셨다. "내가 진정으로 너희에게 말하는데, 여기에 서 있는 사람들 가운데는, 죽기 전에 하나님의 다스리심이 권능으로 오는 것을 맛볼 사람들도 있다."

엿새 뒤에 예수께서 반석과 야고보와 요한만 따로 데리고 높은 산으로 올라가셨다. 그리고 그들 앞에서 그의 모습이 변하여, 그의 옷은 이 세상의 어떤 빨래하는 사람이라도 그렇게 희게 할 수 없을 만큼 새하얗게 빛났다. 그리고 엘리야가 모세와 함께 그들에게 나타나더니 예수와 말을 나누었다. 반석이 예수께 말했다. "랍비여, **우리가** 여기에 있는 것이 좋겠습니다. 우리가 초막 셋을 지어서 하나는 당신께, 하나는 모세에게, 하나는 엘리야에게 드리겠습니다." 그는 무슨 말을 해야 좋을지 몰랐는데, 제자들은 겁에 질려 있었기 때문이다.

그때 구름이 일어나서 그들을 뒤덮었고, 구름 속에서 소리가 났다. "**이 사람은** 내 사랑하는 아들이다. 그의 말을 들어라." 그들은 문득 둘러보았으나 아무도 없었고 예수만 그들과 함께 있었다.

그들이 산에서 내려올 때, 예수께서 그들에게 명하여, 인자가 죽은 사람들 가운데서 살아날 때까지는 본 것을 아무에게도 이야기하지 말라고 하셨다. 그들은 이 말씀을 간직하고 '죽은 사람들 가운데서 살아난다'는 것이 무슨 뜻인가를 서로 물었다. 그들은 예수께 묻기를 "왜 율법학자들은 엘리야가 먼저 와야 한다고 합니까?"라고 했다.

예수께서 그들에게 말씀하셨다. "만일 엘리야가 먼저 와서 모든 것을 바로잡아 놓는다면, 인자가 많은 고난을 받고 멸시를 당할 것이라고 기록된 것은, 어찌 된 일이냐? 도리어 내가 너희에게 말하노니 엘리야는 이미 왔으며, 그를 두고 기록한 대로, 사람들은 그들 마음대로 그를 대했다."

그들이 다른 제자들에게 와서 보니, 큰 무리가 그들을 둘러싸고 있고, 율법학자들이 그들과 논쟁하고 있었다. 온 무리가 곧바로 예수를 보고 몹시 놀라, 달려와서 인사했다. 예수께서 그들에게 물으셨다. "너희는 그들과 무슨 논쟁을 하고 있느냐?"

무리 가운데 한 사람이 대답했다. "선생님, 내 아들이, 말을 못하게 하는 귀신이 들려 있어서, 그를 선생님께 데려왔습니다. 귀신이 어디서든지 아이를 사로잡으면 아이를 거꾸러뜨리고, 그러면 아이는 입에 거품을 흘리고 이를 갈며 몸이 뻣뻣해집니다. 그래서 당신의 제자들에게 그 귀신을 내쫓아 달라고 했으나, 그들은 그런 능력이 없었습니다."

예수께서 그들에게 대답하여 말씀하셨다. "아, 믿음이 없는 세대여, 내가 얼마나 더 오래 너희와 함께 있어야 하겠느냐? 내가 얼마나 더 너희를 참아 줘야 하겠느냐? 아이를 내게 데려오너라." 그래서 그들이 아이를 예수께 데려왔다. 귀신이 예수를 보자 아이에게 곧바로 심한 경련을 일으켰고, 아이는 땅에 넘어져서 입에 거품을 흘리면서 뒹굴었다.

예수께서 그 아버지에게 "아이가 이렇게 된 지 얼마나 되었느냐?"라고 물으셨다. 그는 대답했다. "어릴 때부터입니다. 귀신이 그 아이를 죽이려고 자주 불 속이나 물속에도 던졌습니다. 그러니 뭐라도 하실 수 있으면 우리를 불쌍히 여기시고 도와주십시오."

예수께서 그에게 말씀하셨다. "'할 수 있으면'이라고? 믿음이 있는 사람에게는 모든 것이 가능하다." 곧바로 아이 아버지는 "내가 믿습니다. 내 믿음이 부족한 것을 도와주십시오"라고 외쳤다.

무리가 함께 달려오는 것을 보시고, 예수께서 그 더러운 귀신을 꾸짖어 말씀하셨다. "벙어리, 귀머거리 귀신아, **내가** 너에게 명한다. 그에게서 나가서 다시는 그에게 들어가지 말아라." 그러자 귀신은 여러 번 소리를 지르고 아이에게 심한 경련을 일으켜 놓고 나갔다. 그러자 아이는 죽은 것과 같이 되었다. 사람들 대부분이 말하기를 "아이가 죽었다"라고 했다. 그러나 예수께서 아이의 손을 잡아서 일으키니, 아이는 일어섰다.

예수께서 집 안으로 들어가시니, 제자들이 따로 그에게 물어보았다. "왜 **우리는** 귀신을 내쫓지 못했습니까?" 예수께서 그들에게 대답하셨다. "이런 종류는 기도가 아니고는, 어느 누구라도 이를 내쫓을 수 없다."

그들은 그곳에서 나와 갈릴리를 가로질러 가고 있었는데, 예수께서는 누구도 그것을 알기를 바라지 않으셨으니, 그 이유는 자신이 제자들을 가르치고 있었기 때문이고, 그들에게 "인자가 사람들의 손에 넘어가고, 사람들이 그를 죽이고, 그가 죽임을 당하고 나서 사흘 뒤에 일어날 것이다"라고 하셨기 때문이다. 그러나 제자들은 예수께서 하신 말씀을 깨닫지 못했고, 예수께 묻기조차 두려워했다.

그들은 가버나움으로 갔는데, 집 안에 있을 때 예수께서 그들에게 물으셨다. "너희가 길에서 무슨 일로 논의했느냐?" 그러나 그들은 잠잠했는데, 길에서 누가 가장 큰 사람이냐 하는 것을 놓고 논했기 때문이다. 예수께서 자리에 앉으신 뒤에 제자 열둘을 불러 놓고 말씀하셨다. "누구든지 첫째가 되고자 하면, 모든 사람의 꼴찌가 되어서 그들을 섬겨야 한다."

그는 어린 여자아이 하나를 데려다가 그들 가운데 세우고, 그 아이를 안고서 그들에게 말씀하셨다. "누구든지 내 이름으로 이런 어린이들 가운데 하나를 영접하면 나를 영접하는 것이요, 나를 영접하는 사람은 나를 영접하는 것이 아니라 나를 보내신 분을 영접하는 것이다."

요한이 예수께 말했다. "선생님, 어떤 사람이 당신의 이름으로 귀신들을 내쫓는 것을 우리가 보았습니다. 그런데 그 사람은 우리를 따르고 있지 않아서, 우리가 그를 막았습니다." 이에 예수께서 이렇게 말씀하셨다. "그를 막지 말아라. 내 이름으로 기적을 행하고 나서 곧이어 나를 욕할 사람은 아무도 없기 때문이다. 우리를 반대하지 않는 사람은 우리를 지지하는 사람이다. 내가 진실로 너희에게 말하노니, 너희가 기름 부음을 받은 사람 밑에 있다는 것 때문에 그 이름으로 인하여 너희에게 물 한 잔이라도 주는 사람은 분명히 자기가 받을 보상을 잃지 않을 것이다. 그리고 나를 믿는 이 작은 사람들 가운데서 하나라도 넘어지게 하는 사람은 차라리 그 목에 맷돌을 매고 바다에 빠지는 편이 낫다."

"그리고 만일 네 손이 너에게 죄를 짓게 하거든 그것을 찍어 버려라! 네가 두 손을 가지고 게헨나로, 그 꺼지지 않는 불 속에 들어가는 것보다 차라리 불구로 생명에 들어가는 것이 낫다. 그리고 만일 네 발이 너에게 죄를 짓게 하거든 그것을 찍어 버려라! 네가 두 발을 가지고 게헨나에 들어가는 것보다 차라리 저는 발로 생명에 들어가는 것이 낫다. 또 만일 네 눈이 너에게 죄를 짓게 하거든 그것을 빼어 버려라! 네가 두 눈을 가지고 게헨나에 들어가는 것보다 차라리 한 눈으로 하나님의 다스리심 안에 들어가는 것이 낫다. 거기에서는 구더기도 죽지 않고 불도 꺼지지 않는다."

"모든 사람이 다 불로 소금에 절여지듯 할 것이다. 소금은 좋은 것이지만, 만일 소금이 짠맛을 잃는다면 어떻게 그것을 다시 살려 내겠느냐? 너희 자신 가운데 소금을 지니고 서로 화목하게 지내라."

거기에서 일어나 예수께서 요단강 너머 유대 지방으로 가셨다. 다시 무리가 그의 주위로 모여드니, 그는 늘 하던 대로 다시 그들을 가르치셨다. 그러자 바리새파 사람들이 다가와 그를 시험하여, 남편이 아내를 버리는 것이 합법적인 것인지 물었다. 예수께서 그들에게 대답하여 말씀하셨다. "모세가 너희에게 어떻게 하라고 명했느냐?" 그들은 "모세는 이혼장을 써 주고 아내를 버리는 것을 허락했습니다"라고 말했다.

예수께서 그들에게 말씀하셨다. "너희의 완악한 마음 때문에 모세는 너희에게 이 계명을 써 준 것이지만, 창조 때로부터 하나님께서는 사람을 남자와 여자로 만드셨다. 이런 이유에서 사람은 부모를 떠나 둘이 한 몸이 되며, 따라서 그들은 더 이상 둘이 아니라 하나이다. 그러므로 하나님께서 함께하라고 짝지어 주신 것을 누구도 갈라놓아서는 안 된다." 다시 집에 들어갔을 때 제자들이 이 말씀에 대해 예수께 물었다. 그러자 예수께서 그들에게 말씀하셨다. "누구든지 아내를 버리고 다른 여자와 결혼하는 남자는 아내에게 간음죄를 짓는 것이다. 또한 만일 아내가 남편을 버리고 다른 남자와 혼인해도 간음하는 것이다."

사람들이 어린이들을 예수께 데리고 와서 그가 쓰다듬어 주시기를 바랐으나 제자들은 그들을 꾸짖었다. 이에 예수께서 그것을 보시고 화내시며 말씀하셨다. "어린이들이 내게 오게 하여라. 그들을 막지 말지니, 하나님의 다스리심은 이런 사람들에게 속한 것이다. 내가 진정으로 너희에게 말하는데, 누구든지 어린이와 같이 하나님의 다스리심을 받아들이지 않는 사람은 거기에 들어가지 못할 것이다." 그리고 예수께서 어린이들을 안고, 그들에게 손을 얹어서 그들 모두를 축복하셨다.

예수께서 길을 떠나시는데, 한 남자가 달려와서 그 앞에 무릎을 꿇고 물었다. "선하신 선생님, 제가 영생을 얻으려면 무엇을 해야 합니까?" 예수께서 그에게 대답하셨다. "너는 왜 나를 선하다고 하느냐? 하나님 한 분 외에는 선한 이가 없다. 너는 계명을 알고 있을 것이다. '살인하지 말라', '간음하지 말라', '도둑질하지 말라', '거짓으로 증언하지 말라', '속여서 빼앗지 말라', '네 부모를 공경하라'." 그는 예수께 말했다. "선생님, 저는 이 모든 것을 어려서부터 다 지켰습니다." 이에 예수께서 그를 가만히 쳐다보시고 사랑스럽게 여기시면서 그에게 말씀하셨다. "너는 한 가지 부족한 것이 있다. 가서 네가 가진 것을 다 팔아서 가난한 사람들에게 주면, 너는 하늘에서 보화를 얻게 될 것이다. 그리고 와서 나를 따라라." 그러나 그는 이 말씀 때문에 낙심이 되어 슬퍼하면서 떠나갔으니, 이는 그가 재산이 많았기 때문이다.

예수께서 자기 제자들을 둘러보시고 말씀하셨다. "재산을 가진 사람이 하나님의 다스리심 안으로 들어가기가 얼마나 어려운가!" 그러자 제자들은 그의 말씀에 놀랐다. 예수께서 다시 그들에게 말씀하셨다. "얘들아, 하나님의 다스리심 안에 들어가기가 얼마나 어려운지! 부자가 하나님의 다스리심 안에 들어가는 것보다 낙타가 바늘귀로 지나가는 것이 더 쉽다."

이 말에 제자들은 크게 놀라서, "그렇다면 누가 구원을 받을 수 있겠는가?" 하고 서로 말했다. 예수께서 그들을 가만히 쳐다보고 말씀하셨다. "사람에게는 불가능하지만 하나님께는 그렇지 않으니, 하나님께는 무슨 일이나 다 가능하기 때문이다."

반석이 예수께 말씀드렸다. "보십시오, 우리는 모든 것을 버리고 당신을 따라왔습니다." 예수께서 말씀하셨다. "내가 진정으로 너희에게 말하는데, 나를 위하고 또 복음을 위하여 집이나 형제나 자매나 어머니나 아버지나 자녀나 밭을 버린 사람은, 박해와 더불어서, 지금 이 세상에서 집과 형제와 자매와 어머니와 자녀와 논밭을 백 배나 받을 것이고, 다가오는 세상에서는 영생을 받을 것이다. 그러나 많은 경우에, 가장 중요한 사람이 가장 보잘것없는 사람이 되고, 가장 보잘것없는 사람이 가장 중요한 사람이 될 것이다."

이제 예루살렘으로 올라가는 길에 예수께서 앞서가시는데, 제자들은 놀랐고 뒤따라가는 사람들은 두려워했다. 예수께서 다시 열둘을 곁에 불러 놓으시고, 앞으로 곧 자기에게 벌어질 일들을 일러 주시기 시작했다. "보아라, 우리는 예루살렘으로 올라가고 있는데, 인자가 대제사장들과 율법학자들의 손에 넘겨질 것이며, 그들은 그에게 사형을 선고하고, 그를 이방 사람들에게 넘겨줄 것이며, 그를 조롱하고 침 뱉고 채찍질하고 죽이겠지만, 사흘 뒤에 그는 살아날 것이다."

그러자 세베대의 아들인 야고보와 요한이 예수께 다가와서 말했다. "선생님, 우리가 요구하는 것을 무엇이든지 해 주시기 바랍니다." 예수께서 그들에게 말씀하셨다. "너희는 내가 너희에게 무엇을 해 주기를 바라느냐?"

그들이 대답했다. "주께서 영광을 받으실 때 우리 중 하나는 주의 오른쪽에, 하나는 왼쪽에 앉게 해 주십시오." 예수께서 그들에게 말씀하셨다. "너희는 너희가 무엇을 구하고 있는지 잘 모르고 있다. 너희가 내가 마시려는 잔을 마실 수 있고, 내가 받게 될 세례를 받을 수 있느냐?" 그들은 "우리가 할 수 있습니다"라고 말했다.

예수께서 그들에게 말씀하셨다. "내가 마시려는 잔을 너희가 마시고, 내가 이제 받게 될 세례를 너희가 받겠지만, 내 오른쪽과 왼쪽에 앉는 그 일은, 내가 할 수 있는 것이 아니다. 그 자리는 미리 정해 놓은 사람들에게 돌아갈 것이다."

그런데 다른 열 제자가 이것을 듣고 야고보와 요한에게 화가 났다. 그래서 예수께서 그들을 곁에 불러 모아 놓고 말씀하셨다. "이방인들의 통치자로 자처하는 사람들은 백성 위에 군림하고 고관들은 백성에게 권세를 휘두른다. 그러나 너희 가운데서는 그래서는 안 된다. 너희 가운데서 누구든지 위대하게 되고자 하는 사람은 너희를 섬기는 사람이 되어야 하고, 너희 가운데서 누구든지 으뜸이 되고자 하는 사람은 모든 사람의 종이 되어야 한다. 인자는 섬김을 받으러 온 것이 아니라 섬기러 왔으며, 많은 사람을 위하여 자기 목숨을 몸값으로 내주러 왔다."

그러고 나서 그들은 여리고로 갔다. 예수께서 자기 제자들과 큰 무리와 함께 다시 여리고를 떠나실 때, 디매오의 아들 바디매오라는 눈먼 거지가 길가에 앉아 있었다. 그는 나사렛 예수께서 지나가신다는 말을 듣고, "다윗의 자손이여! 예수여! 내게 자비를 베푸소서!" 하고 외치기 시작했다. 많은 사람이 그를 꾸짖어 조용히 하라고 했으나, 그는 더욱더 큰 소리로 "다윗의 자손이여! 내게 자비를 베푸소서!" 하고 외쳤다.

예수께서 멈추어 서서 "그를 불러오너라"라고 말씀하셨다. 그러자 그들은 그 눈먼 사람을 불러 말하기를, "용기를 내어 일어나시오. 예수께서 당신을 부르시오"라고 했다. 그러자 그는 자기의 겉옷을 벗어 던지고, 벌떡 일어나서 예수께 왔다.

예수께서 그에게 대답하여 말씀하시기를, "내가 너에게 무엇을 하여 주기를 바라느냐?"라고 하셨다. 눈먼 사람이 예수께 말했다. "랍비여, 내가 앞을 보기 원합니다." 예수께서 그에게 말씀하셨다. "가라, 네 믿음이 너를 회복시켰다." 곧바로 그는 앞을 보게 되었고, 예수께서 가시는 길을 따라나섰다.

그들이 예루살렘 가까이, 감람산에 있는 벳바게와 베다니 가까이에 이르렀을 때, 예수께서 제자 둘을 보내시며, 그들에게 말씀하셨다. "너희는 맞은편에 있는 고을로 들어가라. 그곳에 들어가자마자, 아직 아무도 탄 적 없는 새끼 나귀 한 마리가 매여 있는 것을 보게 될 것이다. 그 나귀를 풀어서 끌고 오너라. 그리고 누가 너희에게 '당신들은 왜 이러는 것입니까?'라고 물으면, '주께서 그것이 필요하신데, 곧바로 이리로 돌려보내실 것입니다'라고 말해라."

두 제자는 가서 길 쪽으로 난 바깥문에 새끼 나귀가 매여 있는 것을 보고, 그것을 풀었다. 거기에 서 있던 사람들 가운데 몇 사람이 그들에게 물었다. "새끼 나귀를 풀다니, 당신들은 뭘 하는 거요?" 그러자 제자들은 예수께서 일러 준 대로 말했고, 그들은 제자들이 나귀를 끌어가도록 내버려 두었다.

제자들이 새끼 나귀를 예수께 끌고 와서, 자기들의 겉옷을 벗어 그 등에 얹어 놓았고, 예수께서는 그 위에 올라앉으셨다. 그러자 많은 사람이 자기들의 겉옷을 길 위에 폈으며, 다른 사람들은 들에서 잎이 많이 달린 나뭇가지들을 꺾어다가 깔았다. 그리고 앞에 가는 사람들과 뒤따르는 사람들이 이렇게 외쳤다.

"호산나!
주님의 이름으로 오시는 분은 복 되시다!
다가오는 우리 조상 다윗의 다스림은 복 되도다!
가장 높은 곳에서, 호산나!"

예수께서 예루살렘에 들어가서 성전으로 가셨고, 모든 것을 둘러본 뒤에, 이미 시각이 늦었기에 제자 열둘과 함께 베다니로 가셨다.

다음 날 베다니에서 나올 때 예수께서는 배가 고프셨다. 그리고 잎이 무성한 무화과나무를 멀리서 보고, 혹시 거기에서 무화과를 얻을 수 있을까 보러 가셨다. 그런데 가 보니 잎사귀밖에는 아무것도 없었는데, 이는 아직 무화과 철이 아니었기 때문이다. 이에 예수께서 무화과나무에게 "누구도 이제부터는 너에게서 다시 열매를 얻지 못할 것이다"라고 말씀하셨다. 제자들이 예수께서 말씀하시는 것을 들었다.

그들은 예루살렘에 들어갔다. 예수께서 성전에 들어가서 성전 안에서 팔고 사는 사람들을 내쫓았고, 돈을 바꾸어 주는 사람들의 상과 비둘기를 파는 사람들의 의자를 둘러엎었으며, 누구도 성전을 가로질러 물건을 나르지 못하게 하셨다. 예수께서 그들에게 가르치시며 말씀하셨다. "'내 집은 만민이 기도하는 집이라고 불릴 것이다'라고 기록되지 않았느냐? 그런데 **너희는** 그곳을 강도들의 소굴로 만들어 버렸다."

대제사장들과 율법학자들은 그 말을 듣고 어떻게 예수를 없애 버릴까 하고 방법을 찾기 시작했다. 그들은 예수를 두려워하고 있었는데, 모든 무리가 그의 가르침에 놀랐기 때문이었다. 저녁이 되었을 때, 예수와 제자들은 성 밖으로 나갔다.

이른 아침에 지나가다가, 그들은 무화과나무가 뿌리부터 통째로 말라 버린 것을 보았다. 반석이 기억하고 예수께 "랍비여, 보십시오! 당신께서 저주하신 그 무화과나무가 말라 버렸습니다"라고 말했다. 예수께서 그들에게 대답하셨다. "하나님을 믿어라. 내가 진실로 너희에게 말하는데, 누구든지 이 산더러 '뽑혀서 바다에 빠져라'라고 말하며 마음속으로 의심하지 않고 자기가 말한 대로 될 것이라고 믿으면, 그들에게 그렇게 이루어질 것이다. 그러므로 나는 너희에게 말한다. 너희가 기도하고 구하는 모든 것은 이미 받았다고 믿어라. 그러면 너희에게 그대로 될 것이다. 너희가 서서 기도할 때마다, 너희가 어떤 사람과 등지고 있다면, 용서해라. 그래야 하늘에 계신 너희 아버지께서도 너희의 잘못을 용서해 주실 것이다."

그들은 다시 예루살렘에 들어갔다. 예수께서 성전 안에서 거닐고 계실 때, 대제사장들과 율법학자들과 장로들이 예수께 와서 "당신은 무슨 권한으로 이런 일을 합니까? 누가 당신에게 이런 일을 할 수 있는 권한을 주었습니까?"라고 물었다.

예수께서 그들에게 말씀하셨다. "나도 너희에게 질문을 하나 하겠다. 나에게 대답해 보아라. 그러면 내가 무슨 권한으로 이런 일들을 하는지 너희에게 말하겠다. 요한의 세례가 하늘에서 온 것이냐, 아니면 사람에게서 온 것이냐? 내게 대답해 보아라."

그들은 자기들끼리 의논하며 말했다. "만일 우리가 '하늘에서 왔다'라고 말하면, 그는 '그렇다면 너희는 왜 그를 믿지 않았느냐' 라고 할 것이다. 그러나 만일 우리가 '사람에게서 왔다'고 말한다면?" 그들은 무리를 무서워하고 있었는데, 모든 사람이, 요한이 정말로 예언자였다고 생각하고 있었기 때문이었다. 그래서 그들이 예수께 대답하기를 "모르겠습니다"라고 말했다. 예수께서는 그들에게 말씀하셨다. "나도 내가 무슨 권한으로 이런 일을 하는지 너희에게 말하지 않겠다."

예수께서 그들에게 수수께끼로 말씀하시기 시작했다. "어떤 사람이 포도원을 일구어서 그 주변에 울타리를 치고, 포도즙을 짜기 위한 구덩이를 파고 망대를 세우고, 그것을 농부들에게 세로 주고 멀리 떠났다. 그리고 적절한 때가 되자 그는 종을 농부들에게 보내어 그 농부들에게서 포도원 소출의 얼마를 받으려고 했다. 그런데 그들은 그 종을 잡아서 때리고 빈손으로 돌려보냈다. 그는 다시 다른 종을 그들에게 보냈는데, 그들은 그 종의 머리를 때리고 그를 모욕했다. 그래서 그는 또 다른 이를 보냈는데, 그들은 그를 죽였다. 그는 다른 종들을 많이 보냈는데, 그 농부들은 그들을 더러는 때리고 더러는 죽였다. 이제 그에게는 보낼 한 사람, 곧 사랑하는 아들이 있었다. 그는 마지막으로 아들을 농부들에게 보내며 말하기를 '그들이 내 아들이야 존중하겠지'라고 했다. 그러나 그 농부들은 서로 말했다. '이 사람은 상속자다. 자, 그를 죽여 버리자. 그러면 유산은 우리의 것이 될 것이다.' 그래서 그들은 그를 잡아서 죽이고 포도원 바깥에다가 내던졌다."

"포도원 주인이 어떻게 하겠느냐? 그는 와서 농부들을 죽이고, 포도원을 다른 사람들에게 줄 것이다. 너희는 이런 성경 말씀도 읽어 보지 못했느냐?

'건축자들이 버린 돌이
　머릿돌이 되었다.
이것은 주님으로부터 말미암은 것이요,
　우리 눈에는 놀랍게 보인다.'"

이에 그들은 어떻게 예수를 잡을까 모색하기 시작했다. 그러나 그들은 무리를 두려워했다. 그들은 예수께서 자기들을 겨냥해서 그 수수께끼를 말한 것임을 알았기 때문이었다. 그래서 그들은 예수를 남겨 두고 떠나 버렸다.

그들은 바리새인과 헤롯 당원 가운데 몇 사람을 예수께 보내어, 예수가 하는 말에서 책잡으려고 했다. 이에 그들이 와서 예수께 말했다. "선생님, 우리는 당신이 진실한 분이시고, 아무에게도 매이지 않으시는 분임을 알고 있습니다. 당신은 사람들의 반응을 개의치 않고 진실로 하나님의 길을 가르치기 때문입니다. 그런데 황제에게 세금을 바치는 것이 옳습니까, 옳지 않습니까? 바쳐야 합니까, 바치지 말아야 합니까?"

예수께서 그들의 위선을 보고 그들에게 말씀하셨다. "너희가 어찌하여 나를 시험하느냐? 내가 볼 수 있도록 데나리온 한 닢을 가져오라." 그들이 데나리온 한 닢을 가져오자 예수께서 물으셨다. "이 초상은 누구의 것이며, 적힌 글자는 누구의 것이냐?" 그들이 "황제의 것입니다"라고 대답했다. 예수께서 그들에게 말씀하셨다. "황제에게 속한 것은 황제에게 돌려주고, 하나님께 속한 것은 하나님께 돌려 드려라." 그러자 그들은 완전히 예수께 감탄했다.

부활이 없다고 주장하는 사두개파 사람들이 와서 예수께 물었다. "선생님, 모세는 우리에게 써 주기를, '어떤 사람의 형이 죽었는데 아내만 남겨 두고 자식이 없다면, 그의 동생이 그 아내를 맞아들여서 그의 형을 위해서 후손을 이어 주어야 한다'라고 했습니다. 일곱 형제가 있었는데, 첫째가 아내를 얻었으나 그가 죽을 때 그는 후손을 남기지 못했습니다. 그리하여 둘째가 그녀를 맞아들였는데, 그도 후손을 남기지 못한 채 죽었습니다. 그리고 셋째도 그렇게 했습니다. 일곱 중에서 어느 누구도 후손을 남기지 못했습니다. 맨 마지막으로 그 아내도 죽었습니다. 그들이 살아나는 부활 때, 그 여자는 누구의 아내가 되겠습니까? 일곱이 모두 그 여자를 아내로 맞아들였으니 말입니다."

예수께서 그들에게 말씀하셨다. "이래서 너희가 크게 오해하는 것이 아니냐? 너희는 성경도 모르고, 하나님의 능력도 모른다. 사람이 죽었다가 살아날 때, 그들은 결혼도 하지 않고 시집도 가지 않고 하늘에 있는 천사들같이 된다. 죽은 사람들이 살아나는 일에 관해서는, 모세의 두루마리에서 떨기나무 대목에 하나님께서 그에게 어떻게 말씀하셨는지를, 즉 '나는 아브라함의 하나님이고 이삭의 하나님이고 야곱의 하나님이다'라고 말씀하신 것을 너희는 읽지 못했느냐? 하나님은 죽은 사람의 하나님이 아니라 살아 있는 사람의 하나님이시다. 너희는 아주 크게 오해를 하고 있다."

율법학자들 가운데 한 사람이 다가와서 그들이 논쟁하는 것을 듣고, 예수께서 그들에게 얼마나 대답을 잘하는지 보고서, 예수께 물었다. "모든 계명 가운데서 무엇이 가장 중요합니까?"

예수께서 대답하셨다. "가장 중요한 것은 이것이다. '들으라, 이스라엘아, 주님 우리의 하나님은 오직 한 분이신 주님이시니, 너는 네 마음을 다하고 네 목숨을 다하고 네 모든 지식과 네 힘을 다하여, 주님 너의 하나님을 사랑하여라.' 둘째로 중요한 것은 이것이다. '너는 네 이웃을 네 자신과 같이 사랑하여라.' 이것들보다 더 큰 계명은 없다."

율법학자가 예수께 말했다. "선생님, 하나님은 오직 한 분이시고 그 밖에 다른 이가 없다고 말씀하신 것은 얼마나 옳으신 말씀입니까! 그리고 모든 마음과 모든 지혜와 모든 힘을 다해서 이웃을 자기 자신과 같이 사랑하는 것이 모든 번제와 희생제보다 더 낫다고 하신 말씀이 얼마나 옳으신 말씀입니까!" 그가 지혜롭게 대답하는 것을 보시고, 예수께서 그에게 말씀하셨다. "너는 하나님의 다스리심에서 멀리 있지 않다." 그러자 그 누구도 감히 예수께 더 질문하지 않았다.

성전에서 가르치실 때, 예수께서 목소리를 높여 말씀하셨다. "어찌하여 율법학자들은 기름 부음을 받은 자가 다윗의 자손이라고 말하느냐? 다윗이 성령으로써 이렇게 말했다.

'주님께서 내 주께 말씀하셨다.
"너는 내 오른쪽에 앉아 있어라.
내가 네 원수들을
네 발아래에 굴복시킬 때까지,"'

다윗 자신이 그를 '주'라고 불렀는데, 어떻게 그가 다윗의 자손이 되겠느냐?" 그러자 많은 군중이 예수의 말씀을 기쁘게 들었다.

예수께서 가르치면서 이렇게 말씀하셨다. "율법학자들을 조심하여라. 그들은 기다란 예복을 입고 이리저리 걸어 다니기를 좋아하고 시장에서 정중한 인사를 받고 싶어 하며 회당에서 가장 중요한 자리에 앉기를 원하고 잔치 자리에서 가장 중요한 자리를 원하며 과부의 가산을 집어삼키고 남들에게 보이려고 오래 기도한다. **그들이야말로** 가장 엄한 심판을 받을 것이다."

그리고 헌금함 맞은쪽에 앉아서, 예수께서 사람들이 어떻게 헌금함에 돈을 넣는지 보고 있었다. 여러 부자들이 많은 액수를 넣었는데, 한 가난한 과부가 와서 두 렙돈, 즉 한 고드란트를 넣었다.

예수께서 제자들을 불러 모아 놓고 말씀하셨다. "내가 진정으로 너희에게 말하는데, 이 가난한 과부는 헌금함에 돈을 넣은 모든 사람보다 더 많이 넣었다. 왜냐하면 모두 다 남은 것 중에서 넣었지만, 이 여자는 궁핍한 가운데서 자기가 가진 모든 것, 곧 자기 생활비 전부를 넣었기 때문이다."

예수께서 성전에서 나가실 때, 제자들 가운데 한 사람이 예수께 말했다. "선생님, 보십시오. 얼마나 굉장한 돌입니까! 얼마나 굉장한 건물들입니까!" 그러자 예수께서 그에게 말씀하셨다. "너는 이 큰 건물들을 보고 있느냐? 분명히 여기에 돌 하나도 돌 위에 남지 않고 다 무너질 것이다."

예수께서 성전을 마주 보고 감람산에 앉아 있는데, 반석과 야고보와 요한과 안드레가 따로 예수께 물었다. "우리에게 말씀해 주십시오. 언제 이런 일이 있겠습니까? 이 모든 일이 이루어지려고 할 때 무슨 표징이 있겠습니까?"

예수께서 그들에게 말씀하셨다. "누구에게도 속지 않도록 조심하여라. 많은 사람이 내 이름으로 와서는 '내가 그리스도다' 하면서, 많은 사람을 속일 것이다. 이제 너희가 전쟁의 소리와 전쟁의 소문을 들어도 놀라지 말아라. 이런 일이 반드시 일어나야 하지만 아직 끝은 아니다. 민족과 민족이 맞서 싸우고, 나라와 나라가 맞서 싸울 것이다. 지진이 곳곳에서 일어나고, 기근이 들 것이다. 이런 일들은 진통의 시작이다."

"너희는 스스로 조심하여라. 사람들이 너희를 산헤드린에 넘겨줄 것이며, 너희는 회당에서 매를 맞을 것이다. 또 너희는 나 때문에 총독들과 임금들 앞에 서게 되고, 그들에게 증언할 것이다. 그런데 먼저 복음이 모든 민족에게 선포되어야 한다. 그리고 사람들이 너희를 끌고 가서 넘겨줄 때, 무슨 말을 해야 할지 미리 걱정하지 말아라. 그 시각에 너희에게 주어지는 것을 말하여라. 왜냐하면 **너희가** 말하는 것이 아니라 성령이 하시는 것이기 때문이다. 형제가 형제를 죽음에 넘겨주고, 아버지가 자식을 그렇게 하고, 자식이 부모를 거슬러 일어나서 부모를 죽일 것이다. 그리고 너희는 내 이름 때문에 모든 사람에게 미움을 받을 것이다. 그러나 끝까지 견디는 사람은 구원받을 것이다."

"너희가 이제 '황폐하게 하는 가증스러운 것'이 서지 못할 곳에 선 것을 보거든 (읽는 사람은 누구나 깨달아라) 그때에는 유대에 있는 사람들은 산으로 도망하여라. 지붕 위에 있는 사람은 내려와서 제 집 안에서 무엇을 꺼내려고 들어가지 말아라. 들에 있는 사람은 겉옷을 가지러 집으로 돌아가지 말아라. 그날에 임신한 여자들과 아이들에게 젖 먹이는 여자들에게 얼마나 끔찍한 일이 일어날 것인가! 그 일이 겨울에 일어나지 않도록 기도하여라. 그날에 환난이 닥칠 것인데, 그런 환난은 하나님께서 세상을 창조하신 뒤로부터 지금까지 없었고, 앞으로도 없을 것이다. 만일 주님께서 그 날들을 줄여 주지 않으신다면, 누구도 구원을 받지 못할 것이다. 그러나 하나님께서 선택하셔서 선택된 자들 때문에, 하나님은 그 날들을 줄여 주셨다."

"그리고 그때 누가 너희에게 '보아라, 기름 부음 받은 자가 여기에 있다! 보라, 저기에 있다!' 하더라도 믿지 말아라. 거짓 기름 부음 받은 자들과 거짓 예언자들이 일어나서 표적과 능력을 행하여

할 수만 있으면 선택받은 사람들을 미혹시키려 할 것이다. 그러나 너희는 조심하여라. 내가 이 모든 일을 너희에게 미리 말해 둔다."

"그러나 그 환난이 지난 뒤에,

'해는 어두워지고,
달은 빛을 내지 않고,
별들은 하늘에서 떨어지고,
하늘의 세력들은 흔들릴 것이다.'

그때에 사람들은 인자가 큰 권능과 영광으로 구름을 타고 오는 것을 볼 것이다. 그때 그는 천사들을 보내어 땅 끝에서부터 하늘 끝까지, 바람이 불어오는 네 방향에서from the four winds 선택된 사람들을 모을 것이다."

"무화과나무에서 수수께끼를 배워라. 그 가지가 연해지고 잎이 돋으면, 너희는 여름이 가까이 온 줄을 안다. 너희도 이런 일들이 일어나는 것을 보거든, 인자가 문 앞에 가까이 온 줄을 알아라. 내가 진정으로 너희에게 말하는데, 이 모든 일이 다 일어나기 전에는 이 세대가 분명히 끝나지 않을 것이다. 하늘과 땅은 없어질지라도 나의 말은 절대로 없어지지 않을 것이다."

"그러나 그 날과 그 때는 아무도 모른다. 하늘의 천사들이나 아들도 모르고, 오직 아버지만 아신다. 주의하라! 깨어 있어라! 그 적절한 때가 언제인지 너희가 모르기 때문이다. 그것은 마치 여행하는 사람과 같은데, 그가 집을 떠날 때 자기 종들에게 권한을 주어서, 각 사람에게 할 일을 맡기고, 문지기에게는 깨어 있으라고 명령한다. 그러므로 깨어 있어라. 너희는 집주인이 언제 올는지, 저녁녘일지 한밤중일지 닭이 울 무렵일지 이른 아침일지 알지 못하기 때문이다. 그렇지 않으면 그가 갑자기 와서 너희가 잠자고 있는 것을 보게 될지도 모른다. 내가 너희에게 하는 말은 모든 사람에게 하는 말이다. 깨어 있어라!"

이제 유월절과 무교절이 이틀 앞으로 다가왔다. 그런데 대제사장들과 율법학자들은 어떻게 흉계를 꾸며서 예수를 죽일까 궁리하고 있었다. 그들은 "명절 기간에는 안 된다. 만일 그때라면 백성의 폭동이 일어날 것이다"라고 말했다.

예수께서 베다니에 있는 한센병 환자 시몬의 집에서 음식을 먹고 있는데, 한 여자가 매우 값진 순수한 나드 향유 한 옥합을 가지고 왔다. 그녀는 그 옥합을 깨뜨리고 향유를 예수의 머리에 붓기 시작했다.

이에 몇몇 사람이 화를 내면서 자기들끼리 말하기를, "왜 이 향유를 이렇게 허비하는가? 이 향유라면 삼백 데나리온 이상에 팔아서, 그 돈을 가난한 사람들에게 줄 수 있었겠다"라고 했다. 그리고 그들은 그 여자를 책망했다. 그러나 예수께서 말씀하셨다. "그녀를 내버려 두어라. 왜 그녀를 괴롭히느냐? 그녀가 내게 한 일은 좋은 일이다. 가난한 사람들은 늘 너희 가운데 있고, 너희는 언제든지 너희가 원하면 그들에게 좋은 일을 할 수 있지만, 나는 늘 너희와 함께 있는 것이 아니다. 이 여자는 자기가 할 수 있는 일을 했다. 그녀는 장례식에 앞서서 내 몸에 향유를 부은 것이다. 내가 진정으로 너희에게 말하는데, 온 세상에 복음이 선포되는 곳이라면 어디든지 이 여자가 한 일도 전해져서, 사람들이 이 여자를 기억하게 될 것이다."

그런데 열두 제자 가운데 하나인 가룟 유다가 예수를 넘겨주기 위해서 대제사장들을 찾아갔다. 그들은 유다의 말을 듣고서 기뻐하며 그에게 은화를 주기로 약속했다. 그래서 그는 예수를 넘겨줄 적당한 기회를 찾기 시작했다.

무교절 명절 첫째 날에, 유월절 양을 잡는 것이 관례인 이날에, 제자들이 예수께 말했다. "우리가 어디로 가서, 선생님께서 유월절 음식을 드시도록 준비하기를 원하십니까?" 예수께서는 제자 두 사람을 보내며 그들에게 말씀하셨다. "도시로 들어가라. 그러면 물동이를 메고 가는 어느 남자를 만날 것이다. 그를 따라가라. 그리고 그가 들어가는 곳에서 그 집 주인에게 말하기를, '선생님께서 말씀하시기를, "내가 내 제자들과 함께 유월절 음식을 먹을 방이 어디에 있느냐?"라고 하십니다' 하여라. 그러면 그 사람이 자리가 준비된 큰 다락방을 너희에게 보여 줄 것이니, 거기에서 우리를 위해 준비해라." 이에 제자들이 떠나서 성안으로 들어가서 보니, 예수께서 말한 그대로였고, 그래서 그들은 유월절 음식을 준비했다.

저녁이 되었을 때 예수께서는 제자 열둘과 함께 그곳으로 가셨다. 그들이 기대어 누워서 먹고 있을 때, 예수께서 말씀하셨다. "내가 진정으로 너희에게 말하는데, 너희 가운데 한 사람, 나와 함께 먹고 있는 사람이 나를 넘겨줄 것이다." 그러자 그들은 슬퍼하면서, 차례대로 예수께 "저는 아니지요?"라고 말했다.

예수께서 그들에게 말씀하셨다. "열둘 가운데 하나인데, 나와 함께 같은 대접에 빵을 적시고 있는 사람이다. 인자는 자기에 관해 성경에 기록된 대로 떠나가지만, 인자를 넘겨주는 그 사람에게는 얼마나 끔찍한 일인가! **그 사람은** 차라리 태어나지 않았더라면 자기에게 좋았을 텐데."

그들이 먹고 있을 때, 예수께서 빵을 들어서 축복하시고, 떼어서 그들에게 주면서 말씀하셨다. "이것을 받아라. 이것은 내 몸이다." 그리고 잔을 들어서 감사를 드리고, 그들에게 주시니, 그들은 모두 그 잔을 마셨다. 예수께서 그들에게 말씀하셨다. "이것은 많은 사람을 위하여 부어 주는 나의 언약의 피다. 내가 진정으로 너희에게 말하는데, 이제부터 내가 하나님의 다스리심 안에서 새것을 마실 그날까지, 나는 포도에서 난 것을 더 이상 마시지 않을 것이다."

그들은 찬송을 부르고서 감람산으로 갔다. 예수께서 제자들에게 말씀하셨다. "너희가 모두 넘어질 것이니, 이렇게 기록되어 있기 때문이다.

'내가 목자를 치리니,
양들이 모두 흩어질 것이다.'

그러나 내가 살아난 뒤에 너희보다 먼저 갈릴리로 갈 것이다."

반석이 예수께 말했다. "모두가 넘어질지라도, 적어도 **나만은** 그렇지 않을 것입니다."

예수께서 그에게 말씀하셨다. "내가 진정으로 너에게 말하는데, 오늘 이 밤에 닭이 두 번 울기 전에, 네가 세 번 나를 부인할 것이다." 그러나 반석은 강력하게 말했다. "내가 주님과 함께 죽는 한이 있을지라도, 절대로 주님을 부인하지 않겠습니다." 그러자 제자들도 모두 똑같이 말했다.

그들은 겟세마네라고 하는 곳에 왔다. 예수께서 제자들에게 "내가 기도하는 동안, 너희는 여기에 앉아 있어라"라고 말씀하셨다. 그는 반석과 야고보와 요한을 데리고 가셨는데, 그는 놀라고 번민하며 그들에게 말씀하셨다. "내 마음이 아주 슬퍼서 죽을 지경이다. 여기에 머물러서 깨어 있어라." 그리고 그는 조금 더 나아가서 땅에 엎드려 기도하기 시작하셨고, 만일 될 수만 있으면 이 시간이 자기에게서 비켜 가게 해 달라고 했고, 이렇게 기도하셨다. "아빠Abba 아버지, 아버지께는 모든 일이 가능합니다. 이 잔을 나에게서 거두어 주십시오. 그러나 **내가** 원하는 대로 하지 마시고, **아버지께서** 원하시는 대로 하십시오."

그리고 돌아와서 그는 제자들이 자는 것을 보고 반석에게 말씀하셨다. "시몬아, 자고 있느냐? 단 한 시간도 깨어 있을 수 없을 정도로 약하더냐? 너희 모두는 깨어 있어라. 그리고 시험에 빠지지 않도록 기도하여라. 마음은 원하지만 육신이 약하구나."

예수께서 다시 떠나가서 같은 말씀으로 기도하셨다. 그리고 다시 와서 보시니, 제자들은 자고 있었다. 그들은 졸려서 눈을 뜰 수가 없었기 때문이다. 그들은 예수께 무슨 대답을 해야 할지 몰랐다.

예수께서 세 번째 오셔서, 그들에게 말씀하셨다. "너희는 내내 잠을 자면서 쉬려고 하느냐? 다 끝났다! 때가 왔다! 보라, 인자가 이제 죄인들의 손에 넘겨지려고 한다. 일어나라! 가자! 보아라, 나를 넘겨줄 자가 왔다."

아직 예수께서 말씀하고 계실 때, 열두 제자 가운데 하나인 유다가 가까이 왔는데, 대제사장들과 율법학자들과 장로들이 보낸 무리가 칼과 몽둥이를 들고 그와 함께 왔다. 그런데 예수를 넘겨줄 자가 그들에게 미리 약속하기를, "내가 입을 맞추는 사람이 바로 그 사람이오. 그를 잡아서 단단히 끌고 가시오"라고 말해 놓았다.

곧바로 유다가 예수께 다가가서, "랍비여!" 하고 말하고서, 입을 맞추었다. 그러자 그들은 손대어 예수를 잡았다. 그런데 곁에서 있던 이들 가운데 한 사람이 칼을 빼어 대제사장의 종을 내리쳐서 그 귀를 조금 잘랐다. 예수께서 그들에게 대답하여 말씀하셨다. "너희는 강도에게 하듯이 칼과 몽둥이를 들고 나를 잡으러 나왔느냐? 내가 날마다 성전에서 가르치면서 너희와 함께 있었지만 너희는 잡지 않았다. 그러나 이것은 성경 말씀을 이루려는 것이다.” 그러자 제자들은 모두 그를 버리고 달아났다. 어떤 젊은이가 벗은 몸에 홑이불을 두르고 예수를 따라가고 있었는데, 그들이 그를 잡으려고 하자, 그는 홑이불을 버리고 맨몸으로 달아났다.

그들은 예수를 대제사장에게로 끌고 갔고, 대제사장들과 장로들과 율법학자들이 모두 모여들었다. 반석은 멀찍이 떨어져 예수를 뒤따라와서 대제사장의 뜰 안쪽으로 들어갔다. 그러고는 보초들과 함께 앉아 불을 쬐고 있었다.

대제사장들과 온 산헤드린이 예수를 사형에 처하려고 그를 고소할 증거를 찾았으나 찾아내지 못했다. 많은 사람이 그에 대해 거짓으로 증언했는데, 그들의 증언은 일치하지 않았다. 어떤 사람들은 일어나서 그에게 거슬러서 거짓으로 증언하여 말했다. “우리는 이 사람이 ‘**내가** 손으로 지은 이 성전을 허물고, 손으로 짓지 않은 다른 성전을 사흘 만에 세우겠다’라고 말하는 것을 직접 들었습니다.” 그러나 이 점에서도 그들의 증언은 일치하지 않았다.

그러자 대제사장이 한가운데서 일어서서 예수께 물었다. “당신은 아무런 대답도 하지 않는가? 이 사람들이 당신에게 불리하게 증언하고 있는데?” 그러나 예수께서는 조용히 하고 아무 대답도 하지 않았다. 다시 대제사장이 그에게 묻기를, “**네가** 복 되신 분의 아들, 기름 부음을 받은 자인가?”라고 했다.

예수께서 말씀하셨다. “내가 바로 그이다.
너희 모두는 인자를 보게 될 것이다.
그분이 전능하신 분의 오른쪽에 앉아 있는 것과
하늘 구름을 타고 오는 것을.”

대제사장은 자기 옷을 찢으며 말했다. “우리가 더 이상 무슨 증인이 필요하겠소? 여러분은 신성모독하는 말을 들었소. 당신들보기에는 어떻소?" 그러자 사람들은 모두 그가 사형을 받아야 마땅하다고 정죄했다. 어떤 사람들은 예수께 침을 뱉고, 얼굴을 가리고 그를 치면서 "예언해 보아라!"라고 했다. 그리고 경비병들도 그를 때리기 시작했다.

반석은 안뜰 아래쪽에 있었는데, 대제사장의 계집종 가운데 하나가 와서, 반석이 불을 쬐고 있는 것을 보고, 그를 자세히 쳐다보고는 말했다. "**당신도** 나사렛 사람 예수와 함께 있었어요."

그러나 그는 예수를 부인하며 말했다. "네가 도대체 무슨 말을 하는지 나는 알지도 깨닫지도 못하겠다." 그리고 뜰 출입구 바깥쪽으로 나갔고 닭이 울었다. 그 여종은 그것을 보고 그 곁에 서 있는 사람들에게 다시 말하기를, "이 사람은 그들에게 속한 자입니다"라고 했다. 그러나 반석은 다시 그를 부인했다. 잠시 후에 곁에 서 있는 사람들이 다시 반석에게 말하기를, "당신은 갈릴리 사람이니, 분명히 그들에게 속한 자이오"라고 했다. 그러나 반석은, 만일 그렇다면 자기는 저주를 받을 것이라고 맹세하며 말했다. "나는 당신들이 말하는 그 사람을 알지 못하오!"

그때 곧 닭이 두 번째 울자, 반석은 예수께서 자기에게 "닭이 두 번 울기 전에, 네가 나를 세 번 부인할 것이다"라고 하신 그 말씀이 기억났다. 그는 비틀거리면서 흐느끼기 시작했다.

이른 아침에, 대제사장들이 장로들과 율법학자들과 산헤드린과 함께 위원회를 열었고, 그들은 예수를 결박하여 끌고 가서 빌라도에게 넘겨주었다. 빌라도는 예수께 물었다. "**네가** 유대인의 왕이냐?" 예수께서 대답하시기를, "**네가** 그렇게 말했다"라고 했다. 그러자 대제사장들은 그에 대해 여러 가지로 고소했다. 빌라도는 다시 예수께 물어 말했다. "너는 아무 대답도 하지 않느냐?

그들이 너를 대적해서 얼마나 많은 고소를 하는지 보라!" 그러나 예수께서 더 이상 아무 대답도 하지 않았고, 빌라도는 그러한 그의 태도에 놀랐다.

그런데 명절 때는 사람들이 요구하는 죄수 하나를 놓아주는 것이 관습이었다. 그때 바라바라고 하는 사람이 폭동 때 살인을 저질렀던 폭도들과 함께 감옥에 갇혀 있었다. 무리가 올라가서, 빌라도에게 자기들에게 관례대로 해 달라고 청했다. 빌라도가 그들에게 대답하여 말하기를, "너희는 내가 너희를 위하여 그 유대인의 왕을 놓아주기를 바라느냐?"라고 했다. 빌라도는 대제사장들이 시기심에서 예수를 넘겨주었음을 알았기 때문이다. 그러나 대제사장들은 무리를 선동해서, 빌라도에게 그들을 위해 예수 대신에 바라바를 풀어 주라고 부탁하게 했다.

빌라도는 다시 그들에게 말했다. "그러면 당신들이 '유대인의 왕'이라고 하는 그 사람을 내가 어떻게 해야 한다는 것인가?"

그들은 되받아서, "그를 십자가에 못 박으시오"라고 소리쳤다.

빌라도가 그들에게 말했다. "정말, 그가 무슨 악한 일을 했소?"

그러자 그들은 "그를 십자가에 못 박으시오"라고 더욱 크게 소리를 질렀다.

빌라도는 무리를 만족시켜 주려고, 바라바를 놓아주었다. 그리고 예수를 채찍질한 뒤에 십자가에 처형하도록 군병들에게 넘겨주었다.

군병들은 그를 뜰 안으로 끌고 갔다. 그곳은 총독 공관이었는데, 그들은 온 부대를 그곳에 집합시켰다. 그들은 예수께 자주색 옷을 입히고, 가시 줄기를 엮어서 관을 만들어 그의 머리에 씌웠다. 그리고 그를 조롱하여 말하기를, "유대인의 왕 만세!"라고 했다. 그들은 갈대 막대기로 그의 머리를 치고, 침을 뱉고, 무릎을 꿇어서 그에게 경배하는 체했다. 예수를 희롱한 후에, 그들은 그에게서 자주색 옷을 벗기고 그의 옷을 도로 입힌 다음, 그를 십자가에 못 박으려고 끌고 나갔다.

군병들은 시골에서 올라와 지나가고 있던 알렉산더와 루포의 아버지 시몬이라고 하는 구레네 사람을 끌어다가 예수의 십자가를 지고 가게 했다. 그들은 예수를 골고다로 데리고 갔는데, 그것은 '해골의 장소'라는 뜻이다. 그들은 그분께 몰약을 탄 포도주를 주려고 했으나, 예수께서 그것을 받지 않으셨다.

그리고 그들은 예수를 십자가에 못 박고,

그의 옷을 나누었는데,

누가 무엇을 차지할지 제비를 뽑았다.

그들이 예수를 십자가에 못 박은 때는 아침 아홉 시였다. 그의 죄 패에는 "유대인의 왕"이라고 적혀 있었다. 그들은 예수와 함께 강도 두 사람을 십자가에 못 박았는데, 하나는 그의 오른쪽에, 하나는 그의 왼쪽에 달았다.

지나가는 사람들이 머리를 흔들면서 예수를 모욕하며 말하기를, "하! 성소를 허물고 사흘 만에 지으려고 하던 사람아! 너 자신이나 구원하여 십자가에서 내려오너라!"라고 했다. 대제사장들도 율법학자들과 함께 그렇게 그를 조롱하면서 서로 말하기를, "그는 남들은 구해 주었으나 자기 자신은 구원하지 못하는구나. 이스라엘의 왕, 기름 부음을 받은 자여, 지금 당장 십자가에서 내려와서 우리가 보고 믿게 하여라!"라고 했다. 그리고 예수와 함께 십자가에 달린 두 사람도 그를 욕했다.

정오가 되었을 때, 어둠이 온 땅을 덮어서, 오후 세 시까지 계속

되었다. 그리고 세 시에 예수께서 큰 소리로 "엘로이! 엘로이! 레마 사박다니?" 하고 부르짖었는데, 그 말은 번역하면, 이런 뜻이다.

"나의 하나님! 나의 하나님!
어찌하여 나를 버리셨습니까?"

거기에 서 있던 사람들 가운데서 몇몇 사람들이 그 말을 듣고서 말했다. "보라, 그가 엘리야를 부르고 있다." 어떤 사람은 스펀지에 싸구려 포도주를 적셔서 갈대 막대기에 꿰어 그에게 마시라고 주면서, "내버려 둡시다! 정말 엘리야가 와서 그를 내려 주나 봅시다"라고 말했다.

예수께서 큰 소리를 지르시고 숨지시자 그와 함께 성소의 휘장이 위에서 아래까지 두 폭으로 찢어졌다. 그러자 그의 앞에 서 있던 백부장이 그가 어떻게 죽는지를 보고서 말하기를, "참으로 이분은 하나님의 아들이셨다"라고 했다.

그때에 어떤 여자들이 멀찍이서 그를 지켜보고 있었는데, 그들 가운데는 막달라 마리아와 작은 야고보와 요세의 어머니 마리아, 그리고 살로메도 있었다. 그들은 예수께서 갈릴리에 계실 때 그를 따라다니며 섬기던 사람들이었고, 예수와 함께 예루살렘에 올라온 여자들도 많이 있었다.

그날은 준비일, 곧 안식일 전날이었다. 이미 저녁이 되어서 아리마대 출신인 요셉이 왔는데, 그는 존경받는 의회 의원이고, 하나님의 다스리심을 기다리고 있었다. 그는 대담하게 빌라도에게 가서 예수의 시신을 내 달라고 부탁했다. 빌라도는 그가 벌써 죽었다는 말에 놀라서, 백부장을 불러서 그가 죽은 지 오래 되었는가를 물어보았다. 빌라도는 백부장에게 알아보고 나서 예수의 시신을 요셉에게 내주었다.

요셉은 세마포를 사다가 예수의 시신을 그 천으로 싸서, 바위를 깎아서 만든 무덤에 안장하고, 돌을 굴려 무덤 입구를 막아 놓았다. 막달라 마리아와 요세의 어머니 마리아는 그가 어디에 안장되는지를 지켜보고 있었다.

안식일이 지나서, 막달라 마리아와 야고보의 어머니 마리아와 살로메는 예수께 발라 드리려고 향료를 샀다. 그래서 안식일이 지난 첫째 날 아주 이른 아침에, 해가 막 돋을 때, 그들은 무덤으로 갔다.

그들은 "누가 우리를 위하여 그 돌을 무덤 입구에서 굴려 내 주겠는가?"라고 서로 말했다. 그런데 눈을 들어 보니, 그 돌덩이가 이미 굴려져 있었는데, 그 돌은 아주 컸다. 무덤 안으로 들어가서, 그들은 한 젊은이가 흰옷을 입고 오른쪽에 앉아 있는 것을 보고, 매우 놀랐다.

그는 여자들에게 말했다. "놀라지 마시오. 당신들은 십자가에 못 박힌 나사렛 예수를 찾고 있소. 그는 살아나셨소. 그는 여기에 계시지 않소. 보시오, 그들이 그를 안장했던 곳이오. 당신들은 그의 제자들과 반석에게 가서, '그는 너희보다 앞서서 갈릴리로 가신다. 그가 너희에게 말씀하신 그대로 너희들은 거기에서 그를 볼 것이다'라고 말하십시오."

그들은 무덤에서 뛰쳐나와서 도망했는데, 그들은 벌벌 떨었고 정신이 없었기 때문이었다. 그들은 아무에게 아무 말도 하지 못했는데, 이는 그들이 두려워했기 때문이다.

제2장

화자

같은 기본적인 내용을 가진 이야기라도, 그 이야기를 전달하는 방법에는 여러 가지가 있다. 작가마다 이야기를 전달하는 스타일이나 시점, 목적이 다르다. 따라서 어떤 이야기의 특색을 파악하기 위해서는 이야기하기의 역동성을 생각해 볼 필요가 있다. 어떤 이야기를 하기 위해서 저자가 선택하는 모든 요소를 잘 나타내는 것이 바로 화자라는 존재이다. 그러므로 이 장에서는 먼저 화자라는 부문 안에서 이야기하기의 주요 범주, 즉 화자의 역할, 시점, 스타일과 속도tempo, 이야기하기 패턴, 서사의 다른 특징 등을 다루려고 한다.

화자의 역할

화자는 서사에서 이야기하는 사람을 일컫는 문학 용어다.[1] 화자는

1 화자와 이야기 전달 행위의 특성을 알고 싶다면 Mieke Bal, *Narratology: Introduction to the Theory of Narrative,* trans. Christine van Boheemen (Toronto: University of Toronto Press, 1985), 119-48; Wayne Booth, *The Rhetoric of Fiction*, 2nd ed. (Chicago: University of Chicago Press, 1983) 『소설의 수사학』(예림기획, 1999); Seymour Chatman, *Story and Discourse* (Ithaca: Cornell University

저자가 아니다. 그는 서사 자체에 담겨 있는 이야기를 하는 사람이다. 저자는 청중에게 이야기를 전달하는 데 어떤 효과나 영향을 주려고 수사적인 장치를 사용하는데, 그것이 바로 화자이다. 조용히 읽히는 텍스트에서는, 화자는 실제로 인물이라기보다는 기능에 더 가깝다. 그러나 전략이나 신념을 가지고 청중에게 말을 거는 인물로서의 '화자'를 이해하는 것이 도움이 될 것이다.

이야기에 따라 각기 다른 화자가 있다. 화자는 이야기에 등장하는 주인공이나 조연 배우 같은 실제 등장인물일 수도 있다. 이것은 '나'라는 1인칭 화자이다. 예를 들어, 마크 트웨인은 『허클베리 핀의 모험』이라는 이야기를 하는 데 허크Huck라는 등장인물을 화자로 사용한다. 이런 경우, 화자는 많은 제약을 받는다. 예를 들어, 허크는 자기가 보고 들은 것만 말하고 자기가 생각하는 것만 전달할 수 있을 뿐, 다른 등장인물들이 무엇을 생각하는지 그 속마음은 알지 못한다. 허크 또한 자기 생각의 틀과 자기가 경험한 범위 내에서만 모든 것을 이해할 수 있다.

또 다른 유형의 화자로서 '3인칭' 화자가 있다. 이 화자는 서사 안에 있기는 하지만, 이야기 바깥에서 들려오는, 누군지 알 수 없는 목소리이다. 즉, 이 화자는 이야기를 하지만 그 이야기의 등장인물은 아니다. 이 화자는 마치 우리가 영화를 볼 때 미처 인식하지 못하는, 그 영화를 찍는 카메라와 같다. 우리는 영화를 볼 때 그 영화의 장면은 인식하지만, 그 장면으로 우리의 시선을 인도해 주는 카메라는 미처 인식하지 못하는데, 그것이 바로 우리가 3인칭 화자를 인식하지 못하는 것과 같다. 우리가 그를 미처 인식하지 못하는

Press, 1978), 146-260; Shlomith Rimmon-Kenan, *Narrative Fiction: Contemporary Poetics* (New York: Methuen, 1983), 86-116을 보라.

이유는, 화자가 아니라 이야기 자체에 관심이 가 있기 때문이다.

3인칭 화자에는 여러 유형이 있다. '전지적 관찰자'objective omniscience 시점의 화자는 눈에 보이고 귀에 들리는 것만 말해 준다. '제한적 작가'limited omniscience 시점의 화자는 생각과 감정을 말해 줄 수는 있지만, 주인공의 마음속에 있는 것밖에는 말하지 못한다. 한편, '전지적 작가'unlimited omniscience 시점의 화자는 이야기 세계에 대한 모든 것, 즉 언제나, 어디서든지, 그 어떤 등장인물들이든지, 그들의 마음속에 있는 모든 것을 말해 줄 수 있다. 호메로스의 『오디세이아』나 마가복음 같은 대부분의 고대 이야기들은 이런 전지적 작가 시점의 화자가 이야기를 전달해 준다.

마가복음의 화자는 3인칭 화자로서, 이야기 세계의 등장인물로 나타나지는 않는다. 이런 화자는 시간이나 공간의 제약을 받지 않기 때문에, 어떤 장면에서든지 보이지 않으면서도 항상 그곳에 있을 수 있고, 언제, 어디서든지 등장인물들의 행동을 말해 준다. 마가복음의 화자는 완전히 전지적인 화자이므로, 등장인물들이 어떤 생각을 품고 있는지, 어떤 감정을 갖고 있는지, 무엇을 인식하고 있는지 등, 그들 내면의 관점들을 모두 보여 준다.

때때로 화자는 이야기에서 한 발자국 물러서서 독자들에게 직접 자기 자신의 생각을 툭 던져 줌으로써이것을 귀띔하기 기법asides이라고 한다.ⓣ, 따로 특별한 정보를 제공하여 독자들을 어떤 방향으로 유도해 나가기도 한다. 이런 화자의 특징들을 고찰해 본다면, 독자들이 읽기 경험을 하는 동안 마가복음의 전지적 화자가 그들에게 어떤 영향을 미치고 그들을 어떻게 유도해 나가는지 알게 될 것이다.[2]

2 마가 이야기의 화자에 대해서는 Norman R. Petersen, "'Point of View' in Mark's Narrative," *Semeia* 12 (1978): 97-121; Thomas E. Boomershine, "Mark the

마가복음을 실연이라고 생각하면 화자의 역할이 갖는 효과도 일부 달라진다. 이제 화자의 역할은 실제 청중 앞에서 이야기를 살려 내는 실제 사람에 의해 연출된다. 여기에서 텍스트 속에 내포된 화자의 역할은 실연자의 억양, 목소리 크기, 강조, 속도, 몸짓이나 동작, 표정 등으로 구현된다. 이상적인 실연자라면 서사에 의해 내포된implied 화자의 전략이나 신념 등을 성실하게 잘 반영할 것이다.

실제 실연자가 텍스트 안에 내포된 화자의 역할을 성실하게 잘 감당해 낼 것이라는 전제 아래, 우리가 이제 논하고자 하는 마가복음 화자의 동일한 기본적 문학적 특징들이 실연에도 똑같이 적용될 것이다. 그렇지만 여전히 차이점은 존재한다. 즉 실연자/화자는 화자의 역할을 실연해 내고 모든 등장인물을 연기해 낼 것이다. 조용히 혼자서 서사를 읽는 것과는 대조적으로(이 서사 안에서는 화자가 독자들의 눈에는 실제로 보이지 않는다), 구연으로 이야기를 할 때는 화자가 항상 청중의 눈에 보이게 마련이다. 따라서 청중에게 무언가를 요구하는 마가복음 같은 경우에는, 그 이야기에 대한 청중의 반응은 자신들의 눈앞에서 실연하는 실제 실연자에 대한 생각에 따라 좌우될 수 있다. '이 실연자가 믿을 만한가, 그렇지 못한가?' 실연을 하는 사람도 나름대로 사회적인 위치가 있는데, 그가 제시하는 이야기 안에서의 판단 기준이 다소 중요할 수 있다. 또한 실연자는 이야기 안에 나오는 스타일이나 속도를 다양한 방법으로 공연할 수 있다. 그리고 실연자는 텍스트 안에 있는

Storyteller," diss., Union Theological Seminary, 1984 (PhD)를 보라. 이 장에서 다루고 있는 마가복음의 이야기 전달 행위의 문제를 자세히 다룬 것을 보려면 Robert M. Fowler, *Let The Reader Understand: Reader-Response Criticism and the Gospel of Mark* (Minneapolis: Fortress Press, 1991)를 보라.

구술oral 전략을 구현하기 위해서 실연 기술을 응용할 수도 있다. 이런 것들을 통해 실연자는 청중에게 일정한 효과를 만들어 낸다.

이제 우리는 이야기 안에 내포된 화자의 성격과 이야기하기의 구술적 패턴들로 주제를 옮길 것인데, 이런 것들은 오늘날 독자들이 화자의 역할을 파악하는 데 도움이 될 것이다.

화자는 이야기 세계 밖에서 말한다

마가복음의 화자는 이야기에 나오는 등장인물이 아니기 때문에 특별한 정체도 없고, 사회적 지위도 없고, 그가 차지하고 있는 구체적인 장소도 없다. 화자는 과거 시제로 옛날이야기 하듯 이야기를 시작하고, 그 이야기를 하는 동안에도 이야기를 전달하는 행위narration 자체에는 그 어떤 주의도 기울이지 않는다. 문학 작품에서, 이런 식으로 화자의 정체성과 존재감을 지움으로써, 화자는 그 이야기와 관련하여 권위 있는 자리를 차지할 수 있게 된다. 일반적으로 독자들은 화자의 존재를 미처 인식하지 못하기 때문에, 화자의 권위를 받아들여서 그가 이야기를 끌고 가는 대로 믿고 따라가게 된다.[3] 이렇게 화자가 있는지 없는지도 모르게 베일로 가려 놓음으로써, 화자는 독자들이 초점을 이야기의 사건에 맞추게 하며, 이로써 독자들은 이야기 세계 밖에 살고 있으면서도 그 이야기 세계 안에 빠져 있는 것처럼 느끼게 된다. 그러나 실연에

3 이야기 화자의 신뢰성이 서사의 역사적 정확성을 나타내지 않음을 강조해야 한다. 오히려 여기에서 신뢰성은 저자가 믿을 만한 화자를 만들어 놓았는지의 문제를 규명하기 위해 사용하는 문학적인 개념이다. 저자는 종종 아이러니를 만들기 위해, 혹은 독자들의 관심을 끌기 위해 신뢰하지 못할 화자를 만들어 놓기도 한다. 이 신뢰하지 못할 화자는 이야기에서 독자를 오도하기도 하고 잘못된 정보를 제공하기도 한다.

서는 실연자가 화자의 역할을 추측하게 되고, 화자는 사라지지 않으며 청중은 이야기 안으로 더욱 빠져들게 된다.

화자는 시간이나 공간의 제약을 받지 않는다

등장인물이면서 동시에 화자인 1인칭 화자와는 달리, 마가복음의 전지적 화자는 시간의 제약을 받지 않는다. 화자는 이야기 세계에 직접 나타나지는 않지만, 상상할 수 있는 이야기 세계의 과거와 미래를 포함한 그 모든 이야기를 다 알고 있다. 그래서 그는 이야기를 하다가도 그 이야기보다 훨씬 이전에 있었던 옛날이야기를 말해 줄 수 있다. 그 한 예로, 마가복음 6장에는 세례 요한의 죽음에 대해 화자가 이야기하는 장면이 있다. 화자는 나중에 일어날 일을 미리 말해 줄 수도 있다. 가룟 유다가 예수를 넘겨줄 것이라고 미리 말해 주는 것이 바로 그 예이다.

마가복음의 화자는 공간의 제약도 받지 않는다. 이 화자는 어디에서 일어나는 일이든지 모두 알고 있다. 예를 들어, 마가복음의 화자는 전지적인 화자이기에, 모든 등장인물이 볼 수 있는 자리에서 일어나는 일뿐만 아니라, 집 안에서 은밀히 일어나는 일이나 배를 타고 여행하는 자리에서 따로 일어나는 일, 예수께서 다른 사람들과 함께 있을 때뿐만 아니라 혼자 계실 때 있었던 일까지도 모두 다 알고 있다. 비록 여인들은 무서워서 떨며 무덤에서 있었던 일을 아무에게도 말하지 못했지만, 그래도 화자는 그때 무덤에서 어떤 일이 있었는지 벌써 다 알고 있다.

보통 화자는 예수께서 등장하는 장면을 묘사하지만, 때로는 그냥 훌쩍 자리를 옮겨 다른 곳에서 일어나는 일을 들여다보고 말해 주기도 한다. 예를 들어, 대제사장들이 모여서 예수를 죽이려고 음모를 꾸미는 장면이나 반석이 예수를 부인하는 장면을 말해 주는 것이 바로 그 좋은 예이다.

화자는 시간과 장소의 제약을 받지 않기 때문에, 각각 다른 장소에서 동시에 일어나는 사건을 마치 '지금 여기에서' 일어나는 것처럼 모두 말해 줄 수 있다.[4] 청중은 화자가 이야기하는 대로 그 이야기를 경험하기 때문에, 청중도 현장에 있으면서 이야기 세계에서 일어나는 모든 사건을 목격하는 듯한 느낌을 갖는다.

마가복음의 화자는 전지적이다

마가복음의 화자는 전지적이기 때문에 등장인물들의 말이나 행동, 생각이나 마음 상태까지 모두 말해 줄 수 있다. 전지적 작가 시점의 화자가 1인칭 화자와 어떻게 다른지 보려면, 마가복음 가운데 아무 이야기 단락이나 선택해서 그곳에 나오는 등장인물의 시점을 '나' 또는 '우리'를 주어로 삼아 읽어 보면 된다. 그렇게 하면 외부적인 3인칭 화자가 모든 것을 다 알고 있다는 사실을 발견하게 되는데, 이야기에 나오는 어떤 등장인물도 다른 등장인물들에 대해서, 그리고 이야기에서 일어나는 모든 사건에 대해서 전지적인 화자만큼 충분하게 다 알지 못하기 때문이다.

마가복음의 전지적 화자는 등장인물들의 마음속에 있는 모든 감정, 즉 그들의 동정심, 분노, 두려움, 슬픔, 놀람, 사랑의 감정 등을 다 묘사할 수 있다. 또한 이 화자는 등장인물들이 망연자실해 있거나 충격을 받았거나 어리둥절해하거나 기뻐하거나 기겁하거나 낙담해 있는 등, 그 모든 감정을 다 말해 준다. 화자는 청

4 이러한 급박함은 과거에 일어난 사건을 현재 시제로 말하는 역사적 현재형을 통해서 부각된다. 1장의 8번 주를 보라.

중에게 등장인물들이 지금 무슨 생각을 하고 있는지 말해 준다. 예를 들어, 화자는, 적대자들이 예수가 하나님을 모독하고 있다고 생각하는 것이나, 빌라도가 대제사장들이 예수를 시기하고 있다고 생각하는 것까지 다 말해 준다. 화자는, 등장인물들이 왜 이런저런 행동을 하고, 언제 이해를 못하는지, 언제 무슨 말을 할지 몰라 하는지, 이 모든 것을 청중에게 말해 준다. 심지어 화자는 제자들의 마음이 굳어져 있다는 것을 예수도 제자들도 미처 깨닫지 못하고 있었을 때, 청중에게 그 사실을 말해 준다. 비록 마가복음의 내면 관찰 기법inside views이 간략하고 매끄럽게 다듬어지지는 않았지만, 화자가 무제한적인 전지적 능력이 있다는 것은 분명히 알 수 있다.

전지적 화자의 무제한적인 지식으로 인해, 청중은 이야기 세계 안에서 화자를 믿을 만한 안내자로 받아들인다. 화자의 시점으로 이야기를 읽거나 들으면, 청중은 이야기에 등장하는 인물들보다 한 수 위에 놓인다. 청중은 그 등장인물들이 무슨 생각을 하고 무슨 행동을 하는지 모두 알고 있기 때문이다.

화자는 '방백' 기법으로 청중을 안내한다

이야기를 이끌어 나가다가 어떤 부분에 가면, 아주 잠깐이긴 하지만, 화자가 멈추는 듯할 때가 있다. 어떤 지점에 이르러서 화자는 잠시 이야기를 멈추고, 청중에게 대놓고 그 이야기에 대해 자기 나름대로 평을 덧붙인다. 물론 이 평론 부분은 그 이야기에서 일어나는 사건이나 내용 자체는 아니다. 그리고 이야기 속의 모든, 혹은 일부 등장인물들은 그 평론에 나오는 내용이나 정보를 알지 못한다.

이러한 방백asides, 연극에서 등장인물이 관객들에게는 들리나 상대 배우에게는 들리지 것으로 약속된 혼자 하는 말ⓔ 기법은 때때로 문장 구조 한가운데 불쑥 튀어나오기도 한다. 예를 들어, 예수께서 부정하게 하는 것에 대한 수수께끼를 설명하신 다음에 화자는 방백 기법을 통해서 "이로써 예수께서 모든 음식은 깨끗하다고 하셨다"라고 한마디 거든다. 예수께서 제자들에게 "황폐하게 하는 가증스러운 것"에 대해 예언할 때, 화자는 불쑥 끼어들어서 "읽는 사람은 누구나 깨달아라"라고 한마디 덧붙인다. 그렇게 함으로써 많은 사람들 앞에서 마가복음을 읽어 주는 사람에게, 이 구절이 성전이 훼파된 것을 가리키는 중요한 구절이라고 주의를 준다. 이런 방백 기법은 아주 간단하고도 제한된 방법이지만, 청중의 관심을 화자에게 집중시킨다.

이야기 세계에 일종의 설명을 덧붙이는 방백 기법은 이야기 전달 행위의 흐름 속에 아주 자연스럽게 배어 있다. 예를 들어, 화자는 "부정한 손"은 씻지 않은 손이라고 설명하고, 사두개인들에 대해서는 그들이 부활을 믿지 않는다고 말한다. 때로 화자는 아람어 단어의 뜻을 번역해 주기도 한다. 또한 화자는 행동이나 말에 토를 다는데, 종종 "이는 … 때문이다"for라는 접속사를 사용한다. 화자는, 죽은 소녀가 살아나서 걸어 다닐 수 있었는데 "(이에) 소녀의 나이는 열두 살이었다"라고 토를 단다. 또한 무화과나무에 열매가 달리지 않았는데, "이는 아직 무화과 철이 아니었기 때문이다"라고 토를 단다.

이런 보충 설명들은 외국어나 관습 등에 대한 세세한 사항들을 언급하고 이야기를 더 실감나고 그럴듯해 보이게 하는 역할을 한다. 또 화자는 이야기를 하다가 중간에 직접 나서서 청중에게 한마디 하는 방백 기법을 사용함으로써 청중과 신뢰 관계를 쌓고,

청중을 쉽게 잊지 못할 세세한 방법으로 교묘하게 설득함으로써 친밀한 관계를 맺는다. 관객들은 이야기에 대한 믿을 만한 해설을 제공해 주는 화자에게 의존하게 된다. 따라서 화자는 이런 방법들을 통해 청중에게 더 많은 영향을 미치게 되고, 청중은 화자가 해 주는 이야기를 그대로 받아들일 뿐만 아니라, 더 나아가서는 이야기에서 요구하는 것들을 그대로 수용하고, 또 이야기에서 보여 주는 어려운 의미들을 그대로 받아들이게 된다.

화자는 청중에게 청중만을 위한 특별한 정보를 제공한다

화자가 이야기 첫 줄부터 청중과 긴밀한 관계를 쌓아 가는 한 가지 방법은, 청중에게 예수의 정체, 즉 그가 "하나님의 아들, 기름 부음 받은 분"이라는 사실을 알려 주는 것이다. 또한 화자는 특별히 청중에게 예수께서 세례 받을 때 임하신 성령의 모습을 보여 주고, 산 위에서 예수를 "내 아들이다"라고 부르신 하나님의 목소리도 들을 수 있도록 해 주며, 예수께서 홀로 광야에서 사탄에게 시험을 받을 때 그 옆에 있도록 해 준다. 이야기에서 많은 등장인물들이 예수께서 누구신지 제대로 알지 못하는 반면, 청중은 예수에 대해서 '알고 있는' 사람들 편에 해당한다. 청중은 특권층에 속한다. 그들은 이야기의 처음부터 끝까지 예수께서 하는 말이 얼마나 권위 있는지 잘 알고 있다.

이러한 상황으로 인해서 긴장과 극적인 위기감이 생긴다. 즉, 청중은 이야기를 읽으면서, '권력자들은 예수의 행동들이 하나님이 택하신 기름 부음 받은 자가 하는 행동이라는 것을 알게 된다면 어떤 반응을 보일까?', '과연 제자들은 예수께서 누구신지 깨닫게 될까?', '그들이 그 사실을 깨닫게 될 때 무슨 일이 일어날까?' 등의 의구심을 갖게 된다.

히치콕 감독의 공포 영화를 보는 관객은 영화가 시작할 때부터 위협적인 상황을 느끼고 있다. 그렇지만 그 영화의 철없는 인물들은 불쌍하게도 자기들이 그런 상황에 처해 있다는 사실을 까마득하게 모른다. 그러다가 그 등장인물들은 영화가 진행되면서 차츰 자기가 그런 무서운 상황에 처해 있다는 사실을 깨닫게 되고, 관객은 그런 영화 속 인물들의 모습을 손에 땀을 쥐고 보게 된다. 마가의 이야기를 처음 들을 때는 바로 이런 히치콕 감독의 영화를 보는 것 같다.

이야기가 진행되는 동안, 청중은 여러 등장인물에게 가까이 가기도 하고 거리를 두기도 한다.[5] 예를 들어, 청중은 예수께서 누구신지 알기 때문에 그를 가까이한다. 반면에 예수께서 누구인지도 모르고 그를 대적하는 정치 지도자들에 대해서는 거리를 둔다. 한편, 화자는 여러 가지 방법을 사용해서 청중이 제자들에 대해 어떤 때는 친근감을 갖게도 했다가 또 어떤 때는 거리를 두게도 한다. 이야기 전반부에서 청중은, 제자들이 예수께서 도대체 누군지 알려고 애쓰는 모습을 보게 된다. 그러다가 이야기 중반부에 이르러서야 비로소 예수께서 기름 부음 받은 분이라는 것을 반석이 알게 되고, 제자들 또한 그분이 누구신지 알게 된다. 청중은 이 사실을 처음부터 알고 있었다.

청중은 화자를 처음부터 믿고 따라서, 화자가 말해 주는 대로 예수께서 누구신지 알고 있었기에, 이야기 후반부에 이르러서 예수께서 말씀하시는 전혀 새롭고도 그다지 편히 받아들이지 못할

5 화자가 거리 두기를 조종하기 위해서 내면 관찰 기법을 사용한 것을 보려면 Boomershine, "Mark the Storyteller," 284-314; Booth, *Rhetoric*을 보라.

가르침(섬김, 예수께서 배척을 받고 죽임을 당함, 예수를 따르는 자들이 당하게 될 결과에 대한 가르침 등)도 순순히 받아들이게 된다. 그러나 이러한 새로운 가르침들과 관련해서, 청중이 제자들보다 더 유리한 입장은 아니다. 왜냐하면 제자들이 깨달음을 얻는 그때 청중도 깨달음을 얻게 되기 때문이다.

이렇듯 비밀을 알려 주거나 아니면 정보를 감추어 놓음으로써 마가복음의 화자는 청중이 알아야 할 것과 그것을 깨닫게 되는 때를 조절한다. 그럼으로써 화자는 청중이 이 이야기를 수용할 수 있도록 준비시킨다.

화자의 시점

시점point of view은 서사에서 제시하는 것을 바라보는 시각을 의미한다. 화자는 이야기 전체를 주관하는 시점을 통제한다. 그와 동시에 화자는 이야기를 말하는 과정에서 등장인물들의 서로 다른 다양한 시점을 보여 준다.[6]

화자는 중립적이지 않다

화자가 전지적이면서 보이지 않을 때, 청중은 그 화자가 편파적이고 나름대로 가치관이 있으며 자기의 시각으로 세상을 인식한다는 사실을 깨닫지 못하는 경향이 있다. 따라서 청중은 화자가

6 문학에서 시점이 얼마나 복잡한지, 그리고 시점에 여러 단계가 있다는 것을 알려면, Boris Uspenski, *Poetics of Composition* (Berkeley: University of California Press, 1973); Susan Snaider Lanser, *The Narrative Act: Point of View in Prose Fiction* (Princeton: Princeton University Press, 1981)을 보라.

중립적이며 사건들을 '객관적으로' 이야기한다고 믿기 쉽다. 그렇지만 화자는 중립적이지 않다. 오히려 화자는 이야기 전체를 보여줄 책임이 있는 영화감독과 같은 역할을 한다. 관객은 영화감독이 배열한 대로, 그의 관점에서 영화의 장면들과 등장인물들을 바라보게 된다. 물론 관객은 그 영화감독을 볼 수 없다. 이와 마찬가지로 문학 작품에서도 화자는 나름대로 일정한 흐름으로 여러 가지 수사적인 기법을 사용하면서 자기 특유의 관점을 반영하는 단어들을 사용하여 이야기한다. 전지적 화자는 항상 독자의 곁에 바짝 붙어서 독자들이 그 이야기에 대해 보이는 반응의 틀을 잡아 준다. 물론 독자들이 그 사실을 미처 인식하지 못하는 순간에도 그렇게 한다. 실연에서는 화자의 시점이 그 실연자를 통해 더 분명하게 드러난다.

마가복음에서 화자의 시점이 어떤 것인지 알기 위해서는, 바리새인들과 대제사장들에게 동조하는 화자가 예수에 대한 이야기를 한다고 상상해 보면 된다. 그러면 아마 이 이야기는 전혀 다른 이야기가 되고 말 것이다. 이야기의 기본 줄거리가 그대로 남아있다고 하더라도 그 사건들을 그리기 위한 단어들이 바뀌면, 청중은 전혀 다른 관점으로 이야기를 바라보게 될 것이다. 정치 지도자들은 아마 영웅적인 인물들이 될 것이고, 예수는 가짜 메시아, 별 볼 일 없는 어중이떠중이들이나 부추기는 선동가로 보일 것이다. 실제 마가복음으로 다시 돌아와서 생각해 보면, 청중이 예수를 인정하도록, 그리고 예수를 반대하는 자들을 배척하도록, 화자가 청중을 어떻게 유도하는지 볼 수 있다.

화자는 등장인물들을 나름대로 소개하고 이런저런 모습으로 그려 놓음으로써 청중이 그들을 평가하도록 유도한다. 예를 들어,

마가복음 첫머리에서 화자는 예수를 “기름 부음 받은 분, 하나님의 아들”이라고 소개한다. 그러고 나서 세례 요한의 예언으로, 성령이 강림하는 장면으로, 그리고 하늘에서 들려오는 소리로 그것을 못 박아 놓는다. 예수의 입에서 처음 말이 떨어지기 이전에, 이미 청중은 예수를 믿을 만한 등장인물로 받아들이고, 예수께서 어떤 말씀을 하시든지 기꺼이 들으려고 하며, 그분이 말씀하는 것이라면 모두 신뢰하게 된다. 이야기를 진행하면서 화자는 예수를 정말로 믿을 만한 등장인물로 그린다. 그리고 예수의 내면을 보는 관점을 통해서 더 그렇게 보이도록 한다. 예수의 내면을 말해 주는 관점은, 예수께서 지각이 뛰어나고, 자비로우며, 사랑이 많고, 때로 그를 반대하는 사람들에게 화도 내고, 자신의 죽음에 대해 고뇌하는 사람이라는 것을 잘 보여 준다.

그와 대조적으로, 화자는 청중이 권력자들에게는 좋지 못한 감정을 품도록 유도한다. 화자는 율법가들을 권위도 없이 가르치고, 믿을 만한 주인공인 예수를 대적하는 사람들로 묘사한다. 이후에 나오는 권력자들의 마음을 묘사하는 내면의 관점을 통해서 청중은, 그들이 난처한 질문을 해서 예수를 올무에 빠뜨리려고 하며, 군중을 두려워하고, 시기심에 불타서 예수를 어떻게 하든지 제거하려고 한다는 것을 알게 된다. 그와 비슷하게, 화자는 제자들이나 여러 등장인물을 묘사하는 방법을 통해서, 그들에 대한 청중의 판단을 나름대로 유도한다. 화자가 등장인물을 묘사하는 내용을 보면, 왜 청중이 예수께서 하는 말이나 행동은 신뢰하고, 예수를 대적하는 사람들을 불신하며, 제자들에 대해서는 신뢰도 했다가 불신도 하게 되는지 그 이유를 알 수 있다.

화자의 판단 기준

화자가 이야기에서 등장인물을 판단하고 평가하는 시점에는 일종의 가치나 신념 체계가 있다.[7] 이런 신념과 가치가 바로 화자의 이념적인 시점이나 판단의 기준이다.

우리는 이야기에 담긴 여러 단서를 통해서 화자가 어떤 가치관과 신념을 가지고 있는지 재구성해 볼 수 있다. 이런 단서들에는 방백 기법, 등장인물이나 사건을 묘사하는 방식, 단어 선택, 에피소드의 배열 순서, 이야기하기 기법, 화자가 신뢰할 만하거나 신뢰하지 못할 인물이라고 설정한 등장인물의 말이나 행동 인용, 어떤 '성경 말씀'을 인용하는가의 문제까지 여러 가지가 있다. 등장인물들의 대화나 행동, 즉 그들이 어떤 식으로 말을 하고, 어떤 생각을 하며, 어떤 감정을 느끼고 있는지, 그들이 이야기 세계의 사회에서 어떤 위치를 차지하고 있는지 등을 화자가 어떻게 제시하고 있는지 조금만 주의 깊게 살펴보면, 우리는 각각의 등장인물에 대한 화자의 관점이 어떤 것인지 정리해 볼 수 있다. 여러 등장인물에 대한 이념적인 관점은, 각각의 등장인물의 시점과 연관되고 이를 평가하는 이야기꾼으로서의 화자가 갖는 일관성 있는 전체적인 시점의 범위 안에 있다.

이런 분석에 기초해서 우리는 마가복음의 화자에게는 한 가지 이념적 시점이 있다는 것을 알 수 있다. 그것은 하나님의 방식(화자의 말을 그대로 옮겨 말하면)은 선하고 인간적인 방식은 나쁘다는 것, 즉 '하나님의 방식대로 생각하는 것'은 신뢰할 만한 관점

7 Booth는 저자의 묵시적인 신념과 판단이 항상 작품의 모든 측면에 표현되어 있으며, 그것을 찾는 방법을 아는 사람이라면 누구나 분명히 알 수 있음을 보여 준다(*Rhetoric*, 20).

인 반면에 '인간의 방식대로 생각하는 것'은 바람직하지 못한 관점이라는 것이다. 이 두 가지 시점은 서로 대조를 이룬다. 이 문제들에 대해서 화자의 시점을 잘 알아차리면 마가복음을 이해하는 데 큰 도움이 된다.

하나님의 방식	인간의 방식
믿음	믿음이 없음
용기	두려움
복음을 위해 자신의 목숨을 버림	자신의 목숨을 지킴
가장 낮은 자가 됨	가장 높은 자가 됨
사람들을 섬김	사람들 위에 군림함
다른 사람을 구원함(회복시킴)	다른 사람에게 해를 끼침
세상을 위해 하나님께 충성함	자신이나 집단에 충성함
이웃을 사랑함	자신이나 집단을 굳게 지킴
소유를 포기함	세상을 얻음
남을 위해 포기하는 삶	자신이나 집단을 위해 움켜쥐는 삶

이런 기준들은 마가복음의 서사에 있는 도덕적, 관념적 뼈대를 나타낸다.[8] 그런 면에서 마가복음의 서사에 있는 일관성은 참으로 인상적이라고 할 수 있다. 왜냐하면 마가복음의 화자와 각각의 등장인물들은 이런저런 관점들의 예가 되기 때문이다. 하나님의 관점을 수용하여 화자는 주인공 예수와 별로 중요치 않은 주변 인물들은 '하나님의 방식'대로 생각하는 사람들의 예로, 예수의 적

8 마가의 윤리에 대해서는 Frank Matera, "Ethics for the Kingdom of God: The Gospel according to Mark," *Louvain Studies* 20 (1995): 187-200; Richard Hayes, *The Moral Vision of the New Testament: A Contemporary Introduction to New Testament Ethics* (San Francisco: HarperCollins, 1996)의 마가 부분을 보라. 또한

대자들은 '인간의 방식'대로 생각하는 사람들의 예로, 제자들은 그 두 가지 관점 사이에서 왔다 갔다 하는 인물들의 예로 제시하며 이야기를 하고 있다. 화자는 청중이 하나님의 일을 받아들이고 인간의 일을 버리도록 유도한다. 만일 청중이 화자의 관점을 수용하고 화자가 하는 대로 등장인물들을 평가한다면, 그 이야기는 소기의 목적을 달성한 성공적인 이야기라 할 수 있을 것이다.

화자의 스타일과 속도

마가복음 화자의 스타일은 아주 간단하고 분명하다. 이 화자는 이 놀라운 이야기를 지극히 평범한 일상의 언어로 말하고 있다. 등장인물들 역시 매일 쓰는 평범한 언어로 말한다. 이런 평범한 스타일 덕분에 청중은 이야기를 말해 주는 행위보다 그 이야기 자체에 집중할 수 있다.

또 마가복음 화자의 스타일은 간결하다. 어떤 이미지나 장면을 떠올리게 하기 위해 사용하는 단어들이 몇 마디 되지 않기 때문이다.[9] 여기에서 사용하는 단어들은 추상적이고 상징적이기보다는 구체적이고 구어체 표현들이다. "낙타털 옷을 입다", "비둘기 같다", "들짐승들 가운데 있다"는 등의 표현들은 세부적인 부분을 꼬치꼬치 묘사한다기보다는 마치 한 장의 그림을 보는 것처럼 한눈에 들어오게 한 것들이다. 한 사건에서 다른 사건으로 어떻게

Dan O. Via Jr., *The Ethics of Mark's Gospel: In the Middle of Time* (Philadelphia: Fortress Press, 1985)을 보라.

9 마가복음의 특징적인 성경 이야기 전달 행위의 스타일에 대해서는 Erich Auerbach, *Mimesis: The Representation of Reality in Western Literature*, trans. Willard Trask (Princeton: Princeton University Press, 1953)을 보라.

넘어가는지는 대체로 설명하지 않는다. 대부분의 에피소드들을 자세히 살펴보면 그 많은 것을 묘사하는 데 얼마나 적은 낱말을 사용했는지를 알 수 있다. 그러므로 무엇을 묘사하거나 어떤 의미를 전달하는 데 많은 공백이 생기게 마련이고, 그런 공백은 청중이 상상력으로 채워 넣어야 할 몫이다.

그런 스타일은 이야기 전달 행위narration를 계속 진행하게 하면서, 때로 전체적인 그림을 보여 주는 동시에, 마치 먼 거리에서 찍은 영화의 장면처럼 여겨지게도 한다. 화자는 일반적이고 추상적으로 이야기를 '말해 주기'보다는 행동이나 대화를 그대로 전달해 줌으로써 사건들을 '보여 준다.' 에피소드들은 일반적으로 아주 간단하고, 장면들이 자주 바뀌며, 조연들은 금방 나타났다가 곧바로 퇴장한다. 마가복음 스타일의 특징은 '즉시'라는 말을 자주 반복하고, '그리고'라는 말이 거의 모든 문장마다 나오며, 분사구를 많이 쓴다는 것 등이다. 이런 스타일은 과거에 일어난 일을 현재 시제로 말하여 아주 생생하게 묘사하고 이야기의 흐름을 매우 빨리 진행하는 역할을 한다. 이렇게 빠르게 이야기를 진행하면 청중도 금세 그 속에 빠져들게 된다.

간략하면서도 아주 빠른 움직임을 만드는 마가복음의 스타일은 뭔가 급한 느낌을 주는 서사 색깔을 창조한다. 이로써 "때가 찼고, 하나님의 다스리심이 임했다"라는, 예수께서 던진 중심 메시지가 아주 시급하다는 점을 강조한다. 빠르게 흘러가던 등장인물들의 행동이나 대화의 흐름이 멈추는 것은 단 두 번, 예수의 독백 장면뿐이다. 그중 하나는 예수께서 배 위에 앉아서 사람들에게 수수께끼 시리즈를 말씀하시는 장면이고, 다른 한 장면은 감람산에 올라가서 제자 네 명에게 예언하시는 장면이다. 다른 곳에는 이처럼 길게 구구절절 가르치는 장면이 없다. 마가복음은 분명히 활발하게 움직이는 이야기이며 갈등이 활발히 펼쳐지는 이야기이다.

이야기를 전달하는 속도 또한 다양하다.[10] 여기에서 속도라는 것은, 이야기 세계에서 사건이 일어나는 데 걸리는 이론적인 시간(사건 시간event-time)과 그것을 이야기하는 데 걸리는 시간(이야기 전달 시간narrating-time) 사이의 관계를 가리킨다. 때로는 이 속도가 아주 빠르다. 예를 들어, "그는 갈릴리 모든 지역을 두루 다녔다"라고 한다든지, "그의 겉옷의 술만이라도 만지는 사람은 모두 다 병이 나았다"라고 하는 것이 바로 빠른 속도를 보여 주는 장면이다. 반면에 이 속도는 아주 잠시 늦춰지기도 한다. 예를 들어, 화자가 유대 장로들의 전통에 대해 청중에게 설명하려고 이야기를 잠깐 멈추는 것이 바로 그것이다.

속도는 점점 느려지기도 한다. 화자는 등장인물들이 한꺼번에 등장할 때는 이야기 전달 시간을 아주 빠르게 시작했다가도 어떤 에피소드에서는 갑자기 그 속도를 줄이기도 한다. 그런 장면에서는 화자가 이야기해 주는 시간이 실제 그 사건이 일어나는 속도와 거의 맞먹을 정도로 느리다. 그러다가도 그 에피소드가 끝날 즈음에는 다시 속도를 올린다. 서사는 이야기 전달 시간과 사건 시간이 서로 맞물리는 자리에 강조점을 둔다.

이야기를 전체적으로 보면, 거기에는 나름대로 속도의 유형이 있다. 서사 초반부에서는, 모든 행동이 아주 빠르게 이 자리에서 저 자리로 옮겨 다니며 일어난다. 그러다가 여행 이야기가 마지막

10 서사의 리듬에 대해서는, Gérard Gennette, *Narrative Discourse: An Essay in Method*, trans. Jane Lewin (Ithaca: Cornell University Press, 1980), 86-112; Bal, *Narratology*, 68-77을 보라.

에 다다를 때는 예루살렘이라는 한 장소에서 일어나는 매일의 일들을 낱낱이 말해 줄 정도로 속도가 줄어들고, 십자가에 달리는 장면에서는 거의 시간 단위로 묘사할 정도로 속도가 무척 떨어진다. 전체 서사가 예루살렘과 죽음, 부활을 향해 나아가기 때문에, 그 뒷부분에서 속도가 떨어지면 청중에게는 그 십자가 사건이 유난히 강하게 다가오는 것이다. 마가의 실연자는 이야기를 해 줄 때 텍스트가 갖는 속도의 역동성을 반영했을 것이다.

이야기할 때 화자가 사용하는 반복 패턴

스타일이 간략하고도 직접적인 반면, 마가복음의 서사는 복잡한 이야기하기 패턴을 가지고 있는 것으로 보인다. 언뜻 볼 때, 마가복음은 구슬 한 알 한 알이 제각기 굴러다니다가 한 줄에 꿰여 어쩔 수 없이 붙어 있는 것처럼, 전혀 다른 에피소드들이 줄줄이 나열된 것처럼 보인다. 그러나 자세히 보면 이 에피소드들은 다양한 스타일의 패턴과 서사를 연결하는 것들에 의해서 서로 긴밀하게 조직적으로 연결되어 있다. 마가복음처럼 귀로 듣기 위해 만든 문학 작품은 전형적으로 에피소드식으로 되어 있고, 직선으로 진행되기보다는 다양한 반복 형태로 연결된다.[11] 마가복음의 에피소드들은 단어나 구절들의 반복, 복선伏線, foreshadowing과 회상retrospection 발생, 장면과 상황의 유사성, 중앙 집중식 형식concentric pattern이나 병렬식 형

11 Joanna Dewey, "The Gospel of Mark as an Oral-Aural Event: Implications for Interpretation," in *The New Literary Criticism and the New Testament*, ed. Edgar McKnight and Elizabeth Struthers Malbon (Valley Forge, PA: Trinity Press International, 1994), 145-63.

식parallel pattern 등으로 나열된 에피소드 군群을 통해 서로 연결된다.

이런 식으로 구성되어 있기 때문에 단조롭고 틀에 딱딱 맞도록 정확하게 이루어진 반복이 아니라 약간 변형된 반복이다.[12] 반복의 형태는 여러 가지 복잡한 방법으로 조금씩 다르게 나타나면서도 겹치고 긴밀하게 짜여 있으므로, 마가복음의 이야기 전체 줄거리를 흐름에 따라 순서대로 한 줄로 나열해서 말하기는 사실상 불가능하다.[13] 서사가 이처럼 다양한 패턴으로 얽히고설키어 있다는 것을 염두에 둔다면, 독자들은 겉으로 보기에는 엉성하게 늘어놓은 것 같은 여러 에피소드가 얼마나 긴밀하게 서로 작용하고 있는지 알 수 있을 것이다. 이 다양한 반복 패턴은 등장인물이나 플롯을 더 세련되게 만드는 데 도움을 주며, 마가복음 서사의 구성에 담긴 주제를 극대화하는 역할을 한다.[14]

핵심 단어를 이용한 연결

반복의 가장 단순한 형태는 핵심 단어나 핵심 구절을 사용하는 것이다.[15] 이렇게 핵심 단어를 반복 사용하는 방법verbal threads은 에피

12 서사에서 반복에 대한 문학적·성서학적 연구들의 자료 목록을 보려면, Janice Capel Anderson, *Matthew's Narrative Web: Over, and Over, and Over Again* (Sheffield: JSOT Press, 1994)을 보라. 약간의 변화를 주면서 반복하는 기법으로 문학적 완성도를 높이는 것에 대해서는 Robert C. Tannehill, "The Disciples in Mark: The Function of a Narrative Role," *Journal of Religion* 57 (1977): 396을 보라.

13 Joanna Dewey, "Mark as Interwoven Tapestry: Forecasts and Echoes for a Listening Audience," *Catholic Biblical Quarterly* 52 (1991): 221-36을 보라.

14 마가복음의 반복적 패턴 유형에 대해서는, Joanna Dewey, *Markan Public Debate: Literary Technique, Concentric Structure and Theology in Mark 2:1 to 3:6*, SBLDS 48 (Chico, CA: Scholars, 1980)을 보라.

15 마가복음에서 핵심 단어를 반복 사용하는 방법verbal threads에 대해서는, Boomershine, "Mark the Storyteller," 264-69를 보라. 문학에서의 동기motifs에 대

소드 안에서 찾아볼 수 있다. 예를 들어, 화자는 "세리들과 죄인들"이라는 표현을 한 에피소드에서 세 번이나 사용한다. 그와 비슷한 반복 기법이 사실상 거의 대부분의 에피소드에 나타난다. 질문에서 사용했던 단어가 대답에서 반복되고, 명령을 내릴 때 사용한 단어가 그 명령대로 수행할 때 반복되고, 또는 어떤 상황을 묘사한 단어들이 그 상황에 대한 반응을 묘사할 때 반복된다. 단어를 반복해서 사용하면, 독자들은 그 에피소드의 주제가 무엇인지 눈치채게 된다.

단어나 구절을 반복하면, 그 에피소드를 다른 에피소드와 연결해서 생각할 수 있다. 예를 들어, 예수께서 **과부**의 가산을 삼킨다고 율법학자들을 나무라는 에피소드 바로 다음에는, 예수께서 자기의 전 재산을 헌금하는 한 가난한 **과부**를 칭찬하는 에피소드가 뒤따라 나온다. 핵심 단어는 이야기 전체에 걸쳐서 중요한 에피소드들 안에 반복되기도 한다. 예를 들어, 마가복음 첫머리에는 "복음", "기름 부음 받은 분", "하나님의 아들", "광야", "선포", "용서", "열리다/찢어지다", "시험을 받다", "넘겨지다", "바로 그때", "하나님의 다스리심", "믿음", "따르다" 등의 단어들이 모두 나온다. 이 모든 단어나 구절은 이야기 전반에 걸쳐서 새로운 문맥 곳곳에 나타난다. 따라서 그 부분들을 읽을 때 청중은, 처음에 이 구절들을 보았을 때를 떠올리게 되고, 그와 동시에 지금 읽고 있는 부분에서 아직 채워지지 않은 공백을 그 맥락에서 채워 보게 된다. 이야기가 펼쳐질수록 화자는 새로운 단어를 사용해서 새로운 동기를 소개하고, 이로써 플롯이 새롭게 전개된다는 신호를 준다.

해서는, William Freedman, "The Literary Motif: A Definition and Evaluation," *Novel* 4 (1971): 123-31을 보라.

반복되는 단어들은 독자나 청중이 서사의 한 부분을 다른 부분과 연결해서 생각해 보도록 유도한다. 예를 들어, 마가복음이 끝날 무렵, 백부장이 예수를 "하나님의 아들"이라고 알아보기 바로 직전에 성전의 휘장이 "찢어지는데"ripping, 그때 독자나 청중은 마가복음이 시작할 때 하나님이 예수를 "내 아들"이라고 말하기 바로 직전에 하늘이 "갈라졌다"ripping고 했던 것을 연상하게 된다. 이 단어가 다시 반복됨으로써, 이 이야기의 구조는 정교한 구조와 통일성을 갖추게 된다.

복선과 회상

복선foreshadowing은 앞으로 일어날 사건을 미리 예상하는 것이고, 회상retrospection은 이전에 일어났던 사건을 되돌아보는 것인데, 이것은 마가복음에서 반복을 위한 중요한 형식들이다.[16]

복선은 여러 가지 방법으로 이루어진다. 화자가 "유다가 예수를 넘겨줄 것"이라고 말하는 부분에서 볼 수 있듯이, 화자는 이야기 세계에서 아직 일어나지 않은 사건을 분명하게 가리키는 말을 미리 할 수 있다. 혹은 제자들이 사람을 낚는 어부가 될 것이라고 말하거나, 비록 지금은 감추어져 있으나 나중에는 드러나게 될 것이라고 말하는 것처럼 예수도 앞으로 일어날 일을 암시하는 말을 한다. 화자는 나중에 일어날 비슷한 사건을 암시하는 사건에 대해 말하기도 한다. 예를 들어, 헤롯에게 세례 요한이 죽임을 당

16 Norman R. Petersen, *Literary Criticism for New Testament Critics* (Philadelphia: Fortress Press, 1978); Dewey, "Interwoven Tapestry," 221-36; Elizabeth Struthers Malbon, "Echoes and Foreshadowings in Mark 4-8: Reading and Rereading," *Journal of Biblical Literature* 112 (1993): 211-30.

하는 것은 빌라도에게 예수께서 죽임당할 것을 암시한다. 마가복음에서 가장 눈에 띄는 복선 기법은, 예수께서 세 번에 걸쳐 자신의 죽음과 부활을 말하는 것과 같은 예언이라는 기법이다. 어떤 사건을 복선을 통해서 언급했다면, 독자들은 그 내다본 사건이 이루어지는 때에야 비로소 그 사건을 완전히 이해할 수 있게 되는데, 복선을 통해서 독자들은 그 사건이 예상대로 이루어지기 전까지 부분적으로나마 앞으로 이루어질 그 사건을 경험하게 되며, 그로써 일종의 긴장감이 생긴다.

회상은 이와 정반대로 작용한다. 화자는 이야기 세계에서 이전에 일어났던 사건을 다시 언급하거나, 등장인물들의 대화 가운데 이전에 이야기했던 사건을 언급하거나, 성취된 예언을 설명하는 과정에서 이전에 했던 예언을 암시할 것이다. 회상이라는 수단을 통해서 화자는 청중이 이전에 일어났던 사건을 더 명백하고 효과적으로 이해할 수 있도록 해 준다. 예를 들어, 강한 자의 집에 대한 예수의 수수께끼는 예수께서 이미 사탄을 결박하셨다는 것을 암시한다. 따라서 청중은 예수께서 이전에 광야에서 사탄과 대면했던 장면을 떠올리게 되며, 이로써 그 사건을 새로운 시각으로 이해하게 된다. 회상의 다른 예를 보자. 예수께서는 제자들에게 세례 요한이 엘리야라고 가르치시는데, 그때 청중은 세례 요한을 새로운 시각으로 바라보게 된다. 두 번째 배 여행 장면에서 제자들은 예수께서 물 위로 걸어오시는 것을 보고 기겁하는데, 그것은 첫 번째 배 여행 장면에서 있었던 사건, 즉 풍랑을 잔잔하게 하는 예수를 제자들이 제대로 이해하지 못한 일을 떠올리게 한다.

따라서 복선과 회상은 끈의 양쪽 끝부분과 같기도 하고, 앞서 발생했다가 다시 그 후에 발생하는 하나의 모티프라 할 수 있다.

이 두 가지는 서사를 앞뒤로 연결해 준다. 복선은 앞으로 벌어질 일을 예상하게 하고, 그 사건이 일어나고 나면 이전에 했던 예상을 떠올린다. 이 방법이 반석에게 효과가 있었듯이 청중에게도 효과가 있다. 예수께서는 반석이 자신을 배반할 것이라고 예언한다. 그리고 그 예언대로 반석은 예수를 부인한다. 그때 반석은 이전에 했던 예수의 예언을 회상하며 괴로워한다. 청중의 경우도 마찬가지다. 예견되었던 사건들이 결국 일어났음을 이야기해 줄 때, 이전에 복선을 통해 만들어진 긴장감이 해소된다.

2단 점진법

2단 점진법two-step progression은 마가복음에서 가장 자주 나타나는 반복의 패턴이다.[17] 이것은 구절이나 절, 쌍을 이루는 문장, 에피소드 구조에서 나타난다. 이것은 많은 구절과 에피소드를 이해하는 데 중요한 역할을 한다. 이제 몇 가지 예를 들겠지만, 마가복음에서는 이것들보다 훨씬 더 많은 예를 찾아볼 수 있다.

2단 점진법의 간단한 예를 들어 보자. “저녁이 되었을 때, 해가 진 후에….” “저녁이 되었을 때”라는 시간을 가리키는 어구가 “해가 진 후에”라는 구절로 반복된다. 그렇지만 두 번째 부분은 첫 번째 부분보다 좀 더 자세하다. 이 두 개의 구절은 2단 점진법을 이루는데, 이런 경우에는 흔히 두 번째 부분에 강조점이 있다. 이 예에서 두 번째 단계는 해가 진 것을 가리키는데, 이는 안식일

17 이 서사 패턴을 더 확장해서 다룬 내용에 대해서는, Frans Neirynck, *Duality in Mark: Contributions to the Study of Markan Redaction* (Louvain, Bel.: Louvain University Press, 1972)을 보라. 이런 서사 패턴과 관련한 긴장감에 대해서는, Eric Rabkin, *Narrative Suspense: “When Slim Turned Sideways...”* (Ann Arbor: University of Michigan Press, 1973), 7-70을 보라.

이 거의 끝나가고 있음을 뜻한다. 이것은 사람들이 다시 여행을 계속해도 되고, 병 고침을 받기 위해 예수를 찾아가도 된다는 것을 말해 준다. 다른 예로, "바깥, 광야에서"를 들 수 있다. 이 장소에 대한 언급 역시 앞에서 시간에 대해 언급한 것과 마찬가지로 반복적인데, 두 번째 부분이 좀 더 구체적인 장소를 가리키며 그것이 이야기의 중요한 배경임을 암시한다. 사람을 가리킬 때 2단 점진법을 사용한 경우도 있다. 한 여자를 "그리스 사람으로서 수로보니게 출신"이라고 하는 구절이나, 한 과부가 "자기가 가진 모든 것, 곧 자기 생활비 전부"를 바쳤다고 하는 구절에서도 2단 점진법을 찾아볼 수 있다.

2단 점진법은 문장들이나 구절들이 연결될 때도 일어난다. 예를 들어, "이것이 무엇이지? 권위 있는 새로운 가르침인가?", "너희는 왜 그리도 겁이 많으냐? 아직도 믿음이 없느냐?"라는 질문 형태와 "두려워하지 말아라. 그저 믿기만 하여라", "깨어 있어라. 그리고 시험에 빠지지 않도록 기도하여라"라는 식의 명령 형태에서 찾아볼 수 있다. 그리고 "때가 찼고 하나님의 다스리심이 임했다"라는 식의 평행 서술 구절이나, "인자는 섬김을 받으러 온 것이 아니라 섬기러 왔으며"라는 식의 대조 구절에서도 찾아볼 수 있다.

2단 점진법은 몇몇 에피소드를 구성한다. 어느 날 제자들이 예수께 2단 점진법으로 질문한다. "우리에게 말씀해 주십시오. 언제 이런 일이 있겠습니까? 이 모든 일이 이루어지려고 할 때 무슨 표징이 있겠습니까?" 예수께서는 2단 점진법을 아주 길게 사용해서 각각의 질문에 대답하신다. 권력자들도 2단 점진법으로 질문한다. "왜 당신의 제자들은 장로들의 전통을 따르지 않고, 부정한 손으로 빵을 먹습니까?" 예수께서는 첫 번째 질문에 대해 권력자들에게 곧바로 대답하시고, 두 번째 질문에 대해서는 군중에게 대답하신다.[18] 다른 에피소드에서는 전체적인 배경에서 구체적인 배경으로 옮겨 가는 2단 점진법을 찾아볼 수 있다. 예를 들어, "예수께서는 가버나움으로 들어가셨다. 그리고 회당으로 들어가셨다", "예루살렘에 들어가서 성전으로 가셨다" 등이 그것이다. 다른 에피소드에서는 공적인 장소에서 사적인 장소로 옮겨 가는 공간적 배경의 진행이, 예수께서 무리에게 공개적으로 가르치고 행동하신 후 제자들에게 별도로 그 가르침을 보충 설명하고 풀이하는 것으로 옮겨 가는 내용상 진행과 짝을 이루는 것을 볼 수 있다.

예수께서는 눈먼 사람을 두 번 만져서 시력을 완전히 회복시켜 주는데, 이 이야기는 2단 점진법이 어떻게 청중에게 영향을 미치는지 잘 보여 주는 좋은 유비analogy라고 할 수 있다. 예수께서는 그 눈먼 사람을 한 번 만져 주어 눈을 뜨게 하신다. 그러나 그 사람은 아주 분명하게는 보지 못한다. 그래서 예수께서 다시 한 번 더 그를 만지자 그는 "모든 것을 분명하게" 본다. 이와 마찬가지로, 2단 점진법은 청중이 한 번 더 보도록 안내하는데, 이는 그 내용을 분명하게 하고 강조한다.

두 단계로 반복하면, 아직 일어나지 않은 일을 보고자 하는 청중의 욕구를 유지시킴으로써 긴장감을 조성하는데, 이 패턴이 반복됨으로써 청중은 상황을 더 명확하게 알기 위해서는 두 번째 단계를 기다려야 하기 때문이다.

또 마가복음 전체도 2단 점진법으로 볼 수 있다. 마가복음의 처

18 두 부분으로 된 질문에 대한 이중적 대답에 대해서는, David Noble, "An Examination of the Structure of Mark's Gospel" (PhD diss., Edinburgh University, 1972)을 보라.

음은 예수를 "기름 부음 받은 분, 하나님의 아들"이라고 한다. 마가복음 전반부가 끝나는 부분에서, 반석은 예수께서 "기름 부음 받은 분"이라는 것을 알아본다. 마가복음 후반부가 끝날 무렵, 백부장은 예수께서 "하나님의 아들"이라고 말한다. 물론 전반부와 후반부 모두 예수의 성격 묘사를 일관성 있게 했지만, 그 가운데서도 이야기가 진행되면서 예수의 모습에 대해 점진적으로 조금씩 베일을 벗겨지는 것을 볼 수 있다. 첫 단계에서 예수께서는 권능으로 일하신다. 두 번째 단계에서 그의 사역은 핍박과 죽음으로 끝난다. 마가복음 전반부는 권능과 자비의 사역으로 하나님의 다스리심이 임하는 데 강조점을 두었고, 후반부는 이 세대에서 하나님의 다스리심대로 살아갈 때 겪게 되는 핍박에 강조점을 두었다. 이야기 곳곳에 있는 작은 2단 점진법은 청중에게 이런 서사의 커다란 두 번째 단계를 볼 수 있도록 준비시켜서 좀 더 분명하고도 깊게 예수를 이해하게 한다.

전형적 장면

약간씩 바뀌면서 반복되는 비슷한 이야기들을 '전형적 장면'type-scenes이라고 한다. 예를 들어, 마가는 고침을 받으려고 예수께 나아오는 사람들에 대한 비슷한 에피소드들을 이야기해 준다. 이 에피소드들은 공통된 틀이 있다. 곧 예수께 나아오기, 요청하기, 믿음을 증명하기 위해 장애물 극복하기, 예수께서 그 사람을 만져 주시거나 그에게 말씀해 주심, 치유받음, 군중의 반응이다. 청중은 이런 틀에 익숙해져서, 그러한 치유 이야기들이 어떠한 새로운 모습으로 반복되든지 별 어려움 없이 그 새로운 이야기에 빠져들 수 있다. 부가적인 요소를 덧붙여 이야기를 반복할 때, 기본 유형은 더욱 강화된다. 귀신을 내쫓는 이야기, 자연을 다스리는 기적 이야기, 권력자들과 벌이는 갈등, 제자들이 오해하는 이야기에도 전형적 장면들이 있다.

마가복음의 전형적 장면들은 매우 복잡할 수 있다. 예를 들어, 빌라도 앞에 선 예수 이야기 장면은 헤롯 앞에 선 세례 요한을 묘사한 장면에 있는 복잡한 역동성에 변화를 주면서 이를 반복한다. 권세 있는 한 사람이 모든 사람 앞에서 한 사람의 운명을 결정할 선택권을 가지고 있는데, 그는 그 사람에게 동정심을 갖고 있는 것으로 보인다. 그런데도 그 사람을 처형하도록 어떤 사람이 다른 누군가를 조종하고, 권세 있는 사람은 그 요구를 꺾지 못해서 자기 생각과 다르게 그 사람을 처형하고 만다.

반복이라는 표현법은 특히 말로 이야기할 때 아주 효과적이다. 따라서 전형적 장면은 성격 묘사나 플롯 전개, 주제 확장에 매우 큰 역할을 한다.

삽입 에피소드

이처럼 이야기들이 반복되는 가운데 종종 비슷한 에피소드 두 개가 서로 엇갈리게 놓이는 경우가 있다. 그때 우리는 한 개의 에피소드가 다른 에피소드의 처음과 끝 사이에 "끼었다"sandwiched라고 말한다이렇게 끼인 서사나 에피소드에 삽입embedded이라는 용어를 사용한다.ⓔ. 영화를 보면, 종종 어떤 장면이 미처 깔끔하게 끝나지도 않은 상태에서 다른 장면으로 넘어가는 것을 볼 수 있다. 그러다가 나중에 이야기 중간 즈음에 아까 끝내지 못한 장면으로 돌아가서 마저 결말을 짓는 모습을 보게 된다.

이렇게 에피소드를 중간에 삽입하는 경우가 마가복음에 종종 있다.[19] 예를 들어, 야이로가 예수께 찾아와서 죽어 가는 자기 딸을 살려 달라고 하는 장면을 보자. 그 이야기가 흘러가는 중간에 하혈증에 걸린 여인이 자기 병을 고쳐 달라고 갑자기 끼어든다. 이 여인의 이야기가 끝날 때까지 청중은 야이로의 딸이 과연 어떻게 될 것인지 긴장한 채 기다려야 한다. 예수의 가족들이 예수를 잡으려고 찾아왔을 때, 청중은 예수께서 그 가족들에게 어떤 반응을 할지 보기 위해서, 예수와 권력자들의 논쟁이 끝날 때까지 기다려야 한다. 반석이 대제사장의 뒤뜰에서 군인들과 함께 '곁불'을 쬐고 있을 때, 청중은 그에게 어떤 일이 일어날지 알기 전에, 예수께서 재판받는 모습을 지켜보아야 한다. 이런 긴장감 때문에 청중은 더욱 흥미를 느끼게 되고, 첫 번째 이야기가 어떻게 끝날지 알아보려고 두 번째 이야기에 계속 주의를 기울이게 된다.

더욱 중요하게는, 짝을 이룬 두 개의 에피소드들이 같은 주제를 반복하는데, 한 가지 이야기가 다른 이야기와 비교되거나 대조됨으로써 그 주제를 분명히 밝혀 준다. 이야기 두 개가 비교됨으로써 그 의미가 밝혀지는 예는 다음과 같다. 예수께 미쳤다고 말하는 그분의 가족들과 예수께 귀신 들렸다고 말하는 율법학자들이 비교된다. 야이로의 믿음이 하혈증 앓는 여인의 믿음과 비교된다. 예수께서 열매 맺지 못한 무화과나무를 저주하신 일이 이스라엘을 위해 아무 열매도 맺지 못하는 성전의 권력자들에 대한 예수의 비난과 비교된다. 반면에 두 가지 이야기가 반대되는 경우

19 예를 들어, James Edwards, "Markan Sandwiches: The Significance of Interpolations in Markan Narratives," *Novum Testamentum* 31 (1989): 193-216; Tom Shepherd, "The Narrative Function of Markan Intercalation," *New Testament Studies* 41 (1995): 522-40; Kermode, *Secrecy*, 128-34를 보라.

로 대조되기도 한다. 예수께서는 병 고치는 사역을 하도록 제자들을 보내시면서 양식을 챙기지 말라고 하시는데, 이 이야기는 헤롯이 먹을 것 넘치는 잔치 자리에서 사람을 보내어 세례 요한을 처형하는 것과 대조를 이룬다. 돈에 눈이 멀어서 예수를 팔아넘긴 가룟 유다는, 비싼 돈을 들여서 구입한 향유를 예수께 부어 드린 여인과 대조된다. 예수를 부인한 반석은, 재판대 앞에서 담대하게 증언하는 예수의 모습과 대조된다.

에피소드들로 틀 구성하기

마가복음에서는, 두 개의 비슷한 에피소드가 마가복음의 조금 더 큰 한 부분을 이루기도 한다. 우리는 그 두 개의 이야기가 모여서 이루는 큰 덩어리 이야기의 범위를 가늠해 보면서, 그 두 개의 에피소드가 서로 어떻게 긴밀한 관계를 맺고 있는가 하는 맥락에서 이야기를 읽을 수 있다. 또 가운데 삽입된 에피소드와 그 이야기를 앞뒤에서 둘러싸고 있는 이야기들이 서로 어떻게 비교되거나 대조되고 있는지 볼 수도 있다.

예를 들어, 예수께서 제자들과 함께 예루살렘으로 여행하시는 이야기는 예수께서 벳새다에서 맹인을 고쳐 주시는 이야기로 시작하고 여리고에서 또 다른 맹인을 고쳐 주시는 이야기로 마무리된다. 첫 번째 이야기에서 맹인이 눈을 뜨는 데는 좀 어려움이 있어서 그는 두 단계를 거쳐서야 비로소 시력을 되찾는데, 이것은 예수의 가르침이 얼마나 이해하기 어려운 것인지 보여 준다. 두 번째 이야기에서 맹인은 곧바로 눈을 뜬다. 이는 그 사이에 일어난 사건들 때문에 예수의 가르침이 명확해졌음을 나타낸다. 감람산에서 예수께서 제자 네 명에게 미래에 일어날 일을 예언하고 그들을 가르치시는 이야기도 틀 안에 들어 있다. 한쪽에는 성전 헌금함에 헌금을 넣은 가난한 과부 이야기가 있고, 다른 한쪽에는 비싼 향유를 예수께 부어 드린 여인 이야기가 있다. 이 예를 보면, 앞뒤를 둘러싸고 틀을 형성하는 에피소드들은 몇몇 구절들로 서로 연결되고 자기희생적인 행동들을 공통적으로 다룬다. 또한 이 에피소드들은 앞으로도 예수를 신실하게 따르고자 하는 사람이라면 누구나 행해야 할 헌신을 나란히 배열하고 있다.

중앙 집중식 패턴을 이루는 에피소드들

마가는 때때로 중앙 집중식concentric 패턴을 따라서 에피소드들을 나열하기도 하는데, 이런 구도는 가장 중심이 되는 이야기를 가운데 놓고, 그 주위를 연관된 다른 이야기들로 둘러싸는 기법으로, 고대 이야기 전달 행위에서 흔히 사용하던 기법이다.

예수께서 갈릴리에서 권력자들과 갈등을 벌이는 다섯 가지 장면은 중앙 집중식 패턴이 어떤 것인지 잘 보여 준다. 아래 구도를 보면, 가운데 C를 중심으로 A는 A′와, B는 B′와 짝을 이루어 C를 둘러싸고 있다.[20]

A 중풍병자를 고쳐 주심
B 세리들과 죄인들과 함께 식사하심
C 금식
B′ 안식일에 낟알을 따서 먹음
A′ 손이 오그라든 사람을 고쳐 주심

에피소드 A와 A′는 구도, 내용, 주제 면에서 서로를 반영한다.

20 마가복음의 중앙 집중식 구도 분석과 마가복음 2:1-3:6 분석에 대해서는, Joanna Dewey, *Markan Public Debate*를 보라.

이 두 가지 사건은 모두 집 안에서 벌어지며, 치유가 일어나고, 등장인물도 똑같다(예수, 권력자들, 병 고침을 받는 사람). 이 두 가지 에피소드 모두, 화자가 뒤에서 수군거리며 예수를 비난하는 장면을 언급한 뒤에야 비로소 병을 고치는 장면이 나온다. 마찬가지로 이 두 가지 에피소드 모두, 심각한 율법 위반을 했다는 비난이 있다. 더 나아가서, 이 두 가지 에피소드 모두, 뒤에서 수군거리는 비난에 대해 예수께서는 수사적인 질문으로 응대하신다.

에피소드 B와 B′ 역시 서로 관련된다. 두 가지 에피소드 모두 먹는 것에 관심을 두고, 두 가지 에피소드 모두 부정함과 연관된다(B에서는 세리들로 인해 부정하게 되는 것을 다루고, B′에서는 안식일 규율 어기는 것을 다룬다). 이 두 가지 에피소드는 어떤 행동, 그 행동에 대한 권력자들의 비난, 예수의 해명으로 구성된다. 이 두 가지 에피소드에서는 등장인물들도 같다(예수, 제자들, 권력자들). 이 두 가지 경우에, 예수께서는 자신의 목적을 말하고 나서 옛 교훈을 빌려 권위 있게 답변하신다.

이 네 개의 에피소드(A, B, B′, A′)는 예수께서 금식에 대해 가르치는 내용을 담고 있는 C라는 에피소드를 중심으로 둥근 원을 형성한다. 따라서 C는 먹는 것을 다루는 바로 앞뒤의 B, B′와 대조된다. 그런데 다른 에피소드들과는 달리 에피소드 C의 배경은 불분명하고 질문으로 시비 거는 사람도 딱히 정해져 있지 않다. 게다가 질문을 하는 사람들도 적대적이 아니다. 따라서 가운데 있는 이야기는 어떤 행동이나 갈등보다는 예수의 반응에 초점을 맞춘 것이라고 할 수 있다. 이 가운데 있는 에피소드에서 예수의 반응은 중앙 집중식 패턴을 이루는 이 다섯 가지 에피소드 전체의 의미를 밝혀 준다. 신랑을 '빼앗길 것'에 대한 예수의 말씀은 A와 A′에서 나왔던 권력자들의 반대가 빚어 낼 결과(신성모독 혹은 노골적인 안식일법 위반으로 인한 사형)를 암시한다. 새 술은 새 부대에 담으라는 예수의 경고는, 예수께서 제시하는 새로움을 정죄하기 위해 권력자들이 율법과 전통의 낡은 틀을 어떻게 사용하는지 보여 준다. 물론 그 결과는 포도주와 가죽 부대 모두 못 쓰게 되는 것이다.

주제 면에서 볼 때, 이 모든 이야기들은 유대 지도자들의 권위와 대조되는 예수의 권위를 잘 보여 준다. 예수께서는 죄를 사하는 권세가 있으며(A), 죄인들과 함께 식사를 하신다(B). 그분은 신랑처럼 특별한 존재다(C). 그분은 안식일보다 더 큰 자이며(B′), 따라서 안식일에도 병을 고치신다(A′). 그와 대조적으로 유대 지도자들은 그들의 권위를 그저 고소나 하는 데 사용하고 그것도 매번 실패할 뿐이다.

이 다섯 개의 에피소드는 순환하면서 진행한다. 첫 번째 충돌 뒤에는 또 다른 충돌이 뒤따르고, 세 번째 나오는 충돌은 앞에 나온 두 가지 충돌의 의미를 밝혀 준다. 청중은 세 번째 나오는 충돌을 통해서 앞에 나온 두 번째 충돌을 떠올리게 되고, 이 마지막 충돌을 통해 다시 처음에 나왔던 충돌을 떠올리게 된다. 또한 이 다섯 개의 에피소드는 계속 이어지면서 발전해 나간다. 첫 번째 에피소드에서 다섯 번째 에피소드에 이르기까지, 예수께서는 권력자들에게 자신의 행동을 설명하지만 그 일은 헛될 뿐이고, 그때마다 권력자들에 대한 예수의 분노는 점점 커지고, 그들의 반대 또한 점점 커져 가기만 한다. 청중이 보기에 이렇게 점점 발전해 나가는 구도는, 순환하면서 진행하는 구도와 더불어 마지막 에피소드에서 절정을 이룬다. 이 일련의 이야기들의 끝에 가면, 바리새인들이 밖으로 나가서 헤롯 당원들과 함께 "어떻게 예수를 없앨 것인지" 모략을 짜는 데까지 일이 진행된다.

위의 이야기들은 고대의 이야기하기 전략에서 흔히 쓰던 중앙 집중식 패턴이 어떤 것인지 보여 주는 좋은 예이다. 이제 우리는 예루살렘에서 예수께서 권력자들과 벌이는 일련의 갈등 이야기들처럼 마가복음에서 중앙 집중식 패턴의 예가 나오면 잘 알아볼 수 있을 것이다. 이런 패턴은 실연자와 청중 모두가 이야기를 잘 기억하는 데 도움이 된다.

세 가지 에피소드를 연결한 점진적 발전

마가복음에서 가장 알아보기 쉬운 반복 형태는 세 가지 이야기가 연달아 나와서 점진적으로 진행되는 구도이다. 이 세 가지 이야기로 이루어진 구도는 서사 구조가 비슷하든지, 핵심 단어가 반복되든지, 주제가 같든지, 갈등이 계속되든지, 같은 등장인물들이 계속 나오거나 비슷한 배경이 반복되든지 하는 식으로 뭔가 비슷한 요소가 있다는 점에서 서로 연결된다.[21]

몇몇의 경우 세 가지 에피소드는 직접적인 연결 부분이 있다. 예를 들어, 예수께서 기도를 하고 돌아와 보면 제자들이 잠을 자고 있는데 이 일이 세 번 반복된다. 반석은 예수를 세 번 부인한다. 빌라도는 예수를 놓아줄지 군중에게 세 번 물어보고, 그때마다 군중은 그 제안을 거절한다. 화자는 예수께서 십자가에 달리는 장면을 세 시간 간격으로(아홉 시, 정오, 오후 세 시) 이야기한다. 여인들은 십자가 장면, 장례 장면, 빈 무덤 장면 등 잇달아 나오는

21 Vernon K. Robbins, "Summons and Outline in Mark: The Three Step Progression," in *New Boundaries in Old Territory: Form and Social Rhetoric in Mark* (New York: Peter Lang, 1994), 119-36을 보라.

세 가지 이야기에 등장한다.

또 다른 경우에는 세 가지 에피소드가 서사에서 각각 일정한 간격을 두고 나온다. 마가복음을 세 등분 했을 때, 우리는 처음 삼분의 일 부분 곳곳에 세 가지 에피소드가 흩어져 있는 것을 볼 수 있는데, 그 좋은 예는 예수께서 제자들을 불러서 사람을 낚는 어부로 삼으시는 이야기다. 먼저 예수께서는 어부 네 명을 불러서 자기를 따르라고 하신다. 그다음으로, 예수께서는 산 위에서 열두 명을 부르신다. 그리고 나중에 예수께서는 열둘을 보내서 선포하고 병 고치는 일을 하게 하신다.

배와 관련해서 예수와 제자들 사이에서 갈수록 심해지는 갈등 장면이 개별적인 세 가지 이야기로 제시된다. 또 빵을 주제로 예수와 제자들이 이야기도 나누고 행동할 때 일어나는 갈등이 점진적으로 달라지는 세 가지 이야기가 있다. 이 두 가지 시리즈는 특히 극적인데, 빵과 관련된 세 번째 장면이 세 번째 배 장면과 겹치기 때문이다. 예루살렘으로 여행하면서 예수께서는 자신의 죽음을 세 번 예언하신다. 그때마다 제자들이 보인 반응은, 그들이 아직 예수의 죽음을 제대로 이해하지 못하고 있음을 드러낸다. 그런데도 예수께서는 매번 자신의 예언에 암시된 하나님의 다스리심의 가치를 가르치신다.

청중은 이야기를 읽으면서 이런 구도를 통해 세 가지 에피소드로 이루어진 일종의 시리즈를 기대하게 되며, 이 이야기 시리즈가 절정을 향해 가는 동안 내내 긴장하면서 이를 바라보게 된다. 이 시리즈가 완전히 끝나면 청중은 세 번째 장면의 관점으로 앞에서 일어났던 이야기들을 되돌아보게 되며, 이로써 처음과 두 번째 장면에 담긴 속뜻을 더 명확히 이해하게 된다.

다른 문학 요소들

마가복음의 다른 스타일 특징들도 서사를 밀접하게 결합시키는데, 이것들도 서사를 해석하는 데 중요하다. 질문, 수수께끼, 구약성경 인용, 예언, 아이러니 등이 그런 요소들이다.

질문

마가복음이라는 짧은 이야기에서 등장인물들은 엄청나게 많은 질문을 던져 놓는다. 이 질문들은 일련의 패턴들 안에서 나타나기도 하고, 종종 어떤 등장인물이 말하는 방식이 다른 등장인물이 말하는 방식과 좀 다르다는 것을 드러내기도 한다. 대부분의 질문은 수사적이다. 그래서 이 질문들 뒤에는 굳이 대답이 뒤따를 필요가 없고, 사실상 그 대답은 말을 안 해도 뻔한 것들이다. 마가의 이야기에서 질문은 긴장감을 조성하고, 갈등을 더욱 심화시키며, 등장인물의 진짜 모습을 드러냄으로써 극의 분위기를 고조시킨다. 몇 가지 예를 들어 보면 마가복음에서 질문이라는 기법이 어떤 역할을 하는지 충분히 알 수 있다.

제자들과 대화하면서, 예수는 연달아 수사적 질문을 던지며 제자들이 실패한 것에 대해 자신이 얼마나 놀라고 실망했는지 그 심정을 드러낸다. “너희는 왜 그리도 겁이 많으냐? 아직도 믿음이 없느냐?”, “내가 얼마나 더 오래 너희와 함께 있어야 하겠느냐? 내가 얼마나 더 너희를 참아 줘야 하겠느냐?”, “시몬아, 자고 있느냐? 단 한 시간도 깨어 있을 수 없을 정도로 약하더냐?”와 같은 것이 좋은 예이다. 이 질문들 뒤에 그 어떤 대답도 나오지 않기 때문에, 이 질문들은 문제점을 강조하고 또한 그 문제들을 해결하지 않은 채 잠깐 그대로 두게 된다.

권력자들과의 대화에서, 대체로 예수는 수사적 질문 하나를 던지고 나서 그다음에 자신이 분명한 대답을 하는 방식으로 자기주장을 펼친다. "신랑과 함께 있는 동안에 금식할 수 있느냐? 그들이 신랑과 함께 있는 동안에는 금식할 수 없다", "왜 이 세대는 표적을 찾는가? 내가 진실로 너희에게 말하노니, 이 세대는 결코 아무 표적도 받지 못할 것이다", "이래서 너희가 크게 오해하는 것이 아니냐? 너희는 성경도 모르고, 하나님의 능력도 모른다"라는 것 등이 좋은 예이다. 권력자들에게 던지는 예수의 수사적인 질문을 통해, 청중은 예수께서 그 질문에 대한 답을 제대로 알고 있고, 그 갈등을 지금 당장 해결할 수 있는 분임을 인식하고 그분의 권위를 더욱 절감하게 된다.

제자들도 질문을 한다. 대부분 예수께 어떤 것에 대해 설명해 달라는 간단한 질문들이다. 그러나 이 질문들은 제자들이 예수의 말이나 행동을 불신하고 있음을 확연하게 드러낸다. "이분이 누구이기에 바람과 바다까지 그에게 복종하는 것일까?", "우리더러 지금 가서 이백 데나리온어치나 되는 떡을 사다가 이 사람들을 먹이라는 것입니까?"라는 것이 좋은 예이다. 때로 제자들은 정말로 해답을 찾기도 한다. "왜 **우리는** 귀신을 내쫓지 못했습니까?", "그렇다면 누가 구원을 받을 수 있겠는가?"라는 것이 그 예이다. 이런 질문들은 제자들의 무지와 믿음 없음을 그대로 드러낸다. 만일 청중도 이 이야기에서 일어나는 사건들에 반응하면서 그와 비슷한 질문을 해 본다면, 이 질문들로 청중은 그들 자신과 제자들을 동일시하게 된다.

대적자들은 대부분 예수를 비난하는 질문을 한다. "어찌하여

저 사람은 세리들과 죄인들과 어울려서 음식을 먹습니까?" "왜 당신의 제자들은 안식일에 해서는 안 될 일들을 합니까?"라는 것 등이다. 두 가지 중요한 사건에서 권력자들은 작은 중앙 집중식 패턴을 이루는 두 가지 수사적 질문으로 예수를 고소한다. 처음 예수를 대면할 때 권력자들은 그저 마음속으로만 "어찌하여 이 사람이 이런 말을 할까?(A) 신성모독을 하고 있지 않은가!(B) 하나님 외에 누가 감히 죄를 용서할 수 있단 말인가?(A′)"라고 질문한다. 마지막으로 예수의 재판 장면에서 대제사장들은 다시 예수를 대면하여, "우리가 더 이상 무슨 증인이 필요하겠소?(A) 여러분은 신성모독하는 말을 들었소.(B) 당신들 보기에는 어떻소?(A′)"라고 묻는다. 이 두 단락에서 가운데 있는 문장은 신성모독죄를 강조하고 이 죄 때문에 예수는 정죄를 당한다.

모든 질문이 그렇지만, 특히 수사적 질문들은 청중 스스로 그 질문에 답해 보게 하고 이야기가 그 질문에 어떻게 대답할지 궁금해하도록 이끈다.

수수께끼

소설이나 단편 이야기에서 종종 등장인물이 짤막하게 이야기하거나 꿈 이야기를 하는 것을 볼 수 있다. 등장인물의 이야기나 꿈에 대한 해석이 곧바로 분명하게 나오는 것은 아니다. 그렇지만 그 등장인물의 이야기는, 화자가 하는 이야기 전체를 볼 때 중요한 의미가 있다. 마가복음에서도 그런 "이야기 속의 이야기"를 많이 찾아볼 수 있다. 왜냐하면 마가복음에서는 주인공인 예수께서 복음 전체를 조명해 주는 이야기들을 하고 있기 때문이다.

마가복음에 있는 이야기들을 흔히 **비유**parable라고 부른다. 비유라는 단어는 많은 의미를 담고 있는데, 마가복음에 나오는 비유들은 종종 그 의미를 포착하기 힘들고 모호하므로 비유라기보다는 '수수께끼'라고 부르는 것이 더 적절할 것이다. 화자가 그 수수께끼들을 모호한 것으로 다루는 이유는, 그 뜻을 알기 위해서는 이야기에 나오는 등장인물이 (그리고 청중이) 그것을 직접 풀어야 하기 때문이다. 마가복음의 수수께끼는 이야기 세계 안에 보이지 않게 임해 있는 하나님의 다스리심에 관한 것이다. 즉, 마가복음의 수수께끼는 감추어진 실체에 대한 모호한 이야기들이다. 그 이야기를 누가 듣느냐에 따라서, 수수께끼는 하나님의 다스리심을 더욱더 밝히 드러내기도 하고, 반대로 더욱더 모호하게 만들기도 한다.

마가복음에 나오는 예수의 수수께끼들은 우화적인 이야기, 곧 알레고리allegory다. 이 우화적 이야기들은 서로 연관되는 여러 가지 뜻을 한꺼번에 담고 있다. 그래서 그것은 하나님의 다스리심이라는 틀 안에서 사람들과 사건들을 해석한다.[22] 이 수수께끼의 기능을 좀 더 분명하게 보려면, 예수께서 제자들에게 설명해 주시는 수수께끼를 보면 된다. 예를 들어, 예수께서는 제자들에게 씨 뿌리는 사람에 대한 수수께끼를 말씀하시고 나서, 그것을 하나님의 다스리심을 선포하는 일과 그 선포에 대한 반응과 연관해서 우화

22 다른 복음서에서는 비유가 항상 알레고리는 아니다. 그러나 마가복음에서는 비유가 주로 알레고리로 기능한다. Mary Ann Tolbert, *Sowing the Gospel* (Minneapolis: Fortress Press, 1989), 121-24; Mikeal Parsons, "'Allegorizing Allegory': Narrative Analysis and Parable Interpretation," *Perspectives in Religious Studies* 15 (1988): 147-64; John R. Donahue, *The Gospel in Parable: Metaphor, Narrative, and Theology in the Synoptic Gospels* (Philadelphia: Fortress Press, 1988), 28-62를 보라. 마가복음에서 비유가 어떤 기능을 하는지에 대해서는, Mary Ann Beavis, *Mark's Audience: The Literary and Social Setting of Mark 4:11-12* (Sheffield: JSOT Press, 1989)를 보라.

적으로 설명해 주신다. 씨 뿌리는 사람은 선포하는 자(예수 같은 사람)이고, 씨앗은 말씀이며, 흙은 마가복음 전체에 나오는 모든 다양한 등장인물들의 반응과 연결된다. 또한 예수께서는 부정하게 만드는 것에 대한 수수께끼를 말씀하시고 그것이 무슨 뜻인지 설명해 주신다. 부정한 음식이 사람을 더럽히는 것이 아니라 악한 생각이나 행동이 사람을 더럽힌다는 것이다. 예수께서는 먼 길을 떠나면서 문지기에게 집을 잘 보라고 당부한 사람에 관한 비유를 이야기하면서, 자신이 곧 떠나게 될 것이고 제자들이 (혹은 다른 사람들이) 그가 돌아올 때까지 깨어 기다리고 있어야 한다고 우화적으로 빗대어 말씀하신다. 따라서 마가복음의 수수께끼 대부분은 더 큰 이야기 세계 안에서 하나님의 다스리심의 역동성에 대한 비유들이다.

우리는 예수께서 직접 설명해 주지 않은 다른 수수께끼들의 의미를 풀기 위한 근거로, 예수께서 직접 풀이해 주신 이 수수께끼들을 사용한다. 예를 들어, 우리는 강한 사람에 대한 수수께끼가 다름 아니라 예수께서 사탄을 무찌르신 것을 우화적으로 이야기했다는 사실을 알 수 있다. 감추어진 비밀이 드러날 것임을 뜻하는 간단한 수수께끼는, 하나님의 다스리심이 지금은 감추어져 있지만 결국에는 환히 드러날 것이라는 사실을 분명하게 해 준다. 미처 깨닫지 못하는 사이에 자라난 씨앗과 겨자씨에 대한 수수께끼는, 감추어져 있지만 주체할 수 없을 정도로 쑥쑥 커 가는 하나님의 다스리심을 우화적으로 말한 것이다. 포도원에 대한 수수께끼는 이야기 안에서 이스라엘과 하나님 사이의 관계, 하나님이 아들을 보내신 이유, 그 아들이 죽은 이유와 결과, 이 이야기 세계에서 포도원이 처하게 될 운명 등과 같은 측면에서 사건들을 해석한다.

마가복음에서 예수의 수수께끼는 두 가지 복합적인 목적이 있다. 예수께서는 한편으로는 사람들이 쉽게 이해할 수 있도록 수수께끼로 말씀하신다. 그는 종종 수수께끼를 마무리 지을 때 "보라! 들어라!", "너희는 주의하여 들어라", "들을 귀 있는 자는 들어라", "모두 내 말을 듣고 깨달아라" 등과 같은 요구를 하신다. 다른 한편으로, 예수께서는 하나님의 다스리심을 배척하는 자들이 이해할 수 없도록 수수께끼로 말씀하신다. "그것은 그들이 보기는 보아도 알지 못하고, 듣기는 들어도 깨닫지 못하게 하려 함이다. 그리하여 그들이 돌이켜 용서를 받지 못하게 하려는 것이다." 예수께서 수수께끼로 말씀하시는 이유가 마가복음에 나오는데, 그 무렵은 권력자들이 이미 예수를 배척한 상태이고, 그들이 볼 때 예수는 이미 더러운 귀신이 들려 '용서받지 못할 영원한 죄'를 범한 상태다. 그들은 자신들이 하나님의 다스리심에 대해 이미 귀먹고 눈멀었음을 스스로 드러내 보였다. 예수 안에 감추어져 있는 하나님의 다스리심을 알아차리지 못한 자들에게 수수께끼가 하는 역할은, 그들이 더욱 이해하지 못하도록 그 문제들을 더 모호하게 만드는 것이다.[23]

예수께서는 때때로 수수께끼로 말함으로써 체포당하지 않으실 수 있었다. 그는 강한 자를 결박하는 것에 대해 직접적으로 이야기하지 않고 돌려서 수수께끼로 말했기 때문에 신성모독이라는 고소를 당하지 않을 수 있었다. 또한 부정한 음식에 대해서도 수수께끼로 말했기 때문에 율법에 어긋나는 일을 은근히 선언할 수 있었다. 포도원에 대한 수수께끼를 통해서 그는 하나님 아들로서의 권

23 이것은 어떤 행동의 결과를 그 행동의 목적으로 이해하는, 전형적인 유대인들의 언어 습관일 것이다.

세를, 고소당하지 않을 간접적인 방식으로 설명할 수 있었다.

수수께끼의 효과는 무엇일까? 이 수수께끼를 듣는 청중은 이야기에 나오는 등장인물보다 그 수수께끼를 좀 더 잘 이해할 수 있는 유리한 입장에 있다. 처음부터 청중은 하나님의 다스리심을 들여오는, 기름 부음 받은 분이라는 예수의 정체를 알고 있었기 때문이다. 한편 몇몇 수수께끼는 청중이 듣기에도 좀 모호하고 그 의미를 쉽게 포착하기 어려운 것들이다. 그래서 청중은 자기들이 제자들보다 더 잘 이해하고 있는 것인지 자문해 보게 된다. 그렇게 함으로써 청중은, 무관심하게 밖에서 팔짱 끼고 있는 것이 아니라, 그 의미를 자문하고 스스로 찾아보려고 노력하며 그 이야기 속으로 더욱더 몰입하게 된다.

구약 성경 인용

샐린저의 *Franny and Zooey*『프래니와 주이』문학동네, 2015에서 세이모어Seymour라는 등장인물은 자기 침실 문 뒤에 온갖 종교 서적이나 철학 서적에서 베낀 말들을 잔뜩 붙여 놓고 있다. 흥미로운 것은, 세이모어가 적어 놓은 이 구절들이, 그 이야기의 의미를 풀어나가는 데 아주 중요한 실마리를 제공한다는 사실이다. 다른 문학 작품에서도 이와 유사한 것(등장인물이 과거 유명한 인물의 글이나 유명한 고전에서 구절을 인용하는 것)을 찾아볼 수 있다. 이런 인용문들은 결코 우연한 것이 아니다. 이러한 인용문들은 이야기를 해석하기 위해 현대 독자들이 맞춰야 할 퍼즐 조각들이다.[24]

24 성경 해석의 상호본문성intertextuality의 역할에 대해서는, Dana Nolan Fewell, ed., *Reading between Texts: Intertextuality and the Hebrew Bible* (Louisville: Westminster John Knox, 1992); Sipke Draisma, *Intertextuality in Biblical Writ-*

마가복음에는 등장인물들이 모두 신성한 문서로 여기는 모세오경이나 시편, 예언서 등과 같은 "말씀"에서 명백하게 인용한 구절들이 스물두 개다.[25](우리가 따로 만든 장, 절 구분이 없는 마가복음 원고에서는 이 인용을 시 구절처럼 보이도록 해 놓았다.[26])

화자는 이야기를 처음 시작하는 부분에서 세례 요한에 대해 언급할 때, 이사야서(그리고 스가랴)에서 성경을 인용한다고 유일하게 분명히 밝힌다. 나머지 인용 구절들은 예수와 여러 등장인물이 대화를 나누는 도중에 언급된다. 부분적으로는, 이 인용 구절들을 통해서 그 구절을 인용하는 등장인물이 어떤 사람인지 드러나기도 한다. 예를 들어, 율법 문제를 놓고 논쟁을 벌이는 가운데 나오는 인용 구절은, 예수께서 성경 말씀을 더 많이 알고 계시며 더 권위 있게 해석하신다는 것을 보여 주고, 그와 동시에 이 구절들은 말씀에 대해 전문가인 권력자들이 도리어 말씀을 제대로 알지 못함을 드러낸다.

종종 비유를 통해서도 그렇듯이, "말씀"에서 가져온 인용 구절들을 통해 청중은 등장인물이나 사건의 중요성을 이해할 수 있다.

ings: Essays in Honor of Bas van Iersel (Kampen, Netherlands: J. K. Kok, 1989); Richard Hayes, *Echoes of Scripture in the Letters of Paul* (New Haven: Yale University Press, 1989)을 보라.

25 Howard C. Kee, "The Function of Scriptural Quotations and Allusions in Mark 11-16," in *Jesus and Paulus*, ed. E. Grasser and E. E. Ellis (Göttingen: Vanderhoeck & Ruprecht, 1975), 165-88; Joel Marcus, *The Way of the Lord: Christological Exegesis of the Old Testament in the Gospel of Mark* (Louisville: Westminster John Knox, 1992)를 보라. 마가복음에 나타난 히브리 성경과의 병행 구절들을 자세히 나열한 것을 보려면 Dale Miller and Patricia Miller, *The Gospel of Mark as Midrash on Earlier Jewish and New Testament Literature* (Lewiston: Mellen Biblical Press, 1990)를 보라.

26 물론 이야기를 듣는 청중은 지금 어느 페이지 몇째 줄을 듣고 있는지 알 수 없다.

예를 들어, 예수께서는 머지않아 제자들이 도망쳐서 뿔뿔이 흩어질 것에 관해 성경 말씀을 인용하여 아주 간단한 우화로 빗대어 말씀하신다. "내가 목자를 치리니, 양들이 모두 흩어질 것이다." "말씀"에서 따온 다른 인용 구절을 통해서 청중은 바리새인들이 얼마나 위선적인지 깨닫게 되고, 수수께끼의 목적이 무엇인지 알게 되며, 제자들이 왜 실족하는지 이해하게 된다. 예수께서는 다른 등장인물들에게 어떤 것을 설명하기 위해 옛 말씀을 인용하시기도 한다. 그러나 그 설명들은 단지 등장인물들만 들으라고 하는 것이 아니다. 청중 또한 뒤에서 그 말을 엿듣는다.

위와 같이 "말씀"에서 직접 따온 구절들도 있지만, 그에 못지 않게 "말씀"들을 넌지시 암시allusions하는 부분들도 많이 있다. 특히 이런 예들은 예수께서 감람산에 올라가서 제자들에게 앞으로 일어날 일에 대해 경고하시는 부분이나 자신의 죽음에 대해 말씀하시는 부분에서 찾아볼 수 있다. 예를 들어, 마가는 이사야서, 스가랴서, 다니엘서, 시편 등에 있는 구절이나 단어를 짜 맞추어 수난 이야기를 엮는다. 예를 들면, "하늘 구름", "나와 함께 먹고 있는 사람", "그가 예수를 채찍질하고", "그들은 그의 옷을 나누었다" 등의 구절이다. 이런 풍부한 암시들은 청중이 그 이야기의 수많은 연관성을 생각해 보게 하고, 예수의 죽음이 더 큰 우주적인 계획과 목적 안에서 이루어진 것임을 보여 준다.

예언

화자는 이야기를 진행하면서 많은 예언을 서술한다. 그 예언들은 때로는 옛 말씀에서 인용한 것이지만, 다른 예언들은 이야기에서 등장인물들이 한 것이다(처음에는 세례 요한이 했고, 이후에는 예수께서 많이 하셨다). 위에서 살펴본 것처럼, '예언'은 어떤 사건을 미리 암시하는 것이다. 그리고 나중에 예언대로 그 사건들이 일어나는데, 그때 청중은 그 사건을 보고 앞에서 예언된 구절을 회상하게 되며, 그로써 그 예언이 성취되었음을 확신하게 된다.[27] 마가복음이 시작되는 첫 줄부터 청중은 예언이 성취되기를 기대한다. 옛 말씀에서 예언된 것들이 성취되고, 세례 요한이나 예수께서 말한 예언들도 성취된다. 그리고 예수께서는 이야기가 다 끝난 이후의, 이야기 바깥 미래 세계에서 성취될 것들도 예언하신다. 예언은 하나님의 다스리심에 관한 것이기 때문에, 청중은 하나님의 다스리심이 어떻게 시작하고 어떻게 틀이 잡혀 가는지 보게 되며, 이야기 세계를 구성하는 사건들의 목적들이 어떻게 그 틀 속에서 성취되는지 보게 된다.

계획된 사건들 안에서 예언들이 성취되기 때문에, 마가복음의 화자는 아주 강력하고 인상적인 모습으로 마가복음을 마무리한다. 서사에 나오는 예언이나 수수께끼, 경고 등을 통해서 예수께서는 계획된 사건들이 다 끝난 이후 이야기 세계의 미래에 대해서도 청중에게 암시를 준다. 청중에게는 예수께서 미래에 대해 하신 말씀이 정말로 이루어질 것이라는 충분한 믿음이 있으므로(예수께서 하신 말씀은 실제로 서사 안에서 실현된다) 화자가 마가복음을 제대로 마무리하지 않고 뚝 잘라서 갑작스레 끝내더라도(여인들이 예수의 부활 소식에 대해 다른 사람들에게 아무 말도 하지 못하는 것으로 마가의 이야기는 끝난다) 아무런 문제가 없다. 결과적으로, 청중은 아직 이루어지지 않은 예언이 이루어질 것이라고 기대한다.

27 Petersen, *Literary Criticism*.

마가복음에서 예언은 꼭두각시 인형을 실로 조종하듯이 등장인물을 다루는 방식이 아니라, 사건들이 복잡하게 펼쳐지는 전개 과정을 통해 성취된다. 예를 들어, 예수께서는, 예언대로, 자신이 하나님의 다스리심을 위해 사는 것이 하나님의 뜻임을 알고 있다. 비록 그 일이 자신의 죽음을 의미한다고 하더라도 말이다. 그렇지만 이런 생각을 하면서도 그는 자기가 원하는 것을 선택하지 않고 하나님이 원하시는 것을 선택하기 위해 몸부림쳐야 한다. 그는 권력자들에게 "건축자들"이 버린 돌에 대한 예언을 인용하는데, 권력자들은 자기들을 빗대어 이런 인용을 한 것 때문에 예수에게 분을 품고, 아이러니하게도 그 예언을 성취시키는 행동을 한다. 예수께서는 제자들에게 '내가 목자를 치리니, 양들이 모두 흩어질 것이다'라는 옛 말씀을 인용하여 예언하시는데, 제자들은 **자기들에게는** 결코 그런 일이 이루어지지 않을 것이라고 장담하지만, 아이러니하게도 그로써 그들은 그 예언을 성취시키고 있다. 이 예언들을 통해서 청중은 자신의 운명에 대항하는 등장인물들의 투쟁을 보며 점점 연민을 느끼게 된다.

아이러니

아이러니는 마가복음에서 매우 돋보이는 요소이다.[28] 언어적 아이러니verbal irony는 그 말을 하는 사람이 어떤 뜻을 전달하기 위해서

28 문학 작품의 아이러니에 대해서는, Wayne Booth, *A Rhetoric of Irony* (Chicago: University of Chicago Press, 1974); D. C. Muecke, *The Compass of Irony* (London: Methuen, 1970); Muecke, *Irony: The Critical Idiom* (London: Methuen, 1970)을 보라. 마가복음의 아이러니에 대해서는, Fowler, *Let the Reader*, 그리고 Jerry Camery-Hoggatt, *Irony in Mark's Gospel: Text and Subtext* (Cambridge: Cambridge University Press, 1992)를 보라.

그 뜻과 정반대되는 말을 하는 것을 가리킨다. 극적 아이러니dramatic irony는 등장인물이 어떤 것에 대해 무턱대고 그냥 그럴 것이라고 예상한 것과 실제 상황 사이에, 또는 등장인물이 기대한 것과 실제로 일어난 일 사이에 어긋남이 있을 때 발생한다.

마가복음에서 언어적 아이러니를 잘 보여 주는 좋은 예는 권력자들이 예수께 하는 조롱에서 찾아볼 수 있다. 군인들은 "유대인의 왕"이라고 외치면서 예수를 조롱한다. 물론 그들은 그 정반대를 의미하고 있다. "이렇게 한심한 사람을 왕이라고 하다니, 얼마나 웃기는 일인가!" 다른 이들은 예언해 보라고 예수를 놀리고, 예수에게 십자가에서 뛰어내려 보라고 하고, 성전을 허물어 보라고 조롱한다. 분명히 그들이 뜻하고 있는 내용은 정반대이다. "이 자를 보라! 얼마나 무기력한가! 어떻게 이런 자가 하나님의 기름부음을 받은 자라는 말인가!"

극적 아이러니 장면에서 등장인물들은 지금 자기들이 처한 상황이 아이러니라는 것을 알지 못한다. 그러나 청중은 지금 등장인물이 하는 말과 실제로 일어나는 일 사이의 아이러니한 대조를 알 수 있다. 예를 들어, 위에서 말한 언어적 아이러니는 더 큰 극적 아이러니의 일부분이다. 예수를 배척하는 자들이 예수를 보며 유대인의 왕이라고 외치며 그를 조롱하는데, 청중은 이야기 전체를 볼 때 그들의 말이 **사실**이라는 것을 알게 된다. 예수께서는 예언을 할 수 있고, 비록 다른 의미에서지만 그는 정말로 유대인의 왕이며, 자기의 목숨을 버릴 때에야 비로소 자기를 구원할 수 있다는 것이다.

일반적으로 극적 아이러니는 사실상 마가복음의 전체 구도를 이루는 역할을 하고 있다. 왜냐하면 하나님의 다스리심이 사실 마가복음에서 대부분의 등장인물이 기대하는 것과는 다른 것으로 드러나기 때문이다. 예를 들어, 권력자들은 하나님이 자기들의 권위와 자기들의 율법 해석을 인정해 주시기를 기대한다. 그렇지만 화자가 그리고 있듯이, 하나님은 나사렛 예수에게 그 권위를 주셨다. 권력자들은 인간적인 눈으로 보기에 위대한 자가 하나님의 다스리심 안에서도 마찬가지로 위대한 자로 여김 받기를 기대한다. 그렇지만 하나님의 다스리심 안에서는 정반대이다. 권력자들이 기대하는 바와 실제 상황이 다르기 때문에 여기에서 일종의 대조가 이루어지는데, 이 대조는 예수께서 재판을 받는 장면에서 절정을 이룬다. 권력자들은 이 신성모독을 하는 작자를 처형하는 자신들의 행동이 지당하다고 생각한다. 그렇지만 정작 하나님의 대리인을 배척하여 정죄한 것은 바로 그들이다.

아이러니는 제자들을 묘사할 때도 사용된다. 반석은 예수를 부인하느니 차라리 그분과 함께 죽겠다고 장담하며 큰소리친다. 그렇지만 청중은 실제 상황은 그렇지 않다는 것을 알고 있다. 왜냐하면 예수께서 반석이 그분을 세 번 부인할 것이라고 막 예언하셨기 때문이다. 게다가 '반석'이라는 그의 이름 자체도 아이러니하다. 시몬은 아주 강한 사람인 것처럼 행동하려 애쓰지만, 사실 그 이름과는 거리가 먼 모습을 보인다. 그는 겟세마네 동산에서 잠에 푹 빠져 있었으며, 대제사장의 계집종 아이가 캐묻는 말에 겁이 나서 도망치기 때문이다. 제자들도 모두 하나님의 다스리심을 위해 기름 부음을 받은 예수와 관계를 맺고 나서 내심 명예와 부와 권력을 얻어 볼까 바라고 있지만, 정작 그들이 얻는 것은 다른 사람들을 섬기라는 권면과 예수를 따르는 일로 핍박받을 가능성뿐이다. 그들은 화려한 것을 기대했지만, 정작 그들은 정반대의 일을 당한다.

아이러니는 청중이 화자의 시점을 받아들이도록 유도한다. 권력자들이 예수를 "유대인의 왕"이라고 놀리는 장면을 보여 줌으로써, 화자는 청중이 예수에게 연민을 느끼고, 다른 한편으로는 '나는 모든 것을 다 알고 있다'는 식의 여유 있는 미소를 띠면서, '이 사람들이 몰라서 그렇지. 그들이 보고 있는 것 그 너머에 진실이 있는데…'라는 생각을 하게 한다. 청중은 등장인물들이 미처 보지 못하는 것을 볼 수 있으므로 자기들이 마치 관계자 외 출입 금지 구역을 맘대로 드나들 권한이 있는 사람처럼 느끼게 되며, 나아가서는 등장인물들보다 더 우월한 존재라는 느낌도 갖게 된다. 이런 면에서 아이러니는 청중과 화자를 묶어서 하나의 그룹을 만든다. 청중은 여기에서 자기들이 화자처럼 모든 것을 다 아는, 관계자 외 출입 금지 구역에 들어갈 특권이 있는 그룹에 속했다고 생각하게 된다.

그러나 아이러니하게 끝나는 마가복음은 자신만만하던 청중의 우월감을 한풀 꺾어 놓는다. 왜냐하면 이 끝부분은 청중의 예상을 완전히 벗어나기 때문이다. 이전에는 등장인물들이 아이러니의 희생물이었지만, 이번에는 청중이 아이러니의 희생물이 된다. 이야기 내내 예수께서는 사람들에게 그가 일으킨 기적에 관해 말하고 다니지 말라고 했지만, 그때마다 그들은 입을 가만히 두지 않았다. 이야기 마지막에서는 한 젊은이가 여인들에게, 가서 제자들에게 말하라고 명령하는데, 아이러니하게도 이번에는 그 여인들이 입을 꾹 다물고 있다. 청중을 당혹하게 하는 이 아이러니는 청중에게 도전을 준다. 여인들처럼 가만히 입을 다물고 있지 말고, 무슨 핍박이 닥치더라도 용감하게 복음을 전하라는 도전이다.

결론

화자의 역할을 다음과 같이 요약할 수 있다. 화자는 곳곳에 청중이 채워 넣어야 할 빈틈이 수시로 있고, 긴장감이 가득하며, 머리를 싸매고 풀어야 하는 복잡한 수수께끼들이 가득한 이야기를 하고 있다. 이 이야기에는, 전개되는 사건을 보며 깜짝 놀라는 등장인물들과 우여곡절이 있고, 역설과 아이러니로 가득하다. 이 이야기는 일부러 모호하게 보이도록 만든 이야기이며, 그 의미는 종종 감추어져 있다. 설령 그 의미가 청중에게는 감추어져 있지 않다고 할지 모르지만, 최소한 등장인물들에게만은 종종 감추어져 있다. 이 이야기는 제대로 마무리되지 않은 상태에서 끝난다. 인생의 의미는 감추어져 있다. 왜냐하면 하나님의 다스리심이, 들을 귀 있는 자와 볼 눈이 있는 자들을 제외한 나머지 사람들에게는 감추어져 있기 때문이다. 예수의 뒤를 따르는 자들이 하나님 편에 있다는 사실에 대해 세상은 분명히 알지 못한다. 화자에게 인생은 역설적이고, 그 의미가 모호하며, 결말은 늘 열려 있고 불확실하다.

한편, 서사의 패턴은 질서와 목적(불확실성과 모호함의 기저를 이루는)의 기본 구조를 분명하게 보여 준다. 거기에는 두 쌍, 혹은 세 쌍, 혹은 중앙 집중식 순환의 패턴도 있고, 예언도 있고, 회상하게 만드는 장치도 있으며, 틀을 만들거나 에피소드를 삽입하기도 하고, 전형적 장면이 반복되거나, 핵심 단어들이 에피소드들을 연결하기도 한다. 마가복음 이야기 전체는 옛날 유대 문헌들의 필치로, 그리고 예언과 성취라는 구도로 채색되어 있다. 당혹스럽게 하고 어떻게 손쓸 수 없는 것처럼 보이는 것에 고의적인 패턴이 있다. 그러나 이 고의적인 패턴들은 믿음의 눈으로 보아야 한다. 마치 퍼즐을 볼 때처럼, 청중은 마가복음을 한참 들여다보아야, 방식과 여러 장소와 이런저런 사람들 가운데 임재해 있다고 마가가 주장하는 하나님의 다스리심의 짜임새를 알아볼 수 있다. 그러므로 이런 점에서 화자는 청중이 지금의 현실에서는 감추어져 있는 (예수께서 영광과 권능으로 다시 오시기를 기다리는 이 현실은 어려움과 인생의 모호함으로 가득하다) 하나님의 다스리심의 모든 기쁨과 승리를 경험할 수 있도록 구성한 이야기를 하고 있다.

마가복음은 구술 실연oral performance을 위해 고안된 것이 분명하다. 마가복음을 실연했던, 초기의 예수를 따르던 이들은 이런 구술 기교를 표현하려고 이야기하기 전략들을 이용했다. 그리고 이 구술 기교는 문자로 된 텍스트 안에 내포되어 오늘날 우리에게도 유용하다. 이 구술 기교들에는 우리가 여기에서 구체적으로 살펴보았던 다양한 반복의 형식들, 아이러니나 수수께끼 같은 서사 요소 등이 있다. 반복되는 패턴들은 화자가 이야기를 기억하는 데 도움이 되기도 하고 그 이야기를 듣는 사람이 그것을 다시 기억해 내는 데도 도움이 된다.

마가복음을 만든 사람은 이런 중요한 이야기하기의 기술을 통해서 고대 청중뿐만 아니라 오늘날 독자들도 인생에 대해, 그리고 믿음을 갖는다는 것에 대해 새로운 방식으로 생각해 보도록, 새로운 현실을 품어 안도록, 권력의 본질을 다시금 생각해 보도록, 그리고 두려움을 물리치고 이 새로운 삶을 살 용기를 갖도록 도전한다. 마가복음의 화자는 이 이야기를 흥미롭고도 재미있는 방식으로 이야기하고, 때로는 장난스럽게, 기민하게, 유머러스하게 말해 준다. 이와 동시에 화자는 삶과 죽음과 이 세상의 운명과 이야기를 듣는 이들의 운명에 관한 이야기 등, 우리 마음을 불편

하게도 하고 도전을 주기도 하는 이야기를 한다. 그러하기에 청중을 향한 화자의 전반적인 어투는 매우 진지하다.

이 장에서 지금까지 우리가 다루었던 서사 양식과 구술로 전해진 것으로 인한 특징은 마가복음에 나오는 각각의 에피소드에서 실제로 찾아볼 수 있는 것들이다. 양식form은 내용content과 불가분의 관계에 있고, 이야기하기는 이야기와 분리할 수 없기 때문에, 우리는 이 훌륭한 작품인 마가복음의 배경과 플롯과 등장인물을 분석할 때 이 모든 이야기하기 패턴과 전략을 이용할 것이다.

제3장

배경

배경은 서사에서 사건들이 벌어지고 등장인물들이 활동하는 '세계'를 마련해 주는 역할을 한다. 배경에는 시간 배경과 공간 배경, 이야기 세계의 사회적·문화적 배경, 자연 지리적 배경, 혹은 인간들이 만든 공간 등과 같은 것들이 있다.

이야기 세계가 펼쳐지는 과정에서 배경은 사건 배후에 우연히 놓이는 것이 아니다. 배경은 서사에서 아주 많은 역할을 한다. 어떤 분위기를 만들기도 하고 갈등이 생기도록 계기를 마련하기도 한다. 등장인물들이 어떤 성격인지는 그 인물이 배경과 상호 작용하는 가운데 나타난다. 청중 또한 배경을 통해서 이야기를 자기 자신의 문화적 배경과 연관 지어 보게 된다. '배경'은 이야기의 중요한 주제를 전달하고, 그 이야기 전체의 틀을 잡는다. 또한 배경은 어떤 가능성이나 한계를 설정하기 때문에, 등장인물은 그에 맞추어 자신의 운명을 설계한다.[1]

1 문학 작품의 배경에 대해서는, Seymour Chatman, *Story and Discourse* (Ithaca: Cornell University Press, 1978), 62-107; Mieke Bal, *Narratology* (Toronto: University of Toronto Press, 1985), 43-45, 93-99; Wesley A. Kort, *Narrative Elements and Religious Meaning* (Philadelphia: Fortress Press, 1975), 20-39; Shlomith Rimmon-Kenan, *Narrative Fiction* (New York: Methuen, 1983),

만일 이야기를 읽으면서 배경을 무시한다면, 그 이야기에 대해서 아주 많은 것을 놓치게 된다. 배경이 이야기의 활동 영역을 결정하는 데 얼마나 중요한 역할을 하는지 예를 들어 생각해 보자. 허먼 멜빌의 소설 『모비 딕』의 바다 배경을 떠올려 보라. 제인 오스틴의 소설에 나오는 작은 시골 마을을 생각해 보라. 앨리스 워커의 *The Color Purple* 『컬러 퍼플』문학동네, 2020에는 남부 지방이라는 배경이 그 이야기에 아주 절절한 상황을 마련해 준다. 호메로스의 『오디세이아』, 단테의 『신곡』, 유도라 웰티Eudora Welty의 단편소설 'The Path'길, 웰티의 'A Worn Path'(닳고 닳은 길)을 착각한 것으로 보임. 『유도라 웰티』, 현대문학, 2019ⓔ에서는 여행이 이야기의 구조를 형성하면서 등장인물의 탐구 과정을 더 효과적으로 만든다. 만일 이 이야기들의 배경이 다른 것으로 바뀐다면, 전혀 다른 이야기가 될 것이다.

마찬가지로 마가복음에서도 배경은 여러 가지 방식으로 이야기의 활동 양식이나 사건들과 밀접하게 연관되어 있다.[2] 전체 배경은 플롯을 이끌어 가는 사건들을 위한 신 대 인간divine-human의 터를 마련한다. 로마 제국의 식민지 통치 아래 있다는 사회적 배경으로 인해 이 이야기에는 억압이나 위협 같은 분위기가 절로 깔린다. 갈릴리를 돌아서 예루살렘으로 가는 예수와 그 제자들의 여

66-70을 보라.

2 마가복음의 배경에 대해서는, Werner Kelber, *The Kingdom in Mark: A New Time and A New Place* (Philadelphia: Fortress Press, 1974); Elizabeth Struthers Malbon, *Narrative Space and Mythic Meaning in Mark* (San Francisco: Harper & Row, 1986); Mark Allan Powell, *What is Narrative Criticism?* (Minneapolis: Fortress Press, 1990) 『서사 비평이란 무엇인가?』(한장사, 2012), 69-83; Brenda Deen Schildgen, *Crisis and Continuity: Time in the Gospel of Mark* (Sheffield: Sheffield Academic, 1998); Stephen Smith, *A Lion with Wings: A Narrative-Critical Approach to Mark's Gospel* (Sheffield: Sheffield Academic, 1996), 124-65을 보라.

행은 전체적인 맥락에서 서사의 틀을 맞춘다. 이 여행에서 사적 상황과 공적 상황, 이스라엘과 이방 지역, 광야, 바다 등과 같은 배경은 이야기의 주제 발전에 중요한 역할을 한다. 배경은 구체적인 이야기에서 특히 중요하다. 예를 들어, 노동이 금지된 안식일이라는 배경은 등장인물들 사이에 갈등을 일으키는 일에, 먹을 것이 하나도 없는 광야라는 배경은 놀라운 사건을 만드는 일에, 광풍이 이는 바다라는 배경은 하나의 에피소드를 이끌어 가는 일에 중요한 역할을 한다. 최소한 마가복음의 배경은 분위기를 만들고, 때로는 아이러니하게도 어떤 행동에 대해 보충 설명을 해 주기도 한다.

마가복음의 배경이 중립적이라고 하기는 힘들다. 갈릴리를 두루 돌고 나서 예루살렘에 들어갈 때 예수께서는 사람들의 열렬한 환영을 받는다. 그렇지만 그때 예수께서는 적대 세계로 들어가 팽팽한 긴장 상태에서 대적 세력들과 맞닥뜨리는 상황에 처한다. 갈릴리의 여러 마을과 회당에서 예수께서는 사나운 귀신들과 적대적인 권력자들과 대면하신다. 갈릴리 지역에서 그는 군대 귀신을 만나기도 하고 마을의 성난 주민들 무리와 만나기도 한다. 적대적인 분위기가 잔뜩 깔린 예루살렘에서 그는 너무도 강력한 정치적 저항에 부딪친다.

배경이라는 차원에서 볼 때, '시간'은 아주 중요한 역할을 한다. 안식일이라는 시간적 배경으로 인해 예수께서는 고소를 당하는 상황에 처한다. 이집트의 노예 생활에서 해방된 것을 기리는 유월절은 마치 작은 불꽃만 있어도 폭발할 것처럼 무척 들떠 있는 대대적인 국가적 명절이다. 따라서 유월절이라는 시간적 배경은 예루살렘에서 벌어질 갈등을 더욱더 고조시키고 예수의 죽음이라는 사건에 의미심장한 상황을 제공한다.

우리가 그 옛날 당시의 실연이라는 상황에서 배경을 고려해 볼 때, 실연자로서 화자가 감당해야 할 과제는 말로 강조하거나 몸짓을 하거나 실연 공간을 이리저리 다니거나 하는 등의 방식으로 공간과 시간을 제시하는 것이다. 또한, 그렇게 함으로써 청중이 이야기 세계를 상상하도록 끌어들이고, 그 결과 그들이 다양한 배경을 '보도록' 하며, 또한 이런 배경들이 이야기의 의미와 효과에 어떻게 나타나는지 그 다양한 방식을 발견해 내도록 하는 것이다. 마가복음의 실연자는 청중이 이야기 안에 설정된 배경들에 충분히 익숙해서 그들이 그 배경의 의미를 알고 있다고 생각할 것이다. 이런 식으로, 화자도 청중이 어떤 것들에 관해서는 당연히 그러할 것이라고 전제할 수 있을 것이다. 이와 동시에 화자는 **어떻게** 그런 것들이 이런 배경들에 관한 청중의 생각을 유도하는지 알려 줄 수 있다. 아래는 이야기 세계 안에 묘사된 다양한 종류의 배경에 관한 설명이다.

우주적 배경

마가복음에서 큰 배경은 '하나님이 창조하신 창조 세계'이다. 이것은 제한된 닫힌 우주이며, 평평한 땅에서 하나님이 거하시는 저 하늘까지 펼쳐진 세계이다.[3] 하늘은 이 땅 위에 두루 드리워져 있으며, 해와 달과 별들과 '공중의 권세들'이 매달려 있는 세계이

3 Malbon, *Narrative Space*와 James Robinson, *The Problem of History in Mark and Other Markan Studies* (Philadelphia: Fortress Press, 1982, 초판 1957)를 보라.

다. 산이라는 배경은 등장인물들이 하늘에 좀 더 가까이 갈 수 있는 곳이다. 반면에 구름은 위에서 내려와 신적 임재를 나타내는 역할을 한다. "네 방향에서 불어오는 바람"은 "땅끝"에서 온다. 이스라엘이라는 나라는 이 우주적 배경의 한가운데 있으며, 로마 제국의 비호를 받는 다른 나라들로 둘러싸여 있다. 예루살렘은 이스라엘의 수도이다. 그리고 이 예루살렘은 아주 거대하고 복잡한 (이스라엘의 종교, 정치, 경제의 중심지인) 성전이라는 체제가 다스리고 있다.

이 세계에는 사람뿐만 아니라 하나님과 천사, 사탄과 마귀, 정결하거나 부정한 온갖 동물들이 살고 있다. 이 창조 세계에서 자연과 인간 역사는 하나다. "기근"과 "지진"이라는 자연 현상은 "전쟁"과 "싸움"이라는 인간 역사와 더불어 일어난다. "해는 어두워지고 별들은 떨어지는" 현상과 더불어 심판 가운데 "인자가 오실 것이다." 게다가, 사람들은 이 창조 질서에 사회적 경계가 포함되는 것으로 이해했는데, 즉 부정한 이방인들과 이스라엘 사이에 경계선을 둠으로써, 그리고 한센병 환자와 세리와 하혈증 앓는 여인과 더러운 귀신 들린 사람들처럼 부정하다고 여겨지는 유대 사람들과 이스라엘 지도자들 사이에 경계선을 둠으로써, 하나님 앞에서 일부 사람들을 거룩하게 지키고자 했다.

마가복음의 세계에서 이 창조 세계는 뒤틀려 있다. 인간들은 다른 피조물들을 다스리도록 창조되었지만, 이야기 세계의 실제 상황은 그 반대이다. 인간들은 귀신에 사로잡혔고, 질병에 눌려 고통당하고 있으며, 풍랑에 압도되어 겁에 질려 있다. 무엇보다도 인간들은 다른 인간들에게 억압받고 있다. 로마 군대는 이스라엘을 점령했고, 이스라엘 지도자들은 로마 제국의 앞잡이가 되어

동족 위에 군림한다. 경계선은 본디 거룩함을 지키기 위한 것이지만, 하나님의 도우심을 가장 절실히 필요로 하는 사람들을 배제하는 장벽이 되고 말았다. 마가의 묘사에 의하면, 이 세상은 하나님을 섬긴다는 핑계로 종종 저질러지는 악으로 가득한, 절망적인, "믿음 없는 세대"다. 세상은 강한 자 곧 사탄의 집이고 그의 나라이며, 인간의 필요를 적대시하고 하나님의 다스리심에 대적하는 분위기로 만연하다.

그러나 마가 이야기는 전체 우주적 배경이 변화되고 있다는 선포로 시작한다. 이 어그러지고 얽매여 신음하는 세계에 하나님은 하늘을 열고 예수 위에 성령을 보내신다. 성령을 받은 예수께서는 "하나님의 다스리심이 임했다"라고 선포하신다. 하나님의 다스리심이 오면 이 모든 세계가 변화되는데, 위에서 내리는 하나님의 능력은 이 땅에서 모든 질병을 몰아내고 사탄을 쫓아내는 역사를 일으키기 때문이다. 하나님의 다스리심의 능력은 지역과 국가와 자연의 모든 장벽을 허물고, 그 모든 지역을 하나님의 영역으로 만든다. 예수의 죽음과 부활 이후, 예수를 따르던 사람들은 하나님의 다스리심의 능력을 이스라엘에서 시작해서 땅끝까지 널리 전파한다.

하나님의 다스리심이 도래함으로써 우주적인 시간도 달라진다. 마가복음에서 시간은 날짜나 시각이기보다는, 중요한 순간이나 적절한 시간을 의미한다. 바로 **지금**이 그 적절한 시간이고, 선지자들이 약속했던, 오랫동안 기다려 왔던 하나님의 다스리심이 도래하는 시간이다. 예수께서 이 악한 세대에 하나님의 축복을 가져옴으로써 하나님의 다스리심의 문을 활짝 열어 놓으셨다. 이제 그 하나님의 다스리심은 "이 세대가 끝나기 전에" 권능으로 온전

히 이루어질 것이다.[4]

하나님의 다스리심의 도래와 함께 우주적 차원에서 일어나는 변화는 이야기 전체의 역동성을 이루는 근간이 된다. 하나님의 다스리심의 도래는 이야기의 플롯을 이끌어 가며, 모든 등장인물이나 등장인물 집단에 새로운 가능성 또는 위협을 가져온다. 또한, 이것은 정치적 질서에 변화를 가져오며, 우주적 차원의 새로워짐 안에 포괄된 모든 다른 배경에 영향을 끼친다. 이러하듯, 하나님의 다스리심의 도래는 모든 피조물의 새로워짐을 나타낸다. 예수께서는 마가의 이야기 시작점부터 하나님의 다스리심의 도래를 선포하셨고, 이런 면에서 이야기의 나머지 부분은 그 선포의 결과를 풀어내고 이 기념비적인 선언이 임박한 미래에 성취되는 것을 보여 준다.

정치-문화적 배경

하나님의 다스리심을 이루기 위해 설정된 상황은 로마 제국의 통치 아래 있는 이스라엘이다. 헤롯 안티파스는 갈릴리 지역을 다스리도록 로마 제국에서 위임받은 왕이다. 그리고 빌라도는 유대와 예루살렘을 다스리도록 발령받은 로마 제국의 총독이다.[5] 예루살

4 마가복음에서 시간과 윤리 사이의 관계에 대한 흥미로운 의견을 알고 싶다면, Dan O. Via Jr., *The Ethics of Mark's Gospel: In the Middle of Time* (Philadelphia: Fortress Press, 1985), 25-66을 보라. 예상된 결과가 서사를 구조화하는 원리가 될 수 있는 방법에 대해서는, Frank Kermode, *The Sense of an Ending: Studies in the Theory of Fiction* (New York: Oxford University Press, 1967)을 보라.

5 마가복음과 관련해서 이 배경에 대한 사회학적 기술에 대해서는, Ched Myers, *Binding the Strong Man: A Political Reading of Mark's Story of Jesus* (Maryknoll: Orbis, 1986); H. Waetjen, *A Reordering of Power: A Socio-Political Reading of*

렘에 있는 유대 권력자들로는 로마 제국의 위임을 받아 로마 제국에 충성하는, 가야바를 비롯한 대제사장들, 장로들, '산헤드린' 국가 위원회 등이 있다. 물론 이들은 질서를 유지하고 로마 제국에 공물을 바쳐야만 유대와 예루살렘을 다스리고 성전을 관리할 수 있다.

마가복음에서 묘사하는 사회는 산업화 이전의 전형적인 고대 농경 사회이다. 대제사장들, 장로들, 귀족 영주들 같은 통치자들은 아주 작은 엘리트 계급을 구성한다. 이들은 사회적 지위와 부를 갖춘 사람들로서, 민중 위에 군림한다. 또한 마가복음 서사의 세계에서는 율법 전문가들인 바리새인들과 서기관들이 엘리트 특수 계급에 해당한다. 그들은 하나님이 모세에게 전해 준 유대의 율법과 전통을 해석하고 적용하는 사람들이다. 이 이스라엘의 지도자들은 백성을 무시하고 착취했기에 하나님께서 명하신 것처럼 백성을 위해 "포도원의 열매"를 맺지 않았다.

마가복음 서사의 세계에 등장하는 그 외의 등장인물들은, 예수와 제자들을 포함해서, 사회 밑바닥에서 근근이 연명하며 살아가는 사람들이다. 중간 계급은 없다. 이들 중에는 그나마 아직까지 땅을 소유하고 있는 농부도 있고, 날품팔이도 있고, 소작농도 있고, 마을에서 장사하는 사람들도 있고, 인근 갈릴리 바다에서 물고기 잡는 어부도 있다. 이들은 "아리마대 출신인 요셉", "막달라 마리아"처럼 자기가 살고 있는 마을에 따라, 혹은 "세베대의 아들 야고보", "야고보의 어머니 마리아"처럼 가족에 따라서 자신

Mark's Gospel (Minneapolis: Fortress Press, 1989), 4-12; Richard L. Rohrbaugh, "The Social Location of the Marcan Audience," *Interpretation* 47 (1993): 380-95를 보라.

의 정체성을 부여받은 사람들이다. 또한 마가복음의 군중이 있다. 이들 가운데는 한센병 환자, 거지, 눈멀고 듣지 못하는 사람들, 질병과 신체적 장애와 더러운 귀신에 억눌린 사람들처럼 밑바닥 중의 밑바닥 인생을 사는 사람들이 있다. 마가복음의 예수는 급진적인 변혁을 요구함으로써, 이런 사회정치적 상황에 처한 이스라엘 안에 하나님의 다스리심이라는 새로운 사회 질서를 가져오신다.

마가복음의 이야기에서, 나머지 세상에는 로마 제국이나 그 통치 아래 놓여 있는 다른 나라들이 있다. 유대 지도자들처럼, 이방 지도자들도 백성 위에 "군림하기" 좋아하며, 힘 있는 자들은 사람들에게 "권세를 휘두른다." 예수께서 이스라엘에 하나님의 다스리심을 선포했듯이, 제자들도 이 나라들에 하나님의 다스리심을 선포해야 한다.

여행

제자들과 함께하는 예수의 여행은, 이 이야기에 나오는 사건들의 틀을 제공한다. 더 나아가서 여행은 이야기 전체를 구성한다. 이야기의 전반부는 갈릴리와 그 인근 지역을 두루 여행하는 이야기를 서술한다. 이야기의 후반부는 세 단계에 걸쳐서 예루살렘에 초점을 맞춘다. 첫 번째는 예루살렘으로 가는 여행이고, 그다음은 예루살렘에서 있었던 예수의 행하심과 가르치심이고, 마지막은 십자가 처형과 빈 무덤 이야기다. 물론 이 여행은 땅을 가로질러 움직이는 공간 이동 그 이상의 의미가 있다. 예수께서 여행하시는 "하나님의 길"은 이스라엘 안에서 하나님의 다스리심을 이루려는 예수의 노력을 나타낸다. 이 노력은 예루살렘에서 처형당하는 것으로 잠시 마무리된다. 예수께서 예루살렘으로 한 걸음씩 나아가실 때마다 공간적인 배경은 점점 좁아지는데, 이런 배경 설정을 통해 예수의 죽음을 향한 움직임이 더 돋보인다.[6] 마지막으로 그 후의 이야기는 빈 무덤 사건과 갈릴리로 돌아갈 것이라는 약속으로 다시 새롭게 열린다.

여행의 이동 패턴

요단강 | 이야기는 예루살렘으로 들어가는 길목, 유대 광야에 있는 요단강에서 시작한다. 서두에 있는 두 번의 예언은 사람들에게 "주의 길"을 예비하라고 촉구한다.

갈릴리 | 세례 요한이 체포된 후, 예수와 제자들은 가버나움과 그 인근 마을에서 시작하여 모든 갈릴리 지역을 돌아다닌다. 심지어 이방인 지역도 여러 번 여행한다. 예수께서는 아주 빨리("곧바로") 이곳에서 저곳으로 움직이는데, 갈릴리 인근 지역 여행에서 무려 40번 넘게 배경이 바뀐다. 이렇게 서둘러서 돌아다니는 것은 하나님의 다스리심을 널리 퍼뜨리기 위함이다. 예수께서는 "다른 곳으로, 옆에 있는 동네로 가자. 내가 거기에서도 말씀을 선포해야겠다. 바로 이 일 때문에 내가 왔기 때문이다"라고 말씀하신다.

갈릴리는 하나님의 다스리심을 예수께서 처음으로 가져오신 곳이며, 사람들도 이를 열광적으로 받아들인 곳이다. 갈릴리라는 배경 설정을 통해 분명히 예수의 인기가 날로 상승하는 상황이 마련된다. 예를 들어, 예수를 따라다니는 무리가 너무 많아져서

6 Kort, *Story*, 44-45.

한 집에 모두 들어갈 수 없게 되었다. 예수께서는 가버나움으로 가서 먼저 시몬의 집에 들어가신다. 저녁때가 되자 모든 동네 사람들이 그 집 문 앞에 모여들었다. 예수께서 나중에 가버나움으로 다시 돌아가실 때는 사람들이 너무 많아서 그 문 앞에도 발 디딜 틈이 없었다. 나중에 또 다른 집에 갔을 때는, 너무나 많은 무리가 모여들어서 예수와 그 제자들이 밥 먹을 시간도 없었다. 따라서 집이라는 공간은 더 이상 예수께서 공적인 활동을 할 만한 장소가 되지 못한다. 이것은 마을이라는 공간도 마찬가지다. 어느 마을에서는 사람들이 너무 많이 몰려들어서, 예수께서 공개적으로는 그 마을에 들어가시지 못할 정도였다.

이로써 공간적 배경은 "바닷가"와 같이 더 열린 넓은 장소로 옮겨진다. 예수께서 처음 갈릴리 바다를 지나가실 때는 혼자였고, 단지 어부 네 명만이 그를 따랐다. 이후에 그가 다시 바닷가를 찾았을 때는 많은 무리가 그를 따랐다. 그 이후에는 "유대와 예루살렘과 이두매와 요단강 건너편과 두로와 시돈 주변"에서 찾아온 엄청난 군중이 바닷가에서 그를 따른다. 그래서 예수께서는 제자들에게 "작은 배 한 척을 가져오라고 해서 무리가 자기를 밀치지 않도록" 하신다. 그다음에 예수께서 바닷가를 거니실 때, 군중이 너무 많아서 예수께서는 배를 타고 떨어져서 그들을 가르치신다. "광야"라는 열린 공간적 배경에서도 이런 유사한 패턴이 나타나서 예수의 인기가 날로 상승한다는 것을 보여 준다.

그러나 다른 한편으로 갈릴리는 예수께서 처음으로 많은 장소에서 소동과 갈등을 겪은 곳이기도 하다. 그는 자기가 하고 싶은 대로 언제든지 여행할 수 있는 처지가 아니다. 또한 그가 걷는 하나님의 길이 항상 평탄한 여행길인 것은 아니다. 따라서 이런저런 장소를 두루두루 빨리 옮겨 다니는 모습은 하나님의 다스리심을 선포하고 병을 고치고 귀신을 내쫓는 예수의 모든 노력이 무척 시급한 것이고, 그 일들이 척척 성공했다는 것을 강조한다. 이리저리 빨리 여행하는 것은 또한 예수께서 매번 닥쳐오는 모든 어려움과 장애물을 잘 해결할 능력이 있는 분이라는 것을 보여 준다.

이방 지역 | 몇몇 경우에, 예수께서는 갈릴리 지역 너머 이방인 지역까지 여행하신다. 처음에 그는 갈릴리 바다 건너편 "열 개의 도시"(데가볼리)라는 지역으로 가서 "군대" 귀신을 내쫓으신다. 그 후에 두로라는 지역 근방으로 건너가시는데, 거기에서 수로보니게 여자를 만나고, 거기를 지나서 시돈이라는 동네를 거쳐 다시 열 개의 도시로 돌아오고, 광야에서 사천 명이나 되는 사람들을 먹이신다. 그 후에 예수께서는 가이사랴 빌립보 근처를 여행하신다. 마가복음에는 이스라엘은 거룩한 땅이고 이방 지역은 부정한 땅이라는 구별이 있다. 마가는 예수께서 하나님의 다스리심을 이방 지역에까지 가져오시는 것으로 묘사한다. 예수의 이런 행동은 제자들이 "모든 이방 민족에게" 복음을 전하게 될 것임을 복선으로 제시한다.

갈릴리 사람들이 예수께 보인 반응이 이방 지역에서도 똑같이 나타난다. 예수의 인기는 상승하고, 그와 더불어 예수를 반대하는 목소리도 높아진다. 예수께서는 잠시 물러나기도 하시고, 광야에서 사람들을 먹이기도 하신다. 이방 지역에서도 똑같은 패턴이 나타나는 것은 이야기 세계에서 이방인들 역시 예수에 대해 유대인들과 똑같은 반응을 보였다는 것을 잘 보여 준다.

예루살렘으로의 여행 | 이야기는 흘러가다가 중간에 중요한 전환점을 맞게 되는데, 여기에서 배경의 변화가 그 전환점을 표시하는 역할을 한다. 예루살렘에서 아직 멀리 떨어진 가이사랴 빌립보에서 반석은 예수께서 기름 부음 받은 분이심을 알아본다. 그때 비로소 예수께서는 그동안 미루었던 예루살렘과 자신의 죽음을 향하여 여행을 시작하신다.

"그 길"이라는 언어 모티프verbal motif는 예루살렘을 향한 이 여행에서 가장 많이 나오는 말이다. 이 단어는 여덟 번이나 나오는데, 여행에서 중요한 이정표와 그 중요성에 대한 보충 설명을 제공하는 역할을 한다. 그 후에 여행길은, 갈릴리로 가는 길에 가버나움을 거쳐서 유대와 요단강 너머 여리고에 이르고, 예루살렘 근교의 벳바게와 베다니에 이르고, 감람산에 갔다가 예루살렘 성전으로 입성하는 것에서 절정을 이룬다.

"하나님의 길"은 하나님의 다스리심에 복종하면서 예수를 따르는 일의 상징이다. 따라서 "하나님의 길"은 예수께서 제자들에게 자기 뒤를 따를 때 어떻게 해야 하며, 이에 대한 대가가 무엇인지 가르치는 데 기본 바탕이 된다. 청중 또한 더 심오한 깨달음을 얻기 위해 하나님의 길을 걷는 이 여정에서 제자들과 함께 고심하게 된다.

예루살렘 | 목적지에 도착했을 때, 예수께서는 뒤따르는 수많은 사람의 환호를 받으며 예루살렘으로 입성하신다.[7] 예루살렘에서는 곧 이집트 종살이에서의 해방을 기념하는 유월절 축제가 벌어

7 마가복음에서 성전의 중요성에 대해서는, Donald Juel, *Messiah and Temple: The Trial of Jesus in the Gospel of Mark*, SBLDS 31 (Missoula: Scholars, 1977)을 보라.

지는데, 이것은 무엇인가 곧 일어날 듯한 긴장된 분위기를 조성한다.

예루살렘에서, 예수께서 성전에서 보였던 행동과 가르침에 나타난 하나님의 다스리심에 관해 권력자들과 논쟁하시면서 갈등이 심화된다. 그러나 낮 시간이라는 배경이 공개적이기 때문에 예수께서는 그에게 호의적인 군중의 보호를 받아 체포되지 않는다. 밤이 되자 예수께서는 성 바깥 '한적한 곳'인 사적인 장소로 물러나신다. 그는 밤에 성안에 들어가서, 그곳에서 유월절 식사를 조용히 준비하신다.

유월절 식사 후에 예수와 제자들은 감람산으로 올라간다. 일찍이 한적한 산이라는 배경은 피난처 역할을 했다. 그러나 이제 예수께서 기도하실 때 권력자들이 보낸 성난 무리가 칼과 몽둥이를 들고 와서 예수를 체포한다. 대적이 승리를 거두고 군중은 더 이상 예수를 보호하지 않으며, 권력자들은 무리를 부추겨 예수를 대적하게 한다. 이스라엘의 수도 예루살렘은 하나님이 거하시는 성전이 있는 곳이지만, 이제 그 성은 예수를 배척하고 죽이는 장소가 된다.

갈릴리에서의 새로운 시작 | 마지막 장면은 다시 갈릴리로 돌아온다. 이 갈릴리는 바로 이야기가 시작된 곳이고, 하나님의 다스리심이 환영을 받은 곳이다. 예수님의 빈 무덤 앞에서 한 젊은이가 여인들에게 나타나, 제자들에게 갈릴리로 가라고 말할 것을 여인들에게 지시하는데, 그것은 제자들에게, 또 앞으로 예수를 따르기로 선택할 모든 후대 사람들에게 새로운 출발을 암시한다. 더구나 갈릴리는 예수께서 이전에 "복음이 선포될 것"이라고 말

했던 이방 지역으로 향하는 출발점이다.

이야기 세계의 미래에 투영된 여행길에서 제자들은 유대와 이방인 지역의 지도자들과 권력자들에게 똑같은 반대와 핍박을 당하게 될 것이다. 예수께서 이전에 예언하신 대로, 그들은 "산헤드린에 넘겨질 것이고 회당에서 매를 맞게 될 것"이다. 또한 그들은 "[이방] 총독들과 임금들 앞에 [재판을 받기 위해] 서게" 될 것이다. "하나님의 길"은 예수를 투쟁과 배척의 장소로 이끌었던 것처럼 예수를 따르는 자들도 같은 길로 이끌 것이다.

이스라엘의 과거를 떠올리게 하는 배경

여행길에서 몇몇 배경은 이스라엘의 과거를 떠올리게 한다.[8] 이스라엘 역사에서 이런 기억들을 떠올리게 함으로써, 마가복음의 배경은 이 이야기를 듣는 사람들이 예수에 대한 이 이야기에서 일어나는 사건들을 이스라엘 역사에 일어났던 구원의 사건들과 연결 짓도록 이끈다.

요단강 | 이스라엘은 이집트에서 나온 이후 요단강을 건너는데, 이것은 '약속의 땅'에 본격적으로 들어가는 첫걸음이었다. 1세기에 유대 예언자들은 이스라엘이 로마 제국에서 해방되기를 바라는 마음으로 추종자들을 이끌고 요단강 건너는 것을 재현했다. 요단강에서 세례 요한이 세례를 베푼 것은 바로 이러한 이스라엘의 지난 역사에서 요단강을 문지방으로 여긴 경험을 떠올리게 한다. 그래서 많은 유대인과 예루살렘 주민은 하나님의 다스리심이 도

8 Willard M. Swartley, *Israel's Scripture Traditions and the Synoptic Gospels: Story Shaping Story* (Peabody, MA: Hendrickson, 1994).

래할 것을 바라면서 세례 요한에게 나아왔던 것이다.

광야 | 광야는 인간이 살 수 없는 황무지다. 온갖 들짐승들이 돌아다니고 음식도 없는 아주 위험하고 무서운 곳이다. 하나님은 바로 이 광야에서 이스라엘 백성이 이스라엘 땅으로 들어가도록 준비시키셨다. 그 후에 하나님은 이스라엘 사람들을 인도하여 바벨론 포로 생활에서 벗어나 회복된 나라로 돌아오도록 하시는데, 그때 그들은 다시 이 광야를 지난다. 마가복음 첫머리에 나오는 이사야의 예언은 "주의 길을 예비하라"라고 사람들을 불러 모으는 메시지를 선포함으로써 이러한 사건들을 기억하게 한다.

마가복음에서 광야는 시험의 장소이다. 이스라엘 사람들은 광야에서 40년간 방황하면서 시험을 받았다. 이와는 대조적으로 마가복음에서 예수께서는 40일 동안 사탄에게 시험을 받지만 잘 이겨 내신다. 심지어 예수께서는 들짐승들과 함께 계셨다. 그러나 천사들이 그의 시중을 든다. 나중에 예수께서는 기도하기 위해 외딴 곳을 찾으신다. 이 상황은 그가 이전에 시험받던 때를 생각나게 한다. 광야는 제자들을 시험하는 장소이기도 하다. 많은 사람을 먹일 양식이 없어 당혹해하고 있던 믿음 없는 제자들의 모습을 두 번씩이나 적나라하게 드러내던 곳이 바로 광야이다.

바다 | 이스라엘의 사고방식에서 바다는 혼돈과 파멸의 장소이다. 이것은 이스라엘의 창조 이야기와 홍수 이야기에 잘 나타난다. 이와 비슷하게, 마가복음에서 예수께서는 바다를 "목에 맷돌을 매고" 빠져 죽을 장소, 산을 던져 없애 버릴 곳이라고 한다. 그리고 이천 마리나 되는 돼지 떼가 빠져 죽은 곳도 바다이다. 갈릴리 바

다의 엄청난 광풍은 예수와 제자들의 목숨을 위협했다.

바다는 엄청난 파괴력을 지니고 있지만, 하나님의 능력은 혼돈 가운데서 질서를 만들어 냈고 이스라엘 백성이 이집트에서 나올 때 갈대(홍해) 바다를 갈랐다. 마찬가지로 마가복음에서 예수도 이 자연을 다스릴 능력을 받았다. 그는 바람을 멈추게 하고, 바다를 잔잔하게 하며, 바다 위로 걷기까지 한다. 그렇게 함으로써 예수께서는 자연의 위협을 다스리는 하나님의 능력을 보여 주시고, 제자들 또한 하나님의 능력을 믿는 믿음으로 같은 능력을 행사하기를 기대하신다.

산 | 산은 하늘의 낮은 부분에 맞닿아 있고, 따라서 사람들이 하나님께로 가까이 갈 수 있는 통로가 되기 때문에, 하나님의 현현과 계시가 이루어지는 장소라고 생각했다. 하나님은 산 위에서 모세에게 계명을 주셨다. 모세는 산 위에서 약속의 땅을 내려다보았다. 마가복음에서도 마찬가지로 하나님의 영광이 산 위에서 예수께 나타나며, 하늘에서 들려오는 목소리는 제자들에게 예수가 하나님의 아들이라고 밝힌다. 또한 예수께서는 산 위에서 제자 열두 명을 임명하신다. 예수께서는 제자 네 명에게 하나님의 다스리심의 미래에 대해 예언하실 때나 경고하실 때, 감람산 위에서 하신다.

이스라엘의 역사에서 산은 종종 피난처와 안전한 곳으로 나타난다. 마찬가지로 마가복음에서도 예수께서는 전쟁의 위협이 있거든 유대에 있는 사람들은 "산으로 도망"해야 한다고 경고하신다. 예수께서도 광야에서 무리를 먹이시고 난 이후에 기도하시려고, 그리고 마지막으로 겟세마네에서 기도하시려고 산으로 물러나기도 하셨다.

공적인 배경과 사적인 배경

서사 전반에 걸쳐서 공적인 장소 배경과 사적인 장소 배경 사이를 오가는 리듬이 있다. 공적인 배경과 사적인 배경은 이야기의 두 가지 주요 줄거리의 특징이 된다. 하나는 권력자들과 예수의 관계이고, 다른 하나는 예수와 제자들의 관계이다.

공적인 장소로는 마을, 회당, 집, 마을과 마을 사이에 있는 버려진 공간, 바닷가, 예루살렘, 성전 등이 있다. 이런 공적 장소는 예수께서 귀신들을 쫓아내시고 병을 고치시고 자연을 다스리시는 놀라운 기적을 행하는 배경이 된다. 또한 이 공적인 장소에서 예수께서는 사람들을 가르치신다.

예수의 공개적인 행동들은 권력자들의 반대를 일으키는 계기가 된다. 예수와 권력자들의 갈등은 회당과 같은 공적인 장소에서 일어난다. 이들은 모든 사람이 구경하는 자리에서 언쟁을 벌이는데, 여기에서 이기면 모두가 보는 앞에서 명예를 얻는 것이고, 지면 공개적인 망신을 당하는 것이다. 이야기가 진행되면서 예수께서는 회당 대신 다른 곳으로 가신다. 그래서 권력자들은 바닷가나 요단강 건너편과 같은 공개적인 자리에서 예수와 대면하게 된다. 예루살렘에서 예수께서는 이스라엘의 모든 지도자와 함께 성전에서 공개적인 격돌을 벌인다. 아이러니하게도, 예수께서는 호의적인 군중 덕분에 성전에서 어느 정도 보호를 받는다. 이후에 빌라도에게 재판을 받고 십자가에서 처형되는 상황은 예수께서 수치를 당하는 데 최고의 공개적인 배경이 된다.

사적인 장소를 살펴보자. 예수께서는 종종 제자들과 함께 사적인 장소로 물러나신다. 그는 그들을 데리고 집 안으로 들어가기도 하시고, 배 안에서 그들에게 따로 수수께끼를 설명해 주기도 하신다. 그는 제자 세 명을 데리고 산에 올라가기도 하시고, 감람산에서 제자 네 명에게 따로 훈계를 주기도 하신다. 예수께서는 제자들을 데리고 예루살렘으로 여행하다가 예루살렘의 어느 다락방에서 유월절 식사를 나누기도 하신다. 이러한 사적인 공간에서 예수께서는 따로 제자들을 가르칠 기회를 얻는다. 이처럼 사적인 공간은 이야기의 비밀 모티프에 기여한다. 왜냐하면 등장하는 내부 인물들은 (물론 청중도) 다른 외부적인 등장인물들과 달리 그 은밀한 곳에서 일어나는 일을 다 알 수 있기 때문이다.

마가복음 전체에 걸쳐 등장하는 이 사적 공간들 덕분에 청자들은 예수와 제자들에 대한 연대 의식과 더불어서 친밀감을 갖는다. 예수께서 그곳에서 제자들에게 수수께끼를 설명해 주시거나 자신의 죽음을 예언하시거나 미래에 대해 경고하시는 등 많은 비밀을 털어놓으시기 때문이다. 다락방의 유월절 식사 자리에서 예수께서는 이제 곧 맞게 될 자신의 죽음과 관련하여 제자들과 언약을 세우신다. 겟세마네 동산에서 그는 극한 고뇌에 찬 기도를 드리실 때 제자들에게 도움을 청하신다.

예수와 제자들의 갈등은 이 사적인 자리에서 일어난다. 공개적인 자리에서 예수께서는 제자들과의 갈등을 거의 드러내시지 않는다. 왜냐하면 공개적인 자리에서는 제자들이 권력자들과 충돌하는 예수와 한편이 되기 때문이다. 사적인 자리에서 예수와 제자들이 갈등할 때는 예수든 제자든 공개적인 망신을 당할 일은 없다. 따라서 청중이 볼 때, 제자들이 비록 예수를 대적하는 경우가 있더라도 예수와 "함께하는" 사람들이라는 것은 분명하다.

하나님의 길로서의 여행

따라서 여행은 "하나님의 길"로서, 하나님의 다스리심을 위해 예수를 섬기고 따르는 것을 상징하는 비유이다. 이것은 여행길에서 "앞서가다", "뒤따라가다" 등과 같은 핵심 단어가 반복되는 것verbal threads을 보면 확실히 알 수 있다. 세례 요한은 예수보다 "앞서" 보냄을 받고, 예수께서는 제자들보다 "앞서" 가신다. 예수께서는 세례 요한을 "뒤따라" 나오며, 제자들은 예수를 "뒤따른다." 이 단어들은 단순히 공간적인 상태를 묘사하는 것이 아니고 "하나님의 길"이라는 삶의 양식을 반영한다. 요한은 예수보다 앞서 나와서 예수께서 어떤 삶을 사실 것인지 암시한다. 그는 하나님의 "보내심을 받았고", "선포했으며", "체포되고", "죽임을 당했다." 마찬가지로 예수도 하나님의 보내심을 받았고, 선포했으며, 체포되어, 죽임을 당하신다. 제자들도 같은 길을 걷게 될 것이다. 그들도 선포하라고 보내심을 받을 것이며, 체포될 것이고, 자신의 십자가를 지고 목숨을 잃게 될 것이다. 따라서 요한을 통해 예시된 "하나님의 길"을 예수께서 걸으셨고, 제자들도 그 길을 따라 밟을 것이다. 십자가에 달려 죽은 이후 이야기가 끝나도 예수께서는 계속해서 "너희[제자들]보다 먼저[앞서] 갈릴리로 갈" 것이다. 이 갈릴리는 바로 하나님의 다스리심이 시작된 곳이다.

길이라는 구조적 배경은 청자들이 그러한 "하나님의 길"에 동참하도록 유도한다. 갈릴리 안에서 배경이 계속 바뀌면서, 청자들도 오래 머물지 않고 그다음 장소에서 일어나는 행동에 금세 참여하게 된다. 이후에 예루살렘으로 가는 여정에서 청중은 제자들과 마찬가지로 갈등을 겪고, 결국 일이 어떻게 전개될 것인지 보고 싶어 하게 된다. 따라서 '배경'은 청중을 이끌어서 예루살렘이라는 곳, 즉 모든 갈등이 최고조에 이르고 등장인물들의 진면목이 속속들이 드러나는 곳으로 향하게 한다. 그러는 가운데 이야기는 청중의 손목을 잡고 여행길을 같이 걷도록 하며, 결국 예수의 운명을 보게 한다. 결국, 이야기는 청중이 그들만의 실제 세계 안에서도 그 여행길을 계속 걷도록 인도한다.

결론

우리는 배경이 서사에 일종의 세계를 만든다는 말로 이 장을 시작했다. 배경은 청중에게 상상의 세계를 제시한다. 고대 세계에서 마가복음을 실제로 실연하는 사람의 역할은 청중을 이야기 세계 안으로 끌어들여서 그들이 자신들의 실제 세계 안에서의 변화, 즉 하나님의 다스리심이 도래한 결과 일어나게 되는 우주적 세상의 구조적 변화와 가능성을 경험하게 해 주는 것이었다. 이런 역동성은 오늘날 독자들에게도 비슷하게 일어날 수 있다. 영화에서와 마찬가지로 귀로 듣거나 눈으로 보는 이야기는 청중을 또 다른 시간과 공간으로, 세상을 바라보는 또 다른 방식의 가능성 혹은 한계로 데려간다. 고대의 청자들과 현대의 독자들은 마가복음을 경험하면서 자기 자신의 세계를 바라보는 뭔가 새로운 방식을 갖게 되고 이 세상에 대해 전혀 다른 소속감을 갖게 된다. 마가복음은 특히 하나님의 다스리심의 가능성을 보도록, 그리고 예수와 함께 하나님의 길을 걷도록 오늘날의 독자들을 초대한다. 따라서 배경은 어떤 장소나 분위기 이상의 무엇인가를 의미한다. 마지막으로 배경은 사람들에게 세상을 상상해 보고 그 세상에서의 자기 자리를 생각해 보는 방법을 제시한다.

제4장

플롯

플롯은 사건들과 관련이 있다. 그 사건들이 어떻게 배열되는가, 그 사건들이 서로 어떻게 연결되는가, 그 사건들이 어떻게 드러나는가의 문제는 플롯과 연결되어 있다. 물론 사건들은 배경이나 등장인물과도 불가분의 관계에 있다. 사건의 바탕과 조건이 바로 배경이고, 사건을 일으키고 그 사건에 반응을 보이는 것이 등장인물이기 때문이다. 그렇지만 우선 플롯이라는 요소만 집중해서 보면, 우리는 서사에서 나름대로 그 의미와 방향성을 심어 주는 구도를 발견할 수 있다.[1]

1 문학 작품의 플롯에 관해서는, Wesley A. Kort, *Narrative Elements and Religious Meaning* (Philadelphia: Fortress Press, 1975), 59-85; Kort, *Story, Text, and Scripture* (University Park: Pennsylvania State University Press, 1988), 24-29, 52-61; Seymour Chatman, *Story and Discourse* (Ithaca: Cornell University Press, 1978), 43-95; Shlomith Rimmon-Kenan, *Narrative Fiction* (New York: Methuen, 1983), 6-28, 43-58; Mieke Bal, *Narratology* (Toronto: University of Toronto Press, 1985), 11-25, 49-79; Frank Kermode, *The Sense of an Ending* (New York: Oxford University Press, 1967); Peter Brooks, *Reading for Plot: Design and Intention in Narrative* (New York: Vintage, 1985); Norman Friedman, "Forms of the Plot," in *The Theory of the Novel*, ed. Philip Stevick (New York: Free, 1967), 145-66; Elizabeth Dipple, *Plot,* The Critical Idiom 12 (London: Methuen, 1970); Robert Scholes and Robert Kellogg, *The Nature of Narrative* (New York: Oxford University Press, 1966)을 보라.

플롯에 접근하는 방식

이 장에서는 마가복음의 플롯을 여러 각도에서 간략하게 조명하고 플롯을 구성하는 갈등들을 자세히 분석해 본다.

마가복음 플롯의 통일성

마가복음의 이야기는 전체적인 한 가지 목적을 중심으로 통합된다. 하나님께서는 "하나님께서 창조하신 피조물"을 다스리시는 자신의 통치권을 세우시고, 이 세대 안에서 그것을 성취하신다. 우리는 마가 드라마의 우주적 성격을 강조하려고 하는데, 이로써 하나님의 다스리심의 특성과 범위를 개인적 구원이나 문화적 혹은 정치적 변화 정도로만 제한하지 않을 것이다. 이야기의 이러한 우주적 차원은 종종 무대 위의 사건 뒷자리에 묻혀 있지만, 청중은 이야기 안에서 분수령이 되는 사건이 처음에 "하나님의 다스리심이 임했다"라고 선언한 것이었음을 잊지 않는다. 바로 이것이 마가의 이야기를 하나로 묶어 준다. 즉, 하나님께서 모든 피조물, 모든 사람, 모든 자연, 이스라엘, 모든 나라, 그리고 로마 제국을 통치하시는 그 다스리심이 시작되었다. 이어서 나오는 모든 사건들, 즉 축귀와 치유, 자연을 대상으로 한 기적, 사람들의 변화, 권력자들과의 갈등, 예언, 박해, 죽음, 부활, 선포, 우주적 대변혁에 관한 암시 등은 하나님의 능력이 적극적으로 와 있는 결과물이자, 그 능력이 예수와 그 주변 사람들 가운데 지금 나타난 모든 결과물이다. 마가복음의 모든 플롯은 이 주제를 중심으로 통일된다.

예수께서 이 무대의 중심에 있다. 그는 피조물을 다스리시는 하나님의 통치를 가져오는 이 목적을 시작하라고 위임받은 인물이다. 이 일을 이루기 위해 예수께서 여러 장애물과 반대를 무릅쓰고 하나님의 다스리심을 세우려고 애쓰신다. 이런 전체적인 동기에는 세 가지 플롯이 있는데, 각각의 플롯은 예수와 여러 등장인물의 관계에서 나타난다. 그 등장인물들은 인간이 아닌 세력들, 권력자들, 제자들이다. 이 모든 플롯은 서사가 지향하는 하나의 전체적인 목적을 위해 흐트러짐 없이 일관성 있게 흐르고 있다. 이야기에 나오는 대부분의 문제는 해결된다(물론 이야기 전략상 몇몇 문제들이 해결되지 않은 채 남아 있긴 하지만 말이다).

사건들은 여러 가지 방법으로 전체적인 플롯 전개에 한몫을 담당한다. 사건들이 플롯에서 어떻게 자기 역할을 감당하는지 알려면, 그 사건이 이야기에서 어떻게 다른 사건들과 연관되고 있으며, 만일 그 사건을 빼고 나면 어떤 차이가 생기는지 살펴보면 된다. 몇몇 에피소드는 아주 중요하다. 여기에는 이야기가 진행될 수 있도록 처음으로 문을 여는 사건들도 있고, 새로운 전환의 계기를 마련하는 사건들도 있으며, 에피소드들의 절정에 해당하는 이야기도 있다.[2] 예를 들어, 예수께서 성령으로 기름 부음 받는 장면은 하나님의 다스리심이 앞으로 진행되도록 그 첫 장을 여는 사건이다. 반석이 예수를 기름 부음 받은 분으로 알아보는 장면은, 갈릴리 지역 여행을 마무리하고 예루살렘으로 가는 여행을 시작하는 중요한 전환점에 해당한다. 산헤드린이 예수를 정죄하는 장면은, 예수를 넘어뜨리기 위해 그동안 권력자들이 해 왔던 모든 노력이 최고의 절정을 이루는 부분이다.

그 외에도 좀 덜 중요한 방법으로 플롯 전개에 기여하는 사건

2 핵심 사건(kernels 핵심이라고 부른다)과 관련 사건(satellites 위성이라고 부른다) 사이의 구분에 대해서는 Chatman, *Story*, 53-56을 보라.

들이 있다. 어떤 사건들은 플롯상 중요한 사건에서 비롯되기도 한다. 예를 들어, 예수께서 귀신들을 쫓아내시는 사건들은 그가 광야에서 사탄의 시험을 잘 이겨 내신 결과로 생긴 사건이다. 또 어떤 사건들은 핵심 사건들과 이어지기도 한다. 예를 들어, 기적 이야기들이 쌓이고 쌓여서 결국 반석이 예수를 기름 부음 받은 분으로 알아보게 하는 데 한몫을 한다. 권력자들과의 갈등 이야기들도 쌓이고 쌓여서 결국 이들이 예수를 처형하는 데 이르게 한다. 한편, 비슷한 사건들이 플롯에서 어떤 주제를 전개해 가는 역할을 하는 경우도 있는데, 이처럼 마가복음에서는 흔히 사건들이 이모저모로 플롯에 기여한다.

시작, 중간, 끝

플롯을 보는 한 가지 방법은 플롯이 전개될수록 선택의 폭이 넓어지거나 좁아지는 방식을 보는 것이다. 마가복음의 플롯은 시작과 중간과 끝이 있는 이야기에 대한 아리스토텔레스의 정의에 딱 들어맞는다. 시작 부분에서는 여러 가지 일들이 가능하다. 그렇지만 중간 부분에서는 그 가능성의 범위가 좀 좁혀지고, 마지막에는 그간의 모든 일이 필연적이고 불가피했던 것으로 드러난다.[3]

마가복음의 플롯을 추적해 보면 가능성 있는 결과들이 축소되거나 확장되는 것을 볼 수 있다. 이야기가 처음 시작하는 부분에서 하나님의 다스리심이 도래하고 이스라엘 사람들은 회개하라는 요청을 받는다. 모든 사람이 예수를 따를 것만 같고, 하나님의

3 Aristotle, *Poetics*, trans. Stephen Halliwell, Loeb Classical Library, Aristotle 23 (Cambridge, MA: Harvard University Press, 1995), 28-141. 『수사학/시학』(숲, 2017).

다스리심은 큰 힘을 들이지 않고도 쉽게 도래할 것 같다. 제자들이나 군중의 첫 반응은 아주 고무적이다. 그렇지만 곧 이어서 권력자들이 예수에 대해 강퍅한 마음을 품고 대적하며, 제자들 역시 슬슬 예수를 오해하기 시작한다. 반석이 예수를 기름 부음 받은 분으로 인식한 이후, 예수께서 예루살렘을 향해 여행을 시작하는 이야기 중반부에서는 여러 가지 가능성이 대폭 축소된다. 이 여행은 권력자들과의 갈등 이야기로 이어지는데, 결국 이 갈등은 예루살렘에서의 대결에까지 이른다. 따라서 이야기가 끝나는 부분, 즉 예루살렘에서의 모든 일은 필연적이고 불가피한 것처럼 보인다. 예수의 행동들은 그의 운명에 도장 찍는 역할을 했고, 권력자들은 결국 그에게 사형 언도를 내려 처형한다.

그렇지만 서사가 끝나는 부분에서는 여러 가능성이 미래를 향해서 다시 열리고 확장된다. 부활 사건은 예루살렘에서 있었던 모든 일의 결과를 완전히 뒤집고, 영광과 권능으로 오실 예수의 재림을 미리 보여 준다. 예수의 정체에 대한 비밀은 이제 '밝히 드러난다.' 제자들과 여러 추종자는 예수께서 세상을 향해 복음을 들고 나아가 선포하라고 이전에 하신 명령을 이제 이루어 가라는 도전을 받는다.

마가복음 플롯의 연결점들

플롯은 어떤 사건과 그다음 사건이 연결되는 과정에서 드러나기도 한다. 전형적인 고대 서사인 마가복음은, 일련의 에피소드를 그저 느슨하게 나열해 놓은 것처럼 보이도록 전개해 가기 때문에, 에피소드들 사이에 어떤 연관이 있는지 한눈에 알아보기가 어렵다. 에피소드들 안에는 종종 명확한 인과관계를 보여 주거나 설명해 주는 구절들, 혹은 필연적 관계를 드러내 주는 구절들이 있다. 바로 "왜냐하면", "따라서", "하지만", "그러므로", "그렇기 때문에" 등과 같은 단어들이다. 그러나 에피소드들 사이의 연결점은 의외로 간단한 "그리고"라는 단어이다. 이것은 한 사건이 일어난 후에 다음 사건이 일어났음을 말해 주는 최소한의 시간적인 연결점이다.[4] 때때로, 그다음 에피소드와 분명한 인과관계가 있음을 표시하는 구절이 나오기도 한다. 예를 들어, 예수께서 대제사장들이 자기를 덫에 걸리게 하려는 것을 교묘히 피하셨기에, **그래서** 그들이 다른 사람들을 보내서 예수의 말을 책잡도록 했다는 이야기가 있다. 한 에피소드와 그다음 에피소드를 이어 주는 인과관계 연결점들이 암시되는 경우도 종종 있다. 권력자들은 예수를 넘어뜨리려고 음모를 짜고, 그리고(그래서) 예수께서는 바다로 물러나신다.

때때로 한 사건과 그다음 사건을 이어 주는 암시된 인과관계 연결점들은 '아이러니'하다. 어떤 행동의 결과들은 그 등장인물이 원래 의도했던 바와 다르게 나타난다. 예수께서는 사람들에게 자기에 관한 이야기를 전하지 말라고 당부하지만 그들은 어쨌든 말을 하고, 뒤에 나오는 에피소드에서도 그들이 예수에 관해 이야기하고 다녔다는 것을 밝힌다. 예수께서는 사람들이 더 잘 이해할 수 있도록 그들에게 수수께끼를 "들으라"라고 말하지만, 다음 에피소드에서 제자들의 마음은 더 굳어질 뿐이다. 정치 지도자들은 예수라는 위협적인 존재를 제거하고 자기들의 입지를 굳히고 싶어 한다.

4 Gerard Genette, *Narrative Discourse* (Ithaca: Cornell University Press, 1980), 33-85; Menakhem Perry, "Literary Dynamics: How the Order of a Text Creates Its Meanings," *Poetics Today* 1, no 1 (1979): 35-64, 311-61.

그렇지만 다음 에피소드에서 예수께서는 죽음에서 부활하신다.

때로는 사건들이 수사적으로 연결되기도 한다. 예를 들어 중앙 집중식 패턴이나 삽입 기법, 혹은 세 가지 이야기가 연결된 시리즈가 그런 것들이다. 그것들은 플롯의 전개에 기여하는 요소들이지만 반드시 인과관계로 그 역할을 하는 것은 아니다. 청중이 예상하지 못한 사건들까지도 주제적인 면에서 서로 연관될 수 있다. 예를 들어, 겟세마네 동산에서 벌거벗은 몸으로 도망치는 젊은이는 어디에서 온 사람인지 도대체 알 길이 없다. 그렇지만 그의 벌거벗은 모습은, 바로 앞에 있는 에피소드에서 설명된 제자들의 도망이 얼마나 부끄러운 짓인지를 아주 생생하게 그려 보인다. 또한 이 젊은이가 잠깐 잡혔다가 다시 도망치는 모습은 다음 에피소드에 나오는 장면, 즉 반석이 뒤뜰에서 잡힐 뻔했다가 겨우 피하는 모습을 더욱 부각한다. 이처럼 주제적인 면에서 서로 연결되는 것은 플롯 전개를 강화하지만 플롯에 결정적인 요소는 아니다.

마가복음의 플롯에서 사건들을 느슨하게 연결할 때의 중요한 결과는 사건들의 원인과 사건들 사이의 관계를 제한하지 않는다는 것이다. 뒤이어 나오는 여러 문장들과 에피소드를 소개하는 역할을 하는 '그리고'라는 단어는 앞에서 나왔던 많은 에피소드 및 사건과 연결될 수도 있다는 가능성만을 제시할 뿐이다. 예수께서 유다에게 배신당하는 것은 하나님의 뜻에 의해, 다른 등장인물들의 행동 때문에, 그리고 그분 자신의 성격 때문에, 곧 이 모두가 함께 작용해서 일어난다. 따라서 이 각각의 요소는 뒤에 나오는 사건을 일으키는 원인이라고 할 수 있다. 특정한 사건을 발생시키는 많은 원인을 밝히기 위해 서사를 돌이켜 보면, 마가복음의 플롯이 얼마나 복잡한지 알 수 있다.

기대했던 것이 이루어지기도 하고 이루어지지 않기도 함

플롯은 흔히 어떤 문제나 가능성 등을 중심으로 구성되는데, 이 문제나 가능성들은 플롯 안에서 발생하고 그에 뒤따르는 사건들로 해결된다. 사람들이 아프다. 풍랑이 목숨을 위협한다. 권력자들이 예수를 대적한다. 제자들은 예수의 가르침을 받아들이지 않는다. 이 모든 문제가 어떻게 다루어질 것인가?

마가복음의 플롯은 예언이나 선언, 명령과 위임 등을 통해서 앞으로의 가능성을 제시하기도 한다. 일단 예언이 주어지면 청중은 그 예언이 어떻게 성취되는지 이야기를 따라가면서 눈여겨보게 된다. "너는 내 사랑하는 아들이다"나 "하나님의 다스리심이 임했다"와 같은 선언이 주어질 때, 청중은 이야기를 따라가면서 과연 이런 기대들이 어떻게 충족될 것인지 관심을 가진다. "죄에서 돌이켜서 기쁜 소식을 믿어라", "나를 따라오너라", 혹은 "누구든지 나를 따라오려거든 자기를 부인하고 자기 십자가를 지고 따라와야 할 것이다" 같은 명령이 나오면, 청중은 이야기가 전개되면서 등장인물들이 이 요구에 얼마나 주의를 기울이는지 눈여겨보게 된다.[5]

마가복음의 서사에서 눈에 띄는 요소는 플롯에 의해 생긴 기대감에서 비롯한 수많은 반전과 뒤집기이다. 기대했던 것들이 수정되거나 완전히 뒤바뀐다. 또한 기대하던 것들이 아이러니한 방식으로 성취되기도 한다. 어떤 기대감은 이야기 안에서 생겨나기도 하고, 산산이 깨지기도 한다. 제자들이 기대감에 잔뜩 부풀어서 바라보았던 그들의 영웅은 결국 예루살렘에서 실패하고 만다. 어

5 Robert C. Tannehill, "The Gospel of Mark as Narrative Christology," *Semeia* 16 (1975): 57-95를 보라.

떤 기대는 충족되지 않은 채 남아 있기도 한다. 미래의 서사 세계에서 과연 제자들은 갈릴리에서 예수를 만날 것인가? 그러므로 마가의 이야기는 어떤 기대는 성취된 것으로 그리지만, 어떤 기대는 채워지지 않은 채 열린 결말로 남겨 두기도 한다.

마가복음 플롯의 결말

마가복음의 플롯은 비극으로 끝날 것인가, 승리로 끝날 것인가? 플롯은 예수께서 수많은 사람을 처참한 삶에서 구원하시는 놀라운 기적으로 시작한다. 그렇지만 마가복음의 플롯은 냉혹하게도 예수의 처절한 죽음을 향해 나아간다. 마가복음은 예수와 제자들의 인간적인 상황이 날로 악화되는 플롯으로 이루어져 있다.[6] 이것은 흔히 고대 그리스 비극 문학에서 말하는 식으로고대 그리스 비극 문학에서는 등장인물의 인간적인 한계나 잘못으로 인해 비극적 상황이 일어난다.ⓣ, 예수의 치명적인 잘못이나 계산 착오에서 비롯된 것이 아니다. 오히려 그의 운명은 그의 사명이 지니는 특성 자체에서 비롯된 것이며, 세상이 그 사명을 배척했기 때문이다. 예수께서는 계속해서 하나님께 대한 충성심을 지킨다. 그렇지만 세상 권력은 그의 메시지를 받아들이지 않고 도리어 그를 처형한다. 그렇지만 여기에 반전이 있다. 비극처럼 보이는 것이 나중에 승리로 판명된다. 예수께서 부활하시고 권능과 영광으로 다시 오실 때, 과연 그가 옳았음을 확실하게 증명하실 것이다.

6 마가복음을 비극으로 분석한 것에 대해서는, Gilbert Bilezikian, *The Liberated Gospel: A Comparison of the Gospel of Mark and Greek Tragedy* (Grand Rapids: Baker, 1977); Stephen Smith, *A Lion with Wings* (Sheffield: Sheffield Academic, 1966), 112-23을 보라.

예수께서는 나중에 승리를 거두시지만, 다른 몇몇 등장인물에게는 플롯이 비극적이다. 권력자들은 자기 자신과 권력을 지키려고 온갖 노력을 다한다. 따라서 그들은 포도원 소작농으로서의 직임을 제대로 감당하지 못하고 심판을 받는다. 한편 제자들의 운명은 궁극적으로 어떻게 될지 이야기 끝부분에서 미지수로 남아 있다. 예수를 신실하게 따르는 사람들조차도 예수께서 부활하셨다고 해서 그가 죽었다는 비극적인 사실을 쉽게 잊을 수는 없다. 그리고 만일 제자들이 하나님의 다스리심을 선포하게 된다면, 그에 따라오는 핍박을 당하는 개인적인 비극을 겪게 될 것이다. 그와 마찬가지로, 예수를 신실하게 따를 것인지 아니면 저버릴 것인지 결정해야 하는 상황에서, 청자들의 운명이 비극이 될지 승리가 될지도 아직 미지수로 남아 있다.

플롯은 갈등과 관련 있다

갈등은 세력을 더 넓히기 위해 경쟁하는 세력들의 싸움이다.[7] 갈등은 대부분 이야기의 중심 요소이다. 갈등이 없다면 이야기는 등장인물 편에서 볼 때 아무 긴장이나 위기감이나 다툼 없이, 단지 사건들을 일렬로 나열해 놓은 것에 지나지 않는다. 갈등은 서사가 지향하는 중요한 가치나 신념이 무엇인지 보여 준다. 지금까지 짚어 보았던 플롯을 이해하기 위한 그 어떤 접근 방법들보다도 우리는 갈등을 연구함으로써 마가복음 전체의 플롯을 더 세세하게 분석하는 데 도움을 얻을 수 있다.

갈등 분석은 서사의 전체적인 목적이 어떤 것이며, 그 목적을

7 문학 작품의 갈등 분석에 관해서는, Laurence Perrine, *Story and Structure*, 2nd ed. (New York: Harcourt, Brace, and World, 1959), 58-65를 보라.

돕거나 방해하는 세력들이 어떤 것인지 밝히는 것을 말한다. 마가 서사의 주된 목적은 하나님께서 세상을 다스리는 주권을 세우시는 것이다. 이런 관점에서 우리는 각각의 등장인물들이 그 목적을 이루는지, 아니면 방해하는지 볼 수 있으며, 또한 온갖 방해와 반대에도 불구하고 그 목적들이 전혀 예상치 못했던 방법으로 어떻게 이루어지는지도 볼 수 있다. 하나님께서는 예수를 통해서 그 목적을 이루시며, 그로 인해 사람들은 서로 갈등을 일으킨다. 이런 갈등을 통해서 하나님의 다스리심을 반대하는 사람은 누구이고, 하나님의 다스리심을 최선을 다해 추구하는 사람이 누구이며, 노력은 하지만 결국 실패하고 마는 사람은 누구인지도 알 수 있다. 또한 갈등 가운데 나타난 반대나 오해로 인해 주인공은 다른 등장인물들에게(청중에게도) 하나님의 다스리심이 어떤 것인지 설명할 기회를 얻게 된다.

이야기에는 여러 가지 갈등이 있다. 이사벨 아옌데Isabel Allende의 *La casa de los espíritus* 『영혼의 집』전 2권, 민음사, 2003에서처럼 초자연적인 힘과의 갈등이 있고, 어니스트 헤밍웨이의 『노인과 바다』에서처럼 노인이 자연과 벌이는 갈등이 있고, 토니 모리슨의 *Beloved* 『빌러비드』문학동네, 2014에서 보듯이 사회와의 갈등도 있으며, 버나드 맬러머드Bernard Malamud가 쓴 *The Assistant*점원에 나오는 등장인물들처럼 다른 사람들과의 갈등도 있다. 실비아 플라스Sylvia Plath의 *The Bell Jar* 『벨 자』마음산책, 2022에서 보듯이 자기 자신과 갈등하는 등장인물도 있다. 이야기에 어떤 종류의 갈등이 있으며, 그 갈등이 어떻게 이어지는지, 그 갈등들이 서로 어떻게 연결되는지 분석해 보면 이야기를 이해하는 데 도움이 된다.

마가복음에서 주인공 예수는 다양한 갈등에 연루되어 있다. 그는 더러운 영들과 싸우고, 위협적인 자연의 위력을 이긴다. 그는 유대와 이방 권력가들과 맞서고, 제자들과 갈등을 벌인다. 그는 죽음을 앞두고 자기 자신과 싸우기도 한다. 이런 것들이 마가복음에 주로 나오는 주요한 갈등이다. 그 외에도 우리가 다루지 않고 그냥 넘어갈 사소한 갈등들도 있다. 세례 요한은 헤롯을 대적한다. 예수는 자기 가족들과 불화한다. 그리고 예수는, 예를 들면 수로보니게 여인 같은 몇몇 주변 인물들과 잠깐 갈등을 겪기도 한다.

우리는 지금까지 갈등 분석에서 세 가지 주된 플롯 흐름에 초점을 맞추어 보았다. (1) 예수께서 귀신과 질병과 자연과 벌이는 갈등, (2) 예수께서 권력자들과 벌이는 갈등, (3) 예수께서 제자들과 벌이는 갈등.[8] 이러한 갈등은 권력에 관한 것, 즉 권력의 유형, 권력의 오용, 권력의 한계, 그리고 섬김을 위한 권력 사용에 관한 것이다. 이 세 가지 주된 갈등은 몇몇 중요한 지점에서는 서로 겹치기도 하고 긴밀하게 연관되기도 한다. 그렇지만 각각의 갈등은 나름대로 방향성을 고수하고, 내용과 분위기가 있으며, 각각의 방식으로 해결된다. 이제 우리는 각각의 갈등들이 어떻게 발생하고, 어떻게 고조되며, 어떻게 해결되고, 그 갈등의 결과가 각각 어떻게 드러날 것인지, 또한 그 갈등은 어떤 특징이 있는지, 그 갈등 가운데 있는 시점은 어떤 것인지, 그리고 그 갈등에서 중요한 것은 무엇인지 살펴볼 것이다.

마가복음의 고대 실연자들은 이런 갈등들의 성격을 효과적으로 잘 드러내는 방안을 갖고 있었고, 감정 표현, 등장인물 묘사,

8 여기에서 우리의 목적은 서사 전반에 걸쳐서 전개되는 주요 갈등을 추적해 나가는 것이다. 각각의 에피소드들을 분석하기 위해서는 〈부록 2〉에 덧붙여 놓은 연습 문제를 보기 바란다.

억양이나 목소리 크기와 말하는 속도 등 목소리 사용법, 표정 짓기와 몸짓하기 등을 통해 그 효과를 더욱 살리는 방안을 알고 있었다. 청중에게 미치는 드라마의 효과는 무척 강렬했을 것이다.

하나님의 다스리심이 갈등을 야기한다

우리는 갈등 분석을 하기 전에 마가복음 안에 나오는 모든 갈등을 일으키는 원인은 하나님의 다스리심의 도래라는 점을 강조하고자 한다. 마가 이야기에서 하나님은 모든 플롯을 이끌어 가는 활동적인 '등장인물' 혹은 그와 같은 힘이다. 왜냐하면 하나님은 자신이 창조한 것들을 완성하기 위해 모종의 행동을 취하시기 때문이다. 하나님은 이사야를 통해 강력한 예언을 하시기도 하고, 세례 요한을 보내기도 하신다. 하나님은 하늘을 가르시고 예수의 머리 위로 성령을 내려 보내기도 하시며, 당신의 다스리심의 문을 활짝 열어 줄 예수께 기름을 부으시기도 한다. 또한 하나님은 예수와 제자들에게 능력을 주어 권능의 역사를 일으키게 하신다. 다스리심을 시작하는 이는 바로 하나님이시며, 그 열매를 맺게 하시는 이도 하나님이시다. 그리고 예수께서 이 세대가 다 가기 전에 다시 돌아오실 때, 권능으로 당신의 다스리심을 확립하실 이도 하나님이다.[9]

우리는 서사에 있는 여러 요소를 통해 하나님의 역할이 무엇인지 하나하나 정리해 볼 수 있다. 이야기에 나오는 하나님의 말씀

9 마가복음에서 하나님의 역할에 대해서는, John R. Donahue, "The Neglected Factor in Markan Studies," *Journal of Biblical Literature* 101 (1982): 563-94를 보라.

과 행동, 옛 말씀 인용, 예수의 수수께끼, 이야기를 통해 강조하는 가치 체계 등이 바로 그런 요소들이다. 이런 단서에 근거해 볼 때, 이야기에서 말하는 하나님의 전체적인 다스리심은 다음과 같다. 하나님은 세상을 창조하셨고, 사람들을 위해 옛 말씀인 율법을 세우셨으며, 예언자들을 통해 미래의 계획을 나타내셨다. 수수께끼에 사용된 단어들로 표현하면, 포도원 주인(하나님)은 포도원(이스라엘)을 만들어 농부들(유대 권력자들)에게 세를 주었다. 그리고 종(예언자)들을 보내어 포도원에서 나는 수확물을 가져오도록 했다. 그렇지만 농부들은 그 밭을 차지하려고 종들에게 폭력을 행사했다.

마가의 서사는 포도원의 주인(하나님)이 포도원에 자기의 아들(예수)을 보내는 것으로 시작하는데, 이는 이스라엘이 그 포도원에서 열매를 맺을 뿐만 아니라 이방 나라들 사이에서도 역사적인 역할을 감당하게 하시려는 것이다. 이제 하나님이 피조 세계를 다시 회복하시기에 딱 알맞도록 때가 무르익었다. 중요한 것은 단지 이스라엘의 운명이 어떻게 되느냐가 아니라, 더 나아가서 모든 세계에 도래할 하나님의 다스리심이 임박한 이때 그 모든 나라의 운명이 어떻게 될 것인가 하는 것이다.

따라서 이후로 서사에 나오는 모든 행동을 유발하시는 이는 하나님이다. 하나님의 대사인 예수의 모든 말과 행동을 통해서, 피조물을 다스리시는 하나님의 통치는 제각기 자기 힘을 내세우는 모든 우주적 권력과 인간 권력에(이스라엘 안에 있는 권력이든, 혹은 로마 제국을 포함한 "이방 나라들"의 권력이든) 도전장을 내민다. 하나님의 다스리심이 그런 반대를 유발하는 데는 몇 가지 중요한 이유가 있다.

첫째, 하나님의 다스리심은 자연과 사회 질서를 새롭게 만들기 때문에 갈등을 유발한다. 우리가 배경을 분석하면서 보았듯이, 창조된 이 세상은 뒤틀려 있다. 사람들은 귀신에게 억눌려 있고, 질병으로 인해 온전하지 못하며, 엄청난 파괴력을 가진 자연의 위협을 받고 있고, 사람들은 다른 사람들을 억압한다. 그렇지만 하나님의 다스리심이 도래하면, 인간들은 온전한 모습으로 회복되어 **자연** 질서 가운데서 적절한 역할을 감당하게 될 것이며, 그로써 창조 세계는 회복될 것이다. 더욱이 하나님의 다스리심은, 유대와 로마 통치자들이 특징적으로 보여 주었던 인간들의 억압이 완전히 사라진 새로운 **사회** 질서를 요구한다. 따라서 예수께서는 태만하고 파괴하고 억압하는 권력자들을 정죄하신다. 그 결과 예수께서는 기득권 세력과 주로 갈등을 벌인다.

하나님의 다스리심이 갈등을 유발하는 또 다른 이유는, 하나님의 다스리심이 마가 이야기의 문화에서 부정하다고 여겨지던 지역으로 뚫고 들어가기 때문이다.[10] 마가의 이야기에서, 사회는 소위 부정하다는 사람들과 접촉하지 않기 위해 모종의 경계선을 만들어 놓았다. 권력자들은 부정의 원인(한센병 환자, 여인의 피, 시체, 더러운 귀신 들린 사람, 부정한 음식 등)에서 떨어져 있어야만 거룩해진다고 믿었다. 그런데 하나님은 이런 모든 부정한 것들을 멀리하게 하는 대신에 성령의 능력을 통해서 거룩함과 온전함을 적극적으로 퍼뜨리시기 때문에, 하나님의 다스리심이 도래하면

10 Jerome H. Neyrey, "The Idea of Purity in Mark's Gospel," *Semeia* 35 (1986): 91-128; David Rhoads, "The Social Study of Mark: Crossing Boundaries" in *Mark and Method*, eds. Janice Capel Anderson and Stephen Moore (Minneapolis: Fortress Press, 1992), 135-61.

이런 모든 경향은 산산이 부서지고 무너지고 만다. 따라서 예수께서는, 하나님의 다스리심이 극복하려고 하는 그 경계선들을 고수하려는 권력자들과 정면 대결을 하게 된다.

또한 하나님의 다스리심이 갈등을 유발하는 다른 이유는 하나님이 권력의 전통적인 통로 밖에서 활동하시기 때문이다. 마가복음에 나오는 유대 권력자들의 시점에서는 하나님께서 예루살렘에 있는 기존의 중심에서 일을 시작하신다고 본다. 그렇지만 마가복음에서 하나님의 다스리심은 변두리에서부터, 주변부에서부터 시작된다. 성전에서 이루어지던 죄 용서가 이제는 갈릴리에서 이루어진다. 예루살렘에서 나오던 율법 해석이 이제 가버나움이라는 동네에서 이루어진다. 대제사장이나 산헤드린 회의만 주장하던 권위를 이제 나사렛 출신의 한 목수가 주장하고 나선다. 하나님의 다스리심이 사회에서 중요하게 대접하지 못하던 사람들 안에서, 곧 통치자들이 아니라 영세 농민 안에서, 그리고 소위 의롭다고 하는 사람들이 아니라 죄인들 안에서 시작된다. 따라서 예수께서는 권력자들과 갈등을 빚기 시작한다.

이 모든 일에서, 하나님의 다스리심은 하나님에 대한 전통적인 개념을 파괴하고 하나님을 새롭게 이해하도록 하기 때문에 갈등을 일으킨다. 하나님은 경계선을 지키는 것이 아니라 이제 그 경계선을 뛰어넘으신다. 하나님은 성전 안에만 계시는 것이 아니라 이제 어디에서나 만날 수 있는 분이 되셨다(성전의 휘장이 찢어진 것이 바로 그것을 상징한다). 하나님은 부정한 것을 피하게 하시는 것이 아니라 이제 거룩함을 두루 퍼뜨리신다. 하나님은 중심부에서 일하시는 것이 아니라 이제 주변부에서부터 역사하신다. 하나님이 기름 부어 세우시고 보내신 사람은 다른 사람들 위에 군림하는 것이 아니라 다른 사람들을 섬기다가 핍박을 받고 죽임을 당한다. 이 모든 일에서 권력자들은 자신들의 전통적인 율법과 문화적 관점이라는 낡은 가죽 술 부대에 갇혀 있어 그들 중에 있는 새 술을 알아볼 수 없었다. 낡은 가죽 술 부대라는 틀로 새 술을 판단함으로써, 그들은 새 술도 쏟아버리고 결국 자기들의 가죽 부대까지도 망가뜨리고 만다.

제1단계: 하나님의 다스리심의 개시

이야기 세계에서 하나님의 다스리심은 두 단계로 임한다. 첫 번째 단계는 예수께서 하나님의 다스리심을 선포하고 그것을 구현하는 것으로 시작된다. 그리고 이 첫 단계는, 예수께서 처형당하고 부활하신 후 마가의 이야기가 끝난 다음, 즉 상상 속에 있는 미래의 이야기 세계를 거쳐서, 두 번째 단계인 하나님의 다스리심이 능력 가운데 마지막으로 세워질 그때까지 계속된다.

첫 번째 단계에서 예수께서는 갈릴리에서 하나님의 다스리심의 문을 그 한없는 축복과 기쁨으로 열어 놓으신다. 그는 제자들을 불러 모으고, 사회적 지위, 성별, 정결함의 정도, 국적까지도 상관없이, 그 부르심에 응답하는 모든 사람과 가족 관계를 맺으신다.[11] 예수께서는 병든 자를 고치시고, 더러운 귀신 들린 자를 깨끗하게 하시며, 세리들과 죄인들을 환대하시고, 먹을 것이 없는 광야에서도 사람들을 먹이신다. 늘 이런저런 위협 속에 살면서 항상 주변부에서 겉돌던 마가복음의 평범한 사람들을 치료해 주

11 마가 서사에 묘사된 예수 운동의 성격을 자세하게 연구한 내용을 알려면 David Rhoads, "Mission in the Gospel of Mark," *Currents in Theology and Mission* 22 (1995): 340-55를 보라.

고 양식을 제공해 주는 것이 복음이 아니고 무엇이겠는가!

이 첫 번째 단계에서는 하나님의 다스리심을 선포하고 그것이 어떤 것인지 설명해 준다. 그래서 사람들은 하나님의 다스리심이 최종적으로 세워지기 전에 그 다스리심에 응답할 기회를 얻는다. 예수와 그 제자들은 하나님의 다스리심의 씨를 뿌리고, 사람들은 각각 나름대로 응답함으로써 자기가 하나님의 다스리심 안에 들어가 있는지를 스스로 드러낸다. 하나님의 다스리심을 향해 돌아서서 그 안에서 흔들림 없이 거하는 자들은 이 기간에 하나님의 다스리심으로 인한 기쁨과 축복을 한없이 누릴 수 있다. 그렇지만 마가의 이야기에서 그리는 것처럼 반대 세력이 여전히 버티고 있는 것을 볼 때, 하나님의 다스리심이 아직 영광과 권능으로 온전히 임한 것이 아니라는 점은 분명한 사실이다. 따라서 두 가지 사실을 지적할 수 있다. 하나님의 다스리심은 은밀한 방법으로 도래하며, 그 힘도 아직은 한계가 있다.

첫째, 하나님의 다스리심은 감추어져 있다.[12] 하나님의 다스리심은 하늘에서 확실한 표적이 나타나는 식으로 오지 않고, 기대하지 못했던 장소에서, 전통적인 경로가 아닌 방식으로 임한다. 예수께서는 수수께끼로 이야기한다든지 표적을 요구하는 사람들의 요구를 거절하는 방식으로 하나님의 다스리심의 은밀함을 유지하신다. 등장인물들은 하나님의 다스리심이 어떤 것인지 스스로 깨달아야만 한다. 어떤 사람들은 그것을 제대로 보지 못한다.

12 마가복음에 나타난 메시아의 비밀과 감춤hiddenness의 다른 차원에 관한 문제를 보려면, Christopher Tucket, ed., *The Messianic Secret* (Philadelphia: Fortress Press, 1983)에 있는 에세이 모음; Heikki Räisänen, The "Messianic Secret" in *Mark*, trans. Christopher Tucket (Edinburgh: T&T Clark, 1990); Joel Marcus, *The Mystery of the Kingdom of God*, SBLDS 90 (Atlanta: Scholars, 1986)을 보라.

또 다른 어떤 사람들은 하나님의 다스리심의 비밀을 받았기에, 귀신을 쫓아낸다든지 병을 고치는 등의 예수의 행동을 통해서 하나님께서 이미 이 세상을 다스리기 시작했다는 것을 깨닫는다.

또한 예수께서는 자기의 정체를 분명히 밝히지도 않고, 다른 사람들에게 이를 누설하지도 말라고 명함으로써, 하나님의 다스리심을 감추어 놓는 데 한몫을 한다. 어쩌다가 귀신들이 예수의 정체를 알고 얼떨결에 그것을 불쑥 말하면 예수께서는 귀신들에게 입을 다물라고 명령하신다. 예수께서 하나님의 기름 부음을 받은 분이라는 사실을 제자들이 깨닫자, 예수께서는 제자들에게 아무에게도 그 사실을 알리지 말라고 명하신다. 예수께서는 대제사장 앞에서 재판을 받을 때 자신의 정체를 밝히는데, 그때도 하나님의 다스리심은 여전히 감추어져 있다. 왜냐하면 예수께서 주장하는 진실이 그것을 알아보는 눈이 없는 사람들에게는 여전히 감추어진 상태로 남아 있기 때문이다.[13] 게다가 예수께서는 마지막 때가 올 때까지 세상에는 감춰져 있을 의미와 위대함이 있는 삶을 살아가도록, 자신을 따르는 사람들에게 요청하신다. 예수와 그를 따르는 사람들(이들은 핍박을 받고 죽임을 당한다)이 하나님의 다스리심을 위해 일하는 사람들이라는 사실이, 마가복음의 이야기 세계에 나오는 대부분의 사람에게는 분명하게 드러나지 않는다.

둘째, 하나님의 다스리심의 첫 번째 단계에서는 그 능력이 제한을 받는다. 분명히 예수와 그를 따르는 자들은 귀신이나 자연, 질병과 같은 인간 세계를 초월한 힘들을 다스릴 하나님의 능력을 이용할 수 있다. 이런 갈등 상황에서 하나님의 대리인들은 이미

13 Jack D. Kingsbury, *The Christology of Mark's Gospel* (Minneapolis: Fortress Press, 1983) 『마가의 기독론』(나단, 1994)을 보라.

승리를 거둔 상태이다. 그렇지만 하나님의 다스리심의 능력은 제한되어 있다. 하나님은 그분의 다스리심을 다른 사람들에게 강제할 권한은 예수와 그의 제자들에게 주지 않으셨기 때문이다. 하나님의 다스리심은 다른 사람들을 억압하고 억누르기 위한 것이 아니라 도리어 다른 사람들을 섬기기 위한 것이다.

이렇듯 능력과 권한이 제한되어 있기 때문에, 하나님의 다스리심을 위해 일하는 대리인들은 위험에 처하게 된다. 하나님의 다스리심은 자기 자신의 권한을 주장하는 모든 요구에 도전하기 때문에, 하나님의 다스리심을 좋은 소식으로 받아들이기로 선택한 사람들과 그것을 거부하는 사람들 특히 유대 및 로마 권력자들 사이에서는 갈등이 일어나게 된다. 예수와 그를 따르는 자들은 인간을 억압하는 행동에 대해 질책할 수는 있지만, 그런 짓을 하는 사람들이 더 이상 그렇게 하지 못하도록 무력으로 막을 권위는 없다. 만일 예수와 그를 따르는 자들이 강제로 막는다면, 그들 역시 다른 사람들에게 강제로 권력을 행사하는 셈이 되기 때문이다. 따라서 사람들을 억압하는 자들에게 대항하고 그들을 질책함으로써, 하나님의 대리인들은 화를 자초하여 그 반대 세력들의 보복을 받으며, 자신들이 그토록 반대하는 바로 그 억압의 희생물이 된다. 이 갈등에서 예수와 그를 따르는 자들은 패배자인 것처럼 보인다.

이야기 세계의 미래에서, 제자들과 여러 사람이 이스라엘과 모든 나라에 하나님의 다스리심을 선포하는 일을 이어가면서 하나님의 다스리심의 첫 번째 단계는 예수의 처형과 부활을 넘어서까지 계속된다.

제2단계: 하나님의 다스리심의 완성

이야기 중반 즈음에서, 예수께서는 하나님의 다스리심이 마지막에 어떻게 세워질 것인지에 대해 말씀하기 시작하신다. 서사 가운데 바로 이 시점부터, 임박한 하나님의 다스리심의 두 번째 단계는, 이후에 뒤따르는 사건들이 어떨 것인지에 대해 일종의 암시적인 그림자를 드리운다. 이야기 세계의 미래에서, 예수의 세대가 다 지나가기 전에(살아 있는 사람들이 죽기 전에) 하나님의 다스리심은 완전하게 이루어질 것이다. 더 이상 돌이킬 기회는 없을 것이다. 심판이 임할 것이기 때문이다.

이 모든 것이 완성되면, 하나님의 다스리심은 더 이상 감추어져 있지 않을 것이다. 이 모든 것이 "영광 가운데" 밝히 드러날 것이다. 인자가 선택한 사람들을 불러 모으려고 구름을 타고 오시는 것을 모든 사람이 볼 것이다. 그때가 되면 하나님의 다스리심은 더 이상 제약을 받지 않는다. 그 다스리심은 사람들과 모든 피조물을 다스리는 능력으로 임할 것이다. 하나님은 공개적으로, 최종적으로 모든 갈등을 해결하실 것이다. 하나님이 "권능으로" 그의 다스리심을 완성하실 것이기 때문이다.

하나님의 다스리심이 이 모든 것을 해결할 때는 놀라운 역전극이 벌어질 것이다. 세상적인 눈에 위대하게 보였던 사람들, 즉 다른 사람들 위에서 군림하고 이스라엘과 로마에서 강력한 권위를 가지고 부자로 살던 사람들이 가장 보잘것없는 자로 전락하고 정죄를 받게 될 것이다. 이와는 대조적으로, 예수와 하나님의 다스리심을 위해 다른 사람들의 종이 되어 자신의 생명을 내준 사람들은 가장 위대한 자가 될 것이다. 마가의 눈으로 미래를 볼 때, 하나님의 다스리심의 대리인은 예수일 것이다. 이야기 세계의 상상 속의 미래에서 볼 때, 이 역전극은 예수의 죽음과 종말이라는 두 시점 사이의 기간에 예시될 것이다. 예수는 부활할 것이고, 성전은 무너질 것이며, 포도원은 다른 사람의 손에 넘겨질 것이다.

요약하면, 귀신들과 천사들, 자연과 사람들을 다스리는 하나님의 다스리심은 처음에는 감추어진 채로 제한된 상태에서 임한다. 이 다스리심은 철저한 충성을 요구하고, 이를 거부하고 배척하는 자들과의 갈등을 유발한다. 이 세대가 다 가기 전에, 능력으로 이제 곧 완성될 하나님의 다스리심의 두 번째 단계로 인해, 첫 번째 단계에 나타나는 이 모든 갈등은 긴박하고 맹렬해진다. 그 이유는 미래의 어느 시점에 이르면 하나님은 심판과 구원으로 모든 갈등을 해결하실 것이기 때문이다. 이야기 세계는 이 세대가 지나간 이후까지 계속 진행되지 않을 것이며, 종말이 오기 전에 모두 마무리될 것이다. 이제 우리가 살펴보고자 하는 중간 단계에서의 갈등의 세 가지 흐름은 하나님의 다스리심이라는 더 큰 틀 안에 있다.

우주적 세력과 갈등하는 예수

하나님의 대리인으로서 예수는 사람들을 위협하고 억누르는 사탄이나 귀신, 질병이나 자연, 곧 인간이 아닌 세력들을 다스리는 능력이 있다.

예수께서 하나님의 아들임이 선언된 직후, 성령은 그를 광야로 데려가고, 예수께서는 그곳에서 사탄의 시험을 받으신다. 사십 일 동안 모든 시험을 받고 천사들의 시중을 받은 뒤 드디어 하나님의 다스리심을 선포하는 예수의 모습은, 그가 사탄과의 직접 대결에서 승리하셨다는 것을 보여 주고, 이 결론은 예수께서 권위 있게 계속해서 더러운 귀신을 내쫓는 모습을 통해 뒷받침된다.

우리는 사탄을 누르신 예수의 승리의 의미를 단지 예수께서 귀신들보다 더 큰 권세를 가지셨다는 것으로 제한하고 싶지 않다. 사탄은 "집 주인"이며 그의 영향력은 모든 피조물에 미친다. 귀신은 사람들을 사로잡고 그들을 파괴하며, 예수를 이기려고 한다. 마가는 예수께서 부정한 한센병 환자를 깨끗하게 하시거나 폭풍을 잠잠하게 하시는 모습을 묘사할 때 축귀 용어 일부를 사용한다. 사탄은 찾아와서 길가에 떨어진 복음의 씨앗을 앗아간다. 등장인물들은 자신도 모르는 채 사탄의 꼭두각시가 되어 행동한다. 권력자들이 예수를 시험하고 그를 무너뜨리려고 할 때의 모습을 보면 꼭 사탄이 하는 것처럼 행동한다. 예수께서 버림받고 처형당하는 그 길을 걷고자 할 때 베드로는 그 길을 막아서는데, 이때 예수께서는 그를 가리켜 "사탄"이라고 하신다. 하나님의 대리인과 사탄 사이에 벌어지는 광야에서의 대결은 모든 사건의 배경 안에 담겨 있다. 이 우주적 차원의 거대한 대결에서 하나님의 대리인이 승리를 거두셨다는 것, 즉 그가 사탄의 권세를 물리치고 그의 유혹을 성공적으로 거부했다는 것을 안다면 청중은 하나님께서 결국에는 모든 피조물에 대한 자신의 통치를 확립하실 것이라는 사실을 확신하게 된다. 그리고 예수와 그의 제자들이 귀신을 내쫓을 때마다 청중은 이런 확신을 계속 떠올리게 된다.

사탄을 이긴 승리는 예수의 축귀와 직결되어 있다. 사탄과 함께 광야에 있을 때 예수께서는, 나중에 자신의 비유에서 설명하신 것처럼, "강한 자를 결박하고" 사탄을 내쫓으심으로 "사탄의 물건을 약탈"하실 수 있다. 따라서 사탄과의 갈등 해결은 이야기의 시작점인 시험 장면에서 이미 일어난다. 귀신을 내쫓는 특정한 이야기들 안에서 이런 갈등이 고조되기는 하지만 그렇다고 귀신들과 벌이는 갈등이 이야기를 통해서 점점 발전하는 것은 없다. 뒤이어 나오는 모든 축귀 사건은 그저 이야기 시작 부분에서 이미 해결된 것을 반복해서 보여 주는 일종의 소탕 작업에 지나지 않는다. 따라서 마가복음 안에서 사탄은 최후에 가서야 비로소 패배하는 원수가 아니라 처음부터 패배한 적으로 묘사된다. 광야에서 사탄을 결박함으로써 예수께서는 이 세상을 옥죄던 사탄의 사슬을 깨뜨리신다. "군대 귀신" 들린 사람을 자유롭게 해 주심으로써 예수께서는 이스라엘과 이방 나라들을 "점령한" 로마 권력자들과의 갈등이 어떤 결말로 끝나게 될지 미리 보여 주신다. 예수께서는 자신을 따르는 이들에게 귀신을 다스리는 권세를 주신다. 귀신들을 잠잠하게 하심으로써 예수께서는 이 세상을 통치하시는 하나님의 다스리심이 "도래했고" 이제 편만하게 되리라는 것을 보여 주신다.

예수께서는 자기가 귀신을 다스릴 능력이 있다는 것을 보여 주신다. 가버나움 회당에서 만난 귀신 들린 자, 군대 귀신 들린 자, 수로보니게 여인의 딸, 귀먹고 말 못하는 귀신 들린 소년에게서 귀신을 쫓아내시고, 그 외에도 여러 요약 구절에서 설명한 것처럼 수많은 귀신을 내쫓으셨다. 예수와 귀신들의 갈등은 적대적이고 분노와 두려움으로 가득하다. 이것은 세력들 간의 노골적인 싸움이다. 예수께 임한 '거룩한' 영은 귀신 들린 자들을 사로잡고 있는 '더러운' 영들과 대격전을 벌인다. 사탄과 더러운 영들이 꾀하는 목적은 사람들을 억압하고 파괴함으로써 달성할 수 있다. 사탄을 결박한 예수의 목적은 더러운 영들을 멸망시켜 사람들을 자유롭게 하는 것이다.

더러운 영들과의 갈등이 일어나면 굉장히 극적이고 폭력적이며 소란스럽고 감정적인 고통이 뒤따르는 힘겨루기가 벌어진다. 귀신들은 자기들이 사로잡은 사람들을 무너뜨리려고 하는 강력한 세력이다. 귀신들은 사람들을 사로잡아 발작하게 하고, 입에 거품을 물게 하며, 불이나 물속에 뛰어들게 하고, 괴성을 지르게 하고, 돌로 자기 몸에 상처를 내게 한다. 귀신들은 예수를 "하나님의 거룩한 자", "지극히 높으신 하나님의 아들"이라고 부름으로써 어떻게 해서든 예수를 손에 넣으려고 한다. 귀신들은 마가복음에 나오는 인물들을 통제하려는 악한 본성을 극단적인 방법으로 구현한다. 두려워하고, 다른 사람들을 지배하고, 자기 혼자만 살려 하고, 살아남기 위해서라면 기꺼이 파괴하려는 본성 말이다.

그렇지만 이 대격돌은 분명히 일방적이다. 예수께서는 성령의 능력을 덧입은 "더 강한 자"이기 때문에, 귀신들보다 훨씬 더 힘이 세다. 귀신들은 예수가 누구인지 알아보고 두려워서 떤다. 가버나움에서 더러운 귀신은 예수를 보고 "우리를 멸하려고 오셨습니까?"라고 소리를 지른다. 나중에, 군대 귀신은 예수께 "저를 괴롭히지 마십시오"라고 간청한다. 예수께서 귀신들을 꾸짖고, 귀신들에게 당장 나오라고 명령하시면 귀신들은 그 말씀에 즉시 순종한다. 예수께서는 귀신을 내쫓기 위해서 그들이 누구인지 자백하도록 만들어야 할 때도 있다. 그 결과는 너무나 자명하지만 말이다.

예수께서는 인간들을 억압하고 위축시키는, 인간 이외의 힘인 질병이나 장애에 대해서도 같은 능력을 가지고 계신다. 그 당시 사람들은 이런 질병이나 장애는 자기나 조상의 죄로 인해 벌을 받아 생긴 것이라고 믿었다. 마가복음의 서사에서 이 모든 것을 극복하게 하는 것은 하나님의 뜻이다. 따라서 예수께서는 한센병을 없애시고, 질병을 고치시고, 모든 아픔을 치유하시고, 마비된 몸을 원래대로 회복시키시며, 멀었던 눈을 다시 보게 하시며, 듣지 못하던 귀가 다시 소리를 들을 수 있게 하시고, 오그라든 손을 펼 수 있게 하신다. 귀신을 내쫓을 때처럼, 예수께서 아픈 사람들을 만지거나 그들에게 명령을 내리실 때, 치유의 역사는 그 자리에서 일어난다. 중풍에 걸렸던 사람을 고쳐 주시는 이야기에서 예수께서는 그 병의 원인인 그 사람의 죄를 용서하신다. 또한 그는 귀신을 사람 몸에서 내쫓듯이, 애원하는 사람에게서 질병이 '떠나게' 하신다. 그리고 제자들에게도 병을 고치는 능력을 주신다.

하나님이 창조하셨던 세상을 다시 회복시키려는 목적으로, 사람들을 멸하고 그들의 생명을 앗아 가는 자연의 위력과 같은, 인간 이외의 세력을 다스리는 권세도 예수는 가지고 계신다. 예수께서는 바람을 명하여 잠잠하게 하시고 폭풍을 명하여 고요하게 하시며, 물 위를 걷기도 하시고 오병이어의 기적을 베풀어 광야에서 굶주린 사람들을 먹이신다. 그리고 무화과나무를 뿌리째 말라 버리게도 만드신다. 이 각각의 경우에, 예수께서는 자연의 위협에 대처하거나, 사람들의 필요를 채워 줄 자원을 공급하지 못하는 자연을 다스리신다. 예수께서는 제자들도 자기처럼 자연을 다스리는 능력을 행사하기를 기대하신다.

귀신을 내쫓는 것, 병을 고치는 것, 자연을 다스리는 기적들은 대부분 예수께서 갈릴리에서 사역할 때 일어난다. 예수께서 예루살렘으로 가까이 갈수록 이런 기적은 점점 드물어지고, 그 기적들은 단지 어떤 행동에 대한 보충 설명으로 기능한다. 예수께서는 예루살렘으로 가는 길에 병 고치는 기적을 두 번만 행하셨는데, 이 기적은 모두 앞을 보지 못하는 사람들의 눈을 뜨게 한 사건이다.

이것은 이야기에서 예수께서 가르쳐 주시는 것을 제대로 '보지 못하는' 제자들의 실패를 더욱 두드러지게 하는 역할을 한다. 이 여행길에서 예수께서는 단 한 번 귀신을 내쫓는 기적을 일으켰는데, 이 사건은 제자들이 믿음이 없다는 것을 보여 주는 역할을 한다. 예루살렘에서 예수께서는 무화과나무를 저주해서 말라죽게 하는 기적 외에는 아무 기적도 일으키시지 않는다. 그런데 이 사건은 이스라엘 지도자들이 하나님의 포도원에서 제대로 결실을 맺지 못했기에 예수께서 성전을 공격했던 사건과 나란히 대조된다. 예수께서는, 마가복음 전반부에서는 주로 인간 이외의 세력들과 갈등을 벌이지만, 이야기 후반부에서는 주로 사람들과 갈등을 벌인다.

마가복음의 예수는 자연, 귀신, 질병 등과 같은 것에 대해서는 분명히 다스리는 권세가 있다. 그와 대조적으로 다른 사람들과의 갈등에서는 여러 가지 어려움을 겪는데, 예수는 사람들을 통제하는 권위는 없기 때문이다. 예수께서는 하나님의 능력에 대한 믿음이 없는 사람의 병은 고쳐 주시지 못하고 그 사람에게서 귀신을 내쫓지도 못하신다. 나사렛 사람들이 믿음이 없었기 때문에 예수께서는 많은 사람을 고쳐 주지 못하셨다. 그리고 그는 사람들에게 강제로 믿음을 집어넣을 수 없다. 예수는 다른 사람들 위에 '군림하는' 권세가 없다. 그는 자기가 원하는 대로 하도록 사람들을 마음대로 조종하지 못한다. 그는 사람들에게 입을 다물라고 명령할 수는 있지만, 그들이 억지로 그 명령에 따르도록 하지는 못한다(반면에 그는 귀신들에게 명령을 내리고, 그 명령에 따르도록 만들기도 하신다). 이처럼 예수는 다른 사람들에 대한 권한에는 제약을 받기 때문에, 사람들과의 갈등은 자연이나 귀신들과 정면 대결하는 갈등보다 더욱더 어려우며, 싸움은 막상막하다.

권력자들과 갈등하는 예수

예수와 권력자들의 갈등은 극적이고 적대적이며, 온갖 속임수와 그에 대한 영리한 대응이 그 특징이다. 예수께서는 말과 행동으로 갈등의 불씨를 당긴다. 권력자들은 그에게 반대하고, 그에 대해서 예수께서는 자기를 방어하기도 하고 반격하기도 하신다. 마가의 이야기에서 이것은 하나님의 방식대로 사는 것과 인간의 방식대로 사는 것 사이의 갈등이다.

시급한 일은 이스라엘에, 궁극적으로는 온 세계에 하나님의 다스리심을 확립하는 일이다. 대결을 벌이는 한쪽 편에 서 있는 예수는, 이스라엘이 하나님의 다스리심에 복종하도록 개인적인 차원뿐만 아니라 국가적인 차원에서도 급진적으로, 곧 권력자들이 율법을 어기는 것이라고 생각하는 방식으로 개혁해야 한다고 요구하신다. 이에 맞서는 다른 한쪽 편에, 예루살렘과 이스라엘 곳곳에서 권위와 율법적인 권력을 가지고 전통을 고수하는 자들과 국가의 유대 지도자들이 있다. 이들은 온 힘을 다해서 하나님의 율법을 보호하고 거룩함을 지키며 사회에서의 지위를 유지하려고 애쓰는 자들이다(로마인들과 적절한 관계를 유지하는 것도 그 방법 중 하나다). 이들은 로마 제국 통치자들의 권력을 등에 업고 있었는데, 그 통치자들의 대표적인 인물로 갈릴리에는 헤롯이 있고 유대에는 빌라도가 있다. 이들은 사람을 처형할 수 있는 권한이 있다. 이들 뒤에는 로마 황제의 권력이 버티고 있다. 로마 황제는 헤롯과 빌라도에게 권한을 부여했는데, 이들은 공물을 요구하고 처형을 집행하거나 폭동을 진압할 군대를 가졌으며, "이방 나라들을 다스리는" 권력자였다. 권력자들과 예수는 모두가 보는 앞에서 갈등을 벌이고, 권력자들은 사람들 앞에서 자기 체면을 지키려고 행동한다.

이 갈등은 생명을 건 싸움이다. 예수의 운명과 권력자들의 운명이 팽팽히 맞서고 있기 때문이다. 예수께서는 그들과의 논쟁에서 늘 승리하시고, 그들의 올무에서 늘 재치 있게 벗어나신다. 그뿐만 아니라 대부분의 이야기에서 예수께서는 백성에게 인기를 얻는다. 이 갈등은 예수께서 예루살렘에 들어가서 성전을 공격함으로 인해 고조되는데, 이때 그에게 대항하는 반대도 더욱 거세지고 그를 잡으려고 짜내는 모략도 점점 지능적으로 발전한다. 예수는 사람들 위에서 그들을 맘대로 좌지우지할 권한이 없기 때문에 불리한 입장이다. 반면 권력자들은 자기들의 뜻을 관철하기 위해서 폭력도 행사할 것이다. 이와 같은 긴장감 때문에 청중은 언제 어떻게 권력자들이 예수를 넘어뜨릴 것인지, 또한 그것이 무엇을 의미하는지 의문을 갖는다. 그리고 이 모든 것은 아이러니하게 해결된다.

플롯에서의 갈등 전개

하나님의 다스리심이라는 새로운 사회 질서를 앞당길 임무가 있는 예수는 사람들과 함께 그 운동을 시작하시는데, 이것은 정치 지도자들에게는 아주 위협적인 것이다. 예수께서는 제자 열두 명을 따로 세움으로써 새로운 권력의 중심을 만드신다. 이 '열둘'은 열두 지파를 연상시키기 때문에 모든 이스라엘을 대표하는 일종의 상징이다. 예수는 율법을 해석하고, 전통을 폐지하고, 죄를 사하고, 정결례의 경계선을 뛰어넘고, 성전이 어떻게 운영되어야 하는지 선포할 권한이 있다. 이제 예수께서 여행하시는 그 길을 그대로 따라가면서 플롯을 추적해 보자.

갈릴리 | 갈릴리에서 예수와 권력자들의 처음 다섯 번 충돌 장면에는 그 긴장과 위기감이 특히 분명하게 드러난다. 이 처음 다섯 번의 충돌 장면은 중앙 집중식 패턴이다. 이 갈등에서 근본적인 문제는 "하나님을 대신하여 말하고 행동할 권세를 누가 가졌는가?"라는 것이다. 권력자들은 율법을 해석하고 전통을 고수하며 성전 제도를 통해서 나라의 죄 문제를 다룰 책임이 있는 이스라엘의 전통적인 지도자들이다. 이와 대조적으로, 하나님의 다스리심의 대리인으로서 예수께서는 하나님께서 사람들이 병 고침을 받고 귀신들에게서 자유로워지기를 원하신다고 생각한다. 예수께서는 권력자들이 새로운 기준(새 부대)으로 새로운 하나님의 다스리심(새 술)을 판단해야 한다고 말하지만, 권력자들은 도리어 그를 시험하고 고발한다.

갈릴리에서의 이 다섯 번 갈등 상황에서 예수에 대한 반대는 더욱더 커진다. 이야기가 진행될수록 예수를 반대하는 무리가 하나둘씩 늘어난다. 처음에는 율법학자들만 나오는데, 그다음에는 바리새인들 중에서 율법가들이 나타나고, 그다음에는 바리새인들이, 그다음에는 바리새인들이 헤롯 당원들과 함께 나타난다. 또한 예수를 잡으려는 그들의 노력은 점점 강력해진다. 처음에 그들은 예수를 마음속으로만 비난하지만, 그다음에는 예수의 행동에 대해서 그의 제자들에게 질문하고, 그다음에는 관습을 어기는 것에 대해 예수께 직접 질문하고, 그 후에는 율법을 어긴 제자들의 행동에 대해 예수께 질문하고, 그다음에는 예수가 율법을 어기는 행동을 하면 고발하려고 눈여겨보다가, 마지막에는 결국 그를 넘어뜨리기 위한 모략을 짜려고 자리를 옮긴다. 이 다섯 개의 갈등 에피소드가 끝날 무렵, 즉 권력자들이 예수를 넘어뜨리려고 모략을 짜는 부분에서 예수와 권력자들은 확실하게 두 편으로 갈라진다.

그 후에 갈릴리에서 예수께서 일하시는 동안 이 두 진영은 사이가 점점 더 벌어지고 예수를 반대하는 세력들도 더 늘어나서, 예루살렘에서 올라온 율법가들과 헤롯 당원들, 그리고 바리새인들까지 합세한다. 예루살렘에서 올라온 권력자들은 예수가 귀신들의 우두머리의 힘을 빌려 행동한다면서 중상 모략한다. 이에 대해 예수께서는 그들이 성령을 더러운 영이라고 하는 용서받지 못할 죄를 저질렀다고 맞받아치신다. 이후에 권력자들은 예수가 장로들의 전통을 따르지 않는다며 고소하고, 어떤 권세로 그런 행동을 하는지 표적을 보이라고 하면서 일개 선지자로 깎아내린다. 이에 대해 예수께서는 바리새인들에게 '위선자'라 하시고, 그들의 가르침이 사람들에게 해악을 끼친다고 비방하신다. 세례 요한이 헤롯에게 사형당하고 예수가 위협을 당하면서(헤롯은 예수가 죽은 요한이 부활한 것이라고 생각한다) 긴장감이 더욱 고조된다.

예루살렘으로의 여행 | 이즈음에는 예수와 권력자들의 직접적인 갈등은 없다. 그렇지만 예수께서는 예루살렘에 이르면 그들과 본격적으로 충돌할 것을 예상하시고, 자신이 대제사장들과 율법가들, 장로들과 이방인(이들은 모두 예수께 대항하는 예루살렘의 대적자들이다)에게 심판을 받고 처형당할 것이라고 예언하신다. 이 여정 장면에서 권력자들은 등장인물로 단 한 번 나온다. 예수께서 요단 주변 요한의 옛 활동 무대로 다시 돌아가실 때, 바리새인들은 세례 요한이 죽임을 당한 원인이었던 결혼과 이혼에 대한 말로 예수를 책잡으려고 한다.

예루살렘 | 예루살렘에서의 극적인 대결이 속히 시작된다. 예수께서는 성전에서 장사꾼들을 내쫓고 장사하는 데 사용하는 탁자와 의자를 뒤집어 버리면서 성전을 간단하게 점령하시고, 자기의 행동이 옳다는 것을 증명하기 위해 옛 말씀을 인용하신다. 그에 대한 반응으로, 국가의 지도자들은 그를 체포하기로 결의한다. 그들은 예수를 없애려는 마음을 품고, 어떻게 그를 잡을 것인지 여러 방안을 모색하고 계략을 짠다. 이즈음에 이르면 청중의 관심사는 "결국 그들이 예수를 어떻게 체포할까?" 하는 것에 모아진다.

한편, 예수와 권력자들은 논쟁을 벌인다. 대제사장들과 율법가들, 장로들은 어떻게 해서든지 예수가 스스로 하나님의 권세로 행동한다는 주장을 하게끔 만들어(그들이 볼 때 이것은 신성모독이다) 그를 궁지에 몰아넣으려 한다. 그러나 그들의 모략이 실패하자 바리새인들과 헤롯 당원들을 보내어 예수의 말꼬리를 잡고 트집을 잡는다. 그다음에는 사두개인들이 찾아온다. 그렇지만 예수께서는 여전히 권력자들과의 논쟁에서 승리하시고, 그들은 모든 백성이 보는 앞에서 톡톡히 망신당하며, 결국 자기들이 위선자임을 드러낸다. 이런 논쟁에서 예수께서는 자기 행동을 변호하기 위해 옛 말씀의 권위를 빌려 오고, 그들을 꼬집는 수수께끼를 말하고, 그들을 정죄하기 위해 성경 말씀을 인용하고, 율법에 대한 해박한 지식과 놀라운 해석으로 그들을 이기고, 가난한 과부를 착취하는 서기관들을 꾸짖으며, 그들에게 임할 심판을 예언하신다.

이런 논쟁에서 예수께서는 권력자들의 명예에 공개 도전장을 던지신다. 그는 심지어 "모세의 두루마리에서 하나님께서 어떻게 말씀하셨는지 너희는 읽지 못했느냐?"라고 하시면서, 그들이 성경 말씀을 제대로 알지 못한다고 하신다. 그래서 권력자들은 예수를 올무에 빠뜨리려고 한다. 그들은 백성 앞에서 예수께 굴욕감을 주려고 그의 혐의를 제기하고 그를 위협한다. 그러나 매번 예수께서는 그것을 보기 좋게 맞받아치시고, 오히려 그들의 체면이 손상된다. 예수가 도무지 자기들의 모략에 넘어가지 않고 군중까지도 그를 지지하자, 권력자들은 공개적으로 그와 논쟁하는 전략을 포기하고 그를 은밀히 체포할 모략을 꾸민다.

그리하여 그들은 예수를 밤에 긴급 체포하고, 미리 준비한 증거들을 재판에 내놓는다. 재판을 진행하는 동안, 권력자들은 예수께서 성전에 반대하여 했던 말로 꼬투리를 잡으려고 거짓 증인들을 준비시킨다. 권력자들이 예수께 유죄 언도를 내릴 만한 증거를 확보하지 못하자, 대제사장은 예수가 스스로 고백하도록 유도한다. 예수께서는 자기가 기름 부음을 받은 자임을 밝히시고, 그들은 사형을 언도한다.

그 후에 갈등 상황이 끝나고, 그 갈등의 결과가 속히 이어진다. 유대 지도자들은 예수를 조롱하고, 빌라도에게 넘겨 처형하라고 한다. 빌라도가 예수의 유죄를 부인하자 대제사장들은 군중을 선동하여 예수를 처형하라고 외치게 한다. 빌라도는 결국 그들이 떼쓰는 것을 견디지 못하여 예수를 넘겨주고, 군인들은 그를 조롱하며 형을 집행한다. 결과적으로, 유대 권력자들은 계속해서 예수를 조롱하고, 이방 지도자들은 사형을 실행한다.

처음부터 권력자들은 예수를 죽이려고 마음먹고 있었다. 예수를 책잡는 첫 번째 고소는 대적자들이 감히 겉으로는 말 못하고 마음 속으로만 품었던 비난이었는데, 그것은 다름 아니라 신성모독에 대한 고소였다. 권력자들이 마지막에 예수를 고소하여 그를 죽음에 넘긴 죄목도 바로 이 신성모독이었다. 예수께서는 이야기가 진행하는 동안 이러한 끊임없는 고소들을 아주 재치 있게 피하는데, 그것은 긴장감을 더 높여 주는 아주 중요한 역할을 한다. 예수께서는 이야기 내내 계속되는 고발, 고소 때문에 위협을 당하지만, 자신의 사역을 다 완성하기 전까지는 결코 그 책략에 걸려들지 않는다. 재판받을 때 예수께서는 대제사장의 질문에 그들이 원하는 답변을 해 준다. 따라서 어떤 의미에서는 적대자들이 예수께 유죄를 선고하는 시점을 결정하는 것도 예수의 통제 아래 있다.

유대 권력자들과의 갈등이 무대 중심에 있지만, 우리가 살펴보았듯이 황제 권력 또한 전면에 등장한다. 처형할 수 있는 권한은 오직 로마의 권력가들에게만 있다. 빌라도나 로마 군인들처럼 황제를 대리하는 이들이 존재하고 있으면서 활발히 활동한다. 빌라도는 예수께 "유대인의 왕"인지 비꼬듯이 물어본다. "네가 그렇게 말했다"라고 예수께서 그에게 답변하시는데, 이는 로마인들이 사실을 인정하는 아이러니한 방식으로서, 예수께서 하신 말씀 안에는 그분이 정말로 "유대인의 왕"이라는 사실을 빌라도가 말했음을 암시하기 때문이다. 따라서 황제를 대리하는 로마인들은 자신들의 폭압적인 성격을 드러낸다. 빌라도는 예수를 십자가에 못 박으라는 군중의 소리를 묵인한다. 그래서 그는 예수를 채찍질하고 처형하라고 군인들에게 내준다. 군인들은 그를 때리고 그에게 침을 뱉고 "유대인의 왕"이라고 조롱한다. 이 아이러니는 빌라도가 십자가 위에 "유대인의 왕"이라는 팻말을 달아 놓음으로써 더욱 잘 드러난다. 사람들은 그가 정말로 유대인의 왕인지 알지 못한다. 또한, 무엇보다도 그가 하나님께서 자신의 통치를 결국 완성하실 때 하나님의 보좌 우편에 앉아서 모든 나라를 다스리실 하나님의 대리인이라는 사실을 알지 못한다.

갈등에 관한 권력자들의 입장: 하나님의 율법을 수호함

예수께서 하나님의 아들인지를 권력자들이 모른다는 점을 염두에 두어야만, 우리는 마가 이야기의 그들의 관점이 무엇인지 알 수 있다. 예수께서 세례받으실 때, 예수께서 사탄과 대결하실 때, 예수께서 개인적으로 제자들을 가르치실 때 그들은 그 자리에 없었다. 따라서 우리는 이야기에서 그들이 예수에 대해 관찰한 것과 예수에 관해 분명히 들은 것에 근거해서만 그들을 평가할 수 있을 뿐이다. 이런 점에서, 그 당시 문화라는 맥락에서 볼 때 마가복음의 권력자들을 어느 정도는 이해할 수도 있다.

그들의 관점에서 볼 때, 예수께서는 자기의 행동이 감히 하나님의 뜻에 의한 것이라고 주장하는 아주 불경스러운 범법자이다. 죄를 사하는 예수의 모습을 본 권력자들은 예수가 자기를 하나님의 전권 대사인 양 믿고 있다는 생각을 하게 된다. 자기가 하나님의 전권 대사라고 하는 것은 분명히 신성모독이며, 이런 행동은 두말할 것도 없이 사형감이다. 그와 마찬가지로 그들은 예수의 제자들이 안식일에 곡식 낟알을 훑어 먹는 행동이나 예수께서 안식일에 병자를 고쳐 주는 것도 하나의 노동으로 간주하는데, 이것은 이스라엘의 안식일 율법에서 엄연히 금지한 것들이다. 정결례를 어떻게든 지켜야 할 책임을 맡은 권력자들로서는, 예수가 "세리들과 죄인들"과 더불어 밥을 먹는 것과 같은 정결례를 범하는 행동들을 눈감아 줄 수 없는 것은 당연하다. 이런 행동을 자행하고 그런 권한이 있다고 떠들어 대는 예수는 귀신 들린 것이라고 권력자들이 주장하는 것은 그리 놀랄 만한 일이 아니다.

예루살렘에 있는 권력자들이 보기에, 예수가 성전에서 행한 공격적인 행동은 아주 극악한 것이었다. 성전에서 사고파는 일은 먼

곳에서 온 순례자들에게 편의를 제공하기 위한 것이었다. 그래야 순례객들이 흠 없는 동물로 제사드릴 수 있었고, 부정한 돈을 성전의 거룩한 돈으로 바꾸어서 헌금할 수 있었기 때문이다. 더구나 그들은 예수의 행동으로 인해 백성이 폭동이 일으킬까 봐 두려워하는데, 이는 로마의 보복을 불러올 수 있는 일이기 때문이다. 그들의 관점에서는, 예수의 위험한 행동을 책잡아 그를 체포할 충분한 이유가 있었다. 그런데 재판을 받는 예수께서는, 안 그래도 화가 난 권력자들에게 한술 더 뜬다. "**네가** 복 되신 분의 아들, 기름 부음을 받은 자인가?"라고 묻는 대제사장의 질문에 예수께서는 "내가 바로 그이다"라고 대답하신다. 이는 자신이 하나님의 전권 대사라는 주장이다. 더 나아가서 그는 자기가 인자로서 하나님의 우편에 앉아서 권력자들을 심판할 것이라고 말씀하신다. 산헤드린 회의가 볼 때, 이것은 죽어 마땅한 아주 지독한 신성모독이다. 이런 언행을 한 이 작자는 지금 자기가 하나님의 기름 부음을 받은 자라고 주장하는데, 이것이야말로 권력자들의 관점에서는 도저히 참아 줄 수 없는 말이다.

권력자들은 나름대로 율법과 전통이라는 기준이 있다. 그런데도 지금 화자는 독자들이 이야기에 두루 나오는 문화의 기준에 따르지 않고 도리어 예수의 편에 서도록 유도하고 있으며, 권력자들을 인간의 방식(예를 들어, 큰 자가 되려고 하는 것, 자기 혼자만 살려고 하는 것, 남들 위에서 군림하려는 것)에 따라 살고 있는 사람들로 보게 한다.

갈등에 관한 예수의 입장: 메시지와 모면

예수의 딜레마는 바로 이것이다. 권력자들의 올무를 벗어나는 동시에, 하나님의 다스리심을 어떻게 시작할 것인가? (이는 지배적인 율법 해석을 어기는 일이기도 하고 지배적인 문화적 기준을 위배하는 일이기도 하다.) 일반적인 방법으로든 특별한 방법으로든, 예수께서는 자신이 하는 선포를 사람들이 받아들이도록 강제할 수 있는 권한을 하나님께 받지 않았기 때문에, 그는 자기의 지혜로 하나님의 다스리심이 시작되게 해야 하며, 하나님의 방식으로 살지 않는 권력자들에게 도전해야 하는 동시에 자기를 정죄하려고 온갖 모략을 꾀하는 그들의 손아귀에서도 벗어나야 한다.

예수께서는 몇 가지 방법을 써서 그들의 기소를 벗어난다. 중풍병자를 고쳐 주는 이야기에서 그 한 예를 찾아볼 수 있다. 예수께서는 중풍 병자에게 죄를 용서해 주겠다는 "신성모독적"인 말을 반복하는 대신에, 권력자들에게 죄를 용서해 주는 것과 병을 고치는 것 중에서 어느 것이 더 쉽겠느냐고 질문하신다. 그리고 예수께서는 신성모독죄에 걸리지 않을 말로 중풍 병자를 치유하면서 은연중에 그의 죄도 용서해 주신다. 이후에 권력자들은 예수께서 안식일에 병을 고쳐 주는 일로 그를 고소하려고 지켜보고 있었는데, 이때 예수께서는 단지 그에게 손을 펴라고 명령함으로써 그를 고쳐 주신다. 권력자들은 예수가 그의 병을 고치기 위해 손으로 그를 만질 것이라고 기대했지만 말이다. 손으로 그 사람을 만져서 병을 고쳐 주면 노동으로 간주되어 안식일 법에 걸리지만 손을 펴라고 말만 하는 것은 괜찮다.ⓣ 때때로 예수께서는 자기가 안식일이나 죄에 대한 권위를 가지고 있다고 직접적으로 주장하는 대신에 자신이 인자人子라고 돌려 말함으로써 권력자들이 그의 말을 책잡지 못하게 한다.

게다가 예수께서는 아들을 보낸 포도원 주인 비유처럼 수수께끼를 이용하기도 하신다. 이 비유를 들으면 누구나 이 이야기가 권력자들을 겨냥해서 하는 말인지 알 수 있다. 그렇지만 권력자들은 그에 대해 곧바로 되받아치지 못한다. 또 다른 경우에, 예수께서는 자기 말에서 잘못을 잡아내려는 시도에 걸려들지 않기 위해서, 권력자들이 하는 질문에 모호한 대답을 하거나 받아치는 질문을 하신다. 또한 예수께서는 자기 행동을 정당화하기 위해서 성경 말씀을 인용하기도 하신다. 예를 들어, 다윗이 성전에서 떡을 먹은 이야기나, 성전에 대해서 옛 선지자가 했던 말을 인용함으로써, 권력자들에게 자기를 잡을 빌미를 주지 않으신다.

예수를 잡으려는 권력자들의 노력에도 불구하고, 예수께서는 직접 대제사장의 질문에 자발적으로 대답할 준비가 될 때까지 그들을 교묘히 피하신다. 이 모든 위협에도 불구하고 예수께서는 하나님의 다스리심을 선포하고 그것을 위한 활동을 멈추지 않으신다. 사실 이 갈등 덕분에 예수께서는 자기가 권력자들과 어떻게 다른지 설명할 기회와 권력자들이 하나님의 다스리심을 거스르고 하나님의 방식대로 살지 못한다고 꾸짖으며 반격할 기회를 얻으신다.

갈등 해소

마가의 이야기에서 서술된 사건들 안에서, 권력자들이 예수께 사형 언도를 내리고 빌라도가 그를 처형할 때 비로소 예수와 유대 권력자들의 갈등이 해소된다. 이 갈등이 해소되자마자 유대와 이방 지도자들은 예수와 그의 제자들이 사회 질서에 가한 위협을 제거하고 모든 사람이 보는 앞에서 예수를 모욕함으로써 자신들의 권력과 명예를 다시 확보한다.

그렇지만 이 갈등 해소는 아이러니하다. 권력자들은 자기들이 예수를 제거했다고 생각하지만, 사실은 그와 정반대이다. 마가의 서사 세계에서 그들은 자기들의 거짓 권세를 드러냈다. 그들은 시기심으로 가득 차 있으며 파괴적이고, 이 세상에서 하나님이 다스리시는 방식을 제대로 깨닫지 못하고 있다. 심판대에 올라서서 정죄를 당하는 것은 정작 그들이다. 이스라엘의 참된 권세인 하나님의 아들을 정죄하고 처형함으로써, 그들은 그를 보내신 하나님을 거부한 셈이고, 이로써 그들 자신이 멸망당할 것이라는 사실에 확실한 도장을 찍은 셈이다.

물론 권력자들은 이 아이러니를 깨닫지 못하고 있다. 그렇지만 청중은 알고 있다. 청중은 모든 것을 분별할 수 있으므로 지금 당장 눈앞에 보이는 갈등 해소가 곧 반전될 것이라는 사실을 알고 있다. 뒤이어 나오는 부활은 그 반전의 시작이다. 그리고 하늘에서 구름 타고 다시 오실 예수의 재림은 모두가 그 사실을 알 수 있도록 이를 확증해 줄 것이다. 이 최후의 반전은 이야기 세계가 끝난 뒤 머지않아 한 세대가 다 가기 전에 곧바로 이루어질 것이다. 예수께서는 권능으로 옷 입고, 하나님께 영광을 얻으실 것이다. 반면에 유대와 로마의 지도자들은 모두 부끄러움과 정죄를 당할 것이다.

제자들과 갈등하는 예수

예수께서 제자들과 벌이는 갈등은 권력자들과 벌이는 갈등과는 종류가 매우 다르다. 하나는 당시 권력자들과의 갈등이고, 다른 하나는 그를 따르는 사람들과의 갈등이다. 예수께서는 그를 넘어뜨리려는 외부인들과 갈등을 겪지만, 다른 한편으로는 그에게 충성을 다하기 위해서 애쓰는 내부인들과도 갈등을 겪는다. 권력자들은 사람들 앞에서 자기의 명예를 지키려고 하지만, 제자들은 개인적으로 높은 자리를 차지하려고 자기들끼리 경쟁한다. 권력자들과의 갈등을 승리 또는 패배로 말할 수 있다면, 제자들과의 갈등은 성공과 실패가 번갈아 일어나는 것이 특징이라고 할 수 있다. 그렇지만 두 가지 갈등은 모두 하나님의 방식대로 사느냐, 인간의 방식대로 사느냐에 관한 선택의 문제를 다룬다.

예수께서는 자기를 따라오라고 제자들을 불러냄으로써 갈등 상황을 마련하신다. 예수께서 지향하는 목적은 자기를 본받아서 하나님의 다스리심을 이스라엘에서, 그리고 그다음에는 “모든 이방 나라에서” 이루는 데 도움이 되는 제자들을 만드는 것이다. 제자들이 지향하는 목적은 예수께서 주신 명령을 수행하는 것이고, **그것과 함께**, 예수를 따름으로써 영광과 권력도 얻는 것이다. 그러므로 이것은 제자들 안에 있는 갈등이기도 한다. 예수를 계속 따라갈 것인가? 아니면, 이 세상 기준에 따라 내 안위를 꾀하고, 나 자신을 보살피며, 내 체면과 위신을 세우면서 살 것인가? 이 갈등에서 중요한 질문은 “과연 이들이 충성스러운 제자가 되어서 예수의 죽음과 부활 이후에도 여전히 하나님의 다스리심을 선포할 것인가? 하나님의 다스리심 안에서 그들의 운명은 과연 어떻게 될 것인가?”라는 것이다.

예수와 제자들의 갈등은, 예수와 권력자들의 갈등처럼, 계속적인 적대 관계로 인한 갈등이 아니다. 제자들은 때로는 예수께 충성하기도 하지만 그렇지 않을 때도 있기 때문이다. 게다가 화자는 청중이 예수뿐만 아니라 제자들과도 한편이 되도록 유도하는데, 이러한 연대는 좀 복잡하다. 한편으로 청중은 예수와 같은 편이 되어 하나님의 다스리심의 가치관을 받아들이기 때문에 제자들이 실패하면 그들을 정죄하게 된다. 다른 한편으로 청중은 어떻게든지 예수를 따르려고 애쓰는 제자들의 모습을 보면서 자기들의 모습을 발견하고 같은 인간으로서 연민을 느낀다. 왜냐하면 청중도 제자들과 비슷한 처지에 있기 때문이다. 결국, 이 갈등은 부분적으로 해결되기는 하지만, 그런데도 많은 부분이 아직 해결되지 않은 채 남아 있다.

플롯에서의 갈등 전개

제자들과의 갈등에는 긴장감이 있다. 그 이유는, 청중이 과연 이 제자들이 성공할 것인지 실패할 것인지 알지 못하기 때문이다. 그런데도 이 갈등도 발전하게 되는데, 그 이유는 제자들이 몇 가지 돌파구를 찾아냈다가 또다시 이런저런 방식으로 실패하기 때문이다. 예수와 제자들의 갈등은 비슷한 세 가지 에피소드 시리즈로 전개된다.

갈릴리 | 이야기의 처음 부분에서 제자들은 큰 노력 없이도 성공하는 것처럼 보인다. 세 개의 에피소드에서 예수께서는 그들을 불러서 사람을 낚는 어부로 삼으신다. 첫 번째 이야기에서 그는 어부 네 명을 부르신다. 두 번째 이야기에서 그는 열두 명을 불러 자기와 함께 있게 하신다. 그리고 마지막 이야기에서 그는 제자들을 보내어 선포와 치유의 사역을 감당하라고 명하신다.[14] 이 첫 번째

14 역사적으로 예수는 측근에 남자와 여자 제자 모두를 두고 있었고 마가는 이에 대한 역사적인 증거를 제공한다. 그러나 마가 서사에서, 예수 가까이에 있는 핵심 세력은 남자 열두 명으로 제시된다.

단계에서 제자들은 예수와 한편이 되어 하나님의 다스리심에 속한 자들이 된다. 그렇지만 머지않아 제자들이 예수를 따르는 데 어려움을 겪을 것을 암시하는 부분이 있다. 제자들은 하나님의 다스리심 안에서 씨 뿌리는 것에 관한 수수께끼를 이해하지 못한다. 심지어 예수께서는 그들에게 따로 그 수수께끼의 의미를 설명해 주시지만, 그들이 이후에 하는 행동이나 오해한 것들을 보면 그 의미를 이해하지 못했음을 알 수 있다.

세 가지 배 장면과 세 가지 떡 이야기에서 제자들은 자기들이 믿음도 없고 제대로 이해하지도 못한다는 것을 드러낸다. 배에서 예수께서는 제자들에게 바다의 풍랑에 맞서는 믿음을 기대하신다. 그들이 그렇게 하지 못하자 직접 풍랑을 잔잔하게 하신다. 그 후에도 제자들은 풍랑을 잔잔하게 할 기회가 있었지만, 그때도 그들은 그저 노만 열심히 저을 뿐이었다. 이것을 볼 때 제자들은 이전에 풍랑을 잔잔하게 예수를 보고서도 아무것도 배우지 못했음을 알 수 있다. 예수께서는 제자들이 광야에서 많은 사람을 먹일 수 있는 믿음 갖기를 기대하시고, 오병이어 기적을 베풀어 그 음식을 제자들이 직접 사람들에게 나누어 주게 하신다. 나중에 예수께서는 제자들에게 광야에서 굶주린 사람들에게 양식을 줄 수 있는 또 한 번의 기회를 주시는데, 제자들은 마치 그런 기적을 전혀 본 적이 없는 사람들처럼 그런 일을 할 수 있으리라고 생각도 하지 못한다. 믿음도 없고 제대로 이해하지도 못하는 장면은 배 이야기 시리즈와 떡 이야기 시리즈의 절정을 이루는 장면 첫머리에 나온다. 이 장면에서 제자들은 떡이 한 덩어리밖에 없다고 걱정하고, 이 모습을 보면서 예수께서는 그들이 무지하다는 사실을 알아차린다. 예수께서는 그런 제자들의 모습을 보고 도저히 참을 수가 없어서 그들에게 앞에서 있었던 두 번의 떡 기적 사건에 관해 여러 질문을 던지신다. 제자들의 마음은 굳어져 있고, 위험할 정도로 권력자들의 모습과 가깝다. 그들은 이 세대 가운데 임한 하나님의 능력을 믿지 않는다. 또한, 그들은 모든 피조물 안에서 이루어지는 "하나님의 다스리심에 관한 신비"를 인지하지 못한다.

예루살렘으로의 여행 | 이야기가 중반에 들어서면서 제자들은 하나의 돌파구를 찾아내는데, 그것은 바로 예수를 기름 부음 받은 분으로 알아본 것이다. 그러나 제자들은 예수께서 자신이 처형을 당하고 부활할 것이라고 하신 예언을 다른 차원에서 바라본다. 그럼으로써 잠깐 해소되었던 갈등이 곧바로 더 큰 갈등으로 이어진다. 반석은 기름 부음을 받은 자가 죽임을 당한다는 것을 도무지 받아들일 수 없었으므로 예수께서 하신 말을 거부한다. 예수께서는 그런 반석을 "사탄"이라 부르시며 하나님의 방식대로 생각하지 않는다고 심하게 꾸짖으신다. 여기에서 예수께서는 제자도에 대한 새로운 기준을 선언하신다. 곧 누구든지 예수를 따르고자 하는 사람은 자기를 부인하고 자기 십자가를 져야 하며, 복음을 위해서라면 기꺼이 자기 목숨을 잃을 각오도 해야 한다는 것이다.

여행하는 도중에 제자들과 예수의 갈등은 자신의 죽음과 부활에 대한 예수의 세 번의 예언에 잘 나타난다. 예수께서 예언을 할 때마다 제자들은 여전히 인간적인 방식대로 생각하는 모습을 여지없이 드러낸다. 반석은 예수를 만류하고, 제자들은 누가 가장 위대한 제자인지 말다툼을 하며, 야고보와 요한은 앞으로 올 세상에서 자기들이 한자리할 수 있게 해 달라고 따로 청탁한다. 제자들은 가장 작은 자가 되고 심지어는 죽음에 직면하기도 해야 하는 것이 이 세상에서 하나님의 다스리심의 방식대로 사는 사람들의 운명이라는 사실을 이해하기는커녕, 여전히 권력을 추구할 뿐이다.

예루살렘으로 가는 길에서 제자들은 권력자들처럼 남들 위에 군림하는 행동을 한다. 그들은 예수의 이름으로 귀신을 내쫓는 어떤 사람들을 배제한다. 그들은 어린아이들을 꾸짖는다. 그들은 계명을 잘 지킨 어떤 부자가 영원한 생명을 유업으로 얻지 못할 수 있다는 말씀에 깜짝 놀란다. 그들은 명예와 권력을 얻기 위해 서로 경쟁한다. 이에 대해서 예수께서 제자들에게 지극히 작은 자라도 실족시키지 않기 위해서라면 손이나 발도 잘라낼 각오를 하라고 말씀하신다. 제자들의 실망스러운 모습에 그는 때로 분노하기도 한다. 그는 제자들이 하나님의 다스리심 안에 들어가지 못할 수도 있다고 말씀하신다. 그리고 다가오는 세대에는 그들이 가장 작은 자가 될 수도 있다고 경고하신다.

이 단계에서의 갈등에는 하나님의 다스리심이 지향하는 가치관과 인간적인 기준으로 생각하는 가치관 사이에 마찰이 있다. 제자들은 사회의 가치관을 어느 정도 받아들인다. 그렇지만 예수께서는 역설적인 말을 통해 그런 가치관을 완전히 뒤집어 놓으신다. 진정으로 자기 목숨을 구하고 싶은 사람은 복음을 위해 헌신하다가 목숨을 잃을 각오도 해야 하며, 정말 중요한 사람이 되고 싶거든 누구 위에라도 군림해서는 안 되며 모든 사람을 섬기는 종이 되어야 한다. 이 세대의 권력자들에게 어떠한 박해를 받더라도 말이다.

그렇다면 이제 청중의 관심사는 "제자들이 과연 하나님의 기준에 따라 사는 것이 무슨 의미인지 이해하고, 그렇게 살다가 겪게 될 모든 결과를 예수와 자신을 위해 기꺼이 받아들일 것인가?"

하는 것이다. 여행이 끝날 무렵, 모든 의문은 해결된다. 야고보와 요한은 핍박을 기꺼이 받아들이겠다는 의사를 밝히고, 예루살렘에서도 제자들은 예수와 함께 죽겠다는 결심을 밝히기 때문이다.

예루살렘 | 예수께서 감람산에서 제자 네 명에게 긴 예언을 하시는데, 앞으로 그들이 갈등과 박해를 겪게 되리라는 사실을 미리 경고하신 것이다. 예수께서는 이제 머지않아 제자들을 떠날 것이라고 선언하시면서, 제자들에게 흩어지지 말라고 경고하시고, 경계심을 늦추지 말라고 당부하신다.

유월절 저녁 식사가 끝나자, 예수께서는 제자들이 끝까지 신의를 지키지는 않을 것이라고 말씀하신다. "너희가 모두 넘어질 것이니, 이렇게 기록되어 있기 때문이다. '내가 목자를 치리니, 양들이 모두 흩어질 것이다.'" 제자들은 그렇지 않을 것이라고 강조하지만, 그들이 그다음에 행한 여러 행동은 그들의 말과 다르다. 이제 제자들의 실패는 세 개의 에피소드로 구성된 두 가지 별개 시리즈에 잘 나타난다. 세 번이나 제자들은 깨어 있지 못하고 잠에 빠져 있다. 열두 제자 가운데 하나인 유다는 무리를 이끌고 예수를 잡으러 오고, 다른 제자들은 모두 도망친다. 반석은 예수를 세 번이나 부인하고 결국 도망치며, 나중에 혼자 눈물 흘리며 흐느낀다. 이로써 제자들은 이야기가 다 끝날 때까지 다시 등장하지 않는다.

갈등에 관한 제자들의 입장: 하나님의 다스리심에 압도당함

처음에 마가복음의 제자들은 예수께서 기름 부음 받은 분이라는 사실을 알지 못한다. 물론 예수도 그들에게 그 사실을 말해 주지 않는다. 제자들이라고 해서 특별히 모든 것을 다 아는 유리한 입장에 놓인 것은 아니었다. 그들 역시 예수께서 세례 받는 장면을 보지 못했고, 그때 하늘에서 들려온 목소리도 듣지 못했다. 또한 그들은 예수께서 광야에서 시험을 받으면서 사탄과 대결했던 것도 모른다. 그런데도 예수께서 그들을 부르시자 그들은 모든 것을 버리고 그를 따른다. 이후에 제자들은 자신들이 먹을 양식은 챙기지 못한 채, 여기저기 다니면서 사람들의 병을 고쳐 주고 귀신을 내쫓으며 사람들에게 회개하라고 요구한다. 여러 가지 장애물에도 불구하고 그들은 예수와 함께 머무른다. 이런 제자들에게조차도 하나님의 다스리심이 미치는 놀라운 능력이나 그 가능성들은 압도적이다. 그들에게 나타난 하나님의 다스리심은 그들이 기대했던 것을 훨씬 뛰어넘고 그 기대와는 아주 다르다.

예를 들어, 예수께서는 제자들이 수수께끼를 이해하고, 풍랑을 잔잔하게 하며, 광야에서 사람들에게 먹을 것을 줄 수 있을 것이라고 기대하신다. 그러나 그들은 하나님의 다스리심에 대한 수수께끼를 듣고 무척 혼란스러워하며 제대로 이해하지 못한다. 제자들은 갈릴리 바다의 그 엄청난 폭풍이 자기들을 삼킬 것이라고 생각하고, 자기들이 떡 몇 조각과 물고기 몇 마리로 많은 사람을 먹일 수 있으리라고는 생각하지 못한다. 예수의 기대에 대한 제자들의 반응은, 그의 능력이 믿기지 않는다는 식이다. "이분이 누구이기에 바람과 바다까지 그에게 복종하는 것일까?" "당신을 떠밀고 있는 이 무리를 보시면서 '누가 내게 손을 대었느냐'라고 물으십니까?" "우리더러 지금 가서 이백 데나리온어치나 되는 떡을 사다가 이 사람들을 먹이라는 것입니까?" "이 광야에서 어느 누가 이 모든 사람이 먹을 빵을 장만할 수 있겠습니까?"

점차적으로 제자들은 예수께서 기름 부음 받은 분이라는 것을 알아차린다. 그 당시 이스라엘의 문화적 배경에 살면서 그 영향을 받았기 때문에, 마가복음의 제자들은 이스라엘에서 모든 것을 회복하기 위해 권능과 영광으로 오실, 기름 부음 받은 이를 기대하고 있었다. 마가 이야기에 나오는 다른 등장인물들처럼 제자들도 예수와 친하게 지내면 나중에 한자리할 수 있을 것으로 생각한다. 하나님의 다스리심을 위해서 모든 것을 버리고 이제 예수와 가장 가까운 내부 인사가 되었기에, 예수께서 이스라엘에 하나님의 나라를 세우실 때 제자들은 자기들도 많은 재물을 얻고 중요한 사람이 되고 권력 있는 자리도 차지하게 될 것이라고 기대한다. 그런데 예수께서는 자기가 배척을 받아 죽임을 당하고 부활할 것이며, 제자들 또한 자기 자신을 부인하고 자기 십자가를 져야 한다는 사실을 그들에게 처음으로 밝히신다. 제자들은 당연히 화를 내거나 논쟁하거나 침묵하거나, 혹은 충격 받은 표정을 지음으로써, 전혀 예상치 못했던 예수의 말씀을 거부한다.

이런 모든 어려움에도, 제자들은 계속해서 예수를 따른다. 반석이 예수께 자기들이 어떻게 그 모든 것을 버리고 그를 따랐는지 회상하면서 말할 때, 처음으로 예수께서는 그들이 받을 보상을 말씀해 주신다. 이 세대에서 그들은 백 배나 많은 가족을 얻고, 자기들이 버려두고 온 재물보다 백 배나 많은 재물을(아마도 이것은 그들이 이 마을 저 마을 돌아다니면서 받았던 수많은 가족의 환대와 수많은 거처를 의미할 것이다) "핍박"과 더불어서 받을 것이다. 그리고 다가오는 세대에 그들은 "영생"을 얻을 것이다.

제자들은 박해와 죽음에 직면하리라는 말씀을 기꺼이 수용하고 예루살렘까지 예수를 따라간다. 감람산 위에서 예수께서 자신이 처형당한 후에 그들도 핍박을 받게 될 것이라고 예언하실 때,

그들은 더욱더 굳은 마음가짐으로 신실하게 예수를 따른다. 그래서 겟세마네로 가는 길에서 예수께서 그들이 다 도망갈 것이라고 하자, 그들은 모두 그 말을 믿지 않는다. 반석은 "내가 주님과 함께 죽는 한이 있을지라도, 나는 절대로 주님을 부인하지 않겠습니다"라고 말한다. 화자는 "그러자 제자들도 모두 똑같이 말했다"라고 덧붙인다.

지금까지 마가는 예수와 등장인물들 간의 대화를 항상 예수께서 마무리하도록 하는 특유한 문학적 방법을 사용했다. 그런데 이번에는 그 패턴을 바꾸어서 제자들이 마무리 대사를 하게 한다. 제자들이 충성을 다짐하는 내용의 이 마무리 대사는 예수의 처형을 기꺼이 감당하겠다는 제자들의 의연한 결단을 강조한다.

그런데 막상 그 시험을 당하자, 제자들은 대제사장들이 보낸 무리와 칼과 몽둥이를 보고, 또한 예수께서 그냥 체포되는 모습을 보고는 그 시험에 압도되어 주저앉는다. 그들은 자기들만 살겠다고 줄행랑을 친다. 그러나 반석은 멀찌감치 따라와서 용감하게도, 불을 쬐고 있는 군인들 곁에 앉는다. 그렇지만 옆에 있던 사람들에게 추궁당하자, 그는 예수를 알지 못한다고 말하면서 도망치고 만다. 반석이 흐느끼는 모습은 그가(또한 다른 제자들도) 어떤 대가를 치르더라도 얼마나 예수를 따르고 싶어 했는지를 보여 준다. 그렇지만 막상 정말로 십자가형을 당할 수 있는 상황에 처하자, 제자들은 그 약속을 지키지 못한다.

예수와 갈등하는 가운데, 제자들은 자기들의 삶에서 혁명적인 경험을 한다. 곧 가정과 재물을 버리고, 영광과 권력을 가지려는 욕망도 포기하고, 가장 작은 자가 되고 종이 되는 것에 관한 문화적 고정관념을 버렸다. 그러나 여전히 예수 주변에서 일어나는 사건들은 감당하기 어려웠다. 그래서 비록 제자들이 겟세마네 동산에서 예수와 함께 머물기는 했지만, 체포당하고 처형당할 수도 있다는 위협을 견디지 못하고 결국 도망하고 만다.

갈등에 관한 예수의 입장: 충성스러운 제자 만들기

예수께서는 제자들을 불러서 자기를 따르게 하는 데 성공하신다. 그리고 그들을 둘씩 짝지어서 자기를 도와 선포와 치유의 사역을 하도록 내보내신다. 그렇지만 예수께서는 권력자들의 반응을 좌지우지할 권한이 없는 것처럼, 제자들이 이해하거나 믿음을 가질 수 있도록 강제할 권한도 없다.

제자들이 모든 것을 버리고 자기를 따랐기 때문에, 예수께서는 그들이 하나님의 다스리심에 대한 비밀을 알고 그래서 그들이 모든 것을 이해할 수 있기를 기대하신다. 그는 제자들이 실패하는 모습에 놀라고 실망한다. 인내심의 한계를 느낀 예수의 모습은 두 개의 수사적 질문에 나타난다. "너희가 이 수수께끼를 알아듣지 못하느냐? 그러면 어떻게 다른 모든 수수께끼를 이해하겠느냐?" 제자들이 이미 자기의 놀라운 능력을 직접 목격했기 때문에, 예수께서는 그들이 지금 당장 그들에게도 효력 있는 하나님의 다스리심의 능력을 믿을 것이라고 기대하신다. 다시 예수께서는 실망하시고, 그 실망감을 질문으로 표현하신다. "너희는 왜 그리도 겁이 많으냐? 아직도 믿음이 없느냐?" "어찌하여 너희는 빵을 가지고 있지 않은 것을 두고 논하느냐? 아직도 알지 못하고 깨닫지 못하느냐? 너희의 마음이 그렇게도 무디어 있느냐?"

일단 제자들이 예수께서 기름 부음을 받은 분이라는 것을 깨닫자, 예수께서는 그들이 다가올 박해에 대비할 수 있도록 준비시킨다. 그는 자신이 남들 위에 군림하는 삶의 태도를 깨뜨리고 도리어 남을 섬기는 삶을 통해 세상을 변화시키는 사역을 하고 있다는 것을 제자들이 깨달을 수 있도록 애쓴다. 만일 그들이 하나님께서 원하시는 것, 곧 영광을 추구하는 대신에 가장 작은 자가 되고, 다른 사람 위에 군림하는 대신에 도리어 남을 섬기며, 자기 자신의 안위나 특권을 지키려고 애쓰는 대신에 권세 있는 자들과 맞서서 기꺼이 자신의 목숨까지도 잃을 각오를 하는 것이 무엇인지 깨닫지 못한다면, 그들은 예수도 하나님의 다스리심도 제대로 이해하기 못할 것이다. 예수께서는 나중에 영예와 권세를 얻기 위한 수단으로써가 아니라 하나님의 다스리심의 본질이 그런 것이기 때문에 이런 일들을 행해야 하는 것이라고 제자들에게 도전하신다.

또한 예수께서는 제자들에게 만일 그들이 끝까지 하나님의 다스리심의 사명에 충실하려면 배척과 박해에 준비되어 있어야 한다는 사실을 알리셔야 한다. 세상이 움직이는 방식을 볼 때, 이 세대에서 하나님의 다스리심을 따라 사는 사람들에게 돌아오는 몫은 박해이다. 끝까지 충성하려면, 그들은 죽을 각오를 해야 한다. 세례 요한이 넘겨졌듯이, 예수도 넘겨질 것이며, 제자들 또한 넘겨질 것이다. 제자들의 반대에 부딪히자 예수께서는 분노하고 안타까워하신다. 제자들이 귀신을 내쫓지 못하자, 예수께서는 "아, 믿음이 없는 세대여, 내가 얼마나 더 오래 너희와 함께 있어야 하겠느냐? 내가 얼마나 더 너희를 참아 줘야 하겠느냐?"라고 탄식하신다.

예수께서는 앞으로 있을 일에 대비하여 계속해서 제자들을 준비시킨다. 예루살렘에서 예수께서는 제자들에게 자신이 십자가에서 죽고 부활한 다음에 어떤 일이 일어날 것인지에 대해 길게 예언하신다. 그는 모든 이방 나라에 하나님의 다스리심을 선포하는 과정에서 겪게 될 온갖 반대와 미움과 박해와 시험에 대해 경고하신다. 그리고 겟세마네 장면에 앞서, 예수께서는 자기가 체포되면 그들이 모두 흩어질 것이라고 경고하신다. 그는 "시몬아, 자고 있느냐? 단 한 시간도 깨어 있을 수 없을 정도로 약하더냐?"라고 물으신다. 예수께서 마지막으로 제자들에게 이제 자기를 잡으러 오는 배신자와 무리를 맞으러 가자고 말씀하시지만, 이는 소용없는 훈계가 되고 만다.

갈등 해소

서사의 구성된 사건들 내에서 보면, 갈등 해소는 부정적이다. 제자들은 자기 목숨을 내놓을 준비가 되어 있지 않다. 박해와 죽음의 순간이 닥치자 그들은 예수를 부인하고 모두 도망가 버린다. 그와 동시에 제자들의 마음속에서 일어나는 갈등도 부정적으로 해결된다. 그들은 예수께 충성을 다하고 싶어 하지만 그렇게 하지 못한다. 실제로 죽음이 현실로 다가오자 예수께 맹세했던 충성은 온데간데없고, 단지 어떻게 해서든 살아 보겠다는 인간의 본능만이 앞선다. 그렇지만 반석이 흐느끼는 모습에서 그가 후회하고 있음을 알 수 있고, 이는 청중의 동정심을 자아낸다.

여전히 의문은 남아 있다. "제자들은 이 실패에서 교훈을 얻고, 부활 사건 이후 주께서 영광 가운데 다시 오실 때까지 예수를 신실하게 따를 것인가?" 이 문제는 플롯으로 구성된 서사에서는 해결될 수 없다. 화자는 이야기 세계 이후 제자들의 운명이 확정되지 않은 채로 그냥 놔둔다.

그들이 회복될 수 있는 가능성은 있다. 예수께서는 제자들에게 자신이 먼저 갈릴리로 갈 것이라고 말씀하셨다. 그리고 무덤에 있던 젊은이도 여인들에게 말한다. "당신들은 그의 제자들과 반석에게 가서 '그는 너희보다 앞서서 갈릴리로 가신다. 그가 너희에게 말씀하신 그대로 너희들은 거기에서 그를 볼 것이다'라고 말하십시오." 전적으로 이 말은 제자들이 회복될 수 있음을 암시한다. 시몬은 다시 반석이라고 불린다(예수께서 겟세마네 동산에서 그를 시몬이라고 부르신 것을 기억하라). 예수께서는 여전히 '앞서 가시며', 그들은 그분을 따라가야 한다.

그러나 무덤에 있던 여인들은 두려워하여 도망치면서 아무에게 아무 말도 하지 못한다. 서사에서 제자들이 그랬던 것처럼, 이 여인들도 이제 예수의 부활이라는 사건으로 나타난 하나님의 능력을 깨닫지도, 믿지도 못한다.

그러므로 화자는 제자들이 과연 회복될 것인지 그대로 실패할 것인지, 열린 결말로 남겨 둔다. 지금까지 서사에서 예수께서 했던 예언이 성취된 것을 보면, 갈릴리에서 제자들과 다시 만날 것이라는 예수의 예언 역시 이루어질 것이다. 예수께서 마시는 잔을 야고보와 요한도 마시게 될 것이라고 했던 예수의 예언은 제자들이 회복되고 나서 신실한 제자가 될 것을 암시한다. 그렇지만 "음란하고 죄 많은 이 세대에서 누구든지 나와 내 말을 부끄럽게 여기면, 인자가 자기 아버지의 영광에 싸여 거룩한 천사들을 거느리고 올 때 그도 저를 부끄럽게 여길 것이다"라고 한 예수의 말씀은, 제자들이 실패한 채로 있을 수도 있음을 암시한다.

이야기를 되짚어 보면, 청중은 제자들이 다시 회복될 수 있을 것이라는 암시를 많이 찾을 수 있다. 그렇지만 이에 못지않게 그들이 하나님의 다스리심 안에 들어가지 못하거나, 들어가긴 하되

거기에서 가장 작은 자일 수도 있다는 암시도 많이 찾아볼 수 있다. 제자들의 궁극적인 운명이 어떨지는 아직 이야기되지 않은 미래의 이야기 세계에서 결정될 것이다.

어떤 경우든, 화자는 조만간 이 모든 것이 밝히 드러날 것이라는 점을 분명히 한다. 미래의 이야기 세계에서 인자는 한 세대가 지나기 전에 돌아올 것이며, 그때 하나님의 다스리심 안에서 제자들의 운명이 결정될 것이다. 다시 말해서, 이야기의 모든 갈등은 하나님의 다스리심이 권능으로 성취되고 새로운 시대가 온전히 임하는 그때에 비로소 해결될 것이다.

결론

갈등을 통해서 우리는 이야기 세계에 대해 무엇을 알 수 있는가? 플롯을 통해 우리는 하나님의 다스리심이 임했고 그로 인해 인간들을 위한 놀라운 새로운 가능성을 열어 주셨음을 알게 된다. 또 플롯을 통해 우리는 하나님의 다스리심이 어떤 것인지 분별하기가 쉽지 않고, 그 다스리심의 기준대로 따라 사는 것은 더 어렵다는 것을 깨닫게 된다. 하나님의 다스리심은 인간 사회에 편만한 인간적인 가치관들을 완전히 뒤집어 놓는다. 권력자들과 같은 몇몇 등장인물들은 하나님의 다스리심을 전혀 보지 못할 것이다. 제자들과 같은 사람들은 그것이 어떤 것인지 조금 알아차리고 그것을 온전히 이해하기 위해서 애쓸 것이다.

아마도 청중은 모든 것이 겉보기와는 다르다는 사실을 알게 될 것이다. 종교 지도자들은 하나님의 다스리심 안에 들어가지 못한다. 세상이 위대하다고 여기는 것이 정말로 위대한 것은 아니다.

가장 큰 권력을 가진 자가 마지막에는 패배할 것이다. 다른 사람들을 섬기며 그들 위에서 군림하지 않는 자가 하나님의 백성이다. 예수의 십자가 사건과 부활은, 볼 수 있는 눈이 있는 자들이 이러한 통찰력을 갖게 해 준다. 마가의 관점에서 볼 때, 역사의 끝은 모든 사람이 알 수 있도록 그 사실을 밝히 드러낼 것이다.

플롯은 사람들이 행사하는 힘에 어떤 유형이 있으며 그 힘을 행사하는 결과는 어떻게 나타나는지 의문을 갖게 한다. 플롯은 두 가지 힘이 있음을 알게 한다. 한 가지는 하나님으로부터 오는 능력으로서, 사람들에게 생명을 주고 그들을 온전하게 함으로써 그들을 섬기는 능력이다. 또 다른 능력은 인간의 이기적인 자기중심주의에서 비롯된 권위적이고 가부장적인 힘이며, 권력을 가진 사람을 보호하기 위해 파괴적인 방법을 사용한다. 결국 모든 갈등은 하나님의 다스리심이라는 가치관과 자기를 섬기는 인간적인 가치관 사이에 일어나는 충돌이다. 이 갈등을 보면 우리는 하나님의 다스리심 안에 들어가기 위해 자기의 안위와 명예와 권세를 기꺼이 포기하는 일이 얼마나 어려운지 알 수 있다. 큰 권력을 가진 사람일수록 그것을 포기하기가 더 힘들다. 그런데도 마가의 관점에서 볼 때 참된 위대함은 다른 사람들의 유익을 위해 그들을 섬기는 데 자신의 힘을 사용하다가 손해를 볼 위험도 기꺼이 감수할 수 있는 능력에 있다.

이 이야기는 청중이 자신의 인생 앞에 놓인 엄정한 선택을 직시하도록 이끄는, 청중이 눈을 떼지 못할 서사로서, 구술 실연을 위해 만들어진 것이다. 그 옛날, 이 이야기의 고대 실연자들은 자신들이 이 복음서에서 묘사하고 선포하는 삶에 충실하게 헌신했을 것이다. 그 실연자들은 열정과 파토스, 긴장감과 강렬함, 약속과 이 갈등으로 인한 비극을 끄집어냈을 것이고, 그래서 듣는 이들이 모든 피조물과 모든 나라와 모든 백성을 다스리는 주권을 세우시는 하나님 편에 똑바로 서도록 했을 것이다. 또한, 우리가 앞으로 보게 되겠지만, 모든 것을 해결해 두지 않은 플롯의 특성 때문에 청중은 직접 결단을 내리게 된다.

제5장

등장인물 1: 예수

마가 이야기에서, 등장인물 분석은 갈등 분석과 내용이 많이 겹친다. 등장인물들이 플롯과 깊은 관련이 있기 때문이다. 어떤 차원에서 보면, 등장인물은 플롯을 만드는 한 가지 요소이다. 어떤 등장인물은 목표를 이루기 위해 갈망하고, 어떤 등장인물은 행동의 대상이 되기도 하며, 어떤 등장인물은 어떤 목표를 더욱 구체화하는 데 도움이 되거나 그 목표를 이루는 데 방해가 되기도 한다. 이와 반대로 플롯이 등장인물들을 구체화하기도 한다. 플롯에 나타나는 행동은 결국 등장인물들을 표현한 것이고, 이 플롯을 통해 등장인물들이 어떤 사람인지 알게 된다. 이런 의미에서, 등장인물들은 그 자체만으로도 기억에 남을 만하다. 햄릿이나 줄리엣은 가상의 등장인물이지만, 우리는 그들을 실제 살아 있는 사람인 것처럼 떠올린다. 그러므로 우리는 등장인물들이 무엇을 '하느냐'만 분석할 것이 아니라, 그들이 마치 플롯에서 혼자 힘으로 살아 있는 존재인 것처럼 생각하고, 정말로 이 세상에 살고 있는 사람을 대하듯 하면서, 그들이 '누구인가'도 분석해야 한다.[1]

1 현대 문학에서 성격 묘사에 대해서는 Mieke Bal, *Narratology* (Toronto: University of Toronto Press, 1985), 25-36, 79-92; Seymour Chatman, *Story and*

마가의 이야기에는 네 명의 등장인물 혹은 등장인물 집단이 있다. 첫째, 예수는 주인공이다. 둘째, 유대와 로마 권력자들은 주인공에 대립하는 인물들이다. 이 권력자들은 함께 다뤄도 되는데, 이들이 예수를 반대하는 서로 다른 집단들이긴 하지만 플롯에서 비슷한 특성을 공유하고 계속해서 비슷한 역할을 하기 때문이다. 셋째, 제자들도 등장인물 그룹으로 묶어서 함께 다뤄도 된다. 그들은 "제자들" 혹은 "열두 제자"라는 신분으로 예수와 관계를 맺는다. 때로는 반석, 야고보, 요한이 따로 특별한 역할을 하기도 하지만, 그때도 역시 그들은 전체 제자 집단의 전형적인 모습을 대표할 뿐이다. 넷째, 주변 인물들(조연들)이 있다. 이들은 평범한 사람들이고 특히 예수께 와서 간청하기도 하면서 예수와 관계를 맺는 사람들인데, 다른 등장인물 집단처럼 어떤 틀을 갖춘 것은 아니지만, 몇 가지를 제외하고는 성격이 비슷하므로 함께 묶어서 다룰 수 있다. 무리도 조연으로서 기능한다.[2] 이 등장인물들과 등장인물 집단들이 우리가 5장과 6장에서 다룰 내용이다.[3]

Discourse (Ithaca: Cornell University Press, 1978), 96-145; Thomas Docherty, *Reading (Absent) Character: Towards a Theory of Characterization in Literature* (New York: Oxford University Press, 1983); B. Hochman, *Character in Literature* (Ithaca: Cornell University Press, 1985); Wesley A. Kort, *Narrative Elements and Religious Meaning* (Philadelphia: Fortress Press, 1975), 40-58; Shlomith Rimmon-Kenan, *Narrative Fiction* (New York: Methuen, 1983), 29-42, 59-70을 보라.

2 주변 인물들 중에서 세례 요한, 헤로디아와 그녀의 딸, 벌거벗고 도망친 젊은이, 대제사장의 계집종은 다루지 않을 것이다.

3 마가복음의 성격 묘사에 대해서는 Mary Ann Tolbert, "How the Gospel of Mark Builds Character," *Interpretation* 47 (1993): 347-57; Elizabeth Struthers Malbon, "Disciples/Crowds/Whatever: Markan Characters and Readers," *Novum Testamentum* 28 (1986): 104-30, 그리고 "Narrative Criticism: How Does the Story Mean?" in *Mark and Method*, ed. Janice Capel Anderson and Stephen Moore

우리가 등장인물에 관해 알고 있는 모든 내용은 이야기에서 얻은 것들이다. 등장인물의 행동이나 동기를 추측할 수 있도록 마가의 화자가 말해 주거나 암시하고 있는 것 외에는 우리가 알 수 있는 내용이 없다. 아니면, 다른 복음서에서 그 인물을 다룬 내용에 근거하거나 역사적인 인물을 재구성하는 노력을 통해서 정보를 얻을 수 있을 뿐이다. 우리는 그 인물들을 마가복음에서 묘사하는 모습으로 다룰 것이다. 때로는 그 등장인물을 더 잘 이해하기 위해 문화에서 얻은 유용한 배경 지식을 사용할 것이다. 그렇지만 그때도 역시 마가가 그려 놓은 그 사람의 모습을 넘어서지 않을 것이다.

성격 묘사에 접근하는 방식

성격 묘사characterization는 화자가 서사에서 등장인물에 생명을 부여하는 방식을 말한다. 화자는 등장인물이 어떤 사람인지 청중에게 직접 '말해 줄' 수 있다. 아니면 그 등장인물의 말을 통해서, 또는 다른 등장인물이 그 등장인물에 대해 하는 말이나 그 등장인물과

(Minneapolis: Fortress Press, 1992), 23-49; Stephen Smith, *A Lion with Wings* (Sheffield: Sheffield Academic, 1996), 52-81; Mark Allan Powell, *What Is Narrative Criticism?* (Minneapolis: Fortress Press, 1990), 51-67. 또한 Elizabeth Struthers Malbon and Adele Berlin, eds., *Characterization in Biblical Literature* (*Semeia* 63; Atlanta: Scholars, 1983); Fred Burnett, "Characterization and Reader Construction of Characters in the Gospels," in *Listening to the Word of God*, ed. B. L. Callen (Anderson, IN: Warner, 1990), 69-90; John Darr, *On Character Building: The Reader and the Rhetoric of Characterization in Luke-Acts* (Louisville: Westminster John Knox, 1992); Kari Syreeni and David Rhoads, eds., *Character in the Gospels: Rethinking Narrative Criticism* (Sheffield: Sheffield Academic, 1999)을 보라.

벌이는 행동을 통해서 청중에게 그 인물을 '보여 줄' 수도 있다. 마가복음의 화자는 주로 등장인물의 행동이나 대화를 통해서 청중에게 그 인물을 '보여 주고' 있다.

마가는 등장인물들을 일관된 성향을 가진 사람들로 묘사한다. 그 인물들에 관한 묘사는 장면 안에서 일관성이 있고, 만일 그 등장인물들이 그 플롯 안에 계속 등장한다면 다음 장면으로 넘어간다 해도 그들의 모습은 여전히 그대로다. 마가복음의 등장인물들은 오늘날 현대 문학 작품에서 볼 수 있는, 모든 특성을 갖춘 인물은 아니다. 오히려 마가는 최소한의 암시만으로도 충분히 성격 묘사를 하고 있다. 화자는 청중이 무엇을 알아야 하는지, 또 언제 알아야 하는지 잘 안내하면서 등장인물들을 점차적으로 청중에게 드러내 보여 준다. 청중은 등장인물이 어떻게 소개되는지를 보고, 그 등장인물에 대한 첫인상을 확증하거나 확대하거나 수정하거나 뒤바꾼다. 또 청중은 등장인물이 서사에서 어떻게 퇴장하는지를 관찰하고, 그 등장인물의 미래가 어떻게 암시되어 있는지 숙고한다.

또한 청중도 등장인물에 대해 나름대로 추론한다. 우리는 그 등장인물들이 어떤 인물들인지 눈여겨보고, 그들이 하는 말을 듣고, 그들이 하는 행동을 보고, 그들이 다른 등장인물들과 어떻게 관계를 맺는지 보고, 다른 등장인물이 그 등장인물에 대해서 어떻게 말하는지를 고려한다. 등장인물들의 관점, 그들이 살고 있는 공간적 배경, 그들의 이름 또는 익명성, 하나님의 다스리심이 도래한 사실에 대한 반응, 그들의 변화 가능성 등도 그 등장인물의 특성을 보여 준다. 어떤 서사에서는 등장인물의 외모도 생각해 볼 수 있다. 그러나 세례 요한의 옷에 관한 묘사나 변화산에서 예수께서 변하신 모습 등을 제외하면 마가복음의 화자는 등장인물의 외모를 거의 묘사하지 않는다. 마가는 등장인물을 주로 행위자로 묘사한다. 따라서 그들이 무슨 말을 하고 어떤 행동을 하는지가 가상 중요하다.

또한 등장인물을 분석할 때 고려해야 할 것은, 등장인물이 하는 행동의 동기나 계기는 무엇인지, 그들이 추구하는 것은 무엇인지, 그들이 두려워하거나 회피하는 것은 무엇인지에 대한 질문이다. 그리고 그들이 이 이야기에서 판단 기준이 되는 가치나 신념에 대해 어떻게 생각하는지, 그들의 성향은 어떤 것인지, 그들이 다른 등장인물과 대조나 비교가 될 때 어떻게 묘사되는지도 생각해 보아야 한다. 마가복음의 저자는 성격 묘사를 할 때 여러 가지 방법을 사용하는데, 고대의 서사는 종종 놀라울 정도로 복잡한 인물을 제시하기 때문이다.

마지막으로, 마가복음의 화자는 그 이야기가 처해 있는 사회에서, 등장인물이 차지하는 위치라는 맥락에서 등장인물들을 나타낸다. 예를 들어, 마가복음의 화자는 그들이 남자인지 여자인지, 그들의 친족이 누구인지, 그들이 권력을 쥐고 있는 자들인지, 정결한 자들인지 부정한 자들인지, 예루살렘 시민인지 시골 사람들인지 등의 맥락에서 등장인물들을 나타낸다. 사회에서 등장인물이 차지하는 위치는 그 인물을 설정하는 데 중요한 역할을 하며, 그 인물과 다른 등장인물과의 관계를 설정하기도 한다. 예를 들어, 존 스타인벡의 『분노의 포도』민음사, 2008나 마거릿 미첼의 『바람과 함께 사라지다』열린책들, 2010에서 등장인물의 사회적 위치가 얼마나 중요한지 생각해 보라.

전형type으로서의 등장인물

고대 그리스-로마 문학에서는 성격 묘사를 할 때 종종 잘 변하지도 않고 쉽게 예측할 수도 있는 전형적인 인물로 그리는 것이 보통이었다. 등장인물들은 심리적으로 어떤 발전을 보이는 이들이 아니었고, 내면을 돌아보는 일도 거의 없었다. 따라서 화자가 하는 내면 관찰도 제한적이었다. 어떤 등장인물이 드러나게 하는 말이나 행동은 그가 무슨 마음을 먹고 있는지, 무슨 생각을 하는지 반영해 준다. 등장인물에 이런 식으로 접근하는 것은 그 당시 문화에서 사람들이 서로를 바라보는 방식을 반영하는 것일 수 있다.[4] 개인주의는 거의 없었고, 사람들은 자기가 속한 사회 집단을 근거로 자기의 정체성을 인식했다. 또한 자기 개성을 계발하는 것보다 그 사회 집단에 잘 융화하는 것이 중요했다. 그러므로 화자는 등장인물들을 하나의 집단으로 그릴 수 있었고, 한 집단에 속한 개인은 그 집단의 전형적인 방식대로 행동하며, 그 집단을 대표하는 방식으로 행동했다.

마가복음에서 전형적인 인물을 만들어 놓은 예는 씨 뿌리는 사람 비유에서 찾아볼 수 있다. 각각의 씨앗/땅은 여러 유형의 등장인물을 상징한다. 길가에 뿌려진 씨앗은 권력자들의 전형적인 모습을 나타내는데, 이들은 말씀을 듣기는 하지만 사탄에게 곧바로 빼앗긴다. 돌밭에 떨어진 씨앗은 마치 제자들과 같아서, 처음에는 기쁨으로 말씀을 듣지만 어려움이 닥치면 곧바로 넘어진다. 가시덤불에 떨어진 씨앗은, 말씀을 듣기는 하지만 세상적인 욕심 때문에 열매를 맺지 못하는 부자와 같다. 좋은 밭에 떨어진 씨앗은,

4 Bruce J. Malina, *The New Testament World*, rev. ed. (Louisville: Westminster John Knox, 1993), 63-89와 관련 참고 문헌을 보라.

복음을 선포하고 그 결실을 거두는 제자들이나 예수를 찾아와 간청하는 사람들과 같다. 마가 이야기의 등장인물들 역시 각각 하나님의 다스리심에 대한 전형적인 반응을 나타낸다.[5]

마가는 전형적인 구성원들로 이루어진 집단에서 예외인 사람을 구별해서 제시함으로써 등장인물 유형의 한계를 다룬다. 예를 들어, 회당장 야이로, 공회원 아리마대 요셉, 선한 서기관은 부정적으로 그려지는 전형적인 권력자들과 다르고, 예수께 값비싼 향유를 부은 여인은 부정적으로 그려지는 부자들과 다르며, 헤로디아나 대제사장의 계집종은 긍정적으로 묘사되는 여인들과는 다른 예외적 인물이다.[6]

고대의 전형적 인물들은 그다지 많은 변화를 보이지 않는다. 그러나 현대 소설의 등장인물들은 때로 역동적이고, 변화하고 발전하며, 개인 특성이 그에 맞게 변하기도 한다. 마가의 이야기에서 대부분의 등장인물은 거의 혹은 전혀, 변하거나 발전하지 않는다. 오히려 사건이나 갈등이 등장인물들의 성향이나 성격을 전면에 끌어낸다. 플롯이 절정을 향해 올라가면서, 등장인물들도 죽음을 눈앞에 두고서야 누구 편인지 완전히 드러난다.

그렇지만 여기에서 주의해야 할 점이 있다. 마가는 어쩌면 히브리 성경의 서사에서 영향을 받았을지도 모른다. 히브리 성경 서사에 나오는 등장인물들은 덜 정형화된 사람들이며, 변화될 가능성이 충분한 사람들이다. 마가의 등장인물들을 묘사하는 암시적인

5 Mary Ann Tolbert, *Sowing the Gospel* (Minneapolis: Fortress Press, 1989), 121-230을 보라.

6 Elizabeth Struthers Malbon, "Fallible Followers: Women and Men in the Gospel of Mark," *Semeia* 28 (1983): 29-48을 보라.

세부사항은 매우 풍부하고 때로는 놀라울 정도다. 사실 마가의 이야기에서는 사람들이 돌이켜서 복음을 믿고 삶을 새롭게 살아갈 것이라고 기대한다. 하나님의 다스리심이 도래할 때는 새로운 가능성들이 제시되며, 사람들은 이에 대해서 결단을 해야 하는 순간과 맞닥뜨리게 된다. 예수께서는 사람들에게 그들이 목숨을 잃는 한이 있더라도 다른 사람들을 섬기면서 자기를 따르라고 도전하신다. 이것은 가족이나 친족 관계와 같은 소중한 것들과 결별하고 하나님의 다스리심이라는 새로운 질서의 일부가 되는 것을 의미한다. 우리는 제자들이 예수를 따르려고 애쓰는 모습을 통해서 그런 변화들을 분명히 볼 수 있다.

판단 기준

마가복음의 등장인물을 이해하는 또 다른 방법은, 그들이 이야기에서 전반적으로 추구하는 기준에 어느 정도 부합하는지를 생각해 보는 것이다. 우리가 제2장 "화자"에서 보았듯이, 판단 기준은 서사에 깔려 있는 가치나 신념으로서, 청중은 그에 따라서 등장인물이나 그들의 행동을 판단하게 된다. 판단 기준은 서사의 도덕적인 기반을 의미하는데, 곧 서사가 추구하는 긍정적 가치와 서사가 거부하는 부정적인 행동이다. 마가복음에서 긍정적인 판단 기준은 하나님의 다스리심에서 추구하는 가치관, 즉 인간들을 향한 하나님의 뜻과 일치한다.

마가는 이런 면에서 자기의 서사를 아주 촘촘하게 엮어 놓았다. 왜냐하면 우리가 살펴보았듯이, 복음서 전체는 도덕적인 이원론을 반영하기 때문이다. 긍정적인 방식은 "하나님의 방식"에 따라 사는 것이다. 이것은 믿음과 용기를 갖는 것이고, 복음을 위해서라면 어떤 박해도 견디는 것이며, 다른 사람들을 위해 삶에서 가장 작은 자가 되어 섬기는 것이고, 다른 사람들 위에 군림하지 않는 것이다. 이와 대조적으로, 부정적인 방식은 "인간의 방식"에 따라 파괴적인 삶을 사는 것이다. 이것은 믿음 없이 도리어 두려움에 가득 차 있는 것이며, 자기 자신만 살아 보겠다고 하는 것이고, 세상을 얻고 위대한 자가 되며 권력을 이용해서 다른 사람들 위에 군림하는 것이다. 마가복음의 등장인물들은 두 가지 방식 가운데 한 가지 성향을 꾸준히 나타낸다. 예수와 (대부분의) 주변 인물들은 하나님께서 사람들에게 원하시는 것을 실현한다. 권력자들은 사람들이 그들 자신을 위해 원하는 것을 실현한다. 제자들은 이 두 가지 방식 사이를 오간다.

다시 말하지만, 등장인물들이 이런 기준들에 대해서 어떤 전형적인 방식으로 반응하느냐의 문제만 해결한다고 해서 마가의 등장인물 성격 묘사에 대해서 다 알았다고 할 수는 없다. 마가의 등장인물들은, 이솝 우화처럼, 어떤 기준에 대해 단순히 도덕적인 예나 보여 주는 사람들이 아니다. 예수는 모든 판단 기준의 총합 이상인 복잡한 인물이다. 권력자들은 예수를 대적하기 위한 전략을 짜내는 데 지략을 발휘한다. 제자들은 예수를 따르기 위해 애쓰면서 갈등하는 사람들이며, 그들은 긍정적인 기준과 부정적인 기준에 있어서 모두 본보기가 된다. 주변 인물들은 매우 다양한 인물들로 성격이 묘사되었기 때문에, 그들을 일괄적인 유형으로 한꺼번에 다루기는 어렵다. 주변 인물들은 어떤 기준에 부합할 때도 있지만 그렇지 못할 때도 있다. 우리가 앞에서 언급했듯이, 등장인물들은 넘어졌다가 다시 일어서기도 하고, 서 있다가도 다시 넘어질 가능성이 있는 사람들이다.

비교와 대조

마가의 화자는 이야기에 나오는 등장인물을 서로 대조하거나 비교함으로써 그들에 대해 보여 주기도 한다. 예를 들어, 권력자들은 예수나 조연들과는 반대되는 모습으로 나타난다. 또한 종종 주변 인물들은 제자들이 실패하는 일을 잘 해내기 때문에 제자들과 뚜렷한 대조를 이루는 역할을 한다.

우리는 각각의 에피소드에서, 혹은 교차되어 있거나 삽입 기법으로 배열되어 있는 에피소드들 사이에서 이러한 비교나 대조를 분명히 볼 수 있다. 예를 들어, 예수께서는 한쪽 손이 오그라든 사람을 고쳐 주시지만, 권력자들은 예수를 죽이려고 한다. 제자들은 예수의 수수께끼를 이해하지 못하지만, 두로 지방의 이방 여인은 예수의 수수께끼를 이해한다. 가난한 과부는 "자기 생활비 전부"를 바쳤는데, 이것은 예수께서 자기 일생을 모두 헌신한 사실과 나란히 놓고 볼 수 있다. 그와 동시에 생활비 전부를 바친 이 과부는 "과부의 가산을 집어삼키는" 권력자들과 대조된다.

등장인물들의 성향

청중은 나름대로 상상하면서 등장인물들을 만드는 과정에 활발하게 참여한다. 그들이 상상 가운데 등장인물들의 모습을 만들어 가는 과정에서 중요한 것은 등장인물에게 어떤 성향이나 특성을 부여하는 것이다.[7] 성향은 등장인물에게 특징을 부여하는 개인적인 성질이다. 이것은 흔히 이야기에서 꾸준하게 드러나는 등장인물의 모습을 보면 알 수 있다. 청중은 이야기를 읽으면서 그 등장

7 Chatman, *Story*, 121-34, 그리고 Bal, *Narratology*, 85-93을 보라.

인물을 묘사하기 위해 특별히 사용한 성향을 발견하기도 하고, 그 인물의 말이나 행동에서 어떤 성향을 추측하기도 한다. 예를 들어, 예수는 "권위가 있고", "지혜롭고", "불가사의한" 사람으로 그려진다. 반면에 권력자들은 "적대적"이고 "이기적"이며 "겁이 많고", 반석은 "충동적"이다.

이 모든 등장인물의 성격 묘사를 바탕으로, 청중은 각각의 등장인물에 대해 대충 윤곽이 잡힌 그림을 그려 낸다. 우리는 계속해서 그 등장인물이 복잡한 유형(여러 가지 성향을 지닌 인물)인지 단순한 유형(거의 특성이 없는 인물)인지 판단할 수 있으며, 성향이 쉽게 변하는 인물인지 거의 변하지 않는 인물인지, 혹은 그 성향을 포착하기 어려운 인물인지 성향이 뚜렷이 드러나는 인물인지, 성향이 일관성 있게 나타나는지 그렇지 못한지 판단할 수 있다.[8] 이러한 요소들에 근거해서 해석하는 사람들은 어떤 등장인물이 쉽게 변하고 상충하는 특성을 가지고 있으며 복잡하고 예견하기 어려우며 흥미롭고 신비스럽다는 것을 알아차릴 수 있다. 반면에 어떤 등장인물들은 그다지 복잡하지 않고 특별한 성향이 없으며 예상 가능한 방식으로 행동한다. 또 어떤 등장인물은 한두 가지 주요 특성만으로 플롯 안에서 기능할 뿐이다.[9]

이런 특징들은 마가복음 등장인물의 성격 묘사에 있어서 차이점을 발견하는 데 많은 도움이 된다. 예수께서는 다양한 성향을 나타내고, 새롭고 놀라운 방식으로 행동하신다. 그는 방해하고 반대하는 사람들에게 잘 대응하신다. 제자들은 하나님 나라의 다스

8 이런 대조들의 포괄적인 목록을 보려면, Hochman, *Character*를 보라.

9 이런 분석 목록들을 보려면, E. M. Foster, *Aspects of the Novel* (New York: Harcourt Brace, 1927), 54-84를 보라.

리심과 관련해서 내적으로 갈등한다. 그들은 도전이나 위기에 직면하면서 변화되고 성장한다. 권력자들은 성향이 그리 다양하지 않기 때문에 단편적인 인물에 가깝다. 그들은 점점 더 거세게 예수를 반대할 때를 제외하고는 거의 변화되지 않는다. 그리고 대체적으로 예측 가능한 방식으로 행동한다. 주변 인물들은 잠깐씩 등장하기 때문에, 그들은 때로 성향을 거의 드러내지 않고 투명하고 예측가능하다. 그들의 성격 묘사가 암시적인 세부 사항들로 복잡해질 때도 있지만 말이다.

등장인물과의 동일시

무엇보다도 화자는 청중이 이야기 속 등장인물들과 거리를 두거나 그들과 하나 됨을 느끼도록 안내한다.[10] 화자는 청중이 다양한 방법으로 자신을 등장인물과 연결 지어 보도록 인도한다. 청중은 어떤 것을 이루려고 노력하는 등장인물의 모습을 보면서 내심 같은 편이 되기도 하고, 등장인물에게 동정심을 느끼기도 하고, 등장인물에게서 자기 자신의 모습을 발견하면서 동질감을 느끼기도 하고, 그 등장인물처럼 되고 싶은 마음에 그를 모방하기도 한다. 이와 정반대로, 화자는 청중이 어떤 등장인물에 대해서는 동의하지 않거나 반대하는 마음을 갖게도 하고, 그들을 혐오하거나 거부하게도 한다.

10 거리 두기distance나 동일시identification에 대해서는, Wayne Booth, *The Rhetoric of Fiction* (Chicago: University of Chicago Press, 1983), 155-59, 243-66; Hans Robert Jauss, "Levels of Identification of Hero and Audience," *New Literary History* 5 (1974): 283-317을 보라.

요약

등장인물 분석은 우리가 만나는 사람들에 관해, 또는 우리가 이야기나 영화에서 맞닥뜨리는 등장인물에 관해 늘 하고 있는 일이다. 이 연구에서, 우리는 다른 사람들을 만나서 그들에 관해 평가를 내릴 때 일어나곤 하는 일들을 좀 더 명확하게 분석해 보았을 뿐이다. 우리는 등장인물 자체를 분석하기 전에 그들을 바라보는 몇 가지 방법을 명확하게 해 보려고 했다.

예수

화자는 마가 이야기 첫 줄부터 예수를 "기름 부음을 받은 분, 하나님의 아들"이라고 부름으로써 이 이야기의 중심인물로 설정한다. 이 호칭은 즉시 예수를, 이스라엘을 인도하시기 위해 하나님이 선택하신 사람으로, 또한 "신의 아들"로 불리기도 하는 로마 황제에 대적할 인물로 보게 만든다. 그러나 이 호칭은 예수께서 무슨 일을 위해 기름 부음을 받았는지, 또는 하나님의 아들이 된다는 것이 그에게 무슨 의미인지를 말해 주지 않는다. 이런 것들의 의미는 서사에서 예수의 성격 묘사, 즉 그가 어떤 인물인지를 보여 주는 모든 방식에서 드러나게 된다. 이야기의 끝에 가서야 청중은 예수가 누구인지 온전히 알아볼 수 있게 된다.[11]

11 예수라는 인물을 다룬 것을 보려면 Robert C. Tannehill, "The Gospel of Mark as Narrative Christology," *Semeia* 16 (1975): 57–95; John R. Donahue, "Jesus as Parable in the Gospel of Mark," *Interpretation* 32 (1978): 369–86; Jack D. Kingsbury, *Conflict in Mark* (Minneapolis: Fortress Press, 1989), 31–61; Vernon K. Robbins, *Jesus the Teacher: A Socio-Rhetorical Interpretation of Mark*, 2nd ed. (Minneapolis: Fortress Press, 1991); Edwin Broadhead, *Miracles and Christology*

화자가 이야기 처음에 청중에게 선언한 말씀 뒤에 곧바로 이어 나오는 내용으로 인해, 청중은 이 예수라는 인물이 얼마나 중요한지 확실하게 깨닫게 된다. 하나님의 선지자가 예수의 오심을 예언하고, 요한이 그의 길을 예비하고, 예수께서 세례를 받고, 하늘이 열리고, 성령이 그에게 임하고, 예수가 자신의 아들이라고 선언하시는 하나님의 목소리가 들리는 것 등이 바로 그러한 것들이다. 예수께서 처음으로 하나님의 다스리심이 도래했다고 선언할 즈음이면 청중은 이미 그가 무슨 말을 하든지, 무슨 행동을 하든지 그대로 믿을 준비가 되어 있다.

이후에 펼쳐지는 이야기를 통해서 청중은 예수께서 하나님의 다스리심을 시행하도록 기름 부음을 받았다는 사실을 알게 된다. 예수는 성령의 능력을 가지고 있고, 성경을 깊이 이해하고 있으며, 확고한 사명감을 가지고 있다. 그는 갈릴리 지역의 나사렛이라는 동네 출신의 농부요 목수이다. 그의 아버지에 대해서는 한 번도 언급되지 않는다. 그의 어머니 이름은 마리아다. 이름이 명시된 남동생은 네 명이고, 여동생도 몇 명 있다. 그는 자기 나라에서 권력이 있거나 높은 자리를 차지한 것도 아니다. 단지 자기 주변에서 열두 명을 모아서 여기저기 시골을 돌아다니면서 아픈 사람들의 병을 고쳐 주고, 귀신 들린 사람들에게서 귀신을 쫓아내고, 사람들에게 죄인이라고 따돌림당하는 자들과 함께 밥을 먹으며, 사람들을 불러서 하나님의 다스리심 안에 들어가게 한다. 그

in the Gospel of Mark, JSNT supp. 74 (Sheffield: Sheffield Academic, 1992); Tolbert, *Sowing*을 보라. 마가 서사 전반에 걸친 예수의 시험에 대해서는 Susan Garrett, *The Temptations of Jesus in Mark's Gospel* (Grand Rapids: Eerdmans, 1998); Jeffrey Gibson, *The Temptations of Jesus in Early Christianity* (Sheffield: JSOT, 1995)를 보라.

는 이 모든 일을 하는 자신의 권한이 하나님으로부터 직접 왔다고 생각하며, 공식적인 경로를 통하지 않고 그 바깥에서 그런 사역을 한다.

마가복음에서 예수는 하나님의 아들이지만, 그것은 크리스마스 이야기에서 말하듯이 특별한 방식으로 태어났기 때문도 아니고, 그가 신적인 속성을 가졌기 때문도 아니다. 예수는 하나님이 성령으로 그에게 기름 부으시던 때, 곧 그가 세례를 받던 때 하나님의 아들이 된다. 마가복음에서, 예수는 하나님도 아니고 신적인 존재도 아니다. 그는 인간이고, 한 인간의 아들이며, 하나님께 큰 권세를 받은 사람이다. 예수는 하나님께 직임을 받은 대리인이고, 하나님을 위해 일하고 이스라엘에 하나님의 다스리심을 시작하도록 보내심 받았다. 그 다스리심은 곧 모든 민족에게, 그리고 정말로 모든 피조 세계에 미칠 것이다. 그가 하나님의 아들인 이유는 하나님께서 그에게 아들의 권한을 주셨고, 그가 이에 대해서 하나님께 순종했기 때문이다. 그가 하나님의 아들인 또 다른 이유는 하나님의 다스리심이 권능으로 임하게 될 때 하나님의 우편에 앉게 될 상속자이기 때문이다. 이런 모든 이유에서 그는 하나님의 "사랑하시는 아들"이요 "외아들"이다.

성격 묘사

예수는 여러 다양한 성향을 가진 인물이다. 예수께서 하시는 "행동"은 우선 하나님께서 그에게 주신 권한의 범위와 본질을 보여준다. 예수께서 하시는 "말씀"은 그가 하나님의 대리인으로서 자신의 정체와 목적을 이해하고 있음을 나타내 준다. 예수가 하는 행동과 말은 모두 그의 가치관이 무엇인지, 그리고 그 가치관에 따라 그가 얼마나 성실하게 살고 있는지를 보여 준다.

다른 사람들이 예수에 대해서 어떤 말을 하고 어떤 반응을 보이는지를 보면, 예수께서 뭔가 특이하고 문제를 일으킬 소지가 많은 인물이라는 것을 알 수 있다. 사람들이 예수께 보이는 반응에는 두려움, 거부감, 놀라움, 굳은 충성심, 확고한 반대 등이 있다. 그가 하나님의 아들이라는 것을 하나님도 알고 귀신들도 알아보지만, 사람들은 그가 그런 분인지를 제대로 알아보지 못한다. 그의 가족들은 그가 미쳤다고 생각하고, 권력자들은 그가 하나님을 모독하는 자이며 율법을 범하는 죄인이고 더러운 귀신에 사로잡힌 자라고 생각한다. 무리는 예수를 단지 부활한 세례 요한이나 엘리야, 혹은 선지자로 생각한다. 제자들 역시 이야기가 중반에 접어들기 전까지 그를 기름 부음 받은 분으로 알아보지 못한다. 백부장만이 예수를 "하나님의 아들"이라고 부른 유일한 사람이다. 그렇지만 이 백부장의 역할이나 관점은 제한된 것을 고려하면, 그는 자신이 말한 것의 온전한 의미를 이해하지 못했을 가능성이 크다.

화자는, 예수께 병 고침 받는 사람들, 무리에게 얻은 인기, 유대 종교 지도자들의 완고함, 제자들의 굳은 마음과 부대끼면서 예수께서 어떻게 사역을 발전시켜 가는지를 보여 준다. 예수께서는 수로보니게 여인을 만나고 난 뒤, 자신의 사명이 이스라엘을 넘어 이방 지역까지 뻗어 나가야 함을 보여 주신다. 반석이 예수를 기름 부음 받은 분으로 알아본 이후, 예수께서는 이제 일부러 예루살렘으로 방향을 틀고 나아가기 시작하신다.

화자는 계속해서 예수를 호의적인 관점으로 바라본다. 따라서 청중은 예수와 한편이 되어 그의 기준에 맞추어 생각하게 된다. 그렇지만 경외감을 일으키거나 신비스러운 예수의 모습, 그리고 뭔가를 자꾸 요구하는 예수를 보면서, 청중은 예수에게서 약간의 거리감을 느끼게 된다. 그리고 예수를 따라가는 일이 그리 쉽지 않다는 것을 알게 되고, 예수에게 다양한 반응을 보이는 등장인물들에게 동질감을 느끼게 된다.

하나님의 다스리심을 위한 대리인

예수는 하나님의 다스리심을 시작하도록 권한을 받은 대리인인데, 이 하나님의 다스리심은 최종적으로 모든 나라에 미칠 것이며 모든 피조 세계를 회복시킬 것이다. 예수께서는 하나님의 다스리심을 환영하는 사람이든지, 그것을 이해하지 못하고 적대시하는 사람이든지 상관없이 모든 사람을 하나님의 다스리심 안으로 초청하신다. 화자는 예수를 말과 행동의 사람으로 묘사한다. 예수께서는 하나님께 권능을 받아서 어디를 가든지 병을 고치고 억압하는 세력들과 맞서 싸우신다. 그는 하나님의 대리인으로서, 권위 있게 새로운 가르침을 주시고, 수수께끼 같은 이야기를 하거나 모순되는 말씀을 하신다.

예수께서는 당시와 같은 고대 사회에서는 찾아보기 힘들었던 개인주의적인 태도를 견지하시고, 전통적인 방식과 다르게 말하고 행동하신다. 그렇지만 이스라엘 선지자들처럼 그는 자기 마음대로 일하지 않고 하나님의 대리인으로서 일하신다. 그의 권위는 하나님에게서 오는 것이기 때문에, 그는 다른 사람들에게 의지하지 않고 강한 의지가 있다. 전통이나 율법, 다른 사람들의 보이지 않는 압력, 혹은 정죄받을 것에 대한 두려움도 그가 “하나님의 방식”대로 신실하게 행하고 이를 가르치는 것을 막지 못한다. 만일 해야만 한다면, 모든 사람에게 버림받고 사형당할지라도, 그는 혼자서라도 행동할 것이다. 그런데도 그는 혼자가 아니다. 그는 사람들을 불러서 가족 같은 관계를 맺고, 그들도 서로 그런 관계를 맺게 한다. 그는 운동을 일으키기 시작하고, 사람들 간의 느슨한 연대를 이루기 시작하는데, 이는 하나님의 다스리심이 온전히 충만해지는 모습으로 절정에 이를 것이다.

이야기에 묘사되어 있는 것처럼 하나님의 다스리심은 사회에서 비전통적으로 여기는 가치들에 근거한다. 하나님의 다스리심은 새로운 현실을 보여 준다. 이것은 낡은 가죽 부대를 터뜨린다. 그러하기에 그 다스리심을 맞아들이는 사람들은 파괴당할 위험을 각오해야 한다. 이처럼 예수께서 그 다스리심에 충실하고자 한다면, 하나님의 다스리심에 헌신하려는 그에게 등을 돌리는 "음란하고 죄 많은 이 세대"가 행하는 모든 압박에 끊임없이 저항해야 한다. 예수께서는 세례를 받자마자 사탄에게 시험을 받는다. 그는 또한 하늘의 표적을 보여 달라고 요구하면서 끊임없이 그를 넘어뜨릴 기회를 노리는 권력자들에게 시험을 받는다. 그는 제자들에게도 시험을 당하는데, 그들은 예루살렘에서 배척받고 처형당하는 것을 당당히 맞아들이려는 예수의 헌신에 반대한다. 물론 그는 겟세마네 동산에서 자신의 뜻을 꺾고 하나님의 뜻에 순종하려고 몸부림친다. 그런데도 하나님의 다스리심을 위한 대리인으로서 자신의 임무를 수행하려는 굳은 결단으로 예수께서는 신실하게 그 모든 어려움을 극복하신다.

예수의 권위

앞에서 지적했듯이, 예수께서는 하나님의 권위와 성령의 권능을 받으셨다. 예수의 말이나 행동은 모두 "하나님의 다스리심이 이제 임했다"라는 그의 확신에서 비롯된 것이다. 그는 자신에게 놀라운 능력이 있음을 알고 있다. 그는 죄를 용서하고, 율법을 해석하고, 열두 제자를 선택해서 그 권한을 나누어 주고, 귀신을 내쫓고, 병을 고치고, 자연에 명령하고, 예언하고, 왕으로서 예루살렘에 입성하고, 성전을 차지할 수 있는 권한을 가지고 있다.

거룩하신 성령의 능력으로 예수께서는 **더러운** 것들을 다스리는 능력을 행사하신다. 그는 더러운 귀신들을 내쫓는다. 그는 한센병 환자들을 만져도 자신이 부정해지는 것이 아니라 도리어 그 한센병 환자가 정결해진다. 그는 하혈증을 앓는 여인을 고쳐 주고, 이방인 지역에서 돼지들이 돌아다니는 근처 묘지에서 살고 있는 남자에게서 군대 귀신을 내쫓기도 한다. 또 죽은 여자 아이도 살리고, 광야에서 이방인들과 함께 먹기도 한다. 이 모든 것은 당시에 부정하다고 여겨지던 사람들과 접촉하는 행위다. 율법책에 기록된 모든 계명과는 정반대로, 예수께서는 부정하다고 여겨지는 사람이나 물건에 접촉하거나 부정한 음식을 먹는다고 해서 그 사람이 부정하게 되는 것은 아니라고 말한다.

예수의 권위는 예언하는 지혜와 통찰력과도 연관된다. 그는 자신이 예언자라고 말씀하시며, 군중 또한 예수께서 하시는 행동을 옛날 선지자들이 하던 행동과 연결 짓는다. 그의 행동들은 지금 펼쳐진 하나님의 다스리심을 분명히 보여 주고 앞으로 완성될 하나님의 다스리심을 암시한다. 예수께서는 때때로 미래를 예언하기도 하는데, 종종 그 예언은 사소한 일들, 예를 들어, 어디로 가면 나귀를 구할 수 있는지, 어디로 가면 숙소를 구할 수 있는지 등과 같은 것들이다. 그렇지만 중요한 일들, 예를 들어, 자신이 어떤 상황에서 죽임을 당할지, 자신이 죽고 난 이후 하나님의 다스리심이 최종적으로 완성될 때 무슨 일이 일어날지에 대해서도 예언한다. 일반적으로 화자가 예수를 다른 등장인물들이 무엇을 생각하고 있는지 다 알고 있는 사람처럼 묘사하지는 않지만, 때로 예수께서는 다른 등장인물들의 생각을 꿰뚫어 보기도 한다. 또한 예수께서는 성령을 모독하고 남을 실족하게 하고 과부의 가산을 삼키는 자들에게 심판의 말을 선언하신다.

예수께서는 하나님께 국가 권력 기관에 도전할 수 있는 권세도 받으셨다. 그는 율법 문제에서도 하나님의 뜻을 알고 있어서, 어떤 율법은 다른 율법보다 우선시하고, 어떤 율법은 무효화하신다. 또한 장로들의 전통을 비판하고, 몇몇 정결 예법을 무시하신다. 그 모든 지점마다, 예수께서는 율법을 사람들을 섬기기 위한 것으로서, "네 이웃을 네 자신과 같이 사랑하라"라는 하나님의 명령을 담고 있는 것으로서 해석하신다. 그는 성전을 공격하기도 하는데, 희생 제사 드리는 일을 돕던 자들을 쫓아내고, 성전이 "만민"을 위해 기도하는 집이 되어야 한다는 하나님의 뜻을 선포하신다.

이야기 세계에서 이 기름 부음을 받은 사람은 다른 등장인물들이 생각하는 것보다 훨씬 더 큰 권세가 있는 사람이다. 특히 귀신과 질병과 자연에 대한 권세와 관련해서는 엘리야나 세례 요한, 선지자들과 다윗보다도 훨씬 더 큰 권세를 가지고 있다. 그러나 그의 권세에도 분명한 한계가 있는데, 이것은 예수 자신도 인정하는 바이다. 그는 하나님이 아니다. 왜냐하면 "하나님은 오직 한 분이신 주님"이시고, "하나님 한 분 외에는 선한 이가 없기" 때문이다. 예수께서는 영광 가운데 누가 자신의 우편이나 좌편에 앉을지 결정할 권한이 없으며, 마지막 때가 정확히 어느 날 어느 시각에 임할지도 알지 못한다. 예수께서는 하나님께 순종해야 하는데,

하나님께 자신의 목숨을 맡기지 않고는 자기 자신을 구할 수 없기 때문이다.

세상에서 권력이나 지위가 전혀 없는 낮은 신분의 예수께서는 그의 입을 다물게 하려고 안달하는 권력자들의 시도를 지혜롭게 피하셔야 한다. 그는 다른 사람들 위에서 그들을 맘대로 조정할 권세는 하나님께 받지 않았기 때문에, 권력자들과 대결하는 그의 모습을 보면 그가 얼마나 상처받기 쉬운 인물인지 알 수 있다. 핵심은 그가 원하는 대로 권한을 행사**할 수 없었다**는 것이 아니다. 마가가 그려 놓은 예수의 모습을 보면, 그는 다른 사람들 위에서 그들을 좌지우지할 권세를 하나님께 받지 못했다. 그는 사람들이 자기에 관한 소문을 내지 못하게 **할** 수 없고, 믿음이 없는 사람의 병은 **고칠** 수 없고, 제자들을 두려워하지 않게 하거나 권력자들이 회개하게 **할** 수도 없다. 더구나 예수께서는 하나님 편에 서서 행동하지만 해악을 당하지 않도록 보호를 받지는 못한다. "나를 영접하는 사람은 나를 영접하는 것이 아니라 나를 보내신 분을 영접하는 것이다"라는 말씀은 "나를 거부하는 사람은 나를 보내신 그분을 거부하는 것이다"라는 말이기도 하다. 이처럼 연약한 처지에 놓인 예수께서는 박해를 받고 죽임을 당하신다.

그러나 이야기가 이 단계에서는 예수의 연약함을 묘사하지만, 이와 동시에 예수를 하나님께서 앞으로 권능으로 굳건히 세워 놓으실 분으로도 묘사한다. 하나님의 나라가 예수께서 죽고 난 이후 한 세대 안에 온전히 이루어질 때, 예수께서는 권능자의 우편에서 영광 가운데 오실 것이다. 예수께서 산 위에서 잠시 변모했던 것은 이 인자가 "아버지의 영광" 가운데 오실 그 시간을 미리 암시하는 것이다.

믿음

이야기에서 예수께서는 각별하게 하나님을 신뢰하신다. 그는 자기 일과 가족을 다 버려두고 여기저기 돌아다니면서 그곳 사람들이 공급해 주는 음식을 먹고 그들이 마련해 주는 숙소에서 쉰다. 이 이야기에서 예수께서는 믿음을 가진 사람에게 어떻게 모든 것이 가능한지 보여 주는 단적인 예가 된다. 그는 계속해서 하나님을 의지하고, 하나님께는 모든 것이 가능하기 때문이다. 예를 들어, 병을 고치기 위해서는 그 병을 확실히 고칠 수 있다는 확신이 있어야 한다. 병 고침을 받는 사람뿐만 아니라, 병을 고치는 사람도 믿음이 있어야 한다. 마가에게, 신뢰와 같은 믿음은 하나님의 능력에 다가갈 수 있는 통로다. 이런 면에서, 예수의 기도는 그의 믿음과 관련이 있다. 예수께서는 제자들에게 하나님께 믿음으로 기도나 간구를 드리면 그대로 받을 것이라고 가르치시며, 또한 제자들이 귀신을 내쫓지 못한 이유가 기도를 제대로 하지 않았기 때문이라고 가르치시기 때문이다. 기도하는 예수의 모습을 묘사하는 것은 믿음의 사람으로서 그를 묘사하는 것을 강화한다.

화자는 예수의 믿음이 전적으로 하나님의 다스리심에 순복하는 것임을 보여 주는데, 이는 신뢰의 차원일 뿐만 아니라 순종의 차원이기도 하다. 겟세마네 동산에서 예수께서는 "나의 아버지"께 "아버지께는 모든 일이 가능합니다"라는 사실을 상기시키며, 하나님께 그 잔을 옮겨 달라고 요구하신다. 예수께서는 자기가 원하는 것을 부탁하지만, 결국에는 하나님께서 원하시는 것, 그것이 죽음 앞에서 신실함을 지키는 것일지라도, 그렇게 되기를 원한다고 기도하신다. 이렇게 하나님을 온전히 의지하며, 예수께서는 자신을 부인하고, 가장 작은 자가 되기로 선택하고, 하나님의 다스리심을 이루기 위해 목숨을 버린다. 하나님께서 예수께 권세를 주시고 이에 대한 응답으로 예수께서 완전하게 하나님을 의지하는 이 관계는, 예수를 "하나님의 아들"로 특징짓는다.

다른 사람들을 섬기고 그들 위에 군림하지 않음

예수께서 하나님과 맺는 관계에서 그 핵심이 믿음이라면, 섬김은 예수께서 다른 사람들과 맺는 관계의 핵심이다. 예수께서는 제자들에게 모든 사람을 섬기는 종이 되라고 가르치신다. 즉 다른 사람들 위에 군림하는 위치에 있으면서 그들에게 섬김을 받는 사람처럼 자신의 능력을 사용하는 것이 아니라, 종이나 노예처럼 다른 사람들의 지위에 상관없이 그들을 섬기고 대가를 바라지 않고 섬기는 방식으로 자신의 능력을 사용하라는 것이다. 그리고 자기보다 힘이 약한 사람들을 위해 그 힘을 사용하라는 것이다. 섬김은 개인적인 희생이기 때문이 아니라 다른 사람들을 돕고 그들에게 힘을 주는 일이기 때문이다.

예수께서는 자기가 힘이 없고 약하기 때문이 아니라, 강한 자의 위치에서 자신의 능력으로 다른 사람들을 섬긴다. 다시 말하면, 그가 사람들을 섬길 때 사용하는 권위는 하나님으로부터 오는 것이며, 그는 다른 사람들의 강압에 밀려서 할 수 없이 섬기거나 다른 사람들의 욕망을 채워 주기 위해서 섬기는 것이 아니다. 그러므로 예수께서 생각하는 '섬김'은 다른 사람들이 그에게 원하는 것을 행하는 문제가 아니다. 물론 그 일이 하나님의 다스리심이 추구하는 가치에 맞는 경우는 예외이지만 말이다. 예를 들어, 예수께서는 바디매오처럼 요청하는 사람들은 치유해 주시지만, 표적을 보이라는 바리새인들의 요구는 거부하신다. 예수께서는 먼저 하나님께 충성하시고, 그다음에 이웃을 자기 자신처럼 사랑하신다.

예수께서는 사람들을 귀신과 질병과 죄와 부정함과 자연의 위협과 파괴, 사람들을 억압하는 율법과 전통으로부터 자유롭게 함으로써 그들을 섬기는 일에 자기 능력을 사용하신다. 그는 자신이 기름 부음 받은 자라는 것을 증명하기 위해 이런 모든 놀라운 능력의 역사를 일으키는 것이 아니다. 오히려 그의 사역은 "목자 없는 양과 같은" 사람들에게 하나님의 다스리심이 온전히 이루어지게 하려는 열정을 표현한다.

예수께서는 병 고침을 받기 위해서 찾아오는 주변 인물들을 섬기신다.[12] 하나님께서 고쳐 주실 것이라는 사람들의 믿음을 보고 예수께서는 기꺼이 그들의 질병을 고쳐 줌으로써 그들의 믿음에 응답하신다. 예수께서는 고침을 받기 위해서 자기를 만나기 위해 애쓰는 사람들의 노력 안에서 그들의 믿음을 보신다. 그리고 그들의 믿음이 약해지면 믿음을 가질 수 있도록 그들을 격려하신다. 예수께서는 누구를 고쳐 주겠다고 그 사람들을 밀어붙이지 않는다. 그는 사람들을 찾아 나서지 않고 자기를 찾아오는 사람만 치유해 주신다. 한쪽 손이 오그라든 사람을 안식일에 고쳐 주는 장면에서 볼 수 있듯이, 그는 안식일에 병을 고쳐 주는 일로 인해 생기는 모든 책임을 자기가 질 각오가 되어 있을 때만 먼저 나서서 병을 고쳐 준다.

12 마가복음의 치유에 대해서는, 예를 들어, Adela Yarbro Collins, *The Beginning of the Gospel* (Minneapolis: Fortress Press, 1992), 39-72; Frank Matera, "'He Saved Others; He Cannot Save Himself': A Literary Critical Perspective on the Markan Miracles," *Interpretation* 47 (1993): 15-26을 보라.

예수께서는 병 고침을 받는 사람과 아무런 연줄도 없지만, 고쳐 주고 싶은 대로 고쳐 준다. 그는 그들에게 자신이 기름 부음 받은 자라는 사실을 믿으라고 요구하거나(사실 그렇게 믿는 사람도 없다) 유대인의 하나님을 믿으라고 강요하지도 않는다(이방인 수로보니게 여인의 경우가 바로 그 좋은 예이다). 도덕적으로 착하게 살라고 요구하지도 않고, 사람들이 병 고침 받기를 갈망한다고 해서 그것이 꼭 하나님께로 돌아오는 것을 의미한다고도 생각하지 않는다. 또한 그는 병을 고쳐 주고 무슨 대가를 기대하지도 않는다. 병을 고쳐 준 것을 빌미로 세상에서 높은 권력을 얻어 볼까 생각하지도 않는다. 사실 마가복음에서 예수는 병을 고쳐 주고 나서 그 사람에게 자기를 따라오라고 말하지도 않는다. 도리어 그는 사람들에게, 때로는 아주 엄하게, 입을 다물고 아무 소문도 내지 말고 집에 가라고 명령한다. 그들은 자기들이 좋아서 예수께서 자기에게 해 주신 일을 떠들고 다니며 예수를 따라다니지만, 예수께서는 어떤 행동도 치유에 대한 조건이나 대가로 여기지 않는다.

예수께서는 제자들이 그가 원하는 반응을 보이도록 통제하지 않으면서 그들을 가르침으로써 그들을 섬긴다. 예수께서는 제자들을 열심히 가르치려고 하다가 화를 내기도 하고 조급해할 때도 있지만, 여전히 제자들에게 성실하게 최선을 다한다. 그는 제자들의 자유로운 의사 선택권을 존중한다. 해야 할 일과 피해야 할 일을 일반적인 조건문으로 말해 줄 따름이다. 예를 들어, "누구든지 나를 따라오려거든 자기를 부인해야 한다"라든지, "너희 가운데서 누구든지 으뜸이 되고자 하는 사람은 모든 사람의 종이 되어야 한다"라는 식이다. 예수께서는 먼저 본을 보임으로써 제자들을 인도한다. 그는 자기보다 힘없는 사람들을 돕는 모습으로, 자신보다 더 큰 권력을 가진 권력자들에게 도전하는 모습으로, 자기의 사명을 포기하지 않고 핍박에 당당히 맞서는 모습으로 제자들에게 본을 보인다. 결국 화자는 예수를 제자들에게 집착하거나 그들에게 충성을 강요하는 사람으로 묘사하지 않는다. 예수께서는 제자들이 앞으로 어떻게 행동할지, 그들의 궁극적인 운명이 어떻게 될지 알지 못한 채 죽는다. 예수께서는 하나님께 온전히 순종하고, 그 결과로 죽임을 당한다. 그리고 그 외의 일들은 하나님께, 또한 제자들의 선택에 맡긴다.

예수께서는 다른 사람들을 섬기지만, 한편으로는 다른 사람들이 자기를 섬기도록 내버려 두기도 한다. 그는 여행하는 동안 여러 사람에게 호의적인 대접을 받는다. 중요한 순간들마다 제자들이 예수께서 필요로 하시는 것들을 채워 준다. 예루살렘까지 예수를 따라온 여인들은 예수께서 갈릴리에 계실 때부터 그를 섬기던 사람들이다. 특히 예루살렘에서 예수께서는 다른 사람들이 자발적으로 그를 섬기고자 하면 그렇게 하도록 용납하신다. 한 여인은 예수께 자기의 향유를 다 부어 드리고, 제자들은 유월절 음식을 준비한다. 예수께서 죽은 후, 아리마대 사람 요셉은 예수를 장사지내고, 여인들은 그의 시신에 향료를 바르기 위해 찾아온다.

이와 동시에, 예수께서는 하나님의 다스리심이 어떤 것인가의 문제와 권력자들이 사람들을 섬기지 않는 문제로 그들과 대결하신다. 예수께서는 권력자들의 실패를 부드러운 말로 간청하거나 타이르지 않고 그것을 지적하고 정죄하신다. 예수께서는 바리새인들을 위선자라고, 대제사장들을 강도들이라고 부른다. 그들을 대적하기 위해 옛 말씀을 인용하거나 수수께끼를 말하기도 한다. 그렇지만 그들에게도 제자들에게 그랬던 것처럼 선택의 자유를 주신다. 그들과의 대결이 끝나고 난 후, 예수께서는 그들이 어떤 반응을 보일지 선택하도록 놔두고 떠나신다. 성전에서 딱 한 번 상을 뒤엎고 의자를 내던지는 폭력을 사용하지만, 그는 아주 간단하게 그 성전을 상징적으로 점령하고 나서 곧바로 뒤로 물러나고, 이로써 예수께서는 대제사장들에게 그의 행동에 어떻게 반응할지 선택할 기회를 주신다.

예수께서는 자신이 사람들 위에 군림하지 않으면서 어떻게 그들을 섬길 수 있는지 비유로 설명하신다. 예를 들어, 씨 뿌리는 사람 비유에서 예수께서는 자신과 사람들의 관계가 상대방을 마음대로 조종하는 관계가 아님을 보여 주신다. 씨 뿌리는 사람은 말씀을 뿌리고 나서 추수는 하나님께 맡겨 둔 채 "밤낮 자고 깨고" 한다. (예수께서는 이 수수께끼의 말씀을 "뿌리고" 난 뒤, 풍랑이 이는 바다의 배 안에서 "잠을 잔다.")

따라서 예수께서는 다른 사람들 위에 군림하지 않을 것이다. 그는 칼을 사용하는 군사적인 메시아가 아니다. 민중의 심리를 조작하는 선동가도 아니다. 포도원 비유에 나오는 아들처럼, 예수께서는 포도원의 수확을 받으러 왔을 뿐 그 수확을 받아내려고 포도원 대리인들에게 폭력을 쓰지 않는다. 그는 자신을 방어하기 위해서라도 폭력을 사용하지 않는다. 그는 적대자들의 멸시를 묵묵히 참아 낸다. 마가복음에서 예수께서는 "다윗의 아들"이 아니다. 예수께서 열어 놓은 새로운 세계는 "우리의 조상 다윗의 나라"가 아니라 "하나님의 나라"이기 때문이다. 그 나라에서 가족 같은 관계를 맺은 사람들은 서로에게 군림하지 않고 서로를 섬기고 밖에 있는 사람들을 섬긴다. 이러한 관계는 가부장적인 조직이 아니다. 다시 말하면, 이들에게는 "아버지들"이 없다.

자기 부인, 가장 작은 자 되기, 다른 사람들을 위해 목숨을 버리기

화자는 예수를 하나님의 다스리심 아래서 자기에게 주어진 권한에 순종하며, 부요함과 권력과 지위와 심지어 자기 목숨에 대한 모든 개인적인 권리마저도 포기하는 사람으로 그리고 있다. 예수께서는 자기 유익을 위해서 능력이나 권한을 사용하지 않는다. 그는 자신을 위해서 개인적인 요구를 하지 않는다. 이야기가 끝날 때까지 예수께서는 자기가 기름 부음을 받은 자이고 하나님의 아들이라고 밝히기를 꺼린다. 이렇게 자기 정체에 대해 침묵함으로써, 예수께서는 대적자들에게 꼬투리를 잡히지 않을 뿐만 아니라, 이런 주장은 자기에게 달린 것이 아니라는 점을 암시한다. 예수께서는 자신이 누구인지에 대해서 반석이 알아볼 때와 대제사장이 꼬치꼬치 캐물을 때, 이 두 경우에만 자기가 그런 인물임을 인정한다. 하나님의 대리인으로서 예수께서는 굉장히 도전적인 표현인 "바로 나다"("I am"; 이 말은 구약에서 하나님이 자기 자신을 가리키는 표현이다)라는 구절을 사용하는데, 그때에도 예수께서는 이 말을 단지 "그게 바로 나다" 또는 "내가 바로 그 사람이다"라는 의미로 해석할 수 있는 상황에서만 사용하신다.

마가복음에서 예수께서는 자신을 "인자"라는 삼인칭으로 칭하신다. 자신을 가리키는 이 어구는 예수의 역할이 갖는 많은 측면 곧 죄를 용서하는 권위, 안식일보다 더 위대한 권위, 권력자들에게 배척을 받고 처형을 당하는 것, 부활, 선택한 자들을 불러 모으시고 모든 사람을 심판하실 때 그가 하게 될 역할 등을 결속시킨다. 따라서 예수께서 "인자"라는 말을 사용하실 때, 우리는 처음부터 끝까지 그가 '인간'이라는 것과, 자신의 권위에 관해 하나님께 의지하는 인류의 대표자라는 것을 분명히 알 수 있다.

예수께서 얼마나 자기 자신을 부인하는지는 자기의 안위를 포기하고 하나님의 다스리심이라는 더 큰 목적을 위해 기꺼이 처형당하는 모습에서 알 수 있다. 어떤 면에서, 예수께서는 자신의 죽음을 통해서 자기가 지금껏 가르친 모든 기준을 몸소 충족시킨다. 그가 기꺼이 죽음을 감수한 모습은 그가 자신의 구원을 위해 하나님을 전적으로 믿었음을 보여 준다. 그가 십자가에서 죽은 것은 자신을 구하려고 다른 사람들을 억압하기를 거부하고 다른 사람을 섬기는 삶을 살아온 결과다. 오해받고, 거짓으로 고소당하며, 버림받은, 이 비극적인 처형 사건으로, 예수께서는 그 누구보다도 가장 작은 자이다.

예수께서 죽음에 직면하시다

이 이야기에서, 예수께서는 사람들의 병을 고쳐 주고 그들의 주린 배를 채워 주는 등 인간의 고통을 해소해 주는 능력 있는 자에서 사람들에게 배척받고 처형당하는 연약한 자로 그 이미지가 바뀌어 간다.[13] 예수에 대한 성격 묘사는 기본적으로 이야기 처음이나 끝이 동일하다. 마가의 이야기 전반부와 후반부에서 다른 점은 예수를 대적하는 일의 본질과 그 각각의 대적 행위를 다루도록 예수께서 받은 권한의 유형이다. 이야기 전반부에서 화자는 하나님의 다스리심이 침입해 들어왔다는 기쁜 소식을 강조한다. 그리

13 수난 서사에 대해서는 E. K. Broadhead, *Prophet, Son, Messiah: Narrative Form and Function in Mark 14-16* (Sheffield: JSOT Press, 1994); Frank Matera, *Passion Narratives and Gospel Theologies* (Mahwah, NJ: Paulist, 1986), 12-79; George W. E. Nickelsburg, "The Genre and Function of the Markan Passion Narrative," *Harvard Theological Review* 73 (1980): 153-84; Donald Senior, *The Passion of Jesus in the Gospel of Mark* (Wilmington, DE: Michael Glazier, 1984)를 보라.

고 예수께서는 귀신과 질병과 자연의 힘을 다스리는 모습을 보여 주신다. 이야기 후반부에서 화자는 이 세대의 권력자들이 하나님의 다스리심을 따라 사는 사람들을 어떻게 핍박하고 멸하려고 하는지 강조한다. 예수께서는 제자들에게 자기가 처형당할 것과 그들에게 다가올 박해에 대비시키면서 이 모든 박해에도 불구하고 끝까지 충성하는 인물로 그려진다.

예수께서는 자기의 죽음이 불가피한 것임을 알고 그 죽음을 향해 거침없이 나아가신다. 그는 갈릴리 출신 시골 선생으로서, 예루살렘에 있는 국가 권력의 중심부에 들어가 그들의 영역에 도전장을 내민다. 예수께서는 자기를 지지하는 군중을 이끌고 예루살렘에 들어가 성전을 공격함으로써 권력자들의 적개심을 불러일으킨다. 그렇지만 이후에 예수께 다가올 처형은 그가 바라던 것은 아닌 것으로 그려진다. 예수께서는 죽음을 수동적으로 받아들이기는커녕, 특히 포도원 농부들에 대한 수수께끼를 통해서 권력자들의 행동과 태도를 비판하고 항의한다. 그런데도 예수께서는 자신의 죽음이 하나님의 다스리심에 대한 신실한 증인의 역할을 감당한 불가피한 결과라는 사실을 인정한다. 예수께서는 십자가 처형을 두려워하신다. 겟세마네 동산에서 그가 제자들에게 했던 말들은 그가 그런 죽음을 눈앞에 두고 자기 육신의 연약함을 잘 알고 있었음을 암시한다. 기도하면서 예수께서는 자신의 두려움과 씨름한다. 예수께서 "죽지 않을 수만 있다면"이라고 기도하실 때 놀라고 번민하며 "슬퍼서 죽을 지경"이었다고 화자는 묘사한다. 그렇지만 예수께서는 하나님의 뜻에 순복하여 끝까지 충성하겠다고 기도하신다.

마침내, 자기의 뜻을 하나님의 뜻에 완전히 굴복시킨 예수께서는, 자기를 체포하는 사람들에게 순순히 끌려가면서 아무 저항도 하지 않고 그들의 채찍질과 모욕을 묵묵히 받아들이면서 다가오는 죽음을 맞이한다. 그는 자신의 사형 언도를 앞두고 유대 권력자들에게 진실하게 증언하고, 빌라도 앞에서도 그 주장을 굽히지 않는다. 그는 조롱을 묵묵히 견뎌 낸다. 이후에 그는 어떤 진통제나 마취 음료도 없이 십자가의 모진 고통을 그대로 감내한다.

예수께서 자신의 죽음에 대해 하신 예언을 청중도 들었지만, 이 지점에 이르러서 청중은 예수께서 자신의 운명을 피할 수는 없었는지 의아해진다. 대제사장은 증언이 서로 들어맞는 증인들을 찾지 못한다. 예수는 침묵한다. 빌라도는 예수의 편을 든다. 군중도 예수를 석방해 달라고 요구할 기회를 얻는다. 어쩌면 엘리야가 하늘에서 내려와 예수를 십자가에서 내려 줄지도 모른다. 그런데 그때마다 잠시 싹텄던 희망은 이야기의 플롯이 진행되면서 여지없이 꺾인다. 미뤄졌던 처형이 신속하게 종국으로 치닫는다. "예수께서 큰 소리를 지르시고 숨지신다." 이 사형 집행은 돌이킬 수 없고, 여기에서 구원받지 못한다. 하나님은 예수를 죽음에서 구해 주지 않으신다.

처형

우리가 위에서 지적했듯이, 예수께서는 주변 세계에 강력한 영향력을 미치는 사람으로 시작하지만, 이야기가 끝날 무렵에는 그에게 닥친 일에 초점이 옮겨진다. 따라서 그의 죽음을 묘사하는 장면은 통렬하기도 하고 강력하기도 하다.

예수께서는 홀로 죽음을 맞이하신다. 그를 따르던 사람들이 마지막에 모두 도망가 버렸기 때문이다. 오직 여인들만 남는다. 그렇지만 그들 역시 멀찌감치 떨어져서 지켜볼 따름이다. 예수께서 이렇게 홀로 떨어져 있기에 이 이야기의 비장함은 더욱 고조된다. 우선 예수께서는 가장 가까웠던 제자들에게 배신당한다. 겟세마네에서 그와 가장 가까웠던 제자 세 명은 잠에 곯아떨어져서 그와 함께 깨어 있지 못한다. 예수가 체포될 때 제자들은 모두 줄행랑을 치고, 반석은 예수를 부인한다. 동료들에게 아무 지지도 받지 못한 채, 예수는 온갖 거짓 증언을 하고 조롱하는 유대 지도자들에게 재판을 받는다. 그 후에 빌라도 앞에서 재판받을 때 예수는 군중에게서도 버림받는다. "넘겨졌다"라는 구절은 예수께서 얼마나 연약하고 무력한지를 잘 말해 준다. 그는 적대적인 유대 권력자들에게 넘겨진다. 그리고 다시 로마 권력자에게 넘겨지고, 결국 로마 군인들에게 넘겨져 처형당한다. 마지막으로, 예수께서 최후에 하나님께 울부짖는 한마디는 그가 죽을 때 하나님께 버림받았다고 느끼고 있음을 보여 준다. 예수께서는 외로이 죽고, 낯선 사람이 그를 장사 지낸다.

이런 육신의 고통을 당하는 예수의 모습에 덧붙여서 한 가지 더 짚고 넘어가자. 칼과 몽둥이를 든 무리가 예수를 잡아끌고 간다. 어떤 이들은 예수의 얼굴에 침을 뱉으면서 그를 정죄하고, 또 어떤 이는 그의 얼굴을 가리고 그를 때린다. 예수를 지키는 군인들이 그를 때린다. 그는 줄에 묶여 빌라도에게 넘겨지고, 빌라도는 그를 채찍형에 처한다. 군인들은 다시 예수께 침을 뱉고, 갈대 막대기로 그의 머리를 때린다. 이렇게 온갖 고통을 당한 예수는 너무나 지쳤고, 군인들은 할 수 없이 아무나 잡아다가 예수의 십자가를 대신 지고 가게 한다. 십자가 위에서의 고통은 여섯 시간 동안 지속된다.

버림받고 고통당하는 중에, 사람들이 조롱하고 경멸할 때 예수는 굴욕과 수치심을 느낀다. 그는 "유대인의 왕"이라는 죄 패를 달고 십자가 처형을 당하는데, 이것은 분명히 그를 놀리기 위한 것이다. 이것을 보고 군인들과 구경꾼들, 그리고 대제사장들과 율법가들이 조롱할 것이 뻔하다. 심지어 예수와 함께 십자가에 매달린 사람들도 합세하여 예수를 비웃는다.

예수께서 십자가에서 절망으로 울부짖기 전까지만 해도, 화자는 하나님을 제대로 이해하고 있다고 확신하는 한 인간으로서 예수를 그려 놓았다. 그러나 십자가 위에서 예수는 외로움과 절망으로 울부짖는다(이 울부짖음은 시편 22편, "고통당하는 의인의 노래"에서 온 것이다). "나의 하나님! 나의 하나님! 어찌하여 나를 버리셨습니까?" 화자는 승리의 말로 예수의 일생을 끝내기로 선택할 수도 있었다. 그렇지만 그 대신에 화자는 예수께서 하나님께 철저히 순종하여 죽음을 선택했음에도 그가 죽을 때 버림받았다고 느끼는 것으로 서술한다. 마가의 서사는 예수께서 그 죽음의 고통을 하나하나 모두 다 겪고 있음을 묘사한다.

그러므로 화자는 예수의 죽음을 영웅의 '고상한' 죽음으로 그리지 않는다. 예수는 죽음을 두려워하고, 죽음 앞에서 당황하고 번민하며, 죽음을 슬퍼하는 모습으로 그려지기 때문이다. 마가의 예수는 순교자처럼 차분하게 죽음을 맞이하지도 않는다. 그가 죽음을 앞두고 십자가 위에서 하나님께 비통하게 부르짖은 말은 왜 자기를 이런 운명에 버려두었느냐는 것이기 때문이다. 마가가 예수의 죽음에서 그린 유일한 승리의 모습은, 그가 자신만의 두려움과 고뇌와 슬픔에도 불구하고, 그리고 다른 사람들에게 버림받고 그들에게 당한 고통과 굴욕에도 불구하고, 하나님께 철저하게 순종했다는 것뿐이다.

예수의 십자가 처형의 의미

예수의 죽음이 어떤 의미가 있는가는 나중에 기독교 신학의 중심 관심사가 되었다. 그러나 그의 죽음이 갖는 신학적인 중요성은 마가의 주된 관심사가 아니다. 물론 이 복음서가 예수의 죽음이 어떤 의미가 있는지 암시하기도 하지만(이 점에 대해서는 다음에 살펴본다), 마가가 볼 때 중심이 되는 것은 예수께서 사형당했고 부활하셨다는 사실이다. 십자가에서 죽임을 당한 것은 예수께서 하나님의 다스리심에 끝까지 충성을 다해서 얻어진 비참한 결과였다. 다시 말하면, 이것은 마가가 볼 때 "믿음 없는 이 세대"가 위세를 떨치고 있는 한, 하나님의 다스리심을 따르는 사람들은 핍박을 받고 심지어 죽임까지 당할 것이라는 말이다. 세례 요한이 그러했고, 예수께서는 제자들도 그렇게 될 것이라고 예언하신다. 그 누구보다도 하나님의 다스리심을 개시한 예수께서도 이 세대의 권세에게 십자가형을 당하신다. 그러나 이것이 끝이 아니다. 왜냐하면 결정적인 발언을 하는 주체가 이 세대가 아니기 때문이다. 예수께서는 부활하시고 하나님의 다스리심은 권능과 영광으로 이제 곧 온다. 따라서 마가에게 예수의 죽음과 부활이라는 사실은(충성하는 삶의 일부분으로서) 그 죽음과 부활의 어떠한 특정 신학적인 의미보다도 더 핵심적이다.

그러므로 오늘날 독자들은 후대에 예수의 죽음에 결부된 신학적인 의미로 마가복음을 읽지 않도록 주의해야 한다.[14] 우선 마가

14 마가복음의 예수 죽음에 대한 다양한 해석에 대해서는, Adela Yarbro Collins, "From Noble Death to Crucified Messiah," *New Testament Studies* 40 (1994): 481-503; D. J. Harrington, "What and Why Did Jesus Suffer according to Mark?" *Chicago Studies* 34 (1995): 32-41; Morna Hooker, *Not Ashamed of the Gospel: New Testament Interpretations of the Death of Christ* (Grand Rapids:

는 예수의 죽음을 죄를 대속하는 죽음으로 이해하지 않는다. 마가복음에서 예수께서는 자신의 삶에서 이미 죄를 용서하고, 다른 사람들에게 그 권세를 주고 있다. 그가 죽은 것은 그런 용서가 효력을 발휘하는 데 필요해서가 아니다. 더군다나 마가는 예수의 고난을 그런 식으로 강조하지 않는다. 분명히 마가는 십자가의 죽음을 아주 고통스러운 죽음 그대로 그리고 있을 따름이다. 사람이 십자가에 달리면 죽기까지는 보통 온전한 하루나 그 이상이 걸린다. 그러나 마가복음에서 예수는 여섯 시간 만에 죽는다. 또한 마가는 핍박이나 처형당하는 것에 그 자체로 무슨 유익이 있다고 생각하지도 않는다. 예수는 고통당하기를 원하지 않는다. 그리고 제자들에게 그런 시험을 당하지 않도록 기도하라고 말하기도 한다. 마가가 볼 때 핍박으로 인한 고통은 "음란하고 죄 많은 이 세대"에서 하나님의 다스리심에 충실할 때 일어나는 비극적 결과다. 마가가 값지게 생각하는 것은 그런 모든 대가를 치르더라도 여전히 신실하게 헌신하는 모습이다.

마가 서사는 예수의 처형에 대해 두 가지 원인을 제시한다. 첫째, 그것은 인간들의 행위로 야기된 것이다. 즉, 권력자들이 그 일을 시작해서 결국 예수에게 사형 언도를 내리고 집행했다. 둘째, 그 처형은 하나님의 뜻에 따른 것이다. 분명히 마가복음에서 예수

Eerdmans, 1994), 47-67; Jack D. Kingsbury, "The Significance of the Cross within Mark's Story," *Interpretation* 47 (1993): 370-79; David Lull, "Interpreting Mark's Story of Jesus' Death: Toward a Theology of Suffering," in *Society of Biblical Literature Seminar Papers*, ed. Kent H. Richards (Atlanta: Scholars, 1985), 1-13; M. S. Medley, "Emancipatory Solidarity: The Redemptive Significance of Jesus in Mark," *Perspectives in Religious Studies* 21 (1994): 5-22; John Pilch, "Death with Honor: The Mediterranean Style Death of Jesus in Mark," *Biblical Theology Bulletin* 25 (1995): 65-70을 보라.

는 죽는 한이 있어도 끝까지 하나님께 충성하는 것이 그분의 뜻이라고 믿었기에 그렇게 죽음을 선택했다. 대부분의 1세기 사람들은 인간**에게도** 책임이 있고 하나님**께도** 원인이 있다고 믿었다. 현대인인 우리는 둘 다에게 책임이 있는 것이 아니라, 하나님이나 인간 둘 중에 한쪽만 책임이 있다고 생각하는 경향이 있다. 그렇지만 고대 사람들은 둘 다 책임이 있다고 보았으며, 화자는 그 두 가지 이유 때문인 것으로 아주 조심스럽게 묘사한다.

또한 화자는 예수께서 자신의 죽음이 의미 있다고 믿은 것으로 묘사한다. 마가복음에서 예수는 자신의 죽음을 두 번 해석한다. 첫째, 예수는 그것이 "많은 사람을 위한 몸값"인 섬김의 행위라고 제시한다. "몸값"이라는 말은 희생을 나타내는 말이 아니라, 노예나 인질을 풀어 줄 때 사용하는 단어다. 다시 말하면, 마가복음에서 예수는 십자가에서의 처형을 포함해서 자신의 **일생 전체**가, 사람들이 하나님의 다스리심 안에서 섬기는 삶을 살 수 있도록 그들이 몸값을 치르고 자유로워질 수 있는 방법이라고 여긴다. 이 서사에서 종종 그렇듯이, 더 이상 상세한 설명은 없다. 그러나 전체 서사의 문맥이나 그 수사적인 측면을 볼 때, 우리는 화자가 예수의 죽음을 끝까지 충성한 사람의 놀라운 능력을 잘 나타낸 것으로 이해하고 있다는 사실을 알 수 있다. 예수께서 끝까지 신실하게 하나님의 뜻에 순종하는 모습을 본 사람들은 배척과 핍박과 처형에 대한 두려움에서 자유로워진다. 그래서 그들도 세상 끝까지 나아가서 하나님의 다스리심이라는 기쁜 소식을 담대하게 전파할 것이다.

둘째, 마지막 유월절 식사를 할 때, 예수께서는 자신의 죽음이 언약을 확증하는 것이라고 제시하신다. 여기에서 그는 자신의

"몸"과 자신의 "피"라고 말씀하신다. 이 단어들을 함께 사용할 때, 1세기 청중은 정부에 대항한 사람들이 당하는 정치적 처형을 떠올렸을 것이다.[15] 예수께서 "많은 사람을 위하여 부어 주는 나의 언약의 피"라고 말씀하실 때는 위의 뜻에 새로운 의미를 덧붙인 것이다. 이것은 죄 때문에 대신 치르는 희생이 아니라 언약에 따른 희생을 가리킨다. 옛날의 언약은 그 계약에 참여하는 당사자들 모두가 희생 제물에서 나온 피를 부어야 비로소 맺어지는 언약이었다. 따라서 화자는 예수께서 "당신께서 원하신다면 이 죽음이 '많은 사람'과 하나님의 나라 사이에 맺어지는 언약을 확증하는 것이 되게 해 주십시오"라고 간구하는 것으로 그리고 있다. 여기에서 "많은 사람"이란, 섬김의 방식으로 예수를 따르면서, 필요하다면 모든 반대에 맞서고 어떤 결과든 기꺼이 감당하겠다는 유대인과 이방인들로 구성된 새로운 공동체이다.

예수의 사명과 이 "죄 많은 세대"의 본성을 생각할 때, 예수는 세례 요한과 같이 기존의 권세 잡은 자들에게 당하게 되어 있었다. 죽기까지 충성하는 예수의 모습은 이 권세 잡은 자들이 얼마나 정의롭지 못하고 사람들을 억압하는지를 보여 주는 한편, 설령 아주 수치스러운 처형을 당한다고 할지라도 변함없이 하나님 나라를 위해 그토록 헌신하는, 하나님의 조건을 따르는 인간의 위대함의 본질을 명확하게 드러낸다. 십자가 처형 장면은 그것을 바라보는 사람들이 어떤 이들인지도 드러내 준다. 이 사람들은 예수를 처참하게 짓밟는 이 폭력에 눈감을 것인가? 아니면 심지어 죽음에 직면해서도 사람들을 섬기고 생명을 가져오는 하나님의

15 이 점에 대해서는, Burton L. Mack, *A Myth of Innocence: Mark and Christian Origins* (Philadelphia: Fortress Press, 1988)을 보라.

다스리심을 받아들일 것인가?

화자는 예수의 죽음이 어떤 결과를 가져오는지 보여 주는, 십자가 처형 당시 일어난 사건을 이야기한다. 하나님은 성전의 휘장을 찢으시고, 하나님이 안 계신 성전은 무너질 것임을 확증하시며, 이후로는 어디에서나 하나님을 만날 수 있음을 확증해 주신다. 하나님의 백성을 재정립하는 출발점은 한 이방인(백부장)과 한 유대인(아리마대 요셉)을 통해서 구체화된다. 이 두 사람은 모두 예수의 죽음에 합당한 반응을 보인 사람들이다. 하나님의 백성을 이렇게 재정립한 핵심적인 이유는 이들이 예수 안에서 하나님의 다스리심을 "보았다"라는 사실이다. 권력자들은 이 하나님의 다스리심을 보지 못한 반면에, 백부장은 예수께서 어떻게 죽어가는지 보고 난 후에 "이분은 하나님의 아들이셨다"라고 말한다.

이와 비슷하게 화자는, 청중이 이 비참한 사람이 진정으로 하나님이 세우신 왕이었다는 것을 알아보기를 바란다. 화자는 청중이 그것을 깨닫도록, 그와 동시에 예수께서 어떤 인물인지 보여 주기 위해 아이러니를 사용한다. 예수를 적대하는 사람들이 하는 말은 모두 조롱뿐이지만, 화자는 청중이 그 정반대로 이해하기를 바란다.

그들이 조롱하려고 한 말은 실상 사실이다. 양편 십자가에 달려 있는 두 사람 사이에서 예수는 왕으로 즉위하신다. 죄 패에는 "유대인의 왕"이라고 적혀 있다. 그는 가시로 만든 왕관을 쓰고, 사람들은 그를 왕이라고 부르며 놀린다. 그 조롱은 사실 예수께서 하나님의 다스리심의 대리인으로서 진정한 왕권을 가지신다는 아이러니한 증언이다. 그러나 "하나님의 방식대로" 생각하는 사람들을 제외하고, 이 세대에 임한 하나님의 다스리심이 이 장면에서는 숨겨져 있다.

화자는 이 십자가 처형 장면에서 하나님의 다스리심의 궁극적인 역설을 보도록 청중을 안내한다. 그 역설이란 바로, 기름 부음을 받은 예수가 왕인 정확한 이유는 그가 이 수치스러운 결과를 당한다 하더라도 기꺼이 다른 사람들을 위해 살려고 했기 때문이라는 것이다. 예수께서 "이렇게 죽으셨기" 때문에, 화자는 이야기의 등장인물들이 예수를 "하나님의 아들"로 인정하게 한다.

빈 무덤

마가복음에서 예수의 죽음은 그것으로 끝이 아니다. 예수께서는 부활하신다.[16] 무덤은 비어 있다. "그는 여기에 계시지 않소! 보시오, 그들이 그를 안장했던 곳이오!" 마가복음에는 부활하는 장면이 나와 있지 않지만, 예수께서 어떻게 되었으리라는 것은 명백하다. 그는 부활하여 하나님 우편에 앉아 계신다. 그리고 그는 이 세대가 다 지나가기 전에 영광과 권능으로 다시 올 것이다. 마가복음에 예수께서 부활하는 장면이 없는 것은 그가 살았던 삶을 강조하는 역할을 한다. 빈 무덤은 하나님께서 그를 인정하셨다는 것을 확증한다. 사람들을 섬겼고, 적대 행위에 맞섰으며, 하나님의 다스리심을 위해 섬기다가 처형당한 나사렛 예수. 바로 이런 유형의 사람이 이제 다가올 세대에서 하나님이 그분의 나라로 환영해 맞아들이실 사람이다. 예수께서는 새로운 사회 질서의 성격을 보여 주는 모범이 되었다. 그리고 그는 다가올 시대에 일어날

16 예수의 부활에 근거한 마가복음에 대하여 전반적으로 살펴보려면 Hugh Humphrey, *He Is Risen! A New Reading of Mark's Gospel* (New York: Paulist, 1992)을 보라.

우주적인 변화 안에서 모든 나라가 살아가기를 기대했다. 그러므로 부활은 예수뿐만 아니라 이런 방식에 따라 사는 모든 사람을 인정해 준다는 표시다. 예수께서 다시 돌아오시기까지 그가 부재한다는 사실은, 하나님의 다스리심을 선포하는 역할 곧 "모든 이방 민족에게 좋은 소식"을 전해야 하는 사명이 이제는 세상에 나가서 예수처럼 살려고 하는 사람들에게 맡겨졌음을 강조한다.

제6장

등장인물 2: 권력자들, 제자들, 주변 인물들

이 장에서 우리는 주인공인 예수께로부터 눈을 돌려 그가 상관하고 있는 다른 인물들을 살펴보고자 한다. 권력자들은 이야기 처음부터 예수와 갈등을 빚는데, 그들은 예수와 그가 선포하는 하나님의 다스리심을 배척하기 때문이다. 제자들은 예수를 따르고 하나님의 다스리심 안으로 들어가기 위해 분투하는 사람들이다. 마지막으로, 조연인 주변 인물들은 예수와는 잠시 교류할 뿐이지만 하나님의 다스리심이 어떤 것인지 드러내는 데 도움이 되는 사람들이다.

권력자들

마가복음에는 유대와 로마의 정치 종교 지도자들이 나오는데, 그들은 이스라엘에서 권력을 가진 위치에 있으며, 기본적으로 같은 성향을 공유하고, 예수와 하나님의 다스리심을 대적하는 같은 목적으로 힘을 합치고 있다. 고대 지중해 지방의 문화에서는 종교와 경제와 국가는 떼려야 뗄 수 없는 밀접한 관계였으므로, 이 지도자들은 정치적·경제적·종교적인 권력을 휘두르고 있었다. 헤롯과 빌라도, 대제사장 같은 개인들이 대표자로서 행동하고, 대제사장들을 비롯한 바리새인이나 율법학자들 같은 높은 지위에 있는 사람들은 단체로 예수를 대적한다. 유대 지도자들은 무대 중심에 있다. 로마 제국은 이들에게 지위와 권한을 합법적으로 부여해 주는 세력으로서 존재한다.

화자는 이 집단들이 개별적으로 행동하기도 하고 다른 집단과 연합해서 행동하기도 한다고 설명한다. 바리새인들과 율법학자들은 갈릴리 지역에서 중요한 율법 문제와 정결 예법에 관한 문제로 예수와 대결한다. 예루살렘에 있는 대제사장들과 장로들과 율법학자들은 성전을 수호하고 로마 제국을 대신하여 이스라엘의 사회 질서를 유지하려고 한다. 유대와 로마의 권력자들은 자신들의 권리를 하나님께서 주신 것으로 여기고, 하나님께 받은 자신의 권한을 지키려 한다. 그들은 자신의 권력과 통치권을 유지하는 데 정치적으로 필요한 행동을 한다. 이와 동시에 이 다양한 집단들은 여러 가지 모양으로 연합하면서 예수를 없애려고 협력한다. 따라서, 거의 예외 없이, 모든 지도자는 하나의 등장인물 집단으로 다룰 수 있다.[1]

1 마가복음에서 적대자들에 대해서는 Terence Keegan, "The Parable of the Sower and Mark's Jewish Leaders," *Catholic Biblical Quarterly* 56 (1994): 501-18; Jack D. Kingsbury, "The Religious Leaders in the Gospel of Mark: A Literary Critical Study," *New Testament Studies* 36 (1990): 42-65; Elizabeth Struthers Malbon, "The Religious Leaders in the Gospel of Mark: A Literary Study of Markan Characterization," *Journal of Biblical Literature* 108 (1989): 259-81; Mark Allan Powell, *What Is Narrative Criticism?* (Minneapolis: Fortress Press, 1990), 58-72; Anthony Saldarini, "The Social Class of the Pharisees in Mark," in *The Social World of Formative Christianity and Judaism: Essays in Tribute to Howard Clark Kee*, ed. Jacob Neusner et al. (Philadelphia: Fortress Press, 1988), 69-77; Stephen Smith, "The Role of Jesus' Opponents in the Markan Drama,"

성격 묘사

율법학자들을 권위도 없이 가르치는 사람들이라고 처음 말할 때부터, 화자는 계속해서 권력자들을 부정적으로 그리고 있다. 화자는 예수를 적대하고 하나님의 다스리심이라는 새로운 질서를 방해하려는 그들의 모든 행동을 통해서 그들의 성격을 묘사한다. 그들이 하는 말에는 예수를 책잡거나 고소하려는 의도가 있는 질문들이 있다. 그들의 행동은 그들이 예수를 넘어뜨리기 위해 얼마나 애쓰고 있는지를 보여 준다. 화자는 그들이 무슨 생각을 하고 어떤 감정을 갖는지, 즉 그들의 내면을 말해 줌으로써, 청중이 이 인물들과 거리감을 갖도록 유도하고 그들을 믿지 못할 인물로 제시한다. 권력자들은 하나님의 다스리심이 추구하는 가치관을 정면으로 반대하는, 일관되고 예측 가능한 성향을 가진 사람들이다. 그들은 예수를 대적하는 사람들로서, 예수와 대조를 이루면서 예수께서 어떤 인물인지를 밝혀 준다.

하나님의 다스리심과 관련하여, 권력자들은 길가에 있는 굳은 땅과 같다. 씨앗은 그 땅으로 떨어지기는 하지만 뚫고 들어가 뿌리를 내리지 못한다. 그리고 "곧바로 사탄이 와서 그들 속에 뿌려진 그 말씀을 빼앗아 간다." 그 결과, 그들은 "돌이켜 죄 사함을 받지" 못할 것이다.

하나님께 어떤 권세도 받지 못함

유대 지도자들은 하나님께서 자신들에게 다스리는 권한을 주셨다고 생각한다. 그와 동시에, 그들은 그들을 다스리는 로마 제국

New Testament Studies 35 (1989): 161-82을 보라.

의 군주들을 의지하면서 그들도 책임져야 한다. 로마의 눈 밖에 나지 않기 위해서 그들은 백성을 계속 자기들의 통제 아래 두어야 한다. 그러므로 그들은 백성을 두려워한다. 유대 권력자들은 "백성의 폭동"이 두려우므로, 백성을 그들의 지배권 아래 두고 그들을 달래기 위해서라면 무슨 일이든 할 것이다. 그들은 예수께서 묻는 말에는 은근슬쩍 얼버무리고, 비열한 방법으로 예수를 체포한다. 헤롯은 세례 요한을 처형하고, 빌라도는 예수를 처형하는데, 이는 자신의 명예를 유지하고 백성에 대한 권력을 유지하기 위해서다.

마가의 설명에 의하면, 권력자들은 "믿음 없는" 세대의 가장 좋은 예이다. "인간적인 방식으로 생각하는" 유대 지도자들은 사람들의 "위에서 군림하는" 이방(로마) 지도자들을 그대로 따라한다. 그들은 자신을 지키기 위해서 하나님을 의지하기보다는 자신의 권력을 의지한다. 그들은 하나님의 권위를 다른 사람을 섬기는 것이 아니라 그들 위에 군림하는 수단으로 오해했기 때문에 "음란하고 죄 많은 이 세대"의 지도자들이 되었다. 이야기가 끝날 때쯤, 그들은 권력을 아주 많이 남용했기에, 지도자가 될 권한을 빼앗길 것이다. 포도원 주인이 와서 "농부들을 죽이고, 포도원을 다른 사람들에게 줄 것"이기 때문이다.

하나님과 이웃을 사랑하지 않음

권력자들은 온 "마음"을 다해 하나님을 사랑하지 않는다.[2] 갈릴

2 권력자들의 마음이나 생각에 대한 문제에 대해서는, Mary Ann Tolbert, *Sowing the Gospel* (Minneapolis: Fortress Press, 1989), 185 등을 보고, Dan O. Via Jr., *The Ethics of Mark's Gospel* (Philadelphia: Fortress Press, 1989), 88-98, 116-21을 보라.

리에서의 갈등이 끝날 무렵, 예수께서는 완고하고 "마음이 굳어진" 그들 때문에 슬퍼하고 분개하신다. 나중에 예수께서는 바리새인들이 입술로만 하나님을 경배할 뿐 "마음은 하나님에게서 멀리 떠나 있다"라고 말씀하신다. 더 나아가서 예수께서는, 바리새인들은 남편이 아내를 버리는 것을 허용하는데, 그것은 그들의 "완악한 마음 때문"이라고 말한다. 예루살렘에서 일어나는 예수와의 논쟁을 보면, 이 지도자들이 "**모든** 번제"를, "**모든** 마음을 다해" 하나님을 사랑하는 것보다 더 중요하게 생각하고 있음이 분명해진다.

이 지도자들은 자신을 사랑하듯이 이웃을 사랑하지 않는다. 그들은 사람들의 필요를 채워 주기 위해서 율법이나 전통을 해석하지 않는다. 그들은 사람이 율법을 위해서 있는 것이지 율법이 사람을 위해서 있는 것이 아니라고 생각한다. 그들은 금식이나 손 씻는 일, 번제 드리는 일 등 외양적으로 드러나는 의식이나 전통을 꼬박꼬박 잘 지킨다. 그렇지만 그들의 마음속에 있는 것은 이웃을 향한 사랑이 아니라 "살인과 간음과 탐욕과 악한 행동과 사기와 부도덕함과 시기심에 가득 찬 시선과 모독과 교만과 어리석음" 같은 것들이다.

눈멀고 귀먹음

마가복음에서 권력자들은 예수 안에 나타난 하나님의 다스리심에 대해 눈멀고 귀먹은 자들로 그려진다. 그들은 중풍병자가 걷고 한쪽 손이 오그라든 사람이 회복되는 것을 직접 두 눈으로 본다. 그러나 이런 놀라운 일들에 나타난 하나님을 감지하지 못한다. 바리새인들은 예수께서 주시는 표적을 분별할 믿음의 눈이 없으므로,

달리 반박할 여지가 없는 '표적'을 찾는 이 세대의 지도자들이다. 십자가 장면에서 예루살렘의 지도자들은 만일 예수께서 기적을 일으켜서 십자가 위에서 뛰어내리는 것을 보면 믿겠다고 말한다.

권력자들이 하나님의 다스리심을 제대로 보지 못하는 부분적인 이유는 성경을 해석하는 그들의 방식에서 비롯된다. 그들은 율법이 사람에게 유익이 되든지 안 되든지, 무조건 그것을 준수해서 하나님을 공경하는 것이 중요하다고 믿는다. 사두개인들은 성경을 해석할 때 죽은 자를 일으키는 (그리고 심판하는) 하나님의 능력을 인정하지 않는다. 예루살렘의 지도자들은 건축자에게 버림받은 돌이 그 건물의 모퉁잇돌이 될 것임을 알아보지 못한다. 그들은 성경에서 예언하는 멸망이 바로 자신들을 향한 것이 될 수도 있다는 사실을 깨닫지 못한다.

권력자들은 하나님이 어떤 행동을 해 주시기를 바라고 있는데, 그런 기대감 때문에 하나님의 나라가 전통적인 통로를 통해서 오지 않고 전혀 기대치 못했던 다른 방식으로 임할 수 있다는 것을 보지 못한다. 그러므로 그들은 자기들을 대적하고 죄를 용서할 권한이 있다고 주장하며 일부 전통을 무시하고 성전을 공격하는 갈릴리 출신의 목수인 예수 같은 사람이, 하나님의 기름 부음을 받은 분이라고는 전혀 생각하지 못한다. 그들은 오래된 술 부대를 고수하고 싶기 때문에 새 술을 거부한다.

마지막으로, 권력자들은 자기들의 위선을 보지 못한다. 그들은 안식일에 사람들의 병을 고쳐 준다고 예수를 정죄한다. 그렇지만 정작 자기들은 바로 그 안식일에 헤롯 당원들과 작당하여 예수를 제거하려고 음모를 꾸민다. 그들은 "장로들의 전통"을 중하게 생각하고, 그렇게 함으로써 정작 "하나님의 말씀"을 폐기한다. 그들은 "과부의 가산을 집어삼키는" 자들이며 "남들에게 보이려고 오래 기도"한다. 그들은 자신만 챙기는 이기적인 행동을 하면서도 자기들이 하나님의 대리인이라고 생각한다.

일부러 눈감아 버림

마가 이야기의 많은 복잡한 문제 중 한 가지(이것은 아마도 오늘날 독자들에게는 어려운 점일 것이다)는 왜 권력자들이 예수 안에 있는 하나님의 다스리심을 보지 못했는가 하는 것이다.[3] 그들의 행동에 대한 책임이 그들에게 있는가, 아니면 그들이 그렇게 행동하도록 하나님이 미리 정해 놓으신 것인가? 예수와 관련하여 짚어 본 것처럼, 고대 사람들은 어떤 원인을 양쪽 측면 모두의 것으로 생각하는 경향이 있었다. 즉, 하나님도 책임이 있고, 그와 동시에 사람들도 자신의 행동에 책임져야 한다는 것이다. 이것은 예수께서 가룟 유다에게 한 말씀에서 명백하게 드러난다. "인자는 자기에 관해 성경에 기록된 대로 떠나가지만, 인자를 넘겨주는 그 사람에게는 얼마나 끔찍한 일인가! **그 사람은** 차라리 태어나지 않았더라면 자기에게 좋았을 텐데."

이처럼 사건의 원인을 하나님과 인간 모두에게서 찾으려고 하는 것은 권력자들에 대한 마가의 해석에도 마찬가지로 적용된다. 화자는 왜 그들의 눈이 멀었는지 그 이유를 몇 가지로 제시한다. 그들은 하나님 나라의 비밀을 받지 못했다. 예수께서는 그들에게 수수께끼로 말씀하신다. 사탄은 그들에게 뿌려진 말씀의 씨앗을 곧바로 먹어 버린다. 그들은 성경이나 예수의 귀신 축출 행위를

3 Tolbert, *Sowing*을 보라.

제대로 해석하지 못한다. 그들의 마음은 굳어져 있다. 마가 서사의 세계에서는 하나님뿐 아니라 이 사람들 자신이 자기들의 눈이 먼 것에 책임을 져야 한다. 권력자들은 줄에 매달려 누군가 조종하는 대로 움직이는 꼭두각시가 아니다.

몇몇 경우에 권력자들은 하나님의 다스리심을 무시해 버리기로 의도적으로 선택한다. 헤롯은 세례 요한이 의로운 사람이라는 것을 알지만, 그는 왕으로서 많은 저녁 식사 손님들 앞에서 체면을 잃지 않기 위해 요한을 사형에 처한다. 빌라도는 예수께서 무죄라는 사실을 알고 있지만, 예수를 처형하도록 넘겨주면서 군중의 심기를 달래기로 선택한다. 포도원 비유처럼, 포도원 대리인들(유대 지도자들)은 포도원 주인(하나님)이 마지막으로 보낸 사람이 아들(예수)이라는 것을 알고 있지만, 그들은 포도원을 차지하겠다는 심산으로 그 아들을 죽인다. 때때로, 그들은 자기들의 기대 때문에 하나님이 예수 안에서 활동하고 계심을 보지 못한다. 바리새인들은 예수께서 귀신을 내쫓는다는 것을 인정하지만 그가 사탄의 힘을 빌려서 그렇게 한다고 믿는다. 십자가 장면에서 예루살렘의 지도자들은 예수가 "남들은 구해 주었다"라는 것은 인정하지만, 예수께서 "자기 자신은 구원하지 못하기" 때문에 하나님의 기름 부음을 받은 자가 아니라고 믿는다.

따라서 권력자들은 어찌 보면 아주 어리석게도 예수께서 정말로 하나님의 아들이라는 것을 믿지 않고, 일부러 어떤 식으로든 예수를 대적한다. 마가복음의 성격 묘사를 보면, 그들은 예수를 통해서 일하시는 하나님을 보지 못한다. 화자는 세 가지 예외, 즉 예수께서 누구인지 제대로 알아보는 권력자 세 명을 통해서 이것을 분명히 보여 준다. 회당장 야이로는 딸의 병을 고쳐 달라고 예수께 간구한다. 선한 율법학자는 예수를 인정하고, 예수께 "너는 하나님의 다스리심에서 멀리 있지 않다"라는 칭찬을 듣는다. 백부장은 십자가 아래에서 "참으로 이분은 하나님의 아들이셨다"라고 고백한다. 이 예외적인 세 사람은, 계속해서 부정적으로 묘사되는 다른 권력자들과는 거리가 있으면서, 집단으로서의 그 권력자들이 예수를 이해하지 않기로 선택하고 있음을 보여 준다.

권력자들은 자신의 귀를 막고 눈을 가렸다. 우리는 한쪽 손이 오그라든 사람이 치유된 사건에서 이 사실을 분명히 알 수 있다. 이 이야기에서, 유대 권력자들은 예수를 걸고넘어질 꼬투리를 잡았다고 생각해서 예수와 더 이상 토론하지 않겠다고 조용히 결심한다. 더 이상 듣지 않겠다고 선택했기에 그들의 마음은 굳어지고, 그래서 제대로 보지 못하게 된다. 그들은 예수를 이해하려고 하지 않는다. 그렇기 때문에 예수를 이해할 수 없다. 그들의 굳어진 마음은 예수를 제거하려는 적대적인 결단과 행동으로 속히 옮겨진다. 그리고 예수께서 명성을 얻으므로 사회의 공공질서가 위협을 받을 것처럼 느껴지자(그들은 예수께서 예루살렘으로 들어가실 때 사람들이 환영한 것과 그분이 성전을 공격하는 모습을 보고 그렇게 느꼈을 것이다), 백성이 "폭동"을 일으킬까 봐 두려워한다. 그러자 그들은 전술을 바꾸어서 예수를 체포하고 정죄하기 위해 속임수를 쓰고 거짓 증인들을 내세운다.

예수를 대적하면서 권력자들은 하나님도 대적하는 셈이 된다. 고대 세계에서는 대리인을 거부하는 행위는 곧 그 대리인을 보낸 사람을 거부하는 것으로 받아들여졌다. 예수께서는 "나를 영접하는 사람은 나를 영접하는 것이 아니라 나를 보내신 분을 영접하는 것이다"라고 말씀하신다. 이 말은 정반대 상황도 함께 의미한다. 즉, 예수를 거부하는 사람은 예수를 거부하는 것이 아니라 그를 보낸 하나님을 거부하는 것이다. 권력자들은 마가 이야기 처음부터 일찌감치 하나님을 거절한 것이 분명하다. 예수께서 귀신을 내쫓는 힘이 성령에서 비롯된 것이 아니라 더러운 영에서 비롯된 것이라고 함으로써 그들은 근본적으로 하나님을 거부했고, 이에 대해 예수께서는 성령을 모독하는 죄를 범하면 결코 용서받지 못할 것이라고 말씀하신다. 심판 장면에서 그들은 예수께서 신성모독죄를 범했다고 정죄하지만, 아이러니하게도 이 때문에 도리어 그들이 신성모독 죄를 짓고 만다. 그들은 제대로 보지 못했기 때문에 예수를 통해 침입해 들어오는 하나님의 다스리심과 하나님을 거부한다.

권력자들은 자기만 살려고 한다

마가복음의 성격 묘사를 보면, 권력자들은 변화되기를 원하지 않는다. 현재 질서 체계를 유지해야 자기들이 잘살 수 있기 때문이다. 만일 그들이 율법보다 백성을 우선한다면, 부정한 자들에게 손을 내민다면, 정결 예식을 버린다면, 장로들의 전통을 포기한다면, 자기 소유를 팔아 가난한 자들에게 나누어 준다면, 성전에서 번제를 드리는 것보다 사랑하라는 계명에 우선순위를 둔다면, 그들은 자신의 권력을 스스로 약화시킬 것이다.

마가는 권력자들이 자기 잇속만 챙기는 모습을 분명하게 보여준다. 율법학자들은 시장에서 정중한 인사 받기를 좋아하고, 회당이나 잔치 자리에서 높은 자리에 앉고 싶어 하며, 과부들의 가산을 삼켜서 자기 재산을 늘리는 자들이다. 그들은 비유에서 나오듯이, 포도원을 차지하려고 예수를 죽이고자 도모하며, 시기심 때문에 예수를 넘겨주는 자들이다. 마가복음의 성격 묘사를 보면, 이 지도자들은 구원받기 위해 하나님을 의지하지 않고 자신의 안위를 지키고 자신의 명예와 권력을 유지하기 위해 이런 일들을 행하고 있다.

그들은 두려움 때문에 그렇게 행동한다

마가가 볼 때, 권력자들이 그토록 자신의 안위를 좇는 근본 원인은 두려움이다. 그들은 유대나 로마의 후견인들과 맺은 관계에서 얻은 자신의 지위를 잃을까 봐, 그래서 동료들 앞에서 체면을 잃을까 봐, 그리고 자신의 권력이나 재물을 잃을까 봐 두려워한다. 자기들이 누리는 자리를 지키기 위해서 그들은 군중을 조종해야 하고 그래서 그들은 군중을 두려워한다. 예루살렘에서 일어난 다섯 개의 에피소드에서, 화자는 유대 권력자들이 백성을 의식해서 말이나 행동을 조심한다는 점을 강조한다. 다른 사람들을 희생해서 손아귀에 쥔 권력이기 때문에, 그들의 자리는 불안하고, 그래서 사람들에 대한 통제권을 유지해야 한다.

이런 두려움은 로마 지도자들인 헤롯과 빌라도도 마찬가지로 품고 있다. 비록 헤롯은 세례 요한을 보호하고 싶지만, 남들 앞에서 체면을 잃을까 두려워서("맹세한 것과 거기에 함께 앉아 식사하는 사람들 때문에") 결국 그의 목을 베고 만다. 빌라도는 비록 예수의 태도에 감탄하고 대제사장들이 시기심 때문에 예수를 넘겨주었다는 것을 알면서도, "무리를 만족시켜 주려고" 예수를 처형하도록 넘겨준다.

마가의 세계에서 두려움은 믿음과 반대되는 말이다. 하나님을 믿는 믿음은 다른 사람들을 위해 기꺼이 위험을 감수할 수 있는 용기를 준다. 그러나 권력자들은 다른 사람들을 위해서 그런 위험을 감수하지 않는다. 아이러니하게도, 그들은 자기 자신들만 살겠다고 애쓰다가 결국 스스로 자기 무덤을 파는 멸망의 씨앗을 뿌린다.[4]

권력자들은 다른 사람들 위에 군림한다

이야기 중간에 예수께서는 제자들에게 "이방인들의 통치자로 자처하는 사람들은 백성 위에 군림하고 고관들은 백성에게 권세를 휘두른다. 그러나 너희 가운데서는 그래서는 안 된다"라고 경고하신다. 이렇게 말씀하심으로써, 예수께서는 로마 황제와 그 수하에서 이방 나라들을 곳곳에서 다스리는 대리인들, 그리고 제국의 통치자들과 같은 방식으로 행동하는 유대 지도자들을 정죄하신다. 다른 이들을 섬기는 대신에 그들은 자신의 위치를 지키고 자신의 권력을 강화하려고 폭력을 행사한다.

자기 자신만 생각하는 유대 권력자들은 점점 더 파괴적으로 변해 간다. 그들은 사람들의 필요를 채워 주기는커녕, 오히려 그들 위에 군림하면서 그들에게 해를 끼친다. 이야기 끝부분에 가서 유대 권력자들은 거짓 증인을 세우고 군중을 선동해서 예수 대신에 살인자를 석방하라고 외치도록 함으로써 율법을 어기는 행동까지 하기에 이른다. 그들은 다른 사람들, 곧 가룟 유다와 군중을 조종해서 예수를 사형에 처한다. 사람을 처형할 권한도 있고 석방할

4 마가복음에서 불신앙에 대한 것은, Christopher Marshall, *Faith as a Theme in Mark's Gospel* (Cambridge: Cambridge University Press, 1989); Mary Ann Thompson, *The Role of Disbelief in Mark: A New Approach to the Second Gospel* (Mahwah, NJ: Paulist, 1989)을 보라.

권한도 있는 빌라도는 군중을 달래기 위해서 예수를 처형하기로 동의한다. 마가가 그리는 예수 처형 장면을 보면, 로마의 지도자들이나 그들의 협력자인 권력자들이 자기들의 통치에 조금이라도 도전하는 경우가 있다면 그것을 얼마나 가차 없이 제거해 버리는지 알 수 있다.

권력을 향한 지도자들의 태도는 십자가 처형 장면에서 고스란히 드러난다. 그들은 권력과 통제권을 지키기 위해서라면 무슨 일이든 서슴지 않을 것이다. 십자가 처형 장면에서 권력자나 로마 지도자들 모두 예수의 무기력하고 연약한 모습을 조롱한다. 그들은 예수를 네 번 비웃는다. 예수께서 사형 언도를 받은 후에, 로마 군인들이 조롱할 때, 예수께서 십자가에 달려 있을 때, 그리고 예수께서 마지막으로 십자가에서 크게 소리쳤을 때다.[5] 그들은 제대로 보지 못하기에, 기름 부음 받은 자가 자기 자신을 구할 수도 없고 구하려고도 하지 않는다는 것은 상상할 수도 없다. 그들은 하나님의 대리인이 백성을 다스리려고 힘도 쓰지 않고 그들 위에 군림하려고도 하지 않는다는 것을 생각할 수도 없다. 남을 위해서 자기 목숨을 버리는 것, 노예나 종이 되기 위해 자신을 부인하거나 자기 지위를 포기하는 것, 자신을 구하기 위해서라면 자신이 가진 능력을 사용하지 않기로 하는 것은 모두 이 권력자들의 사고방식과는 동떨어진 것들이다. 그들이 볼 때 예수는 무력하고 연약한 존재이며 충성스럽지도 않고 비겁하다. 예수께서 십자가에 달려 죽는 모습을 보면서 그들은 자기 생각이 과연 옳았다고 확신한다.

5 Marshall, *Faith*, 200-208.

권력자들은 예수에서 멈추지 않고, 예수를 따르는 자들까지 박해할 것이다. 그러나 마가의 세계에서 그들은 자기들이 저지른 짓으로 인해 얼마나 끔찍한 대가를 치를지 곧 알게 될 것이다. 예수께서 다시 돌아오실 때 그들은 심판을 받을 것이며, 그때 하나님의 능력이 다른 사람들의 유익을 위해 사용되어야 함을 배우게 될 것이다.

청중과 권력자들

예수와 권력자들은 각각 자기가 하나님의 대리인으로 행동한다고 주장한다. 화자는 자기가 견지하는 관점을 하나님의 다스리심에 대한 예수의 관점에 일치시킴으로써 청중이 예수의 주장을 인정하고 권력자의 말은 거부하도록 유도해 왔다. 이런 면에서 마가복음 안에 있는 주된 갈등은, 마치 예수와 그의 추종자들은 전혀 유대인이 아닌 것처럼, 예수 및 그를 따르는 사람들과 "유대인들" 사이에 있는 것이 아니다. 그보다는 하나님의 다스리심의 대리자인 유대인 예수와 그의 추종자들이 유대인 권력자들 및 로마 권력자들과 갈등하고 있는 것이다. 이처럼 갈등은 지위와 부, 권력과 권한의 사용에 대한 것이다.

마가는 하나님의 다스리심의 기준과는 정반대되는 기준을 견지하는 완전히 부정적인 인물로 권력자들을 그려 놓았다. 그들은 재물(그들은 온 세상을 갖고 싶어 한다), 지위(그들은 명예를 얻고자 한다), 권력(그들은 다른 사람들 위에 군림한다) 문제에 있어서 하나님의 다스리심과 예수에게 반대되는 관점을 가지고 있다. 우리가 살펴본 것처럼, 이 등장인물들은 이야기 속 인물이기 때문에 실제 유대나 로마의 지도자들과 혼동해서는 안 된다. 그렇지만 마가가 그려 놓은 권력자들의 모습은 권력의 본질을 정확하게 보여 준다. 청중이 이 권력자들의 입장에서 그들이 그렇게 이기적으로 행동하는 이유를 생각해 보는 것은 그리 어렵지 않을 것이다. 어떤 청중은 그들과 자신을 동일시할 수도 있다. 그러나 이야기가 끝날 무렵, 화자는 이 권력자들의 사고방식이나 행동과는 완전히 결별하도록 청중을 인도해 간다.

더 나아가서, 청중은 유대나 이방 지도자들 앞에서 하나님의 다스리심을 선포해야 할 사람들이다. 청중은 회당에서 매 맞고, 권력을 쥔 사람들이나 왕 앞에 끌려가서 그들에게 증언해야 할 위험을 감수해야 하는데, 이는 너무 늦기 전에 그들이 돌이켜서 하나님의 다스리심 안에 들어올 수 있도록 기회를 주기 위해서이다.

제자들

마가 이야기에서 **제자**라는 용어는 예수께서 선택하셔서 그를 따르게 하신 열두 명을 가리킨다. 처음에는 두 형제들이 부름을 받고, 그다음에 레위(이 사람은 열두 명 안에 들지 않음)가 부름을 받고, 그러고 나서 예수께서는 열두 명으로 한 집단을 만드시는데, 이들의 이름은 모두 기록되어 있다. 그때부터 "제자"라는 용어는 기본적으로 이 열두 명을 가리킨다. 시몬(반석), 야고보와 요한(천둥의 아들)은 예수께서 특별히 별명을 붙여 준 사람들인데, 이들은 제자들 중에서도 가장 중심에 있다.

그 외에도 예수를 "따르는" 사람들이 있다. 곧 세리인 레위, 세리들과 함께 식사하던 제자들, 예수께서 수수께끼를 설명해 주실 때 "예수와 열두 제자들과 함께 있던 사람들", 예수의 이름으로 귀신을 내쫓은 사람, 병 고침을 받은 뒤에 예수를 따른 바디매오, 겟세마네 동산에서 칼을 휘두른 사람, 예수께서 십자가에 달릴 때 함께한 여인들("예수가 갈릴리에 계실 때 그를 따라다니며 섬기던 사람들")이 있다. 또한 우리는 선포하고 섬기면서 제자의 직을 잘 수행한 주변 인물들과 단지 예수를 그저 "따라다녔던" 무리도 포함시켜야 한다. 예수께서는 모든 무리를 불러서 "자기 십자가를 지고 나를 따르라"라고 말씀하시며, 모든 사람들에게 "주의하고 깨어 있으라"라고 경고하신다.[6] 예수를 따르는 것과 제자의 직을 수행하는 것은 분명히 모든 사람에게 열려 있다.

예수께서는 "자기와 함께 있게 하고", 파송하여 "말씀을 전파하게 하며, 귀신을 내쫓는 권능을 주려고" 제자 열두 명을 지명하신다. 그들은 예수의 사역을 확장하고, 이스라엘과 이방 나라들과 모든 피조 세계에 대한 하나님의 다스리심의 비전을 이해하고 수용하기 위해 부름받았다. 예수께서 그들을 선택하신 데는 특별한 이유가 없다. 그들은 도덕적이거나 똑똑하거나 경건해서 선택된 것이 아니다. 마가복음에 나오는 열두 명의 제자들은 어부이거나 세리인데, 이들은 가버나움과 그 근방 출신의 평범한 사람들이다.

6 마가복음의 제자들에 관해서는, Ernest Best, *Following Jesus: Discipleship in the Gospel of Mark* (Sheffield: JSOT Press, 1981), 그리고 Best, *Disciples and Discipleship: Studies in the Gospel According to Mark* (Edinburgh: T & T Clark, 1986); Joanna Dewey, *Disciples of the Way: Mark on Discipleship* (Women's Division, Board of Global Ministries; United Methodist Church, 1976); Jack D. Kingsbury, *Conflict in Mark* (Minneapolis: Fortress Press, 1989), 89-117; Elizabeth Struthers Malbon, "Text and Context: Interpreting the Disciples in Mark," *Semeia* 62 (1993): 81-102; Whitney Shiner, *Follow Me! Disciples in the Markan Rhetoric*, SBLDS 145 (Atlanta: Scholars, 1995); Robert C. Tannehill, "The Disciples in Mark: The Function of a Narrative Role," *Journal of Religion* 57 (1977): 386-405를 보라.

그들은 명예나 사회적 권력을 가진 사람들이 아니며, 권력 집단과 연줄이 있는 것도 아니다.

성격 묘사

제자들의 성격 묘사를 보면, 제자들이 하나님의 방식대로 사는 것과 인간의 방식대로 사는 것 사이에서 고군분투하고 있음을 알 수 있다. 제자들은 하나님의 방식대로 살려고 무척 애를 쓴다. 예수를 따르기 위해 모든 것을 버리고, 어떤 위험도 감수하려고 한다. 그와 동시에, 그들은 자신의 안위와 지위와 권력에 집착하며 "인간의 방식대로" 살아간다.

그러므로 제자들의 성격 묘사는 복잡하다. 제자들의 **행동**을 보면 그들이 제자와 협력자로서 예수께 충성한다는 것을 알 수 있다. 그러나 그들의 **말**이나 **행동**을 보면 그들이 예수를 따르는 데 어려움을 겪고 있음을 알 수 있다. 제자들의 생각이나 감정에 관한 화자의 내적 관점은 거의 전적으로 부정적이다. 주인공 예수께서는 계속해서 제자들의 잘못을 바로잡아 주시고 그들에게 경고하시기도 한다. 따라서 화자는 제자들이 예수와 같은 편에 있기는 하지만 그들의 스승인 예수께서 기대하는 바를 온전히 만족시키는 데는 실패한 것으로 묘사한다. 제자들은 서로 충돌하는 특성들을 함께 가지고 있다는 점에서 복합적 인물들이다.

제자들의 성격 묘사의 상당 부분은 그들이 잘 이해하지 못하고 두려워하고 믿음이 부족하다는 것에 기초한다. 이해한다는 것은 이 이야기에서 예수를 따르는 사람들에게 아주 중요하다. 예수께서는 사람들에게 "네 모든 뜻understanding을 다해" 하나님을 사랑하라고 요구하신다. 게다가 "돌이키라"라는 말은 하나님과 기름 부음을 받은 분과 자기 자신과 자신의 가치관을 "새롭게 이해하라"라는 것을 의미한다. 예수께서는 제자들이 이해하고, 파악하고, 듣고, 보기를 기대하신다. 이해하려고 들지 않는 권력자들과는 달리, 제자들은 대부분 이해하려고 노력하기는 하지만, 잘못된 기대와 두려움 때문에 제대로 이해하는 데 제약을 받는다. 그들의 두려움은 때로 예수께 나타난 하나님의 능력에 위압당해 느끼는 것이기도 하고, 때로는 안일하게 살 수는 없는지 염려하는 마음에서 생기는 것이기도 하다. 어떤 두려움이든 그것은 하나님의 다스리심의 현존과 그 요구에 합당한 반응이 아니다. 두려움은 믿음과 정반대되는 것이다.

제자들의 성향이 서사 안에서 변화하는 전개 상황에 반응하면서 펼쳐진다. 예수의 부름에 처음 따라나선 이후, 제자들은 잘 이해하지 못하다가 나중에는 오해하고, 마지막에는 이해하기는 하지만 그것을 행동으로 옮기지는 못한다. 따라서 제자들은 처음에는 믿을 만한 사람들이었지만 결국에는 예수를 따르지 않는 사람의 본보기가 되는 것으로 끝나고 만다.

화자는 대조와 비교라는 방법으로 제자들의 성격 묘사를 발전시킨다. 제자들은 하나님의 다스리심에 제대로 응답하지 못한다는 면에서 예수와 대조된다. 부정적인 예를 이용해서 가르치는 방법은 고대 서사에서 흔한 것이다. 마가복음에서, 제자들의 실패는 예수께서 제시하는 제자도의 기준을 화자가 드러내는 주요한 장치가 된다. 제자들의 행동과 태도를 교정하는 과정에서 예수께서 많은 것을 가르치시기 때문이다. 또한 화자는 제자들과 권력자들을 비교하기도 하는데, 제자들이 종종 예수의 적대자들과 똑같은 사고방식으로 생각할 때가 있기 때문이다. 마지막으로, 화자는 긍정적으로 그려지는 많은 주변 인물과 대조하면서 제자들을 부정적으로 묘사한다.

믿음, 충성, 권세

처음에는, 흔히 제자들이 스승에게 그러는 것처럼, 예수의 제자들도 스승인 예수께 꼭 붙어 있었다. "모든 것을 버리고" 예수를 따라왔기에, 그들은 "그와 함께" 있고, 이제 예수와 가족 같은 관계를 맺는 사람들로 자신을 인식한다.[7] 그들의 성공과 실패는 항상 예수와 가까운 내부 인물로서 예수와 맺는 관계라는 맥락에서 제시된다.

마가의 이야기에서는 제자들을 예수께 헌신한 사람들로 그린다. 그들은 사람을 낚는 어부가 된다. 그들은 생업과 가정을 버리고 예수를 따라나섰으며, 그를 따라 산에 올라갔으며, 그다음에 예수가 그들에게 그렇게 할 권세를 주자 그들은 복음을 선포하고 귀신을 내쫓고 병도 고친다. 그들은 예수께서 배에 태워 달라고 할 때, 나귀를 데려오라고 할 때, 유월절 식사를 준비하라고 할 때, 그분의 지시에 순종함으로 그분을 섬긴다. 제자들은 예수께서 허락하시기만 한다면 언제나 어디든지 예수와 함께 간다. 그들은 풍랑 한가운데서도 예수와 함께 있었고, 광야로 갈 때도, 꾸지람을 듣거나 경고를 받을 때도, 칭찬을 듣지 못하고 보상을 약속해 주지 않을 때도 예수를 떠나지 않았다. 그들이 박해를 받을 것이고 특별한 보상을 받지 못할 것이라고 예수가 말했을 때도, 그들은 죽기까지 예수를 따르겠다고 약속한다. 적어도 예수께서 체포

7 Stephen C. Barton, *Discipleship and Family Ties in Mark and Matthew* (Cambridge: Cambridge University Press, 1994).

되시기 전까지, 그들은 예수께 충성을 다한다.

그런 식으로 제자들은 예수를 섬긴다. 복음을 선포하고, 병을 고치고, 귀신을 쫓음으로써 다른 사람들을 섬긴다. 이런 면에서 그들은 제자로서 그들의 소명을 다한다.

이해력이 부족하고, 두려워하고, 믿음이 없음

우리는 이야기 전반부에서 제자들이 이해력도 부족하고 두려움도 많으므로 어려움을 겪는다는 것을 쉽게 알 수 있다. 그들은 예수께서 말씀해 주시는 수수께끼를 제대로 이해하지 못한다. 그들은 하나님의 다스리심이 어떤 가능성을 지니는지 깨닫지 못한다(이것은 바다에서 풍랑을 만났을 때와 광야에서 음식이 없었을 때를 보면 잘 알 수 있다). 그들은 두려움도 많다. 그들은 풍랑을 보고 두려워하고, 그 풍랑을 잔잔하게 하는 예수의 능력을 보고 두려워하고, 물 위를 걸어오는 예수를 두려워하고, 빵이 없는 것 때문에 근심한다. 그들은 지금 예수를 통해 역사하는, 자연을 다스리시는 하나님의 능력을 믿지 못한다. 간단히 말해서 "그들은 큰 두려움에 사로잡혔다."

그들의 두려움과 그들이 제대로 이해하지 못함은 서로 연결되어 있다. 그들은 두려워하기 때문에 제대로 이해하지 못하고, 제대로 이해할 수 없기 때문에 두려워한다. 그러므로 문제는 이해력 부족이 아니다. 마가는 그보다 더 심오한 무엇인가를 보여 준다. 두려움은 이해하지 못하게 방해하고, 오해 때문에 두려움이 생긴다. 제자들은 두려움에 취약하고 이해하는 능력이 부족하다. 왜냐하면 하나님의 다스리심은 경이롭고, 사람들의 관습적인 사고방식과는 정반대이기 때문이다. 제자들은 인간적인 방식으로 생각하고, 하나님의 다스리심을 믿는 사고방식을 갖추지 못한다.

두려워하고 제대로 이해하지 못하는 근본적인 이유는 하나님의 다스리심을 신뢰하지 못하기 때문이다. 그래서 예수께서는 “너희는 왜 그리도 겁이 많으냐? 아직도 믿음이 없느냐?”라고 말씀하신다. 제자들은 그들의 눈으로 능력의 역사들을 직접 보았으니 하나님의 다스리심을 신뢰하게 되었어야 한다. 그러나 “그들이 빈 들에서 빵을 나누던 일을 제대로 이해하지 못했기 때문에” 그들의 마음은 굳어져 있었다. 아버지와 귀신 들린 아들에 관한 이야기는 믿음이 없음에도 불구하고 사람들이 어떻게 도움을 간구할 수 있는지 보여 준다. 그러나 제자들은 그 아버지처럼 최소한 그런 도움을 구하는 기도조차 하지 않는다.

두려워하기만 하고 제대로 이해하지 못한다는 점에서, 제자들은 마가복음의 권력자들과 비슷하다. 권력자들처럼 제자들도 잘못된 기대를 품고 제한된 범위 안에서만 생각할 뿐이다. 그리고 그 권력자들처럼 제자들은 두려워한다.

여행길에서 영광은 추구하고 죽음은 거부하다

이야기 중반에 반석은 예수를 기름 부음 받은 분으로 알아보는데, 이제는 제대로 이해하지 못하는 것이 문제가 아니라 잘못 이해하는 것이 문제가 된다. 이제 제자들은 예수께서 누구인지 이해하게 되었지만, 기름 부음 받은 분이라면 당당하게 예루살렘 성으로 입성하여 그를 따르는 자들에게 명예와 권력이 있는 높은 자리로 보상해 줄 것이라고 잘못 이해한다. 예수께서 자기가 받을 고난과 죽음을 처음 예언하셨을 때, 제자들은 하나님의 다스리심을 위해 섬긴 결과가 핍박과 죽음이라는 사실을 거부한다. 또다시 그들은 인간적인 사고방식으로 생각한다.

예전처럼, 제자들은 두려워한다. 그러나 이제는 하나님의 놀라운 능력을 보고 경외심에서 두려워하는 것이 아니라, 자기들이나 예수가 핍박을 받고 십자가에 달려 죽을까 봐 두려워한다. 우리가 앞에서 보았듯이, 십자가형은 끔찍하고 수치스러운 죽음이며, 정치범이나 노예들에게 합당한 것이었다. 제자들이 그것을 두려워하는 것은 어찌 보면 아주 당연하다. 그들은 예수께서 말씀하신 죽음과 부활에 관한 예언이 무슨 뜻인지 예수께 묻기조차 두려워하고, 예루살렘으로 가는 길 내내 두려움에 사로잡혀 있다. 화자가 말한 것처럼, "뒤따라가는 사람들은 두려워했다."

거듭 말하지만, 두려움과 오해는 서로 관련된다. 제자들은 오해하고 있으므로 예수께서 죽음을 예언하시자 두려워한다. 그리고 그 두려움이 제자들이 제대로 이해하지 못하게 방해한다. 화자가 말한 것처럼, "제자들은 예수께서 하신 말씀을 깨닫지 못했고, 예수께 묻기조차 두려워했다." 두려움과 오해는, 손해를 입고 위협이 있더라도 용감하게 맞서 행동하게 하는 믿음이 없는 것과 관련이 있다.

예수께서 자신의 죽음에 대해 말씀하시자 제자들은 개인적인 소망과 가치에 집착하는 방식으로 대처한다. 명예와 권력에 대한 욕망이 너무나 강해서 야고보와 요한은 심지어 그것을 위해서라면 예수와 함께 죽을 수도 있다고 말한다. 예수께서 영광을 받으실 때 그들을 "주의 오른쪽과 왼쪽에 앉게 해" 주기만 한다면 말이다. 그러나 마가복음의 예수에게는, 핍박을 받는다고 해서 특별한 보상을 받는 것이 아니다. 사람들을 섬기고 가장 작은 자가 되는 것은 그저 하나님 나라의 방식일 따름이다. 남들에게 호의를

얻거나 보상을 받기 위한 방법이 아니다.[8]

앞에서 언급한 바와 같이, 어떤 면에서 제자들은 권력자들과 비슷하다. 차이점이 있다면, 권력자들은 이미 권력과 명예와 부를 누리고 있으며 그것을 지키려 하고 다른 사람들 위에 군림하려고 그것을 사용한다는 점이다. 반면에 제자들은 권력과 명예와 부가 없고, 그것을 갖고 싶어 할 뿐이다. 마가의 이야기 세계에서, 자신만 잘살아 보겠다고 사람들을 조종하고 군림하려는 욕망은 아주 끈질긴, 그래서 좀처럼 떨쳐 버리기 힘든 것으로 그려진다. 이 세상의 가치, 곧 마가의 말을 빌리자면 '인간적인' 가치가 던지는 유혹은 아주 강하다.

제자들은 자기를 챙기려는 욕망이 강하다. 자기만 잘살아 보겠다는 가치관은 사람들로 하여금 경쟁하고 지배하는 삶을 살게 할 뿐이다. 예수께서는 이런 가치관과는 아주 대조를 이루는 모습, 즉 서로 섬기는 관계를 제자들에게 보여 주신다. 그러나 제자들은 명예를 가치 있는 것으로 여기고, 권력을 특권으로 여기며, 재물을 얻으면 축복받았다고 생각하고, 안전하면 구원받은 것이라고 여긴다. 당시 문화에서, 다른 사람을 섬기는 것은 노예나 여자가 할 일이지 고상하거나 영예로운 일이 아니었다. 그러므로 그들은 자기보다 못한 사람들을 섬기는 대신에, 특권과 명예를 확실하게 갖고 싶을 뿐이다. 야고보와 요한이 예수 옆에 있는 권력자의 자리를 요구했을 때, 그들은 하나님의 다스리심이 영광 가운데 있을 것이라고 이해하지만, 하나님 나라의 본질이 섬김이라는 것은 깨닫지 못한다. 중요한 것은, 제자들이 하나님 나라의 가치관을

8 이 문제에 대한 다른 접근 방식을 보려면, Burton L. Mack, *A Myth of Innocence: Mark and Christian Origins* (Philadelphia: Fortress Press, 1988)을 보라.

오해했기 때문에, 예수께서 그들에게 주신 사명, 곧 사람들의 필요를 채워 주고 어린아이를 영접하고 박해에도 굴하지 않고 핍박과 죽음 앞에서 끝까지 충성을 다해야 하는 일을 감당하지 못한다는 사실이다.

하나님의 다스리심을 믿고 싶어 했기 때문에, 제자들은 모든 것을 버려두고 예수를 따랐다. 그러나 그들은 아직 자기 자신을 돌보고 자신만 살겠다는 생각을 가장 중요시하는 인간적인 가치관을 버리지 못하고 자기 자신을 부인하지 못했다. 그들은 재물을 나누고 낮아지고, 나라들과 모든 피조 세계를 향한 비전을 가지고 섬기는 일이 이루어질 미래 세상을 붙들지 못했다. 그렇지만 예수와 함께 여행하고 많은 일을 경험하면서 제자들은 변화된다. 눈먼 사람들이 눈을 뜨게 된 이야기와 맞물리면서, 제자들도 눈을 뜨고 명확하게 보기 시작한다. 제자들은 이제 하나님의 길을 따를 때 핍박이 뒤따르는 것을 이해하게 되었다. 그들은 예루살렘까지 "예수를 따라갈" 수 있을 만큼 충분히 분명하게 "보고" 있다.

예루살렘에서의 두려움과 도주

예수와 제자들이 예루살렘에 들어갔을 때, 제자들은 예수를 잘 따라가는 데 성공할 것처럼 보인다. 제자들은 이전에 예수께서 자신의 죽음과 제자들이 앞으로 당할 핍박을 예언하셨을 때 그것을 거부했는데, 이제 그런 모습은 사라졌다. 그들은 권력을 갖고 싶다든지 순교자처럼 죽어서 영광을 얻겠다고 하는 말을 더 이상 하지 않고, 앞으로 닥칠 자신의 운명에 대한 예수의 예언을 받아들인다. 그들은 예수의(하나님의) 방식대로 예수를 따르려는 것처럼 보인다. 그들은 죽기까지 충성을 다하겠다면서 예루살렘까지 예수를 따라왔기 때문이다.

감람산에서 예수께서는 제자들에게 일어날 모든 일에 관해 제자 네 명에게 경고하신다. 그들은 잡혀서 (유대) 의회에 넘겨지고, 회당에서 매를 맞고, (로마) 관원들과 왕들 앞에 서게 되고, 모든 사람에게 미움을 받고, 재판에 넘겨지고, "하나님께서 세상을 창조하신 뒤로부터 지금까지" 일어난 적이 없는 그런 적대 행위를 당하게 될 것이다. 선택받은 이들을 위해 하나님께서는 "그 날들을 줄여 주실 것"이다. 이 모든 것을 통해 예수께서는 그들에게 "끝까지 견디는 사람은 구원을 받을 것"이라고 격려하신다. 이런 경고를 들은 제자들은 예수를 따르는 일이 어느 정도까지를 말하는 것인지 가늠해 볼 수 있게 된다.

예루살렘에서 제자들은 충성심을 증명할 기회를 얻는다. 그러나 그들은 너무나 자신만만했다. 여기서 나타나는 그들의 두려움은 죽음 앞에서 인간이라는 존재가 얼마나 나약한지 제대로 깨닫지 못한 데서 비롯되었다. 예루살렘으로 가는 길에서 야고보와 요한은 자기들도 핍박과 죽음의 세례를 받을 수 있다고 호언장담했다. 다락방에서 있었던 유월절 식사 자리에서는 모든 제자가 어떻게 자기들 중 누군가가 예수를 넘겨줄 수 있는지 도무지 믿지 못한다. 그래서 그들은 "저는 아니지요?"라고 확인한다. 감람산 장면으로 돌아가 보자. 예수께서 제자들이 모두 실패할 것이라고 말씀하셨을 때, 반석은 "내가 주님과 함께 죽는 한이 있을지라도, 나는 절대로 주님을 부인하지 않겠습니다"라고 큰소리쳤다. 그러자 다른 제자들도 모두 "똑같이 말했다." 제자들은 자기들이 처형을 당하게 되더라도 용감하게 그 일을 감당할 수 있으리라고 착각했다. 그 결과 그들은 겟세마네 동산에서 잠들어 "깨어 있지"

못한다. 예수께서 제자들에게 "마음은 원하지만 육신이 약하구나"라고 말씀하셨을 때, 이것이야말로 제자들이 어떤 사람들인지를 정확히 묘사한다.

아니나 다를까, 시험의 시간이 다가오자, 두려움이 엄습하고 제자들은 도망친다. 반석은 멀찌감치 따라가지만, 여종의 질문에 대답하다가 포기한다. 그는 예수를 모른다고 세 번 부인하는데, 마지막에는 그를 알지도 못한다고 맹세하기까지 한다.[9] 반석, 그는 제자들의 대표격으로서, 예수께서 기름 부음 받은 분이라는 것을 알아본 사람이다. 그러나 이제는 제자들이 자신의 실패를 깨달았음을 대표로 보여 주는 인물이 되었다. 반석은 예수의 예언을 기억하고 흐느끼기 시작한다. 이제 다른 모든 생각은 온데간데없고, 오직 "나만이라도 살고 보자"라는 두려움 가득한 욕구가 제자들의 마음속에 가득하다. 그들은 예수를 인정하고 그분과 관계 맺음으로 인해 일어날 결과를 감당할 수 없었고, 그래서 반석이 흐느껴 운 것처럼, 그들도 자기들이 실패했음을 깨닫고 슬픔에 잠긴다. 권력자들과 달리 제자들은 자신들의 실패를 인정했기에, 아직 그들은 "돌이켜" 예수를 따라나설 수 있는 가능성이 있다. 그런데도 이 실패와 두려움을 남긴 채, 제자들은 이 서사에서 사라진다.

제자들의 실패

적대자들과 달리 제자들(가룟 유다를 제외하고)은 자기만 살겠다

9 마가복음에서 베드로의 역할에 대해서는 Thomas E. Boomershine, "Peter's Denial as Polemic or Confession: The Implications of Media Criticism for Biblical Hermeneutics," *Semeia* 39 (1987): 47-68; and Willem Vorster, "The Characterization of Peter in the Gospel of Mark," *Neotestamentica* 21 (1987): 57-76을 보라.

는 심산으로 예수를 무너뜨리지는 않는다. 그들은 예수를 대적하지 않는다. 단지 예수 편에 서지 못했을 뿐이다. 그리고 예수와 가장 가까웠던 제자들이 가장 크게 실패한다. 서사를 보면, 예수께서는 종종 반석과 야고보와 요한만 데리고 갈 때가 많다. 예수께서 열두 살 소녀를 다시 살리실 때, 변화산에 오르실 때, 장래 일을 설명하실 때 이 세 사람만 따로 등장한다. 그런데도 다른 제자들보다도 이 세 제자가 예수를 더 실망시킨다. 겟세마네 동산에서 예수께서는 이 세 제자에게 자신을 위해 깨어 있어 달라고 부탁하지만 그들은 그렇게 하지 못한다. 이에 관한 묘사는 겟세마네 동산에서 이들이 처음 실패했을 때 예수께서 반석에게 "시몬아" 라고 옛날 이름을 부르는 것으로 날카롭게 묘사된다. "그리고 예수께서는 반석에게 '시몬아, 자고 있느냐?'라고 말씀하셨다."

제자들의 실패는 돌밭에 떨어진 씨앗에 비유된다. '반석'Rock이라는 단어는 청중의 머릿속에 힘이나 용기 같은 이미지를 떠올리게 한다. 그러나 '돌밭'rocky ground에 떨어진 씨앗은 그의 이름이 아이러니한 의미로 해석될 수 있음을 제시한다. 우리가 앞에서 살펴보았듯이, 제자들은 마음이 굳어져서 쉽게 이해하지 못한다. 수수께끼에서 말한 것처럼, "그들 속에 뿌리가 없어서 오래 가지 못한다. 그래서 그 말씀 때문에 환난이나 박해가 일어나면 곧바로 그들은 걸려 넘어진다."

부활 이후

빈 무덤에 대한 마지막 에피소드는 상반되는 반응을 끌어낸다. 여인들, 곧 막달라 마리아, 작은 야고보와 요세의 어머니 마리아, 살로메는 예수께서 십자가에 처형되고 매장되는 장면과 빈 무덤을 목격하는데, 이때 이들은 플롯에서 제자로서의 역할을 감당한다. 청중은 이 여인들이 끝까지 예수를 잘 따르기를 바라고, 어떤 젊은이가 전해 준 기쁨의 소식을 반석과 제자들에게 전해 주기를 바란다. 그러나 다른 제자들이 그랬던 것처럼, 이 여인들 역시 실패한다. 빈 무덤으로 드러난 하나님의 능력을 보고 두려움을 느꼈기 때문이다.

젊은이가 말해 준 소식은 제자들에게 회복될 수 있는 기회를 준다. 그러나 여인들이 아무 말도 하지 못했기 때문에, 제자들이 다시 회복될 것인지는 그들이 과연 예전에 예수께서 그들에게 하셨던 말을 기억하고 갈릴리로 돌아갈 것인가에 달려 있다. 제자들의 운명은 청중의 운명과 마찬가지로 여전히 열린 결말이다. 결국, 제자들에게는 모든 것이 다시 가능해졌다. 그러나 제자들이 처한 새로운 상황에서, 즉 스승이 처형당한 범죄자라는 상황에서, 극한 두려움은 여전하다.

청중과 제자들

화자가 제자들의 성격을 이처럼 묘사했기에, 청중은 제자들에 대해 양면적 감정을 갖게 된다. 청중은 어떤 등장인물보다도 이 제자들과 자신을 동일시하게 되고 이 제자들이 성공하기를 바란다. 청중은 쉽게 제자들의 입장이 되어 볼 수 있다: 예수께 부름 받았다는 특권, 예수께서 능력으로 행하신 기적을 보고 놀람, 앞으로 다가올 십자가형 죽음에 대한 공포, 체포되느니 차라리 도망치고 싶은 마음. 제자들의 긍정적인 모습과 쉽게 이해될 만한 그들의 성격 때문에, 그들이 실패했음에도 불구하고, 청중은 제자들이 다시 예수를 신실하게 따르는 이들이 될 것이라는 희망을 품고 그들을 끝까지 눈여겨보게 된다. 화자가 때때로 제자들의 속마음을 보여 줄 때, 예를 들면, 예수께서 폭풍을 잔잔하게 하는 것을 보고 제자들이 두려워할 때, 겟세마네 동산에서 너무 피곤한 나머지 제자들이 잠들어 버렸을 때, 무엇보다도 반석이 예수를 부인하고 나서 "흐느껴 우는" 모습을 볼 때, 청중은 그들에게 연민을 느끼기도 한다.

그와 동시에, 청중은 하나님의 다스리심이 추구하는 가치, 즉 예수께서 제자들에게 가르쳐 준 가치를 기준으로 제자들을 평가하고 판단한다. 이와 더불어, 때로는 화자가 제자들의 옳지 못한 속마음을 보여 주기 때문에, 청중은 제자들과 거리를 두기도 한다. 그러므로 화자는 청중이 제자들이 겪었던 혹독한 실패를 정면으로 맞닥뜨리게 하는 동시에, 제자들이 미래의 이야기 세계에서 어떻게 할 것인지에 관심을 갖게 한다.

화자는 제자들이 두려워하고, 믿음이 없고, 이해하지 못하고, 자기 목숨 구하는 일에만 관심 있고, 자신이 대단한 존재라는 생각에 사로잡혀 있지만, 그런데도 모든 것을 버리고 예수를 계속해서 따르고 있다고 설명한다. 그러나 마지막에 가서 제자들은 핍박당해 죽게 될 것에 제대로 대비하지 못한다. 그러나 청중은 제자들의 실패를 보고 배워야 한다. 만일 제자들이 실패하고 또 실패할 수도 있고 그래도 여전히 예수께서 그들보다 먼저 가 있겠다고 약속한다면, 청중도 실패할 수 있을 것이다. 제자들에 관한 이런 설명은 청중에게 이런 질문을 던진다. "당신은 예수를 따르기로 선택할 수 있는가? 예수와 복음 때문에 죽음을 맞게 된다면, 당신은 어떻게 할 것인가? 당신은 신실함을 유지할 수 있는가? 만약 실패한다 해도, 다시 시작할 수 있는가?"

예수와 그의 제자들에 대해 이제 알게 된 청중은 하나님의 다스리심에 관한 소식을 선포하는 일이 쉽지는 않을 것이다.

주변 인물들

주변 인물들이나 무리가 마가의 이야기에서 아주 중요하다. 그들은 예수와 제자들의 출신 지역에서 온 농민들이다. 그들은 미약한 자들이고 돌봄을 받아야 하는 사람들인데, 권력자들은 그들을 돌보려 하지 않고 오히려 억압할 뿐이다. 아이러니하게도, 권력자들이나 제자들은 하나님 나라의 섬김이 무엇인지 제대로 보여 주지 못하는 반면, 이 주변 인물들은 그것이 어떤 것인지 잘 보여 준다.

주변 인물들은 이야기에서 계속 등장하지는 않는다. 잠깐 나왔다가 곧 퇴장한다. 그들은 집단적 등장인물이 아닌데, 그들은 개별적이고 서로 연결되어 있지 않기 때문이다. 그러나 그들 중 많은 사람이 가진 유사성들이 두드러지기 때문에 우리는 그들을 함께 다루고자 한다. 그 사람들은 잠깐 동안만 등장하고, 대부분의 경우에 그들의 이름도 나오지 않지만, 그렇다고 그들을 하찮은 인물이라고 생각하면 안 된다. 그들 각자의 역할은 때로 기억에 꽤 오래 남기 때문에, 그 사례들을 종합해 보면, 독자들에게 주는 효과는 틀림없고 심오하다.[10]

10 마가복음의 주변 인물들에 대해서는, Elizabeth Struthers Malbon, "The Major Importance of the Minor Characters in Mark," in *The New Literary Criticism and the New Testament*, ed. E. McKnight and E. S. Malbon (Valley Forge, PA: Trinity Press International, 1994): 58-86; David Rhoads, "The Syrophoenician Woman in Mark: A Narrative-Critical Study," *Journal of the American Academy of Religion* 62 (1994): 342-75; Robert C. Tannehill, "The Gospel of Mark as

헤로디아와 그녀의 딸, 대제사장의 계집종, 예수를 조롱하는 군인들을 제외하고, 주변 인물들은 대체로 하나님의 다스리심을 호의적으로 받아들인다. 무리 중에서 어떤 사람은 병 고침을 받기 위해 예수께 나아오고, 어떤 사람들은 하나의 좋은 모범이 된다고 예수께 칭찬을 듣기도 하고, 어떤 사람들은 예수를 섬긴다. 대개, 이 사람들은 아무 힘도 없는, 주변부 사람들로서, 어린아이, 여자, 거지, 이방인, 가난한 과부들이다. 많은 사람은 자기가 짊어진 고통스러운 짐 때문에 정상적인 생활을 하지 못한다. 귀신 들렸다고, 한센병 환자라고, 몸에서 피가 나오는 병에 걸린 여자라고, 수로보니게 여인처럼 이방인이라고, 이들은 부정한 사람으로 여겨진다. 그러나 이 사람들이야말로 바로 하나님 나라와 복음을 받아들이는 "좋은 땅"에 해당한다. 이들이야말로 하나님 나라의 새로운 가족을 구성하는 어머니, 누이, 형제, 딸, 아들이다.

대부분의 주변 인물이 평범한 사람들로 이루어진 군중 가운데서 등장하지만, 몇몇은 그렇지 않다. 앞에서 살펴보았듯이, 예수를 호의적으로 보는 권력자들도 있는데, 회당장 야이로, 예수께 값비싼 향유를 부어 드린 부자 여인, 하나님 나라에서 멀지 않다고 칭찬받은 율법학자, "존경받는 의회 의원"인 아리마대 요셉, 그리고 예수를 "하나님의 아들"이라고 한 백부장이 바로 그들이다. 이런 예외적인 사람들은 어떤 특정 집단에 속한다고 다 같은 반응을 보이는 것은 아니며, 그들이 보이는 긍정적인 반응은 환영받는다는 것을 분명히 말해 준다.

Narrative Christology," *Semeia* 16 (1979): 57-95; Tolbert, *Sowing*; Joel Williams, *Other Followers of Jesus: Minor Characters as Major Figures in Mark's Gospel* (Sheffield: JSOT Press, 1994)을 보라.

성격 묘사

주변 인물들은 몇 가지 전형적인 특성을 지니고 있다. 즉 예수께 대한 열린 태도, 끈질긴 믿음, 겸손, 개인적인 지위나 권력에 상관하지 않음, 섬기려는 자세가 있다. 예수께 나아옴으로 인해서 많은 사람이 변화되고 그들의 상황이 변했다. 예수의 말을 빌려 표현하자면, 그들은 "믿음 있는 작은 자들"인 것이다. 그러나 그들의 인물 특성은 때때로 복합적이다. 예수께서 자신에 대해 소문을 내지 말라고 명령하는데도 많은 사람이 그 말을 따르지 않는다. 귀신 들린 소년의 아버지는 더 큰 믿음이 필요하다. 칭찬받은 율법학자는 하나님 나라에 가깝기는 하지만 그 안에 들어가지는 못했다.

대부분의 경우, 주변 인물들은 이야기 흐름상 서로 대체될 수 없다. 어떤 에피소드에 한 주변 인물이 등장했다면, 이 에피소드는 보통 그 주변에 있는 다른 에피소드들과 서로 구조 형태나 핵심 단어로 연결되어 있다. 게다가 화자는 어떤 특정한 주변 인물을, 그 근처에 있는 다른 에피소드에 나오는 또 다른 등장인물들에 병렬 배치해서 비교나 대조를 이루게 하기도 한다. 또한 주변 인물들이 등장하는 이야기들은 플롯에서 중요한 전환점이 되거나 새로운 전개를 마련하는 출발점이 되기도 한다. 예를 들어, 귀신 들린 사람은 예수께서 광야에서 사탄을 결박한 직후에 귀신에게서 놓임을 받는다. 또한 수로보니게 여인은 이방인 선교를 위한 다리 역할을 한다. 예수께 다윗의 자손이라고 외친 바디매오는 예수의 예루살렘 입성 준비 역할을 한다.

믿음

주변 인물들의 믿음은 아주 중요하다. 왜냐하면 하나님의 다스리심 안에서 일어나는 놀라운 일은 "돌이켜서 기쁜 소식을 믿는" 사람들에게 일어나기 때문이다. 병을 고쳐 달라고 요청하는 사람들은 단순히 병 고침을 받겠다는 일념과, 예수나 제자들을 통해서 하나님이 그들을 치유해 주실 수 있다는 믿음을 가지고 나아온다. 그들은 자신의 믿음을 눈에 보이는 행동으로 표현하는데, 곧 예수께 나아오기도 하고, 그 앞에 무릎을 꿇기도 하고, 그에게 호소하기도 하고, 병을 고쳐 달라고 간청하기도 한다.[11]

때로는 중풍병자나 청각장애인이나 맹인들은 그 친구들이나 가족들이 데려와서 병 고침을 받게 한다. 무리가 환자를 데려와서 예수께 그 사람을 만져 달라고 간청한다. 환자를 대신해서 다른 사람들이 예수를 찾아오기도 하는데, 야이로나 수로보니게 여인은 자기 딸을 위해서 예수께 나아온 사람들이다. 이렇게 간청하는 사람들의 행동하는 믿음은 그들이 대신하는 사람들의 믿음이나 신뢰로 간주된다.

간청하는 사람들은 장애물을 넘어섬으로써 자신의 믿음이 얼마나 끈질기고 굳건한지를 증명해 보인다. 네 명은 사람들로 가득한 집 천장을 뜯어내고 예수 앞에 중풍에 걸린 친구를 매달아 내린다. 야이로는 자기 딸이 죽었다는 소식에도 개의치 않고 예수께 끈기 있게 간청한다. 수로보니게 여인은 이방인이라는 이유로 딸을 고쳐 주지 않으려는 듯한 예수의 태도에도 굴하지 않고 끝까지 간구한다. 바디매오는 시끄럽게 굴지 말고 가만히 있으라고 군중이 그

11 마가복음의 믿음에 대해서는, Sharyn Echols Dowd, *Prayer, Power, and the Problem of Suffering* (Atlanta: Scholars, 1988); Marshall, *Faith*; Eduard Schweizer, "The Portrayal of the Life of Faith in the Gospel of Mark," *Interpretation* 32 (1978): 387-99; Robert C. Tannehill, *A Mirror for Disciples* (Nashville: Discipleship Resources, 1977); Tolbert, *Sowing*, 176-230을 보라.

에게 다그치지만, 그래도 예수께 소리 질러 그의 주목을 받는다.

마가 이야기에서는, 믿음 그 자체가 환자를 고치는 것이 아니라 하나님이 그를 고쳐 주시는 것이라고 본다. 그러나 예수나 하나님이나 결코 환자에게 와서 고침을 받으라고 강요하지 않기 때문에, 환자 측에서 가지고 있는 믿음이 병 고침을 받는 일에 핵심적인 역할을 한다. 믿음은 예수에 대한 올바른 신념과는 아무 상관이 없다. 마가의 이야기에서, 믿음은 하나님께서 예수를 통해서 행하실 것임을 신뢰하는 것이다. 예수께로부터 능력이 흘러나가 하혈증을 앓던 여인에게 임한 것에서 볼 수 있듯이, 그러한 믿음으로 인해 사람들은 하나님의 능력에 다가갈 수 있다. 하나님께는 모든 것이 가능하기 때문에, 믿음 있는 사람에게는 모든 것이 가능할 수 있다. 믿음으로 말미암아, 간구하는 사람은 하나님의 치유 사역에 참여하는 권한을 받는다. 그래서 예수도 간구하는 몇몇 사람들에게 "네 믿음이 너를 구원했다"라고 말씀하신다. 믿음이 있다면 사람들은 담대하게 먼저 예수께 나아온다. 믿음이 약하다면, 귀신 들린 아이의 아버지에게 그러셨던 것처럼, 예수께서는 그의 믿음을 강하게 하신다. 나사렛 동네 사람들이 그랬듯이, 하나님께서 예수를 통해 병을 고치신다는 믿음이 없다면, 치유의 역사는 거의 일어나지 않는다.[12]

목숨을 버리고, 작은 자가 되고, 다른 사람을 섬김

일반적으로, 이 주변 인물들은 위대해지거나 권력을 행사하거나 재물을 얻는 일에 관심이 없다. 이런 욕심이 있었다면 다른 사람들의 필요를 채워 주려고 애쓰지 않았을 것이다. "자기가 가진 모

12 Rita Nakashima Brock, *Journeys by Heart: A Christology of Erotic Power* (New York: Crossroad Press, 1992).

든 것, 곧 자기 생활비 전부를 드린" 가난한 과부는 자기 삶을 어떻게 포기할 것인가의 전형이다. 이 과부는 하층 부류의 사람이고 아주 적은 금액을 드렸기에, 다른 사람들의 눈을 의식하거나 보상을 바라고 그렇게 드린 것이 아님을 알 수 있다. 사실 그 여인은 자신이 주목받고 있는지도 몰랐다. 수로보니게 여인은 작은 자가 된다는 것의 본이 된다. 그 여인은 예수께서 자기를 개라고 지칭하며 무시하시지만 귀신 들린 딸을 구하기 위해 그 모욕을 지혜롭게 감수한다. "거지" 바디매오는 끈질긴 믿음의 본을 보여 준다. 시몬의 장모는 섬김의 본이 되고, 예수께 치료받을 수 있도록 병자들을 데리고 온 사람들 역시 섬기는 모습을 보인다.

예루살렘의 마지막 장면에서, 주변 인물들은 "모든 사람의 종"이 되라는 교훈의 실제를 보여 주는 좋은 예이다. 이야기를 통틀어, 예수께서는 어려움에 처한 사람들을 섬기신다. 마찬가지로, 예수께서 어려움에 처했을 때는 다른 사람들이 그를 섬긴다. 한센병 환자 시몬은 예수께 자신의 집을 제공하고, 한 여인은 예수의 머리에 향유를 부어 드리고, 구레네 사람 시몬은 예수의 십자가를 대신 지고 간다. 아리마대 요셉은 예수를 장사 지내고, 갈릴리에서 온 여인들은 예수의 시신에 향품을 바르려고 무덤을 찾아간다. 이 사람들은 예수를 섬기기 위해, 재산을 잃거나 체포되거나 수치를 당할 위험을 무릅쓰면서까지 용기 있게 행동한다. 이런 행동은 예수께서 보여 주신 자기 부인의 삶을 반영하고, 청자로 하여금 예수를 따르는 일이 가능하다는 확신을 갖게 한다.

수난 이야기 부분에서 화자는 주변 인물들의 이름을 지명하면서 그들을 이야기 전면에 내세운다. 이야기 전반부에서 야이로는 긍정적으로 그려진, 이름이 언급된 유일한 주변 인물이었다. 그러나 예루살렘 이야기에서는 바디매오, 한센병 환자 시몬, 구레네 사람 시몬, 아리마대 사람 요셉, 막달라 마리아, 작은 야고보와 요세의 어머니 마리아, 살로메의 이름이 모두 기록된다. 예수의 머리에 기름을 부은 여인의 행동은, 복음이 선포되는 곳이면 온 세상 어디서든지 기억될 것이다. 이렇게 구체적으로 이름을 거명하면, 주변 인물들은 더 이상 전체가 아니라 한 개인으로서 청중의 뇌리에 남는다. 그리고 이는 사람들은 섬김의 행동을 통해서 각자의 정체성을 온전하게 실현한다는 사실을 강조한다.

여인들

주변 인물들 중에는 여인이 많다.[13] 이들은 무리 가운데 있다. 이들은 예수께서 말씀하신 어머니들과 형제들과 자매들로 이루어진 새로운 가족 안에 있다. 이 무리의 일부로서, 여인들은 자기를 부인하고 예수를 따르라는 초청을 받아들인다. 여성 인물들은 소외된 계층에 속하는 사람들이 갖는 특징을 이런저런 방법으로 보여 준다.

마가는 많은 여자 등장인물을 특히 중요시한다. 대부분의 경우,

13 앞에서 지적했듯이, 예수의 사역에서 여인들의 역할이 마가복음에서 묘사한 것보다 더 중요했다는 사실은, 마가복음에 암시되어 있을 뿐만 아니라 역사적인 증거도 있다. 여인들에 관한 마가의 성격 묘사는 다음을 참고하라. Janice Capel Anderson, "Feminist Criticism: The Dancing Daughter," in *Mark and Method*, ed. Janice Capel Anderson and Stephen Moore (Minneapolis: Fortress Press, 1992), 103-34; Joanna Dewey, "The Gospel of Mark," in *Searching the Scriptures: A Feminist-Ecumenical Commentary*, ed. Elizabeth Schüssler Fiorenza (New York: Crossroad, 1994) 2:470-509; Hisako Kinukawa, *Women and Jesus in Mark: A Japanese Feminist Perspective* (Maryknoll: Orbis, 1994); Elizabeth Struthers Malbon, "Fallible Followers: Women and Men in the Gospel of Mark," *Semeia* 28 (1983): 29-48; Mary Ann Tolbert, "Mark" in *The Women's Bible Commentary*, ed. Carol A. Newsom and Sharon H. Ringe (Louisville: Westminster John Knox, 1992), 263-67.

여인들은 하나님의 다스리심의 기준을 잘 보여 주는 예가 되는데, 곧 시몬의 장모가 시중드는 모습, 하혈증 앓던 여인의 믿음, 수로보니게 여인의 재치와 지혜, 가난한 과부의 자기희생, 예수께 향유를 부은 여인의 예언적인 행동을 예로 들 수 있다. 많은 여인이 사회적인 기대치와 종교적인 관습을 무시하는 용기를 보여 준다. 즉, 공적인 자리에서 예수 앞에 나아오기도 하고, 부정한 상태의 몸인데도 불구하고 예수의 몸을 만지기도 하고, 개의치 않고 예수의 사생활에 끼어들기도 한다. 수로보니게 여인은 예수의 마음을 바꾸어 이방인을 치유하게 하는 데 성공한다. 예수께서는 그의 머리에 향유를 부은 여인이나 가난한 과부를 칭찬하면서 제자들에게 그 여인들을 본받으라고 말하기도 한다.

게다가 화자는 “막달라 마리아, 작은 야고보와 요세의 어머니 마리아, 살로메, 그리고 다른 많은 여인”이 예수를 섬겼고 갈릴리에서부터 따랐으며, 예루살렘까지 쫓아왔다고 말한다. 실제로, 이 여인들은 제자로서의 역할을 계속하고 있다. 예수의 어머니 마리아와 헤로디아를 제외하면, 이 세 명의 여인은 열두 제자처럼 이름이 직접 언급된 여인들로서, 비록 짧기는 하지만 이야기에서 지속적인 역할을 하고 있다. 이들은 십자가 처형 장소에도 머물고 무덤까지 쫓아가는 위험을 무릅쓴다. 그리고 이들은 향품을 구입해서 예수의 시신에 바르려고 하는 등 섬기는 모습을 보인다. 이 여인들은 특히 열두 제자가 실패하고 모두 떠난 시기에 참된 제자도의 본을 보여 준다.

다른 인물들과의 비교와 대조

주변 인물들은 이 이야기에서 말하고자 하는 기준들과 관련하여 제자들과 대조되며 돋보이기도 한다. 이야기 전반부에서, 화자는 예수께 찾아와 간청하는 사람들의 믿음과 제자들의 두려움을 암시적으로 대조한다. 그 후 예루살렘으로 가는 도중에, 그리고 예루살렘에 들어간 초기에, 예수께서는 주변 인물들(어린아이들, 종, 하인들, 가난한 중에도 생활비 전부를 드린 과부, 예수의 머리에 향유를 부은 여인)과 비교하시면서 제자들의 잘못된 행동을 명시적으로 교정하시는데, 이는 제자들에게 작은 자가 되어서 섬기는 방법을 가르치시기 위함이다. 마지막 장면에서 열두 제자는 스승 예수를 위해서, 세례 요한의 제자들이 그들의 스승에게 해준 장례 예식을 치러 주지 못하는데, 이를 주변 인물들이 감당한다. 곧 이들이 예수의 시신을 가져다가 무덤에 장사 지내고 그 시신에 향료를 바른다.

또한 마가의 이야기는 주변 인물들과 권력자들을 대조한다. 비싼 옥합을 깨고 예수의 머리에 향유를 부은 여인은, 예수를 체포하기 위해 돈으로 사람을 매수한 권력자들과 대조된다. 자기의 모든 것을 아낌없이 바친 가난한 과부는 그녀를 착취하는 율법학자들과 대조된다. 주변 인물들이 제자들이나 권력자들과 대조되는 모든 면에 있어서, 이들은 예수를 닮았고 그래서 청중은 "하나님의 방식대로" 사는 사람들을 더 많이 보게 된다.

계속되는 제자도

제자들은 예수께 계속 한결같이 충성을 해야 하는 사람들로 기대되는 반면, 주변 인물들은 그 각각의 경우에 제시되는 이야기의 기준을 충족하는 모범으로 제시된다. 주변 인물들이 예수를 만나고 난 뒤에 어떻게 되었는지는 이야기에서 더 이상 들을 수 없다.

어떤 사람은 나가서 선포하여(물론 예수께서는 그들이 소문내는 것을 금했지만) 그 뿌린 씨앗이 "삼십 배, 육십 배, 백 배의 결실을 맺는다." 어떤 사람들은 자기 집으로 돌아간다. 어떤 사람들은 예수와 그 제자들을 친절히 대접하기도 하는데, 한센병 환자 시몬이 바로 그런 사람이다. 기름 부음 받은 분의 이름으로 오는 사람에게 냉수 한 그릇이라도 대접하는 사람은 "분명히 자기가 받을 보상을 잃지 않을 것이다."

그러나 제자의 길을 갈 때 핍박받을 위험이 따른다는 것을 생각하면, 그것은 또 다른 문제일 수도 있다. 이것은 세 명의 여인이 무덤에서 보여 주었던 기대 밖의 행동을 설명해 줄지도 모른다. 이 세 여인은 예수께서 십자가에 달리던 때 그 자리에 있었고, 예수의 시신에 향료를 바를 준비를 하고 있었다. 그러나 막상 빈 무덤이라는 하나님의 놀라운 능력에 맞닥뜨리자, 그들은 여지없이 실패한다. 그들은 "가서 소식을 전해야" 한다. 그러나 그들의 반응은 이전에 남자 제자들이 보였던 반응과 같았다. 그 여인들은 두려워하고 도망치고 침묵한다. 서사에 등장하는 모든 사람이 예수를 계속해서 따라가는 일에 실패한다. 그 역할이 이제 청중에게 넘겨졌다.

군중

마가복음에서 예수 주변에 몰려드는 사람들은 "목자 없는 양"과 같다. 이것은 나라의 지도자들이 이스라엘 백성이라는 양들을 돌보지 않음을 의미한다.[14] 이와 대조적으로 예수께서는 군중에게 동정심을 갖는다. 예수께서는 그들을 가르치시고, 광야에서도 두

14 군중에 대해서는 Elizabeth Struthers Malbon, "Disciples/Crowds/Whatever: Markan Characters and Readers," *Novum Testamentum* 28 (1986): 104-30을 보라.

번이나 그들을 배불리 먹이신다. 전체적으로, 군중의 반응은 그들이 자신들의 필요를 채워 줄 지도자를 얼마나 간절히 바라는지를 잘 보여 준다. 그들은 예수께 환호를 보낸다. 그들은 예수께서 좁은 공간에 계시든 탁 트인 공간에 계시든 어디서나 그를 둘러싸고 있으며 늘 무리 지어 따라다닌다. 그들은 이스라엘 전역에서 온 사람들이다. 그들은 예수께서 머무는 마을에 몰려든다. 마을이 너무 작아서 다 들어갈 수 없으면, 마을과 마을 사이에 있는 들판에 모인다. 이렇게 많은 사람이 예수를 둘러싸고 있기 때문에, 갈릴리 지역에 있을 때는 예수의 친척들이 예수를 잡지 못했고, 예루살렘에 있을 때는 권력자들이 예수께 손댈 수 없었다.

군중이 지니는 성향은 종종 예수께 도움을 간청하던 사람들과 비슷하다. 그들은 예수께서 계신 곳이라면 어디든지 따라간다. 그들도 병 고침을 받고 싶어 한다. 예수를 한 번이라도 만져 보기 위해 몰려든다. 군중은 병 고침을 받게 하려고 사람들을 예수께 데려오고 끈기 있게 예수께 나아간다. 어떤 군중은 예수를 뒤좇아서 이 마을에서 저 마을로 따라가기도 하고, 또 어떤 군중은 예수께서 배를 타고 가시자 자기들도 배를 타고 끈질기게 따라간다. 어떤 사람들은 예수와 함께 광야에서 사흘씩이나 머물기도 한다. 그들은 예수께서 기름 부음 받은 분임을 알아보지 못하고, 예수께서 세례 요한이거나 엘리야이거나 선지자일 것이라고 생각할 뿐이다. 그런데도 그들은 예수께서 행하시는 일을 보면서 놀라고, 그 놀라운 일들을 보면서 하나님을 찬양한다. 이렇게 놀라워하는 반응들은, 모든 것을 바꾸어 놓을 수 있는 하나님의 다스리심의 능력이 모든 사람에게 열려 있음을 보여 준다. 그러나 앞에서 말했듯이, 놀라워하는 반응 자체로는 하나님의 다스리심에 대한 충

분한 반응이 될 수 없다.[15]

예수께서 공적으로 드러나게 활동하는 한, 그리고 그의 행동이 낳는 결과가 어떤 의미가 있는지 분명하게 드러나지 않는 한, 군중은 예수를 따라다니며, 예수께서 보이시는 동정심과 그의 능력에 반응하고, 그를 환영하며, "그의 말을 달갑게 들었다." 그러나 예수께서 예루살렘에 가까이 이르자, 군중은 예수를 "하나님의 다스리심"보다는 "다가오는 우리 조상 다윗의 다스림"을 실현한 사람으로 바라본다. 예수께서 체포당해 무대에서 사라지고 무력해지자, 군중은 더 이상 그를 따르지 않는다. 군중은 이제 전통적인 권력자들이 조종하는 대로 쉽게 움직일 뿐이다. 예수를 지지하는 군중을 두려워하고 예수를 시기하던 대제사장들은 군중을 선동해서 빌라도에게 바라바를 놓아주고 그 대신 예수를 죽이라고 요구하게 만든다. 결국 군중은 예수를 십자가에 못 박으라고 외치면서 예수를 조롱하는 자들과 합세한다. 제자들이나 주변 인물들처럼 군중 역시 예수를 따르는 데 실패한다.

청중과 주변 인물들

처음에 마가의 이야기를 들었던 사람들은 그 이야기 속에 등장하는 주변부 여자들과 남자들의 이야기와 자신을 연결 지었을 것이고 그들에게서 많은 힘을 얻었을 것이다. 그들은 이야기에 나오는 무리가 병 고침을 받을 때 함께 기뻐했을 것이다. 병 고침의 사건들은 그 인물들처럼 병으로 고생하던 청중에게 희망을 불어넣어 주었을 것이다. 그들은 예수께서 가르치신 가치 기준의 전형적인

15 Timothy Dwyer, *The Motif of Wonder in the Gospel of Mark* (Sheffield: Sheffield Academic, 1996).

예를 보여 주는 주변 인물들과 자기 자신의 모습을 동일시했을 것이다. 그리고 하나님의 다스리심에 봉사하려고 열두 제자 중에 꼭 들어야 할 필요가 없다는 것도 깨달았을 것이다.

주변 인물들을 전면에 내세움으로써 화자는 "가장 보잘것없는 사람이 가장 중요한 사람이 될 것"이라는 예수의 말을 그대로 보여 준다. 이 이야기에서 제시하는 기준에서 볼 때, "지극히 작은 [보잘것없는] 자"야말로 진정으로 큰 자이다. 예수께서 어린아이들과 섬기는 사람들을 제자들에게 본보기로 제시하시고, 후에는 자기의 모든 것을 다 드리는 가난한 과부를 주목하라고 제자들에게 말씀하신 것처럼, 화자 역시 주변 인물들을 전면에 내세워 청중이 그들을 눈여겨보고 그들에게서 배우게 한다. 복음이 전파되는 곳이면 어디서나 그들도 기억될 것이다. 사실 "보잘것없는" 등장인물들 가운데 나타난 하나님의 다스리심을 볼 수 있을 때, 청중은 비로소 하나님의 다스리심이 얼마나 이 세상을 어느 정도까지 전복시킬 수 있는지를 완전히 이해하게 된다.

주변 인물들은 씨앗이 "좋은 땅에" 떨어져서 "삼십 배, 육십 배, 백 배"의 결실을 맺는 방식을 보여 준다. 이러한 결과는 청중에게 고무적이다. 청중은 그들이 혼자가 아니며 자기들도 하나님의 다스리심을 누릴 수 있고 그 다스리심을 신실하게 선포하면서 그 가치에 따라서 살아갈 수 있음을 알게 된다. "온 세상에 복음이 선포되는 곳이라면 어디든지"에서 말이다.

결론

마가의 성격 묘사를 볼 때, 인간의 본성에 관한, 그리고 인간의 조건을 구성하는 문제점들에 관한 그의 관점에 대해 우리는 대체적으로 무엇을 알 수 있는가? 창조 세계는 어그러지고, 사람들은 자연의 위력에 위협당하고, 국가는 백성을 지배하고, 악한 영이 사람들을 지배하고, 많은 사람이 병들고 장애를 입고 부정하고 방향을 잃고 무시당하고 억압을 받는다. 하나님의 다스리심은 그 다스리심을 환영하는 사람들에게 치유와 새로운 삶을 안겨 준다. 하나님의 다스리심은 사람들에게 도전하기도 한다. 유감스럽게도 사람들은 굳이 모험을 하려고 하지 않는다. 사람들은 자기가 속한 집단에 순응하고, 그들의 문화가 추구하는 가치에 맞추면서 안전한 행동만 하려고 한다. 사람들은 두려워하고 자기 자신과 자기가 속한 집단을 보호하려고 한다. 두려움으로 인해서 권력자들은 자기 자신과 자신의 사회적 지위와 권력을 어떻게든지 지키려고 한다.

제자들은 그렇게 살지 않기를 바라고, 실제로 그렇게 살아가는 일에 조금은 성공하지만 그래도 여전히 그런 가치관을 갖고 있다. 어쩌면 주변 인물들이 권력이나 영광의 자리와는 좀 동떨어져 있기 때문에 다른 사람들에 비해서 더 잘 섬기려고 하는지도 모르겠다. 변화는 가능하지만 아주 어렵다. 변화한다는 것은 하나님의 다스리심을 위해서 '전혀 다른 사람'이 되려고 그동안 자기 자신이나 자기가 속한 집단을 보호해 온 가치 체계를 깨뜨리는 것을 의미하기 때문이다.

그런데도 마가의 등장인물들의 결말은 열려 있다. 추수의 가능성은 남아 있다. 예수께서는 마지막에 하나님의 뜻에 복종하기로 선택한다. 많은 주변 인물도 하나님의 다스리심의 본보기가 된다. 복음은 계속해서 선포될 것이고, 백부장이 보여 준 반응은 이방인도 변화될 수 있다는 희망을 준다. 제자들의 운명이 어떻게 될 것인지도 여전히 열려 있다. 그리고 청중 역시 자신의 신실함을 증명할 수 있기를 여전히 바란다. 주변 인물들은 이야기에서 잠깐 등장하지만, 그들의 미래도 여전히 열려 있다. 무엇보다도, 청중의 운명은 이제 이 이야기를 듣고 어떻게 반응하느냐에 달려 있다.

예수, 권력자들, 제자들, 주변 인물들에 대한 청중의 첫인상을 생각해 볼 때, 우리는 서사가 어떻게 놀라운 반전이나 변화를 통해서 제자도에 따르는 결과가 무엇인지를 청중에게 보여 주고 있는지 깨닫게 된다. 마가 이야기의 청중은 하나님의 다스리심이 예수의 말씀과 행동을 통해서 침입해 들어오는 것을 분별할 수 있을까? 청중은 하나님의 다스리심 아래에서 온 세상에 대한 비전을 받아들일 수 있을까? 청중은 지금 나타난 하나님의 능력, 곧 병든 자를 고치고, 광야에서 굶주린 자를 먹이며, 풍랑을 잔잔하게 하고, 죽은 자를 살리는 능력을 믿을 수 있을까? 청중은 "자신의 목숨을 다해서" 하나님을 사랑하고 "자기 이웃을 자기 자신과 같이 사랑할" 수 있을까? 청중은 다른 사람들을 위해서 목숨을 버릴 수 있을 만큼 하나님을 신뢰하면서 복음을 위해 살거나 죽을 수 있을까? 바로 이런 것들이, 마가복음이 청중에게 요구하는 일들이다.

결론

청중

우리는 지금까지 이야기하기와 이야기를 다루었다. 이제 우리는 잠시 눈을 돌려 실연이라는 방법으로 이야기를 경험하는 과정에서 청중 혹은 듣는 이들이 어떠한지 살펴보고자 한다. 독자들처럼 청중도 순서대로, 첫 단어에서 마지막 단어에 이르기까지 시간적 순서에 따른 방식으로 이야기에 반응한다.[1] 독자와 달리, 듣는 이들은 뒤쪽으로 건너뛸 수도 없고, 대충 훑고 지나갈 수도, 혹은 앞으로 되돌아갈 수도 없다. 청중이 경험하는 것은 무엇인가? 그리고 그들은 그 경험에서 어떤 영향을 받는가? 이제 우리의 질문은 이야기가 무엇을 **의미하느냐**는 것에서 청중이 이야기를 경험하는 과정에서 이야기가 그들에게 무엇을 **행하느냐**는 것으로 바뀐다.

1 독자 반응 비평의 입문서로서는 Susan Sulieman and Ingrid Crossman, eds., *The Reader in the Text: Essays on Audience and Interpretation* (Princeton: Princeton University Press, 1980); Jane Thompkins, ed., *Reader Response Criticism: From Formalism to Post-Structuralism* (Baltimore: Johns Hopkins University Press, 1980); Elizabeth Freund, *The Return of the Reader* (New York: Methuen, 1987)을 보라. 그 외에도 Wayne Booth, Stanley Fish, Umberto Eco, Wolfgang Iser 등과 같은 학자들의 저서들을 보라.

수사법

수사법은 저자가 독자들에게 특정한 영향을 주기 위해 글을 쓰는 방식을 가리킨다. 우리가 실연이라는 것을 다룰 때, 수사법은 이야기가 청중에게 미치는 효과를 고심한다. 이 효과는 서사를 하나의 총체로 인식할 때 만들어진다. 즉, 어떤 이야기가 말해짐으로써(배경, 플롯의 역동성, 등장인물의 발전), 그리고 이야기가 창작되는 방식에 의해서 만들어진다. 수사법적인 질문은 "서사의 모든 차원이 서로 어떻게 작용하여 청중에게 영향을 미치는가?" 하는 것이다.

여러분은 긴장감 넘치는 소설을 읽어 보았을 것이다. 그 소설에서 사용한 수사법이 무엇이냐고 물으려면, 이렇게 질문해야 한다. "이 소설이 어떻게 했길래 내가 그런 긴장감을 느꼈지?" 여러분은 영화를 보다가 큰 동정심이 일어나거나 적개심이 불타오르는 경험을 한 적이 있을 것이다. 아니면, "아니, 내게도 이런 용감한 면이 있었나?" 하고 자기도 몰랐던 자신을 새삼 깨달은 적이 있을지 모른다. 그 영화에서 사용한 수사법이 무엇이냐고 물으려면, 이렇게 질문해야 한다. "그 영화가 어떻게 했길래 내가 그렇게 반응하게 되었지?" 마가복음에서 사용한 수사법이 무엇인지 궁금하다면, 이렇게 질문해야 한다. 마가 이야기가 청중에게 미칠 가능성이 있는 영향은 무엇인가? 마가 이야기는 어떤 방식으로 청중에게 그런 효과를 만들어 내는가?

이상적 청중

마가 이야기를 듣는 실제 청중의 반응을 살펴보기 전에, **이상적 청중**이라는 개념을 먼저 살펴보자. 이 연구를 하면서 우리는 어떻게 화자가 듣는 이들을 이야기 세계 안에 담긴 다양한 측면에 대해 일정한 방식으로 반응하도록 이끌었는지 언급한 적이 있다. 대부분의 경우, 이 '청중'은 그 당시 고대의 청중이나 오늘날의 청중과 같은 실제 청중을 뜻하지 않는다. 왜냐하면 실제 청중이 어떤 반응을 보일지 예견하는 것은 불가능하기 때문이다. 실제 청중은 나름대로 각기 다른 관점으로 마가복음과 상호 작용을 할 것이고, 그 반응 또한 각각 다를 것이기 때문이다.

실제 청중은 이 이야기를 듣기도 전에 이미 예수와 제자들의 운명에 대해 다 알고 있을지도 모른다. 실제 청중은 이야기를 이해할 수도, 이해하지 못할 수도 있다. 실제 청중은 이야기에서 견지하고 있는 판단 기준에 동의하지 않거나 이야기에 거부감을 가지는 식으로, 그 이야기를 거절할 수도 있다. 따라서 우리가 '청중'이라고 할 때는 가상의 존재인 "이상적 청중"을 뜻한다. 이 이상적 청중은 이야기 자체가 넌지시 보여 주는 이야기의 수사법에 이상적인 반응을 보이는 상상 속의 청중을 의미한다.

이 주제에 관해서 대부분의 문학 비평은 이상적 **독자** 개념을 가지고 수사법 문제를 논한다. 왜냐하면 대부분의 해석은 독서 행위 가운데 경험하게 되는 기록된 문서를 다루기 때문이다. 이와 대조적으로, 우리는 마가복음을 이야기꾼이 실연하고 공동체가 함께 모여서 그 이야기를 들으며 경험하도록 만들어진 창작물로 이해하고 있기 때문에, 우리는 계속해서 마가의 이상적 **듣는 이**

들 혹은 이상적 **청중**을 언급해 왔다. 이야기꾼은 실제로 실연하는 중에 목소리 억양이나 크기, 말하는 속도나 강조, 몸짓과 표정, 자세, 몸동작 등을 통해서 청중에게 이야기를 해석해 준다. 이 연구를 하면서 우리는 마가복음 실연에서의 몸짓이나 언어적인 측면은 논하지 않았다. 그 대신, 우리는 이야기 자체의 수사법과 내포된 이상적 청중에 집중했다.

이상적 청중이란 창작자가 이야기를 하는 과정에서 만들어 놓은(혹은 마음속으로 생각해 둔) 청중이다. 이 청중은 서사 자체 안에 **암시된** 모든 이상적인 반응을 하는 상상 속의 청중이다.[2] 서사 안에서 어떻게 청중이 반응을 보이고 행동을 하도록 유도되는지 한 줄 한 줄 살펴서 추측해 보면 우리는 이상적 청중에 관해 상세한 분석을 할 수 있다. 왜냐하면 서사 한 줄 한 줄마다 청중이 직접 서사에 대해 나름대로 보여야 할 반응이 암시되어 있기 때문이다. 즉, 공백을 채우거나, 등장인물과 자기를 동일시하거나, 긴장감에 사로잡히거나, 이야기 뒷부분을 예상하거나, 이야기 앞부분을 회상하거나, 화자가 귀띔해 주는 이야기와 아이러니에 주의해 보거나, 감정을 불러일으키거나, 기대를 품었다가 그 기대했던 바를 수정하거나, 갈등이 해소되는 것을 보거나 갈등이 풀리지 않은 채 있는 상황을 경험해 보는 것이다.[3] 하지만 일단 우리는 여기에서 이

2 이상적 독자와 내포 독자에 대해서는 Wayne Booth, *The Rhetoric of Fiction* (Chicago: University of Chicago Press, 1983)을 보라. 텍스트 구성에 독자들이 참여하는 문제를 다룬 것을 보려면, Stephen Moore, "Doing Gospel Criticism as/with a Reader," *Biblical Theology Bulletin* 19 (1989): 85-93; Temma Berg, "Reading In/To Mark," *Semeia* 48 (1989): 187-206을 보라.

3 마가복음의 독자 반응 비평은 이야기가 독자들을 형성해 가는 방법에 주로 초점을 맞췄다. Robert M. Fowler, *Let the Reader Understand* (Minneapolis: Fortress Press 1991); Mark Allan Powell, *What Is Narrative Criticism?* (Minneapolis:

상적 청중이 마가복음을 경험하는 과정에서 하게 되는 전반적인 경험을 대략적으로 스케치하는 선에서 마무리하려 한다.[4]

일단 결론부터 내리면, **마가복음에서 그리고자 하는 이상적 청중은, 결과가 어떠하든지 간에 믿음으로 용기 있게 예수를 따르면서 하나님의 다스리심을 받아들일 사람이다.** 우리는 하나님의 다스리심의 도래가 마가의 이야기에서 분수령이 되는 사건이라고 강조한 적이 있다. 이야기 세계 안에 구현된 하나님의 다스리심은 청중에게 그들이 실제로 살아가는 세상에서도 그런 하나님의 통치가 구현될 수 있다는 믿음을 갖도록 고안된 것이다. 따라서 이야기는 하나님의 다스리심을 이루어 가는 과정과도 같다. 하나님의 다스리심 안에 들어가는 것은 세상에서 새로운 방식으로 살아가는 것이다. 이상적 청중이 하는 이야기 경험은 지금 이곳에서 "묵시론적"(세상의 종말)인 사건이다. 또한, 이것은 청중에게 있어서는 세상에서 존재하는 방식을 종결하고 그들이 세상에서 새로운 방식으로 존재하도록 새로운 출발을 하게 하는 사건이다. 이상적 청중은 하나님께서 다스리신다는 복된 소식을 끌어안을 것이며,

Fortress Press, 1990), 11-22를 보라.

4 물론 해석자마다 이 서사의 내포된 의미를 이해하는 방식이 다를 것이며, 마가의 이상적인 청중에 대해서도 나름대로 다르게 이해할 것이다. 따라서 우리가 내포 청중이라든지 이상적 청중을 이해한다고 할 때는, 우리가 최선을 다해서 재구성해 본 청중의 모습 가운데 하나일 따름이다. 예를 들어, Fowler, *Let the Reader*; Bas van Iersel, *Reading Mark*, trans. W. H. Bisscheroux (Edinburgh: T & T Clark, 1989); John Paul Heil, *The Gospel of Mark as a Model for Action: A Reader-Response Commentary* (Mahwah, NJ: Paulist, 1992); W. R. Tate, *Reading Mark from the Outside: Eco and Iser Leave Their Marks* (Bethesda, MD: Christian Universities Press, 1995)를 보라. 마가가 어떻게 독자들을 이야기 세계로 끌어들이는지 잘 설명한 책으로는 J. G. Cook, *The Structure and Persuasive Power of Mark: A Linguistic Approach* (Atlanta: Scholars, 1995)가 있다.

그 다스리심이 현존한다는 것과 그 다스리심의 역동성을 이해할 것이고, 그 다스리심의 가치와 관계에 따라 살아갈 것이다.

마가의 이야기는 다음 세 가지를 통해 청중을 변화시키려고 한다. 첫째, 마가의 서사는 청중이 하나님이 다스리시는 새로운 삶으로 들어갈 수 있게 함으로써 하나님의 다스리심을 통한 놀라운 축복을 경험하도록 안내한다. 둘째, 마가의 서사는 청중이 하나님의 다스리심이 요구하는 것들과 그것을 받아들일 때 치러야 할 대가를 이해하고 기꺼이 받아들이도록 안내한다. 셋째, 마가의 서사는 청중이 믿음을 가지고 용감하게 복음을 위해 살 수 있는 능력을 받도록 안내한다. 이 세 가지는 마가복음의 세 가지 주요 전개와 맞물려 있다. 첫째, (갈릴리에서) 하나님의 다스리심을 경험하는 것. 둘째, (예루살렘으로 가는 길에서) 하나님의 다스리심에 대한 저항을 극복하는 것. 셋째, (예루살렘에서) 하나님의 다스리심을 위해 섬기다가 핍박과 죽임을 당하는 것. 마지막으로 우리는 마가복음의 결말이 미치는 효과를 살펴볼 것이다.

서사는 이상적 청중을 이야기 속으로 끌어들이고 이야기를 통해서 예수를 따르도록 유도함으로써, 그들이 하나님의 방식이 어떤 것인지 깨닫고 그 방식을 받아들이도록 안내한다. 화자는 웬만하면 예수께서 청중의 눈에서 벗어나지 않게 해서, 청중은 예수와 함께 있으면서 그의 말씀을 듣고 그의 행동을 지켜보게 된다. 이상적 청중은 이야기 안에서 예수의 제자들이 겪는 상황 속에 들어가 보기도 하며, 그들의 좋은 점은 본받고 나쁜 점은 타산지석으로 삼는다. 예수께서 여행하는 동안 청중은 제자들과 함께 예수를 따라가며, 예수께서 권력자들과 갈등을 벌일 때도 예수 편에 서서 예수의 가르침에서 배운다. 물론 이야기가 진행되면서,

이상적 청중은 예수를 따라 예루살렘까지 가며, 그가 처형당하는 것을 보면서 그를 따를 때 치러야 할 대가가 무엇인지를 깨닫게 된다. 그리고 이상적 청중은 빈 무덤을 목격한다.

제1단계: 하나님의 다스리심을 경험함

사역을 시작하면서 예수께서 처음 선언하신 "하나님의 다스리심이 임했다"라는 말씀은 이상적 청중이 이제 앞으로 마가 이야기에서 이야기하려는 중요한 사건들에 관심을 집중하게 한다. 마가 이야기 전반부에 걸쳐서 청중은 병 고침, 축귀, 정결하게 함, 죄 용서, 배고픈 사람들을 먹이심, 자연을 다스리는 권위, 소외된 자들을 위한 희망, 인간을 억압하는 모든 것에 대한 도전 등을 통해서 하나님의 다스리심을 체험한다. 이러한 사건들을 이야기함으로써, 화자는 이 새로운 현실로 인한 기쁨과 놀라움과 환희를 만끽하고 "복음을 믿으라"라고 초청한다.

처음부터 화자는 이상적 청중이 예수를 따라가도록 인도한다. 처음에, 이 청중은 예수를 이 이야기의 믿을 만한 주인공으로 받아들여서 예수와 한편이 된다. 이야기가 진행되면서, 청중은 제자들이 보이는 호의적인 반응과 군중이 예수를 인정하는 모습에 공감하도록 안내된다. 이와는 반대로, 청중은 예수를 반대하는 사람과는 거리를 둔다. 특히 청중은 제자들과 자신을 동일시하는데, 그것은 제자들이 예수와 계속 관계를 유지하고 자기를 따르라고 부르시는 예수의 부르심에 합당한 반응을 보이는 본보기가 되기 때문이다. 더구나 이상적 청중은 예수께서 제자들을 따로 가르치실 때도 그곳에 함께 있을 수 있기 때문이다. 청중은 때때로 이야기의 어떤 부분에서는 이야기 속으로 들어오기도 하는데, 이것은 청중이 제자들보다 유리한 입장에 있기 때문이다. 우리가 위에서 말했듯이, 이상적 청중은 예수께서 "하나님의 아들, 기름 부음 받은 자"라는 그의 정체에 대한 특별 정보를 이야기 첫 줄부터 들어서 알고 있다. 이 때문에 이상적 청중은 예수에 대한 화자의 시점을 수용하고 예수의 편에 서게 된다. 제자들이 실수를 범하고 예수께서 그들의 잘못된 점들을 바로잡아 주실 때(수수께끼를 설명해 주시고, 바다 위에서 믿음에 대해 가르치시고, 광야에서 믿음을 가르치실 때), 이상적 청중은 예수를 따르는 이상적인 제자가 된다는 것의 의미를 유리한 입장에서 깨닫는다.

이상적 청중은 때로는 예수가 하는 수수께끼나 모호한 말 때문에 당황하기도 한다. 그런데도 화자는 많은 등장인물이 하나님의 다스리심을 제대로 보지 못하는 세계를 그려 놓음으로써 청중이 예수를 더 잘 알고 더 잘 따르는 제자가 되고 싶어 하는 마음을 갖도록 인도한다. 2단계 점진법, 세 가지 이야기로 구성된 시리즈, 수수께끼 풀이 등을 통해 이상적 청중은 (때로 뒤이어 새로 나오는 신비로운 이야기들이나 수수께끼들로 인해 더 혼란스러워하기도 하지만) 예수와 지금 감추어져 있는 하나님의 다스리심의 임재를 더욱더 이해하고자 노력하게 된다.

제2단계: 하나님의 다스리심에 대한 저항을 극복함

예수께서 기름 부음을 받은 분이라는 사실을 반석이 깨달을 때, 이상적 청중은 더 이상 제자들보다 더 나은 입장에 있지 않다. 이제는 제자나 청중 모두 예수께서 기름 부음 받은 분이라는 사실을 알고 있기 때문이다. 이때 청중은 제자들에게 더 깊이 공감하게 되면서, 제자들과 함께 놀랍고도 어려운 과정을 거치며 성장하게 된다. 예수께서 처형당하고 부활하실 것을 세 차례 예언하시고 제자들이 예수를 따를 때 요구되는 일과 치러야 할 대가를 가르치실 때, 제자들과 함께 청중은 인간 중심적인 믿음과 가치관에 도전하시는 예수의 말씀에 고심한다.

이 단계에서 이상적 청중은 좀 더 깊은 차원에서 하나님의 다스리심을 "볼 수 있게" 된다. 이것은 2단계 점진법 가운데 두 번째 단계이다. 예수께서 맹인을 두 번 만지신 것처럼, 이상적 청중 역시 한 번 더 바라보고 좀 더 깊이 생각해 보도록, 그래서 좀 더 명확하게 볼 수 있도록 이 두 번째 단계를 통해 두 번 초청을 받는다. 제자들처럼 이제 청중도 기대했던 바를 수정하고 확장해야 한다. 이상적 청중은 예수께서 넘겨져 처형당할 것을 깨달을 뿐만 아니라, 자기들 역시 이야기 속 제자들처럼 자기들에게 닥칠 핍박과 죽음을 준비해야 한다는 사실을 알게 된다. 그리고 그들은 하나님의 다스리심이 그들에게 사회적 지위와 권력과 재물에 대한 욕구를 포기하고 가장 낮은 자가 되어 남을 섬기고 자신을 부인하도록 요구한다는 사실을 배운다. 여기에서 화자는, 제자들이 오해하는 모습이나 그들의 부정적인 모습을 청중이 타산지석으로 삼도록 전략을 세운다. 화자는 청중이 고군분투하는 제자들에게 공감하며 그들과 동일시하도록 유도할 뿐 아니라, 그와 동시에, 예수의 기준으로 볼 때 제자들이 잘못하고 있다는 것을 보게 한다. 제자들이 거부하거나 반대하거나 제대로 이해하지 못하는 모든 장면에서, 예수께서 제자들에게 그들이 가야 할 올바른 길을 가르치실 때, 곧 어린아이나 종을 모델을 제시하시며, 다른 사람 위에 군림하는 군주나, 재물을 붙들고 끝까지 놓지 못하는 부자나, 야고보나 요한처럼 다가올 세상에서 영광을 추구하는 사람이 되지 말라고 가르치실 때, 그 말씀을 청중 역시 듣고 있다.

제자들이 거부하는 모습을 보고 또 예수께서 가르치시는 말씀을 들으면서 이상적 청중은 자신들의 거부하는 모습을 살펴보고 제자들에 비해 자신은 얼마나 헌신하고 있는지 대조해 보면서 예수께 대한 충성심을 강화한다. 청중이 제자들의 실패에 반응할 때, 청중은 비로소 자기 자신의 실패에 직면하고, 예수를 잘 따라갈 수 있기를 더 바라게 된다.

이 과정에서 화자는 청중이 믿음을 더 깊이 체험하도록 초청한다. 따라서 여행하는 동안 청중은 더 깊은 믿음의 차원으로 들어가도록 도전받는다. 하나님께서 병을 고치고 귀신을 내쫓을 수 있는 분이라면, 그렇다면 하나님은 새 시대에 죽은 자를 살리시고 구원하실 수 있는 분이다. 이 단계에서 청중은 예수께서 하나님의 다스리심이 권능으로 오고 있다고 선포하는 말씀과 자신을 끝까지 신실하게 따르는 자는 새 시대에 영원한 생명을 얻을 것이라고 약속하시는 말씀을 듣는다. 청중은 미래의 구원에 대한 믿음이 있다면, 자기의 안일함을 취하고 수동적으로 자신의 안전을 추구하는 것이 아니라 손해를 입고 심지어 죽임을 당할지라도 용감하게 하나님의 다스리심이 다른 사람에게도 임하도록 노력해야 한다는 사실을 이해하게 된다.

제3단계: 예루살렘에서 핍박과 죽음에 직면함

청중은 예루살렘에서도 예수와 계속 함께한다. 여기에서 이상적 청중은 예수께서 제자 네 명에게 하시는 말씀, 곧 그들이 모든 이방에 복음을 선포할 때 체포당하고 매 맞고 위정자들과 왕들 앞에서 증언하게 되는 등 사람들이 그들을 대적하고 박해할 것이라는 경고의 말씀과 그때 성령께서 그들을 도와주실 것이라는 약속의 말씀을 곁에서 함께 듣는다. 이상적 청중은, 자신이 신실하게 예수와 하나님의 다스리심을 따르는 한, 예수의 그 말씀이 자기들에 관한 것이기도 하다는 것을 안다. 이런 사실은 예수께서 제자들에게 "깨어 있어라", "주의하라"라고 마무리하시고, 또한 "내가 너희에게 하는 말은 모든 사람에게 하는 말이다. 깨어 있어라!"라고 덧붙이시는 말씀에서 분명해진다. 따라서 이상적 청중은 제자들이 정말로 깨어 있을지 주의해서 보게 된다.

겟세마네 동산에서 예수께서는 제자들에게 "주의하라"라고 말씀하시지만 제자들은 결국 실패한다. 제자들이 깨어 있지 못하고 잠들었을 때, 그리고 달아나 버릴 때, 청중은 여전히 깨어서 예수와 함께하고 있다. 반석이 예수를 부인할 때도 청중은 예수를 따라 골고다 언덕까지 함께 간다. 청중은 제자들에게 공감하게 되고, 예수께서 "육신이 약하다"라는 사실을 알고 계심을 알고 힘을 얻는다. 그렇지만 그와 동시에 청중은 기도하지도 못하고 끝까지 충성하지도 못한 제자들을 정죄한다.

이 세 번째 단계에서 청중을 내부 인물의 자리에 서도록 만드는 데 사용하는 주된 기법은 아이러니다. 극적 아이러니로 인해 청중은 등장인물들이 제대로 보지 못하고 있다는 사실을 알게 된다. 예루살렘으로 입성할 때, 청중은 이제 임하는 것은 다윗의 다스림이 아니라 하나님의 다스리심이라는 사실을 깨닫는다. 예수의 죽음 장면에서 아이러니는 다른 어떤 장면보다 두드러진다. 군인들은 예수를 보며 유대인의 왕이라고 조롱하지만, 예수께서는 정말 유대인의 왕이다. 십자가에 달린 예수를 조롱하는 권력자들은 그들 자신도 모르게 예수가 "남들은 구해 주었으나 자기 자신은 구원하지 못한다"라는 진리를 증언한다. 권력자들은 사형당하는 죄인이 어떻게 이스라엘의 왕이 될 수 있는지 이해하지 못하지만, 청중은 진실을 알고 있다. 아이러니를 통해서 청중은 십자가 처형에 대한 화자의 관점을 수용할 수 있는, 내부 인물의 통찰력을 얻는다. 이런 아이러니로 인해 청중은 내부 인물만 알 수 있는 지식을 화자와 공유하게 되고 이들로 이루어진 공동체가 생겨난다.

이 처형당하는 사람을 통해서 하나님이 생각하시는 진정한 위대함이 무엇인지 드러남을 청중은 알게 된다. 그 위대함이란 곧 하나님의 다스리심에 봉사할 때 자신의 안전과 지위와 권력과 목숨까지도 위험해질 수 있음을 기꺼이 받아들이는 것이다. 이상적 청중은 더는 인간적 기준이 아니라 하나님의 기준으로 위대함이 무엇인지를 판단한다. 서사가 청중으로 하여금 이러한 기준을 용납하도록 했으므로, 청중은 기름 부음 받은 예수가 십자가 처형을 당하는 것도 받아들일 수 있다.

게다가 서사 덕분에 이상적 청중은 예수를 따라갈 때의 두려움을 감당할 수 있게 된다. 제자들처럼 이제는 청중도 예수를 따라갈 때 어떤 대가를 지불하게 될지 알고 있다. 그렇지만 도망친 제자들과 달리, 청중은 이야기 내내 예수를 끝까지 따라간다. 그렇게 함으로써 이상적 청중은 도망가 버린 제자들을 대신하여, 예수께서 겪으시는 온갖 배척과 거절과 조롱과 육체적 고통과 죽음을 목격한다. 이렇게 서사 안에서 예수의 죽음을 경험함으로써, 청중은 핍박과 죽음에 대한 공포를 용감하게 맞설 수 있는 기회를 얻는다(만일 이런 경험이 없었다면 겁에 질려 마비되고 말았을 것이다). 따라서 마가는 청중이 예수에 관한 어떤 사실을 믿을 뿐 아니라 예수처럼 하나님의 다스리심에 끝까지 충성하는 사람이 되도록 청중에게 힘을 준다.

마가가 묘사한 대로, 예수의 이런 충성스러운 모습을 보고 이상적 청중은 예수처럼 자신도 끝까지 충성하려는 용기를 가질 수 있게 된다. 청중은 유대나 로마 권력자들과는 거리를 두는데, 그 사람들은 자기만 살겠다고 다른 사람들을 죽일 것이기 때문이다. 서사는 청중으로 하여금 제자들과도 거리를 두게 하는데, 제자들은 자기만 살겠다고 도망치기 때문이다. 따라서 청중은 이 이야기에서 가장 신실한 사람인 예수께만 기대를 건다. 예수도 두려워할 때가 있고 죽음을 피하고도 싶어 하지만, 그런데도 그는 하나님의 방식대로 살고자 한다. 따라서 이상적 청중은 예수께 공감하며, 이야기를 다 읽고 나서는 "설령 죽게 되는 일이 있더라도 하나님께 끝까지 신실하고 싶어"라고 다짐한다.

죽음 앞에서도 다른 사람들을 위해 사는 예수를 본보기로 삼으면서, 청중은 자기중심적이고 자기만 보호하려는 끈질긴 욕망에서 자유로워지는 데 도움을 받는다. 그 결과 그들은 비록 박해를 받는 한이 있어도 다른 사람들을 위해 살아갈 수 있게 된다. 서사는 하나님의 다스리심에 대한 헌신을 특징으로 하는 인간관계와 상호 섬김의 공동체를 만들기 위해, 위와 같은 가치관과 헌신을 공유하는 다른 사람들과 연대하는 이상적인 청중을 창조하고자 한다.

결말[5]

우리는 이상적 청중이 이야기를 경험하면서 예수의 충성스러운

5 결말에 대해서는 Thomas E. Boomershine, "Mark 16:8 and the Apostolic Commission," *Journal of Biblical Literature* (1981): 225-39; Boomershine and Gilbert Bartholomew, "The Narrative Technique of Mark 16:8," *Journal of Bib-*

제자가 되도록 그들을 초청하는 일에 서사가 작용한다고 이야기해 왔다. 청중은 이야기가 끝날 때까지 남아서 여인들을 따라 무덤까지 간다. 무덤에 이르러서 청중은 희망과 기대를 품게 하는 말을 듣는다. "그는 살아나셨소!" 하나님은 예수께서 권력자들과 벌이신 갈등에 관해 결정적인 말씀을 하신다. 그리고 승리는 하나님의 것이다. 이제부터 복음을 위해 따라나서려는 이상적 청중에게 이 마지막 말씀은 가장 우선되는 말씀이 될 수 있다.

무덤에서 한 젊은이가 여인들에게 "당신들은 십자가에 못 박힌 나사렛 예수를 찾고 있소"라고 간략하게 말하는데, 이 말을 들은 청중은 부활한 예수의 전 생애를 떠올리게 된다. 다른 사람이 아니라, 이 모든 일을 했고 이런 방식으로 죽은 사람, 이 사람이 바로 부활하신 그분이다. 만일 하나님께서 그 예수를 부활시키셨다면, 예수와 연합한 사람들, 예수를 따라나선 사람들, 예수처럼 복음을 위해 사는 사람들, 예수처럼 어떤 핍박에도 굴하지 않았던 사람들도 부활시키지 않겠는가! 그러므로 예수의 부활을 통해 이상적 청중은, 예수께서 살았던 그 방식이 다름 아니라 모든 사람이 살아야 할 삶의 방식임을 확신하게 된다. 하나님의 다스리심의 기준에 따라 살아갈 때의 궁극적인 결과는, 다가오는 시대에 하

lical Literature 100 (1981): 213-23; Paul Danove, *The End of Mark's Gospel: A Methodological Study* (Leiden: E. J. Brill, 1993); J. David Hester, "Dramatic Inconclusion: Irony in the Narrative Rhetoric in the Ending of Mark," *Journal for the Study of the New Testament* 57 (1995): 61-86; Andrew T. Lincoln, "The Promise and the Failure," *Journal of Biblical Literature* 108 (1989): 283-300; Lee Magness, *Sense and Absence: Structure and Suspension in the Ending of Mark's Gospel* (Atlanta: Scholars, 1986); Robert C. Tannehill, "The Disciples in Mark," *Journal of Religion* 57 (1977) 386-405; Mary Ann Tolbert, *Sowing the Gospel* (Minneapolis: Fortress Press, 1989), 288-99를 보라.

나님의 다스리심 안에서 누리는 부활과 영생이다.

마가 이야기의 결말 부분을 읽으면서, 이상적 청중은 제자들과 자신을 동일시하면서 희망을 갖게 된다. 한 젊은이가 "예수께서 너희보다 앞서서 갈릴리로 가신다"라고 말하는데, 이 말은 반석을 비롯해서 모든 제자들이 예수를 부인하고 도망쳤음에도 불구하고 여전히 예수께서 그들 앞서 가시면서 자기를 따라오라고 제자들을 부르심을 의미한다. 여인들이 이 말을 제자들에게 전해 주지 않았다 하더라도, 청중은 그 말을 들었다. 이상적 청중은 비록 자신이 두려워하고 도망치고 아무 말도 못했다고 할지라도, 그리고 앞으로도 그럴 수 있을지 모른다 해도, 그들은 예수께서 자기를 따르라고 여전히 부르고 계심을 확신한다. 마가복음의 결말은 청중에게 새로운 출발을 제시한다. 곧 이야기의 시작으로 돌아가서, 갈릴리로 돌아가서, 예수를 신실하게 따르라는 요구대로 다시 시작하라는 것이다.

그런데 이때 서사는 마지막으로 아이러니한 반전을 제시한다. 그것은 바로 여인들이 두려워서 도망가고 침묵한다는 것이다. 이상적 청중은 무덤이 비어 있으리라는 것은 기대하지만, 여인들이 도망가서 아무 말도 하지 않으리라고는 예기치 못했다. 이야기 내내 예수께서는 사람들에게 자신에 관해 소문내지 말라고 하셨고, 사람들은 그래도 예수에 관한 일을 떠들고 다녔다. 지금은 한 젊은이가 "가서 말하라"라고 여인들에게 명하지만, 여인들은 "아무에게 아무 말도 하지 못했다." 이 급작스럽고 충격적인 결말에 의하면, 제자들은 이 소식을 전해 듣지 못했고, 부활에 관한 어떤 소식도 차단되고, 두려움과 침묵만으로 이야기가 끝난다. 이야기가 청중을 향해 돌아서는 때가 바로 이 시점이다. 이 이야기에는 만족스러운 결말도 없고, 해결된 것도 없고, 이야기를 종결짓는 것도 없기 때문이다.

우리는 대개 분명한 결론이 있는 이야기에 익숙하므로, 다른 복음서나 기독교 운동 역사에서 얻은 정보로 이 뒷부분을 좀 더 보충해서, 이 마지막 장면의 충격을 완화하고 싶은 유혹을 받는다. 그렇지만 실제로 모든 것이 공중에 붕 떠 있는 것처럼 문제가 해결되지 않은 채 끝나는 영화를 보거나 책을 읽었다고 상상해 보라. 마가의 이야기 역시 그런 이야기다. 해결되지 않은 이야기다. 이 이야기는 지금 누군가가 이 결말을 매듭지어 주기를 간절히 바라고 있다. 사람들이, 곧 여인들이든 제자들이든 누구든, 복음을 선포하리라는 희망을 간절히 품고 있다. 그렇다면 이 일을 하도록 이 이야기 끝에 남아 있는 사람은 누구인가? 예수는 아니다. 제자들 또한 아니다. 무덤에서 도망간 여인들도 아니다. 이 이야기를 온전히 마무리 지을 사람은 바로 청중뿐이다!

따라서 이상적 청중은 이 이야기를 매듭짓도록, 무슨 일이 일어났는지 선포하도록 부르심을 받는다. 다른 등장인물들이 다 도망쳤을 때도 청중은 끝까지 충성심을 지켰고, 이제 여인들과 함께 도망칠 것인지, 아니면 두려움과 죽음의 위협에도 굴하지 않고 담대히 선포할 것인지 선택해야 한다. 그리고 이상적 청중은 담대히 선포하기로 선택할 것이다! 이야기에 나오는 모든 등장인물이 실패했지만, 이상적 청중만은 믿음을 지킬 것이다. 이상적 청중은 끝까지 예수를 신실하게 따랐다. 그들은 하나님의 다스리심을 받아들였고, 예수를 따를 때 요구되는 일과 치러야 할 대가도 이해했고, 담대히 선포할 수 있는 능력도 받았다. 결국, 예수께서 이 세상에 함께 계시지는 않지만, 그런데도 이상적 청중은 예수께서 다시 오실 그날까지 하나님을 믿으면서 예수처럼 살아가는 일에 헌신한다.

가상의 1세기 청중

물론 마가복음의 저자가 이 글을 썼을 때는 당연히 그 글을 읽을 사람으로 1세기 사람들을 염두에 두었을 것이다. 그러나 우리는 이 이야기만 볼 때는, 그 사람들이 어떤 사람들이었는지 잘 알 수 없다. 우리는 대부분 그 사람들이 예수를 따라다녔던 유대 사람들로서, 주로 시골에서 살던 농부들이었고 억압당하던 이들로 추측할 뿐이다. 아마 이 사람들은 예수에 대한 사전지식을 가지고 있었을 것이며, 열두 제자들이 어떻게 되었는지, 그리고 예수 운동이 어떻게 시작되었는지 알고 있었을 것이다.[6] 이 사람들은 사회의 특정 계층 출신이었을 것이다. 그리고 그들은 특정한 관점을 가지고 있으면서 이야기를 재미있게 듣고 그 이야기에 긍정적인 반응을 보였을 것이다. 그들은 또한 예수를 나름대로 신실하게 따르는 과정에서 두려움을 느끼거나 실패하기도 하면서 마음고생을 했을 것이다.

만일 마가가 이 이야기를 여기저기 흩어져 있는 회당이나 시장처럼 많은 사람이 모이는 곳에서 모든 사람이 듣게 하려고 썼다면, 마가는 다양한 부류의 사람들을 청중으로 생각했을 것이다. 우리는 얼마나 다양한 부류의 사람들이 이 이야기에 반응을 보였을지 생각해 볼 수 있다. 이 이야기를 듣고, 병을 앓고 있는 사람

6 Werner Kelber, *Mark's Story of Jesus* (Philadelphia: Fortress Press, 1979)를 보라.

들, 과부, 평범한 여자들, 상류층 유대인들, 바리새인들, 로마 군인들은 나름대로 반응을 보였을 것이다. 그 사람들이 보인 반응은 각각 달랐을 것이다. 물론 이 이야기를 들은 사람들 가운데는 분명히 이미 예수를 따르던 자들도 있었을 것이고, 예수나 그의 제자들에 대해 알고 있는 사람도 있었을 것이다. 이 이야기를 들은 사람 중에는 예수에 대해 전혀 들어 본 적 없는 사람들도 있었을 것이고, 이 이야기를 처음부터 아예 받아들이지 않는 사람들도 있었을 것이고, 이야기에서 어떤 부분은 받아들이고 또 어떤 부분은 거부하는 사람들도 있었을 것이다. 그렇지만 이 이야기에 대해 충분히 공감하는 청자라면 이상적 청중과 거의 같은 방식으로 반응했을 것이다. 그리고 그 당시의 역사적인 상황 속에서 그에 따른 반응도 보였을 것이다.

마가는 수사적 기교를 사용하여 실제 청중이 이상적인 청중이 되고 예수를 따르는 사람이 되게 하려 한다. 마가 서사의 수사법은 전반적으로 설득력이 있는데, 1세기 청중은 이 이야기가 실제 사건에 근거하고 있고 그들의 실제 세상과 연관되어 있다고 이해하고 있었기 때문이다. 마가 서사의 힘은 바로 하나님의 다스리심이 실제로 도래했고, 기름 부음을 받은 메시아가 오셔서 죽임을 당하고 부활하셨으며, 하나님의 다스리심이 이제 곧 완성될 것이기 때문에, 하나님은 지금도 사람들을 부르셔서 예수를 따르게 하시며 복음을 선포하게 하신다는 확신에 근거해 있다. 마가복음을 이야기하는 것 자체가 이제 곧 완성될 하나님의 다스리심을 전하는 것인데, 현재 모든 것이 회복될 수 있다는 가능성과 사람들을 섬기는 일의 역동성과 복음을 위해 기꺼이 살고 죽으라는 부르심을 함께 전하는 것이다.

따라서 마가의 수사법은 세계를 이해하는 방식을 제시하는데, 이 방식은 그동안 청중이 자신들의 세계를 구축하던 그동안의 방식에 도전한다. 즉, 세상을 살아가던 자신들의 옛 방식을 종결하고, 하나님의 다스리심이 마침내 온전하게 도래할 것이라는 기대 속에서 지금 이곳에서 하나님의 세계를 시작하라는 것이다. 서사는 이야기 세계 안에서 청중을 하나님의 다스리심 안으로 이끌어서 그들이 이야기에서 경험한 것이 그들의 실제 세계로 이어지게 한다. 그러므로 이야기는 단지 하나님의 다스리심에 **대해** 이야기해 주는 것이 아니다. 복음 선포를 통해서 그 이야기 자체가 그들에게 **실제가 되게 한다**. 만일 청중이 자신들의 세상이 사탄의 지배 아래 있다면, 즉 질병, 귀신 들림, 자연의 위협, 통치자들의 폭정 등을 경험한다면, 그들은 자신들 가운데 임한 하나님의 다스리심에 의해 비로소 열린 새로운 가능성의 새로운 세계를 볼 수 있고 그것을 수용하게 된다.

만일 실제 청중이 부정한 사람이나 죄인으로 취급받으면서 사회의 경계선 바깥에서 소외당하고 있었다면, 그들은 이제 이 하나님의 다스리심 영역 안으로 초대받을 것이다. 만일 자신의 세상을 정결하다고 규정하면서 병자들, 귀신 들린 자들, 세리들, 죄인들, 부정한 음식, 이방인들을 피했던 청중이라면, 이제 그들은 이 모든 장벽을 허물고 성령의 능력을 가지고 나아가서 온전함을 두루 퍼뜨리라는 도전을 받을 것이다. 만일 자신의 세상에서 이 이야기에 나오는 권력자들이 지지한 것과 같은 삶의 기준을 발견한 청중이라면, 그들은 공적인 명예, 부의 축적, 지배 권력 사용을 추구하는 일에 의문을 제기하고 도전하면서 다른 사람을 섬기고 자신을 내

주는 삶을 받아들일 것이다.[7] 만일 최근에 로마-유대 전쟁의 참화를 경험한 청중이라면, 그들은 사람들을 지배하고 착취하는 태도를 부정하는 마가복음의 세계관에 빠져들었을 것이다. 이 모든 반응에 있어서, 마가의 서사는 청중이 하나님의 다스리심에서 추구하는 가치관을 구현하게 될 인간관계를 이루도록 안내함으로써 한 개인뿐만 아니라 공동체 전체를 바꾸어 놓으려고 한다.

우리가 살펴본 대로, 마가복음은 이스라엘과 로마 제국 사이에 일어났던 4년간의 전쟁이 끝난 서기 70년경에 기록되었을 것이다. 이 전쟁에서 로마 군대는 이스라엘을 무너뜨리고 예루살렘을 파괴했으며 성전을 초토화했다.[8] 예수께서 죽은 지 약 40년이 흐른 이 시기에 예수를 따르던 유대인과 이방인들은 모두 이 재앙과도 같은 사건으로 인해 문제에 봉착했다. 예수를 따르던 어떤 사람들은 예수께서 다시 오셔서 예루살렘 성전 꼭대기에 보란 듯이 나타나리라고 기대했다. 그들은 하나님의 도성과 성전이 파괴되었는데도 예수께서 아직 오시지 않는 것이 무슨 뜻인지 의아했을 것이다. 어쩌면 예수는 기름 부음 받은 자가 아니었을지도 모른다. 어쩌면 그들이 바라던 것과는 달리 예수가 이 세대가 지나기 전에 권능으로 돌아와서 하나님의 다스리심을 완성하는 일은 일어나지 않을지도 모른다.

청중은 예수께서 70년경에 일어날 모든 일, 곧 기근, 전쟁, 박해, 성전 모독과 파괴, 거짓 그리스도와 거짓 선지자들의 등장을

7 Mark Wegener, *Cruciformed: The Literary Impact of Mark's Story of Jesus and the Disciples* (Lanham, MD: University Press of America, 1995)를 보라.

8 로마-유대 사이의 전쟁에 대한 마가의 견해를 분석한 것을 보려면, Ched Myers, *Binding the Strong Man: A Political Reading of Mark's Story of Jesus* (Maryknoll: Orbis, 1988), 413-47 『강한 자 결박하기』(대장간, 2022)를 보라.

예언한 이 이야기를 듣고 안심했을 것이다. 예수님의 이 모든 예언이 이미 실제 세상에서 실현되었기 때문에, 청중은 마가복음에서 예수께서 말씀하신 하나님의 다스리심의 최종적 완성과 예수의 재림이, 전쟁과 성전 파괴의 때는 아니더라도 이 세대가 지나가기 전에 곧 이루어질 것이라고 믿고 있었을 것이다.[9] 더군다나 서사는 예수의 재림에 대한 제자들의 소망이 예루살렘이 아니라 갈릴리와 이방을 향하고 있음을 지적하고 있다따라서 당시 청중은 예루살렘이 무너진 것에 그다지 실망하지 않아도 되었을 것이다. 이런 의견을 주장하는 학자로는 W. H. Kelber가 있다.ⓣ.

마가 이야기의 수사법이 핍박의 위협 아래 놓여 있는 예수 추종자들 즉 예수와 연루되어 있다는 것 때문에 목숨이 위험하다고 느낄 이유가 있는 사람들에게 가장 많이 초점을 맞추고 있는 것은 당연하다.[10] 이 사람들은 강하게 몰입한 채로 이 이야기를 들었을 것이다. 이 이야기는 바로 그들 자신에 관한, 그들의 충성심에 관한, 그들의 소망과 두려움에 대한 이야기였기 때문이다. 1세기 청중은 예수를 따르는 자들이 겪게 될 핍박이 어떤 것인지 아주 구체적으로 알았을 것이다. 그들은 가족에게 버림받고, 유대 동포들의 오해를 받고, 유대 지역 법정이나 이방 관원들이나 왕들 앞에서 재판을 받았을 것이다. 전쟁에 참여했던 유대인들의 눈에는, 폭력을 거부하고 전쟁을 반대하는 예수의 추종자들이 배신자로 보였을 것이다. 한편 로마인들이 보기에, 예수는 로마 총독의 언도를 받고 반란죄로 처형당한 자였기 때문에, 예수를 지도

9 Timothy Geddert, *Watchwords: Mark 13 in Markan Eschatology* (Sheffield: JSOT Press, 1989)를 보라.

10 마가의 청중에 대한 다른 의견을 보려면 Donald Juel, *A Master of Surprises: Mark Interpreted* (Minneapolis: Fortress Press, 1994)를 보라.

자로 믿고 추종하는 사람들은 반역자로 의심할 만했다. 따라서 만일 마가복음을 들은 사람이 이야기에서 말한 대로 실천한다면 그는 분명히 핍박을 받게 될 것이다. 간단히 말해서, 마가의 예수께서 예언하신 대로 그들은 "내[예수] 이름 때문에 모든 사람에게 미움을 받을 것이다."

마가 이야기의 영향을 받고 이에 공감한 1세기 청중은, 이상적 청중처럼, 핍박과 죽음의 위협에 정면으로 맞서면서 예수를 증언하고 하나님의 다스리심이라는 기쁜 소식이 가진 놀라운 능력을 다른 사람들에게 드러내기 위해 더 잘 준비할 수 있었을 것이다. 믿는 자들이 함께 모인 자리에서 이 이야기를 들은 제자들은 새 힘을 얻었을 것이다. 그들은 자신들이 앞으로 당할 수도 있는 모든 일을 이미 겪으면서 그 과정에서 끝까지 신실했던 예수와의 연대를 경험했을 것이다. 예수의 신실함이 오해받고 세상에 드러나지 않게 감추어져 있었던 것처럼, 하나님의 다스리심의 가치관대로 살고자 하는 그들의 신실한 노력도 그러리라는 것을 알고 있기에, 그들은 서로를 굳건히 지지할 것이다. 그렇지만 그들은 지금 감추어져 있는 것이 곧 드러날 것이며, 인자께서는 선택된 자들(물론 그들 자신도 포함해서)을 불러 모으기 위해서 영광 가운데 돌아오실 것이고, 오셔서 모든 피조물을 다스리는 하나님의 다스리심을 최종적으로 완성하실 것이라는 확신으로 행동할 것이다.

사례 연구: 실연 시나리오

우리는 마가의 이야기가 여러 다양한 청중 앞에서 공연하기 위한 목적으로 만들어졌다고 생각한다. 다음은 구술로 저작된 oral composition 고대의 마가 이야기 실연을 상상하여 제시한 예시다. 우리는 농부 이야기꾼이자 숙련된 구술 실연자oral performer를 상상하는데 이 사람은 아마도 문맹文盲일 것이고, 이때는 아마 66-70년 로마-유대 전쟁 직후일 것이다. 우리는 이 사람이 시장에서, 아니면 아마도 북부 갈릴리 지역이나 남부 시리아 지역에 있는 동네나 작은 도시에서 식사 후에 모인 청중 앞에서, 대부분 농부인 유대인들이나 일부 이방인 청중에게, 그러나 모두가 다 예수를 따르는 것은 아닐 수도 있는 사람들에게 예수에 관한 이야기를 처음부터 끝까지 다 전하는 장면을 상상한다. 아직은 이 서사가 유대교와 구분되는 "기독교적" 이야기로 제시된 것은 아니다. 이 이야기는 유대교에 뿌리를 두고 이방인에게로 뻗어 나가는 이야기이다.

이 구체적인 실연 시나리오는 맥락의 세 가지 중요한 측면을 강조한다. 첫째는 정치적인 로마 제국, 그리고 이스라엘에 있는 로마 제국의 유대인 대리자들이다. 둘째는 서사 세계 안에서 적대 관계에 있는 인물들에 의해 드러나는 핵심 가치들의 문화적 맥락이다. 셋째는 66-70년에 있었던 로마-유대 전쟁의 후유증이라는 특정한 역사적 맥락이다. 이 세 가지 요소를 고려해 본다면, 마가복음은 우리가 평소에 생각했던 것보다 훨씬 급진적인(이 단어가 갖는 가장 깊은 의미에서의 급진적인) 복음서로 다가올 것이다.

하나님의 다스리심과 로마 제국

첫째로, 마가는 하나님 통치의 우주적 차원에 초점을 맞추는데, 이것은 하나님의 통치와 로마 제국의 대조를 확대해서 보게 한다. 마가복음의 이야기 세계 안에 나오는 다음과 같은 대조를 살펴보라. 로마 제국은 중심에서 바깥쪽으로 작동한다. 그러나 하나님의 통치는 변두리와 광야에서 시작해 새로운 사회정치적 질서를 개시한다. 로마 제국은 위에서 아래로 작동한다. 그러나 하나님의 통치는 아래에서 시작해 위로 향하기에, 농부들이 시작한 운동이 급속히 뻗어 나가는 겨자 나무처럼 퍼져 나간다. 로마 제국은 백성 중에서 가장 강한 사람들을 자기편으로 확보하고 약자를 착취한다. 그러나 하나님의 통치는 가장 약하고 취약한 사람들을 회복시킨다. 로마 제국은 마치 귀신이 사람을 사로잡듯이 이 땅과 백성을 점령한다. 그러나 하나님의 통치는 억압하는 마귀의 세력에서 사람들을 해방한다. 이스라엘을 차지한 로마 제국과 협력하는 유대 권력자들은 정결의 경계선을 만들어 사람들을 배제하고 사회적으로 소외시킨다. 그러나 하나님의 통치 아래에서 그분의 대리자들은 부정한 자들을 온전하게 회복시키기 위해 그 경계선을 넘는다. 이스라엘을 차지한 로마 제국의 유대 협력자들은 백성을 통제하고 사회적으로 소외시키려고 율법을 이용한다. 그러나 하나님의 통치 아래에서 율법은 사람들을 살리기 위해 해석되고 때로는 폐지되기도 한다. 로마 제국의 대리자들은 사람들 위에 군림하고 그들에게 권세를 휘두른다. 그러나 하나님 나라의 대리자들은 사람들을 섬기고 기쁜 소식을 가져온다. 로마 제국의 대리자들은 부를 축적하고("세상을 전부 차지하고"), 위대함을 추구하고, 자기 자신을 보호하고 대단한 존재가 되려고 권력을 잡는다. 그러나 하나님 통치의 대리자들은 자기 재산을 가난한 사람들에게 내주려 하고, 가장 작은 자가 되려 하고, 섬기는 데 힘을 사용한다. 로마 제국은 사람들을 잔인하고 치욕스럽게 죽이지만, 하나님 나라의 대리자들은 박해와 모욕을 당해도 하나님의 다스리심에 충실해야 한다는 요구를 받는다. 이와 같은 로마 제국의 특징들이 청중이 살던 당시 세계에 실제로 존재했기 때문에, 청중은 이런 상반된 특징을 모를 수가 없었다. 로마 제국의 권력이 실제로 힘을 떨치는 이런 상황을 가정한 실연은 이 이야기가 "제국이 없는 세상"을 제시한다는 점을 분명히 한다. 그리고 실연자는 청중을 이 새로운 세상으로 끌어들이려 한다.

하나님의 다스리심의 문화

둘째로, 마가복음이 처음 실연되었을 당시의 문화적 맥락을 고려할 때, 우리는 예수께서 이야기 세계 안에서 묘사되는 것처럼 이스라엘 안에 존재하는 핵심 문화적 가치관들과 관습들에 도전하신다는 점을 알 수 있는데, 이런 가치관과 관습의 대부분은 고대 지중해 지역 전역에서 보편적인 것들이기도 했다. 하나님의 통치는 정결의 방향을 뒤바꾼다. 부정해질까 봐 두려워서 뒤로 물러나는 대신에, 하나님 나라의 대리자들은 성령을 통해 거룩함과 온전함을 널리 퍼뜨려야 한다. 소위 부정하다고 여겨지는 음식과 사람들과 장소들과 접촉하기를 꺼리는 대신에, 이제 하나님 나라의 추종자들은 다른 사람들에게 해를 끼치는 행동으로 이어질, 그들 마음속에 있는 내적인 부정함을 경계해야 한다. 하나님의 통치는 후견인 시스템의 연결고리를 끊는다. 예수께서는 자기에게 신세진 추종자들을 모으려 하지 않는다. 그래서 병을 고쳐 주고 나서 명예를 얻으려 하지 않고 자신에게 간청하여 도움을 얻은 자들에게 소문내지 말고 조용히 집으로 가라고 말씀하신다.

하나님의 통치는 부의 핵심 가치를 전복시킨다. 부요함을 축복으로 여기는 대신에, 사람들은 자기 재물을 가난한 이들에게 내주어야 한다. 친족 관계가 새롭게 정립된다. 가부장제로 서열화된 가족 대신에 하나님 나라의 은유적인 친족 관계metaphorical kinship가 만들어지며, 따라서 아버지라고 대우받는 사람이 없고 모든 사람이 서로를 섬기는 종으로서의 역할을 한다. 명예의 핵심 가치도 다시 정의된다. 다른 사람이 보기에 영예로운 자리를 차지하는 대신에, 사람들은 경쟁이 갖는 파괴력을 무력화하고 다른 사람들을 치켜세워 주기 위한 방법으로서 자신이 가장 낮은 자가 되기를 선택해야 한다. 권력의 핵심 개념도 다시 정의된다. 자신의 유익을 위해서 남들 위에 군림하려고 권력을 사용하는 대신에, 사람들은 자신의 권력을 제한하고 그 힘을 다른 사람들을 섬기는 데 사용해야 한다. 생존을 위한 인간의 본능적 충동에도 이의가 제기된다. 다른 사람을 희생해서 자기 삶을 지키는 대신에, 사람들은 생명을 주는 말씀과 하나님 나라의 역사를 다른 사람들에게 전하기 위해 자기 목숨까지도 걸어야 한다. 이 실연을 경험하면서, 이 이야기를 듣기 위해 모인 사람들은, 실제 문화적인 환경 속에 명백하게 드러나는 한, 어떤 가치들이나 당연시되는 삶의 방식들에 대한 도전을 피하지 않을 것이다.

로마-유대 전쟁의 여파 속에서

셋째로, 이 복음서를 서기 66-70년에 있었던 로마-유대 전쟁이라는 맥락에 놓고 본다면 우리는 마가복음을 보다 뚜렷하게 이해할 수 있다. 이 전쟁은 이스라엘에서 농민들이 대대적으로 반란을 일으킨 전쟁이었다. 로마 제국에, 그리고 대놓고 로마인들의 하수인 노릇을 하던 유대 지도자들에게 대항한 이 전쟁은 4년간 계속되었고, 이로 인해 갈릴리와 유대의 시골은 초토화되고 예루살렘 성은 파괴되었다. 그리고 유대교의 구심점 역할을 하던 예루살렘의 거대한 성전은 모조리 불타고 완전히 무너졌다. 만약에 우리가 제안했던 대로 마가복음이 이 전쟁 직후에 쓰인 것이라면, 그리고 당시 이스라엘/팔레스타인 지역이나 근처에서 전해졌다면, 이 전쟁은 마가복음을 해석하는 데 가장 주목할 만한 역사적 맥락이라고 할 수 있다.

마가 이야기를 그저 전쟁이라는 **사실**fact에 대한 반응으로만 보는 것은 적절하지 않다. 도리어 마가는 이 전쟁의 **역학관계**dynamics, 즉 특정한 과정과 동기와 그 전쟁의 원인에 관한 반응을 제공한다. 마가는 전쟁에 관해 이야기해 주고 청중에게 또 다른 길을 제시해 주려는 하나의 방법으로서, 이 전쟁이 발발하기 전에 사셨던 예수의 이야기를 하고 있다. 예를 들면, 갈릴리 북부의 어느 마을에 살고 있는 사람들이 마가의 이야기를 듣고 있다고 상상해 보라. 그 마을은 이미 로마 군인들에 의해 초토화되었고, 사랑하는 사람을 잃은 기억이 생생하고, 희망은 사라졌고, 그들 마음속에는 여전히 전쟁의 소리가 생생하다. 자, 이제 한번 상상해 보라. "기쁜 소식"을 알리는 말, "하나님의 아들"이라는 "기름 부음 받은 분"의 선포, "주님"의 "길"을 준비하라는 말, **하나님의** "왕국"empire이 이제 도래했다는 선언, 하나님의 새로운 통치에 충성서약을 하라는 요청과 이 통치에 대한 믿음을 가지라는 요구, 이 모든 것이 전쟁의 나팔 소리와 고함 소리와 무력 충돌과 함께 북쪽에서 팔레스타인을 향해 진군하는 로마 군대라는 현실 속에서 어떻게 들렸을지, 그리고 이런 것들과 어떻게 대조를 이루었을지 상상해 보라. 로마 장군 베스파시아누스는 남쪽으로 진군하면서 갈릴리와 그 주변 지역 전체에서 도시들과 마을들을 정복하고 파괴했다.

이와 대조적으로, 마가복음은 역시 갈릴리에서 정복 전쟁을 벌이시는 예수를 그리는데, 이 전쟁은 사탄과 모든 악함과 불행한 일들을 대적하는 것으로서, 이는 회복과 치유를 가져오기 위한 수단이었다. 예수께서는 로마인들이 귀신처럼 행한 곳에서 귀신들을 내쫓으셨고, 로마인들이 불구로 만들어 놓은 것을 온전하게 회복시키셨으며, 로마인들이 죽음을 가져온 곳에 예수께서는 생명을 가져오셨고, 로마인들이 곡식 저장고와 밭에 불을 지른 그 곳에서 예수께서는 빵을 공급해 주셨으며, 로마인들이 피로 물들여 놓은 갈릴리 바다의 폭풍을 예수께서는 잠잠하게 하셨다.

마가복음은 아이러니하고 대안이 되는 "왕국"을 제시한다. 이 왕국은 "고기잡이"를 하고, 생명을 회복시키는 말씀과 행동의 "씨를 뿌리고", 하나님께서 추수하실 것이라고 믿는 보통 사람들의 운동이다. 서사가 진행되면서 예루살렘을 향해 가는 여정은 로마 제국의 정복과 대조되는 부분을 보여 준다. 이 여행길을 가면서, 예수께서는 "이방인의 통치자들이 하는 것처럼" 다른 사람들 위에 군림해서는 안 되고 오히려 다른 사람들의 필요를 채워 주는 하인과 종이 되어야 한다고 가르치신다. 이어지는 예루살렘 입성 이야기에서는, 마가복음의 예수께서는 군중이 바라듯이 다윗 왕국을 가져오는 정복자가 아니라 나귀를 타고 평화롭고 겸손하게 오시는 왕적 인물이라는 점을 보여 준다. 예루살렘에서는 이렇게 대조되는 일들이 더 많이 일어난다. 예수께서는 "도둑들"의 성전을 깨끗하게 하신다. 예수께서는 예루살렘 성전이 무너질 것을 예언하시면서 그 대안으로 기도와 믿음을 제시하신다. 예수께서는 거짓 예언자들을 조심하라고 경고하신다. 사람들은 예수 대신에 폭동을 선동한 바라바를 선택한다. 죄 없으신 예수께서는 두 명의 혁명가들과 함께 처형당하신다. 하나님은 성전의 휘장을 둘로 찢으시고 성전이 파괴되도록 내버려 두신다. 이 이야기를 듣는 사람들은 최근에 그들에게 일어나기도 했고 그들 기억 속에 남아 있는 재앙과도 같은 전쟁의 관점에서 이 모든 일과 이 서사의 모든 말씀과 사건들을 분명히 경험할 것이다.

유대 혁명가들을 반대함

다윗 자손의 전사 메시아Davidic warrior-messiah로서의 예수를 거부하면서, 마가는 로마 제국과 이스라엘 안의 통치자들뿐만 아니라 로마에 대항해서 싸우던 유대 백성들의 희망이나 그들의 행동과도 분명하게 대조되는 모습으로 하나님의 다스리심을 제시한다. 전쟁에서 죽지 않은 수많은 유대 백성이 로마인들에 의해 강제로 노예가 되는 상황에서, 자신의 추종자들에게 다른 사람의 종과 노예가 되라고 하는 예수의 가르침은 듣기조차 매우 힘들었을 것이 틀림없다. 이야기 안에서 예수는 로마인들에게 협조하던 유대 지도자들의 교사教唆 행위로 십자가에서 처형당하는데, 이것은 로마 제국의 압제가 얼마나 강한지 보여 준다. 또한, 예수의 십자가 죽음은 다른 사람들 위에 군림하려고 권력을 사용해서는 안 된다는 하나님 나라의 법을 예수가 몸소 철저하게 따르셨음을 보여 준다. 당시 청중은 전쟁이 시작되고 한창 진행되고 있을 때, 그리고 전쟁이 끝날 때까지 수많은 십자가 공개 처형을 목격했는데, 십자가를 지라는 예수의 요구와 예수의 십자가 처형 장면 묘사는 그들이 겪었던 그 공포스러운 상황을 다시 떠올리게 했을 것이 틀림없다. 여기에서 예수께서는 혁명을 위한 행동으로서가 아니라 죽는 한이 있어도 하나님의 다스리심을 위해 평화롭게 살겠다는 헌신의 의미로 십자가를 지기로 **선택하라**고 그들에게 말씀하고 계신다. 복음서에서, 군중은 폭동을 일으키고 살인을 한 바라바를 선택하는데, 예수는 이런 혁명가들과 극명하게 대조된다. 비록 강도 두 명과 처형을 당하셨지만, 마가의 관점으로 볼 때 예수는 진실로 "유대인의 왕"이셨다. 마가복음에서 예수는 지금 제국을 몰아내고 다른 제국을 건설해 달라는 요청을 거부하신다. 예수는 그런 제국적인 지배를 종식하려 하신다.

정치적 인물로서 마가복음의 예수는 하나님의 통치를 이루는 일을 위해 사셨다. 그러나 그것은 일반적인 정치는 아니었다. 예수는 갈릴리 여러 마을에서 자유와 치유를 널리 퍼뜨리기 위한 대리자로 삼으시려고 평범한 사람 열두 명을 핵심적인 제자들로 선택하셨다. 예수는 인간의 필요가 율법을 적용하기 위한 법적 요건이라고 여기셨다. 예수는 재물과 지위와 권력을 추구하지 않으셨다. 예수는 폭력 사용을 거부하셨다. 예수는 억압에 대항해 싸우셨지만, 자신이 억압하는 자가 되지는 않으셨다. 예수는 사회의 유익을 위해 행동하셨고, 그 결과는 하나님께 맡기셨다. 갈릴리 마을에서 이 실연의 청중은 이런 것들에 반하는 것을 제안하는 모든 사회적 정치적 질서를 거부하고 예수와 하나님의 다스리심을 위해 살라고 초대받았다.

헌신하라는 부르심

우리는 마가의 그런 급진적인 이해가 실패한 이유가 마가복음은 한 세대가 다 가기 전에 세상의 종말이 올 것이라 기대했다는 사실 때문이라고 상상해 볼 수 있다. 살아 있는 사람들이 죽기 전에 인자가 돌아올 것이라고 예수께서 제자들에게 말씀하시는 것을 그 당시 청중이 들었다는 점을 생각한다면, 우리는 그 청중이 어떤 행동이나 사역을 할 필요가 굳이 없겠다고 생각했을 것으로 추측할 수 있다. 어쩌면 사람들은 그저 가만히 서서 세상이 끝날 때까지 버티려고 했을지도 모른다. 하지만 마가의 전체 서사는 정적주의quietism(靜寂主義), 상황을 바꾸려 하지 않고 묵묵히 받아들이는 자세ⓔ를 극복하고 사역을 창출해 내고자 한다. 곧 안정된 가족의 세계와 자리를 떠나서 반대에 부딪히고 거부당하고 심지어 죽임을 당하더라도 하나님의 나라를 위해 행동하라고 제자들을 내보내는 사역이다.

마가복음에서 두려움은 하나님의 다스리심에 대한 신뢰나 믿음과 반대되는 것이다. 두려움은 하나님의 다스리심과 그 가치들을 품는 데 방해되는 주된 걸림돌이다. 두려움 때문에, 사람들은 자신의 목숨을 잃기보다는 지켜 내려고 한다. 두려움은 예수를 가장 신실하게 따르는 사람들조차도 마비시켜서 그 헌신의 삶을 멈추게 만드는 감정이다. 마가복음은 두려움을 매우 심각하게 다룬다. 마가복음은 사람들이 자기 자신과 자기가 속한 집단을 위해 움켜쥐고 있는 강력한 자기 방어적 이해관계의 통제를 깨뜨려서 청중이 역설을 품어 안을 수 있게 한다. “누구든지 나와 복음을 위하여 제 목숨을 잃는 사람은 구할 것이다.” 마가의 이야기 전체는 청중에게 이야기의 마지막 부분에 이르러 다음과 같은 고백을 하게 한다. “권력자들이 우리를 무너뜨리고자 해도, 제자들이 겁을 먹고 도망쳤다고 해도, 여인들조차 두려움과 공포에 질려 빈 무덤에서 달아났다 해도, 우리는 여전히 믿음을 지킬 것이다.”

그래서 마가복음은 청중이 사명을 감당하도록, 곧 자유와 치유와 용서와 온전함과 음식과 그 밖의 많은 것을 가능한 한 많은 사람과 공동체에 가져다주는 일에 힘쓰는 사명을 향해 나아가도록 하고, 그와 더불어 억압에 저항하는 데 헌신하게 한다. 이 서사에서, 임박한 종말에 대한 기대가 있다 해도 그로 인해 이 사역이 위축되지는 않는다. 오히려 정반대이다. 하나님께서 자신의 다스리심을 온전히, 그리고 곧 완성하실 것이라는 확신은 도리어 그들이 어떤 위험이 닥치더라도 무엇이든지 할 수 있게 하는 능력의 도약판이 된다. "먼저 복음이 모든 이방 민족에게 선포되어야 한다." 마가복음 이야기를 듣는 청중은 그 부르심을 자신을 향한 것으로 들었을 것이다.

새로운 세상

마가의 **복음**은 "하나님의 일"을 위해 사는 삶에 대한 긍정적인 비전이다. 그러므로 마가복음은 유대 문화나 로마 제국에 대한 "대안" 그 이상이다. 마가가 실제로 말하고자 하는 요지는 당시 제국 체제에 대한 부정적 비판이나 국가적인 개혁을 요구하는 것 그 이상이다. 도리어 마가복음은 전혀 다른 세상을 청중에게 긍정적이고 활기차게 제시하는데, 이 새로운 세상은 가난한 사람들의 개인적인 필요를 세심하게 돌봐주는 세상이다. 우리가 앞서 제안했듯이, 이 복음서는 듣는 사람들에게는 묵시적인 복음서다. 따라서 이 이야기를 경험한다는 것은 새로운 세상 안에 들어가 정착하는 것이고, 새로운 우주, 새로운 창조 질서, 새로운 권력 소유, 새로운 관계 맺음, 새로운 정신의 가치관, 자기중심적 삶에서 벗어나 타인 중심적 삶으로 전환되는 것을 경험하는 것, 즉 새 술을 새 부대에 담는 것이다.

이야기 실연은 가장 기초적인 단계에서 재사회화를 창출한다. 이 실연은 개인을 변화시킬 뿐만 아니라, 더욱더 중요하게는, 새로운 상호관계, 새로운 문화적 가치들, 이스라엘이라는 나라가 된다는 것의 의미에 관한 새로운 비전, 그리고 매우 인간적인 정치 질서를 새롭게 만들기 위해 계획된 것이다. 이것이 바로 하나님의 통치가 이루어지는 나라다. 하나님께서 다스리시고 사람들은 그분의 통치에 대해 열려 있고 그 다스리심에 복종한다면 그 세상은 어떤 모습일까? 또한, 나머지 세상 사람들이 여전히 변화되지 않았고 하나님의 다스리심은 아직 온전히 이루어지지 않았다면, 그런 모습은 하나님 나라에 들어간 사람들의 눈에 어떻게 비칠까? 이것이 바로 복음서가 다루고 있는 내용이다. 마가복음 이야기를 듣고 있던 1세기 갈릴리 농촌에 사는 청중은 이 이야기를 다 듣고 난 후에 하나님의 통치를 받아들일 것인지 거부할 것인지 선택의 갈림길에 서게 된다.

오늘날의 독자

어떤 면에서 볼 때 이야기의 시간적 제약은, 예수의 시대가 훨씬 지난 후에 살고 있는 실제 청중이나 독자들에게는 그다지 의미가 없다. 왜냐하면 이 이야기에서는 하나님의 다스리심이 성전이 파괴된 이후 머지않아 곧 완성될 것이라고 말하고 있기 때문이다. 그렇지만 이 이야기 속에 들어가서 함께 어우러졌던 오늘날 독자들은 이 이야기에 반영된 오늘날 우리의 사회와 우리의 삶을 여러 각도에서(물론 매우 다른 관점이긴 하지만) 바라볼 수 있다.[11]

11 마가복음을 오늘날 세계와 연결해서 보려고 노력한 저술로는 Bryan Blount, *Go Preach! Mark's Kingdom Message and the Black Church Today* (Maryknoll: Orbis, 1998); Ched Myers, *Who Will Role Away the Stone? Discipleship Queries*

21세기 독자와 청중은 마가복음이라는 고대 이야기의 여러 측면들로 인해서 고민이 많아질 것이다. 그 세상은 단순하고 마귀들로 가득하다. 신체에 마비가 온 것은 죄를 지었기 때문일 것이다. 믿음을 갖기만 하면 모든 것이 가능하다. 사람들은 주님의 옷자락을 만지기만 해도 병이 나을 것이다. 여인들은 서사 안에서 중요하거나 적극적인 역할을 하지 않는다. 서사는 마치 순교를 하면 구원을 받는다고 제안하는 것처럼 보이는데 이는 위험해 보인다. 사람들은 심판을 받고 게헨나에 던져져서 멸망당할 것이다. 결국에는 하나님이 그리스도의 원수들을 정복하여 그의 발아래 두실 것이다. 그런데 기대하던 묵시적 종말은 오지 않았다. 우리는 이런 문제들에 대해 솔직해져야 한다. 이런 것들이 마가복음에 대해 무엇을 말해 주는지 솔직해져야 한다. 이런 것들이 그 당시 청중에게 끼칠 수 있는 위험성에 대해, 그리고 오늘날의 독자들에게 끼칠 수 있는 위험성에 대해 솔직해져야 한다.

이와 동시에, 우리는 오늘날 독자들도 급진적인 내용을 들을 필요가 있다고 생각한다. 여기에서 우리가 **급진적**이라고 말할 때는, 개인적인 삶의 스타일과 공동체적인 형성에 대한 요구, 그리고 자신의 부와 지위와 권력을 지키기보다 도움이 필요한 사람을 섬기는 것을 더 중시하는 사회적 질서에 대한 요구를 가리킨다. 그런 삶을 산다면, 1세기 때 그랬던 것처럼, 오늘날 세상에서도 저항과 배척을 감수해야 한다는 사실에 관해서도 들어야 한다. 마가가 그

for First World Christians (Maryknoll: Orbis, 1994); Myers et al., *"Say to This Mountain": Mark's Story of Discipleship* (Maryknoll: Orbis, 1996) 『오늘, 마가복음을 살다』(대장간, 2018); Mitzi Minor, *The Spirituality of Mark: Responding to God* (Louisville: Westminster John Knox, 1996); Jack Nelson-Pallmeyer, *Brave New World: Must We Pledge Allegiance?* (Maryknoll: Orbis, 1992), 8장을 보라.

린 이 세계에서 우리도 하나님의 다스리심 안에서 요구하는 새롭고 급진적인 질서, 예수의 놀라운 모습, 하나님께 대한 믿음이 갖는 가능성, 섬기라는 명령, 자신과 자신이 속한 집단의 안전과 특권을 포기하려는 시도에 대한 뿌리 깊은 저항, 다른 사람들을 지배할 때의 파괴력, 서로 섬기는 공동체를 향한 비전, 핍박을 당하더라도 한결같이 밀고 나아가는 일의 어려움과 그런 태도의 능력, 그리고 그 밖에도 많은 것을 경험했다. 이 이야기 세계를 체험한 오늘날의 독자들은 삶의 의미, 삶의 목적, 삶의 가능성, 삶의 결과에 대해 새롭게 생각할 수 있을 것이다. 그래서 새로운 방식으로 이 실제 세계를 바라보고 이 세계와 투쟁하며, 아마도 더 신실하고 인간다운 삶을 살아가는 일을 더 잘 준비할 수 있을 것이다.

에필로그

대화로서의 읽기 — 읽기의 윤리

고대 청중과 실연자는 서로 영향을 주고받았다. 실연자들은 청중의 관심사와 상황에 실연을 맞추었다. 현대 독자들은 인쇄된 텍스트와 직접적인 상호 작용을 할 수는 없지만, 읽기를 이야기와 독자 사이에 오가는 의미 있는 의사소통, 즉 하나의 대화로 생각할 수 있다.[1] 대화하는 사람들은 대화에서 발생하는 것에 대해 각자 힘을 가진다. 한편, 이야기는 독자들에게 영향력을 발휘하려고 하는데, 즉 독자들에게 좋은 영향을 주거나 나쁜 영향을 주기도 하고, 사람들을 변화시키고, 공동체를 형성하기도 한다. 다른 한편으로는, 독자도 역시 이 대화에서 영향력을 행사한다. 독자는 이야기를 진지하게 받아들이고 그 이야기를 통해 변화될 수도 있고, 아니면 그 이야기에 관심을 갖지 않거나 심지어는 자신과 아무 상관 없는 것으로 묵살해 버릴 수도 있다. 독자는 이야기를 수용할 수도 있고, 이야기의 일부분이나 전체에 거부감을 갖거나

1 Hans-Georg Gadamer, *Truth and Method*, rev. ed., trans. Joel Weinsheimer and Donald Marshall (New York: Crossroad, 1989) 『진리와 방법』 전 3권(문학동네, 2012). Anthony Thiselton, *New Horizons in Hermeneutics* (London: HarperCollins, 1992) 『해석의 새로운 지평』(SFC, 2015)도 보라.

강하게 반대할 수도 있다. 독자는 다른 사람을 돕거나 혹은 해를 끼치는 방식으로 그 이야기를 인용함으로써 그 이야기의 효과를 더욱 증대시킬 수도 있다. 이야기는 독자들에게 영향을 주려고 시도하고, 그에 대해 독자는 자신의 가치관이나 판단 기준에 따라 그 이야기를 윤리적으로 판단해야 한다.

이야기를 판단하려면, 그 이야기가 그 자체의 용어로 무엇을 말하고 있는지를 이해하기 위해서 먼저 그 이야기를 주의 깊게 들어야 한다. 중요한 점은, 이야기가 말하는 내용은 그것을 듣는 우리가 기대하는 것이나 바라는 것이나 두려워하는 것과 다를 수 있다는 사실을 아는 것이다. 이야기와 대화할 때, 독자는 이야기를 존중하고 그 이야기에 외부의 사상과 이미지를 일부러 투영해서 읽지 말고 그 이야기에서 무엇인가를 배우려는 열린 마음을 가져야 할 책임이 있다.[2] 만일 어떤 이야기가 고대를 시간 배경으로 하거나 정경으로서의 권위를 가지고 있다면, 이 과정은 특별히 더 도전적인데, 마가복음은 이 두 가지 모두에 해당한다. 이

2 문학 연구에서 읽기의 윤리에 대해서는 J. Hillis Miller, *The Ethics of Reading: Kant, de Man, Eliot, Trollope, James, and Benjamin* (New York: Columbia University Press, 1987); Wayne Booth, *The Company We Keep: The Ethics of Fiction* (Berkeley: University of California Press, 1988)을 보라. 성서학에서는 Elisabeth Schüssler Fiorenza, "The Ethics of Interpretation: De-Centering Biblical Theology," *Journal of Biblical Literature* 107 (1988): 3-17; D. J. Smit, "The Ethics of Interpretation: New Voices from the USA," *Scriptura* 33 (1990): 16-28; J. Botha, "The Ethics of New Testament Interpretation," *Neotestamentica* 26 (1992): 169-74; Gary Phillips, "The Ethics of Reading Deconstructively," in *New Literary Criticism and the New Testament*, ed. E. McKnight and E. S. Malbon (Valley Forge, PA: Trinity Press International, 1994), 283-325; Daniel Patte, *Ethics of Biblical Interpretation: A Reevaluation* (Louisville: Westminster John Knox, 1995); Danna Nolan Fewell and Gary Phillips, "Bible and Ethics of Reading," *Semeia* 77 (1997)을 보라.

야기와 독자 사이의 이런 대화에서 독자는 유리한 위치에 있다. 이야기는 자신을 설명할 수 없고, 그저 반복하는 수밖에 없다. 따라서 이야기가 스스로 말하도록 하기 위해서는, 독자가 그 이야기를 반복해서 자세히 읽으면서 적극적인 독자가 되어야 한다. 독자는 문맥에 담긴 의미를 발견하기 위해 문학적 방법과 사회적 방법과 그 밖에 여러 관련된 방법들을 사용할 필요가 있으며, 당시 문화적·정치적 문맥에서 그 이야기를 이해하고 자신의 해석이 올바른지 확인하기 위해 1세기에 관한 지식을 활용해야 한다.

이 책에서 우리는 마가복음을 읽는 현대 독자들에게 이야기 자체의 용어에 집중하기를, 다시 말하면, 마가의 이야기를 전체적으로 바라보고 그 이야기에 충분히 공감하면서 그 세계 속에 빠져들어 보기를 권면했다. 우리는 전체 하나의 이야기라는 맥락에서 이 이야기의 부분들을 해석함으로써 그 부분들의 의미를 이해하려고 했다. 우리는 마가복음을 그 당시의 이야기로 놓고 보기 위해서, 문화적·사회적 상황에서 얻은 유용한 배경 정보들을 활용하고자 노력했다. 물론 우리가 한 해석은 마가복음에 대한 여러 믿을 만한 해석 중 하나일 뿐이다.[3]

이야기에 자신의 생각을 주입하지 않으려면, 우리의 관점이 얼마나 제한적이고 상대적인지를 인식하고 있어야 한다.[4] 우리가

3 성경의 다가치적多價値的인 차원을 강조하는 최근 연구들. 예를 들어, Daniel Patte, *Discipleship according to the Sermon on the Mount: Four Legitimate Readings, Four Plausible Views of Discipleship and Their Relevant Values* (Valley Forge, PA: Trinity Press International, 1996); Fernando Segovia, ed., *What Is John? Readers and Readings of the Fourth Gospel* (Atlanta: Scholars, 1996); Charles Cosgrove, *Elusive Israel: The Puzzle of Election in Romans* (Louisville: Westminster John Knox, 1997)이 있다.

4 이런 역동성이 중요하다는 것은 페미니스트 비평으로 인해 처음 대두되었다. 예

전제 조건을 달지 않고 독서를 하기란 어렵다. 첫째, 우리는 자신이 속한 사회나 문화의 영향을 받은 사상idea과 가정assumption을 끌어온다. 만일 우리가 서구 세계를 배경으로 한 사람이라면, 개인주의적이고 심리학적이고, 산업화 이후 전자 시대에서 비롯된 가정을 가지고 있다. 둘째, 우리는 특히 성性이나 인종, 사회 계급, 정치적 입장, 건강, 법적 지위 등을 기준으로 해서 그 문화에 속한 특정한 사회적 위치에서 독서를 한다. 셋째, 우리는 각자 개인적인 경험이 있고, 자기만의 특정한 신념과 도덕적 책무가 있다.[5] 이 모든 것이 우리가 독서하는 방식, 곧 우리 경험의 렌즈를 통해 이야기를 보는 방식을 형성한다. 자신의 가치관과 신념을 분명히 인식하고 있다면, 이야기를 자신의 관점이라는 틀에 삽입하는 잘못을 범하지 않고 그 이야기가 던져 주는 도전(우리는 그 도전을 꺼려서 그 강도를 약하게 하거나 무시할지도 모른다)에 주의를 기울이는 데 도움이 될 수 있다.[6]

우리는 우리가 연구하고 있는 고대 저작물의 사회적 위치에 대조해 봄으로써 우리 자신의 사회적 위치를 더욱 분명하게 파악할 수 있다. 마가복음의 경우, 우리는 산업사회 이전 농경 사회 안에서의 농부의 관점이라고 이름 붙일 수 있는데, 이 관점은 성 역할

를 들어, Elisabeth Schüssler Fiorenza, *In Memory of Her: A Feminist Theological Reconstruction of Christian Origins* (New York: Crossroad, 1983)가 있다. 이런 관심은 최근 이데올로기 비평을 하는 사람들로 인하여 더욱 확산되었다. *Ideological Criticism of Biblical Texts*, ed. David Jobling and Tina Pippin (*Semeia* 59; Atlanta: Scholars, 1992)에 나오는 여러 글을 읽어 보라. 그리고 "Ideological Criticism," in *The Postmodern Bible*, ed. G. Aichele, et al. (New Haven: Yale University Press, 1995), 272-308도 보라.

5 Janice Capel Anderson and Jeffrey L. Staley, "Taking it Personally," *Semeia* 72 (1995).

6 우리 저자들은 백인, 중산층, 개신교, 미국 문화를 배경으로 한다.

gender role, 정결한 정도, 공동체 안에서의 명예, 유대인이나 이방인으로서의 종교-민족적 정체성, 고대 마을이나 도시의 위치 등에서 뚜렷한 차이를 보인다. 만일 우리가 당시 고대 사회와 현대 서구 사회가 얼마나 다른지 알게 된다면, 우리는 우리 자신의 독특한 요소들도 더 많이 알게 될 것이다.

또한, 우리는 다른 사회적 위치에서 온 사람들을 해석함으로써 우리 자신의 사회적 위치가 갖는 한계점을 다룰 수 있다.[7] 각각의 사회적 위치에서 사람들은 그 나름대로 보이는 각도가 있는데, 이는 그 자신이 이해한 바를 강화하기도 한다. 마가 이야기에서 남자들이 놓치기 쉬운 부분을 여자들이 발견하기도 한다. 병으로 아프거나 신체적 장애를 가진 사람들은 건강한 사람들이 아주 당연하게 넘겨 버렸을 마가복음의 역동성을 알아볼 것이다. 사회경제적으로 낮은 위치에 있어서 억눌린 사람들이라면 좀 더 나은 사회경제적 지위에 있는 사람들이 미처 파악하지 못한 마가복음의 부분들을 이해할 것이다.[8] 박해받는 상황에서 온 사람들은 아무 제한 없이 자신의 종교적·도덕적 기준에 따라 행동할 수 있는 사회에 사는 사람들과는 다른 방식으로 이 이야기를 바라볼 것이다. 예를

7 우리의 사회적 위치가 해석에 어떻게 영향을 미치는지 이해하려면, Fernando Segovia and Mary Ann Tolbert, *Reading from This Place* (Minneapolis: Fortress Press, 1994, 1995); Brian Blount, *Cultural Interpretation* (Minneapolis: Fortress Press, 1995); and Daniel Smith-Christopher, ed., *Text and Experience: Towards a Cultural Exegesis of the Bible: Reorienting New Testament Criticism* (Sheffield: Sheffield Academic, 1995); M. Brett, *Ethnicity and the Bible* (Leiden: Brill, 1996); Cain Hope Felder, ed., *Stony the Road We Trod: African-American Biblical Interpretation* (Minneapolis: Fortress Press, 1991)을 보라.

8 "Postcolonialism and Scriptural Reading," ed. Laura Donaldson, *Semeia* 75 (1996); *The Postcolonial Bible*, ed. R. S. Sugirtharajah (Sheffield: Sheffield Academic Press, 1998).

들어, 체면/수치 문화라든지 정결/부정 의식을 바탕으로 한 사회, 혹은 경제적 성취로 경계 지어지는 사회 등 다양한 사회에서 온 사람들은 자신의 경험에 기대어 그 이야기를 이해할 것이다.

각자 다른 사회적 배경을 가진 사람들이 함께 이야기를 읽을 때, 한계를 경험하기도 하지만 통찰력을 얻기도 한다. 서로 다른 사회적 자리에서 그 이야기를 바라볼 것이기 때문이다. 어떤 관점도 특별대우를 받지 않고 어떤 관점도 소외당하지 않는 둥그런 탁자에서 함께 이야기를 읽는다면, 우리가 그 이야기를 얼마나 왜곡할 수 있는지, 또는 그 이야기만의 용어로 그 이야기를 이해하는 데 얼마나 실패할 수 있는지, 그리고 우리가 무시하는 부분이 얼마나 많은지를 분명히 알 수 있다.[9] 그러므로 독자들의 관점이 갖는 한계와 이야기의 본질을 고려할 때, 이야기를 정확하고 객관적으로 이해했다면서 한 가지 내용만 제시하는 것은 불가능하다. 우리가 지향하는 목표는 가능한 한 이야기에 충실하고, 다른 사람이 해석한 내용에서도 배우는 것이다.

일단 마가복음이 그만의 용어로 우리의 능력에 맞게 우리에게 이야기하도록 했다면, 이제는 이야기의 대화 상대인 독자들에 대해서도 한번 생각해 볼 필요가 있다. 이 이야기는 오늘날 다양한 우리의 삶과 어떻게 연관되는가? 우리는 이런 방향으로 움직일 수 있다. 왜냐하면, 마가복음이 직접적인 방식으로 우리에게 말하

9 원형탁자의 이미지에 대해서는 Justo Gonzalez, *Out of Every Tribe and Nation: Christian Theology at the Ethnic Roundtable* (Nashville: Abingdon, 1992)을 보라. 다양한 사회적 위치에 근거해 읽는 것에 대해서는, 예를 들어, Hisako Kinukawa, *Women and Jesus in Mark: A Japanese Feminist Perspective* (Maryknoll: Orbis, 1994); John Keenan, *The Gospel of Mark: A Mahayana Reading* (Maryknoll: Orbis, 1995)을 보라.

고 있지 않으며 우리는 다른 문화와 다른 시대에 만들어진 창작물을 경험하고 있음을 알게 되었기 때문이다. 이러한 차이를 의식하면서도, 우리는 여전히 이것이 오늘날 우리만의 맥락과도 유사한 점이 있음을 발견한다.

한편 우리는 마가의 이야기에서 충격을 받을 수도 있고, 그 이야기에 깊은 감명을 받고 변화되기도 할 것이다. 우리는 우리 자신과 우리 사회를 새로운 방식으로 바라보게 되고, 이를 변화시킬 수 있는 능력이나 고난을 잘 견딜 수 있는 힘을 얻기도 할 것이다. 이런 사실에도 불구하고, 우리는 마가가 제시하는 듯한 아이디어 중에서 많은 부분을 거부할 수도 있다. 우리는 마가가 가졌을, 지구가 평평하다는 생각이나 이 세대가 가기 전에 종말이 올 것이라는 생각에 동의하지 않을 것이다. 귀신, 축사 행위, 천사, 하나님의 목소리, 물 위를 걷는 것이나 오병이어 같은 기적, 그리고 1세기 사람들은 사실로 받아들이거나 가능한 일이라고 생각한 모든 일에 대한 마가의 관점을 우리는 받아들일 수도 있고 그렇지 못할 수도 있다.

우리는 우리의 가치관과 신념에 어긋나는 마가의 일부 묘사에 반대할 수도 있다.[10] 예를 들어, 독자들은 전형적으로 유대 지도자들을 모두 권력을 남용하는 사람들로 묘사하는 마가의 방식을 인정하지 않을지도 모른다. 신약 성경의 다른 글들처럼, 마가의 이야기 역시 후대의 반유대주의anti-Semitism로 인한 참상을 부추겼다고 생각할 수도 있다. 또 어떤 사람은 비록 여인들에 관한 마가복음의 관점이 호의적이긴 하지만(마가의 반가부장제적 입장과 여

10 Judy Fetterly, *The Resisting Reader: A Feminist Approach to American Literature* (Bloomington: Indiana University Press, 1978)을 보라.

인들을 하나님의 다스리심의 본보기로 제시하는 것 등), 이야기에서 여인들이 여전히 말하고 행동하는 데 있어서 그 역할도 제한되어 있으며(실제 예수가 활동하던 당시에 여인들이 수행했을 역할보다 훨씬 더 제한된 역할을 하는 것으로 마가복음에는 묘사되어 있다), 이것이 오늘날 많은 기독교 배경 사회에서 여인들이 여전히 소외되는 데 한몫했다고 항의할 수도 있다.

게다가 독자들은 마가복음이 잘못 사용되는 방식에 항의할지도 모른다. 마가는 하나님께서 병을 고치시기 위해서는 믿음이 필요하다고 주장하는데, 이로 인해 어떤 사람들은 믿음 자체가 병을 고친다고 믿게 되었고, 따라서 병이 낫지 않으면 그 환자가 믿음이 없어서라고 비난하게 되었다. 또한 이 시대에 하나님의 다스리심을 위해 헌신하는 사람은 핍박을 당할 수밖에 없다는 마가의 주장으로 인해, 어떤 사람들은 고통 그 자체가 좋은 것이고 핍박을 받아야 구원받을 수 있다고 믿게 되었다. 예수께서는 제자들에게 시험을 당하지 않도록 기도하라고 말씀하셨는데도 말이다. 이 이야기가 성경으로서의 권위를 가질 때, 특정한 상황에서 이 서사가 일부 사람들을 어떻게 억압하는 기능을 할 수 있는지 인식하는 것은 특히 더 중요하다. 사람들에게 만에 하나 해악을 끼칠 수도 있다는 생각 때문에, 어떤 사람들은 이 복음을 전하기를 꺼리기도 한다.

어떤 사람들은(우리를 포함해서) 이 서사에서 진술하는 하나님의 다스리심의 가치관과 모든 억압에 대한 근본적인 반대 입장이 압도적으로 긍정적인 것임을 깨달았기 때문에, 우리는 이 복음을 마음에 간직할 뿐만 아니라 널리 알리고 싶다. 물론 그때에도 이 복음이나 이 복음의 일부를 오용해서 다른 사람들을 억압한 행위를 비난해야 할 책임은 여전히 남아 있다.

따라서 읽거나 듣는 일이 진정한 대화가 되려면, 우리는 이야기가 우리를 변화시킬 수 있도록 열린 자세를 가져야 한다.[11] 진정한 대화에는 그 만남을 통해 변화될 수 있다는 위험 부담이 있게 마련이다. 이 이야기는 병 고침, 용서, 하나님의 능력을 맛보는 것, 하나님의 능력과 사랑을 함께 나누도록 초청하는 것 등을 특징으로 하는 새로운 삶에 대한 비전에 참여하도록 우리를 강하게 부르고 있다. 이 이야기는 다른 사람들을 위해서 기꺼이 섬기고, 그 섬김에 따르는 위험을 기꺼이 감수하며, 돈이나 권력이나 사회적 지위가 우리 삶을 규정하지 못하게 하라고 요구한다. 이를 이루기 위한 행동 때문에 우리가 개인적으로 비난받고, 사회적으로 배척당하고, 경제적인 손실을 당하고, 심지어 핍박을 당한다 하더라도, 연약한 사람들에게 연민을 갖고, 소외된 자들에게 손을 내밀고, 억압에 항거하고, 상호 섬김의 사회적 관계를 만들고, 힘없는 자를 특히 잘 섬기고, 생명을 살리는 법과 제도를 만드는 것, 이것이 마가가 추구하는 세상과 공동체의 유형이다. 우리는 이런 세상을 기쁨으로 받아들인다.

현대 독자들은 상상을 통해 이야기 세계 속에 들어갈 수 있고, 그럼으로써 우리는 그 이야기가 우리에게 신비한 일을 행하게 할 수 있다. 마가의 이야기 세계로 들어가 그 안에 참여한다면, 우리는 이 이야기를 다른 사람들에게 전하기로 선택할지도 모른다.

11 Wesley A. Kort는 성경으로서 어떤 글을 대할 때 우리의 태도를 규정하는 것은 읽기에서의 위험을 감수하려는 의지라고 주장한다. *"Take, Read": Texts as Scripture: Scripture, Textuality, and Cultural Practice* (University Park: Pennsylvania State University Press, 1996).

후기

마크 앨런 파월Mark Allen Powell

1980년에 나는 텍사스 남동부 지역의 교구 목사로 사역하고 있었는데, 어느 날 신학 교육을 담당하는 사람과 신약학으로 박사 학위를 받을 수 있는지의 문제로 이야기를 나눈 적이 있다. 그 사람은 나에게 대학원 공부를 하라고는 했지만, 신약학이라는 분야 선택에 관해서는 권장하지 않았다. 그 사람은 "이 불쌍한 책은 구절구절마다 완전히 분석되어서 이제 더는 할 말이 없을 걸세. 혹시 뭔가 새로운 것이 나오면 몰라도…"라고 말했다.

그 말을 듣고 나는 무척 상심했다. 나는 신약학을 공부하고 싶었지만 그렇다고 남들이 이미 한 말을 반복하거나 굳이 필요도 없을 연구를 하느라 내 인생을 바치고 싶지는 않았다. 그런데 그로부터 2년이 지난 후, *Mark as Story*가 출판되었다. 나는 이 책을 며칠 만에 다 읽었다. 그리고 그다음 주에 신약학 과정으로 대학원 여섯 군데에 원서를 넣었다. 새로운 것이 **나왔기** 때문이다.

아무도 이 새로운 것에 준비가 안 된 것 같았고, 이것으로 무엇을 어떻게 해야 할지 아는 이는 거의 없었다. 보수적인 사람들은 로즈Rhoads와 미키Michie가 마가복음을 그저 소설로 생각한다고 걱정했다. (만약에 그들이 그런 우려를 하지 않았다면 그들은, 혹은 다른 사람들은, 왜 마가복음을 마치 소설인 것처럼 읽고 싶어 했을까? 자유주의자들은 진정한 비평 학계를 빙 둘러 피해 가는 것은 아닌지 의심했다.) 성서 텍스트를 최종 본문, 정경적 형태의 본문으로 연역적으로 받아들여야 한다고 제안하는 것이 무엇이 문제란 말인가?

이 책은 어떤 책이었을까? 스테로이드로 멋있게 포장된 모습을 탈신화화하는 것인가? 혹은 주일학교 교육 과정으로 위장한 것인가? 그 어떤 것이든, 이 새로운 접근 방식이 "역사적"인 것이 아니라고 하든, 혹은 "비평적"인 것이 아니라고 생각하든, 이 책은 "역사 비평 방법"historical critical method을 적용한 것이 **아님**은 분명하다. 그러나 1982년 당시, 이 동네에서 역사 비평 방법 말고는 다른 방법은 없었다. 사실 좀 더 정확히 말하자면, 당시에 주류를 이루던 복음서 비평 방법은 편집 비평이었다. 아직도 유행하는 이 비평 방법은 복음서 저자들이 자신이 갖고 있던 자료를 어떻게 배열하고 어떻게 편집했는지 분석해서 저자가 의도한 것이 무엇이었는지, 바로 그것을 알아내려고 하는 방법이다. 이 접근 방법의 목표는 재구성한 그 옛날 당시의 상황 안에서 복음서가 지녔을 역사적으로 추정되는 의미를 이해하는 것이다. 이와는 대조적으로 로즈와 미키는 복음서를 역사보다는 이야기로 읽음으로써 마가복음을 말 그대로 서사로 읽자고 주장했다.

물론 이 신성한 학계의 전당에서는 로즈와 미키가 제안했던 노선을 따라 연구하는 학자들이 꽤 있었다. 예를 들면, 토머스 부머샤인Thomas Boomershine, 앨런 컬페퍼Alan Culpepper, 조안나 듀이Joanna Dewey, 나중에 이 책의 제2판 작업에 합류함, 베르너 켈버Werner Kelber, 노먼 피터슨Norman Petersen, 버넌 로빈스Vernon Robbins, 로버트 태너힐Robert Tannehill, 그리고 메리 앤 톨버트Mary Ann Tolbert가 생각난다. 그러나 "서사 비평"이라는 것을 이 세상에 소개하고, 이와 동시에 오늘날까지 기울어진 운동장으로 남아 있는 이 바닥에서 이런 방법론을 적용하는 것이 얼마나 효과가 있는지 잘 보여 준 것은 다름 아닌 *Mark as Story*였다.

그로부터 몇 년 후, 성서학은 광범위한 문학 비평 방법론들을 포용하였고, 학계 토론 주제로 문학 **이론**이 점점 더 주목을 받았다. 특히 무슨 접근 방법론이 사용되든 인식론과 해석학적 기초에 초점을 맞춘 문학 이론이 더 주목받았다. 비록 이런 토론들이 다소 복잡하긴 했지만, 종종 흥미로운 토론이었고, 때로는 결실이 있는 토론이었다. 그런데도 여전히 *Mark as Story*가 매력 있는 이유는 본질적인 단순함에 있다.

나는 아래와 같이 설명하면서 감히 단언해 보겠다.

*Mark as Story*는, 모든 평가를 고려해 볼 때, 지금까지 나온 책 중에서 정말 중요한 책이다. 시대를 초월해서 대부분 사람들이 이야기의 의미에 관해 이야기할 때 그들이 생각하는 그 의미에 가장 가까운 방식으로 마가복음의 의미를 보여 주는 책이, 내가 아는 어떤 책들보다도 그 의미를 가장 잘 보여 주는 책이 바로 *Mark as Story*다.

물론 **의미**의 개념은 매우 복잡하다. 하지만, 사람들이 이야기의 의미라는 것에 관해 말할 때 사람들은 보통 무슨 뜻으로 그 단어를 쓸까? 사람들이 그 이야기를 **이해한다**understand고 말할 때, 무슨 뜻으로 그런 표현을 썼을까? "알았어"get it라는 뜻인가? 일반적으로 말하면, 사람들이 생각하는 이런 표현의 의미는 그 이야기에 관해 나름대로 어떤 의견을 갖게 되었다든지 그 의견에 어떤 반응을 보일 수 있을 정도로 이야기를 충분히 이해했다는 것이 아닌가?

『걸리버 여행기』 같은 비非성서적 작품을 생각해 보자. 나는 이 이야기와 관련해서 사람마다 각기 다른 차원에서 이 이야기를 이해하고 그 의미를 파악한다고 생각한다.

먼저, 많은 사람(우리 문화권에서는 거의 모든 사람)이 이 이야기를 어설프게라도 들어 봤을 것이다. 사람들은 적어도 이 이야기가 섬에 갔다가 소인들에게 묶인 어떤 사람에 관한 이야기라는 정도는 안다. 그러나 내 생각에는, 아주 많은 사람이 그렇게 대충 어설피 아는 것을 가리켜서 자신이 『걸리버 여행기』라는 작품을 제대로 이해했다고 여기거나 그 이야기가 의미하는 바를 완전하게 파악했다고 말하지는 않을 것이다. 사람들 대부분은 이야기를 이해했다고 말할 때, 자신이 책을 처음부터 끝까지 다 읽고 그 이야기에서 어떤 일이 벌어지는지, 그 사건이 어떤 식으로 펼쳐지는지 대략 파악하는 것을 의미한다고 생각한다. 예를 들면, 걸리버가 소인들과 만나는 장면이 재미있게, 혹은 무섭게, 혹은 다른 어떤 방식으로 이야기되고 있는가 하는 것 말이다.

『걸리버 여행기』 작가인 조너선 스위프트를 아는 학자들은 스위프트가 일반 독자들은 잘 알아채지 못하는 저술 동기를 품고 있었던 것은 아닌지 연구하기도 한다. 이 책에 나오는 어떤 등장인물들은 스위프트가 실제로 풍자하려 했던 실존 인물을 바탕으로 그려진다. 이 책에 나오는 어떤 사건들은 스위프트가 조롱하려 했던 당시 실제 사건과 대략적으로라도 짝을 이룬다. 만일 우리가 이 책이 만들어진 당시 맥락이나 상황에 관한 충분한 지식과 정보를 갖고 있다면 스위프트가 추구했던 정치적 입장을 좀 더 예리하게 알아차릴 수 있다. 그러나 그런 역사적·학문적 분석이 그 이야기의 기본적인 의미를 파악하고 이해하는 데 꼭 필요한가? 어떤 사람은 그렇다고 말할 것이다. 그러나 대부분의 사람은 그럴 것까지는 없다고 말할 것이다. 이런 연구의 중요성을 무시하는 것은 아니다. 하지만 사람들은 만일 당신이 그 책을 읽었고, 거기에서 어떤 일이 벌어지는지 알고, 그 장면들이 어떻게 이야기되고 있는지 어느 정도 파악했다면 그 책을 이해하는 것이라고 말할 것이다. 학문적으로나 역사적으로 연구한 결과로 저자가 말하려 했던 의도도 드러날 수 있을 것이다. 그러나 설령 당신이 생각한 것이 그것과 정확하게 맞아떨어지지 않는다 해도 당신의 생각이 잘못된 것은 아니다. 어떤 사람이 『걸리버 여행기』를 다 읽고 난 뒤에 스위프트가 비판하려고 했던 어떤 사람(역사적으로 이제는 아주 오래전 인물)에 대해 여전히 나쁜 사람이라는 생각이 안 들었다고 해서 당신이 그 책을 제대로 이해하지 못했다고 말할 사람은 오늘날 우리 세상에서는 그리 많지 않다.

그렇다면 마가복음은 어떤가? 우리는 이 책에 아주 익숙하다. 사람들은 예수께서 물 위로 걸어가셨다거나 십자가에 달려 돌아가셨다는 내용을 들어 봤을 것이다. 이 책이 만들어지던 당시의 맥락이나 상황을 역사적으로나 학문적으로 이해하면서 이 책에 접근하는 사람도 많이 있다. 그러나 의미의 중간지대는 어떤가? 즉, 그 이야기에서 무슨 일이 일어나는가를 아는 것과 그 이야기가 어떤 방식으로 이야기되는가를 어느 정도 아는 것 말이다. 이 정도면 마가복음을 어느 정도 이해했다고 말할 수 있지 않겠는가?

마가복음은 다른 이야기들과 마찬가지로 매우 다양한 차원에서 이해되고 평가될 수 있다. 로즈와 미키의 *Mark as Story*가 내가 알고 있는 어떤 책보다 훨씬 더 잘 성취한 것은 바로 다음과 같은 점이다. 이 책은 이 이야기 안에서 벌어진 것들(플롯, 등장인물, 배경)과 그것이 어떻게 이야기되고 있는지(어조, 수사법, 화자의 역할)를 잘 설명해 준다. 이 책은 마가복음의 기초적 **의미**들, 즉 시대를 떠나서 많은 사람이 말하는 "이야기의 의미"라는 것에 매우 근접한 것으로서의 기초적 의미를 잘 보여 준다. 이 책은 적어도 흥미로운 책이며, 지금까지 나온 중요한 책들 가운데 하나인 이 책을 기본적으로 이해하는 것이 가치 있는 일이 아니라고 생각하는 것은 상상하기 어렵다.

*Mark as Story*의 초판과 개정판 사이의 몇 년 동안, 서사 비평은 여러 다른 방향으로 갈라졌고 다양한 해석학적 전제를 가진 해석가들에 의해 활용되었다. 내 생각에는 이 비평이 다음의 중요한 세 가지 접근 방법들로 각각 발전해 나갔는데, 이 세 가지 방법은 서사 비평 분석의 원리와 과정에 의존한다.

저자 중심적 해석학author-oriented hermeneutic을 활용하는 해석가들은 내포 청중implied audience을 향한 기대가 이 작품을 만들어 낸 실제 저자의 역사적 의도를 아마도 반영할 것이라는 믿음을 가지고, 혹은 이것이 적어도 저자의 의도를 "가리키는 지표"index로 사용될 수 있다는 믿음을 가지고 서사 비평을 활용하는 경향이 있다. 이런 식의 해석적 접근에는 종종 이야기의 타당한 의미라는 것은 이야기 저자가 의도한 의미를 가리킨다는 해석학적인 이해가 따라붙는데, 이런 입장을 가진 이를 말하자면, 내 생각에는 어니스트 베스트Ernest Best, 존 폴 헤일John Paul Heil, 그리고 페트리 머렌라티Petri Merenlahti를 들 수 있겠다.

텍스트 중심적 해석학text-oriented hermeneutic을 활용하는 해석가들은 서사 비평을 그 자체를 위해 활용하는 경향이 있다. 이들은 어떤 규범적 가치들이 내포적implied 혹은 이상적ideal 청중에게 있다고 보고 그 외에 다른 이해는 내포적으로 타당하지 않다고 생각한다. 이런 관점은 보통 의미를 "텍스트 그 자체"에서 발견하는 해석학으로 알려진 것처럼 보이는데, 내 생각에는 이런 입장에는 도널드 주얼Donald Juel, 잭 딘 킹즈버리Jack Dean Kingsbury, 엘리자베스 스트루더스 말본Elizabeth Struthers Malbon이 분명히 여기에 속한다. 이런 해석학은 특히 이야기의 타당하고 규범적인 의미는 "그 이야기가 사람들에게 뜻하도록 그 이야기의 **저자가 의도한** 것"이라기보다는 "자신들에게 기대되는 방식으로 이야기를 수용하는 사람들을 위해 **그 이야기가 의미하는 것**"과 동일시될 수 있다고 생각하거나 단언한다굵은 글씨는 역자가 강조하기 위해 표시한 것임.ⓣ.

마지막으로, **독자 중심적 해석학**reader-oriented hermeneutic을 활용하는 해석가들은 이질적이고 다원화된 반응들을 가려내고 이해하기 위한 기초적인 방법으로서 서사 비평을 활용한다. 청중이 이야기에 어떻게 반응할 것으로 기대되는지 일반적인 아이디어를 알아냄으로써 해석가들은 개인들이나 공동체가 다양한 수용 전략들strategies of reception을 활용하는 지점들을 더 쉽게 찾아낼 수 있고 각기 다른 수용 전략을 선택하는 과정을 알아낼 수 있다. 이런 접근방법은 내 생각으로는 로버트 파울러Robert Fowler나 메리 앤 톨버트 같은 사람이 활용하곤 하는데, 그들의 해석학적 입장에 따르면 의미라는 것은 독자나 청중이 텍스트와 씨름하는 과정에서 찾아볼 수 있는 것이다. 여기에서 의미라는 것은 그런 씨름의 부산물로 여겨지며, 따라서 수용하는 사람에 따라 그 의미도 서로 다르게 결정된다.

Mark as Story 개정판은 로즈와 미키, 그리고 조안나 듀이가 함

께 만들었는데, 이 책은 위에서 말한 세 가지 중에서 세 번째 방법의 좀 더 깊은 차원을 잘 보여 주었다. 이 책의 초판은 **텍스트** 중심적인(결론부에서 1세기 독자가 "내포 독자implied reader와 똑같은 방식으로 이야기에 반응했을 것"이라는 식으로 말하면서 **저자 중심적인**author-oriented 입장을 조금 허용하기는 하지만) 확고한 패러다임을 정립해 놓았기 때문에, 이런 점에서 이 책은 주목해 볼 필요가 있다. (이 재개정판[제3판]의 결론에서 "가상의 1세기 청중"이라는 부분을 보라.) 그러나 개정판에서는 "대화로서의 읽기"라는 새로운 부분이 추가되었는데, 이 부분에서는 현대 독자들에게 마가복음 이야기에 대한 자신들의 반응을 내포 독자들에게 기대되었을 반응이라고 책에서 제안한 것과 비교해 보도록 했다. 개정판은 그런 기대들에 대한 저항이 때로는 도덕적으로 신실한 반응을 구성했을 것이라는 점도 다루었다. 따라서 *Mark as Story* 초판과 개정판은 서사 비평이 분명히 서로 구분되는 해석적 목적을 달성하기 위해서 어떻게 적용될 수 있는지 그 사례를 보여 주면서 내가 위에서 설명했던 세 가지 해석적 성향을 모두 다루려고 했다.

그런 맥락에서 재개정판은 근본적으로 텍스트 중심적인 이런 접근 방법을 두 가지 방향으로 더 추구해 나간다. 이제 이 책은 특정한 사회-문화적 맥락 속에서 실연되고 들리는 이야기를 상상하라고 우리를 초대한다. 그리고 그런 배경(예를 들면, 사람들이 힘을 폭력적 억압과 연결하고, 부유함을 축복과 연결하고, 명예를 자신의 사회적 지위를 강화하는 것과 연결하는 환경) 속에서 이 이야기가 어떤 뉘앙스를 갖게 될지 상상해 보도록 우리를 초청한다. 저자 중심적 해석학을 선호하는 학자들과 독자들은 이런 움직임에 기뻐했을 것이다. 왜냐하면, 이렇게 하면 우리는 역사적으로

1세기에 살았던 저자가 이 책이 어떻게 이해되기를 기대했는지 좀 더 알아보려 하게 되기 때문이다. 본질적으로 로즈와 듀이와 미키는 편집 비평이 추구하는 목적을 달성하기 위해 서사 비평 방법을 사용한다. 내 생각으로는, 그들은 전통적인 접근 방법보다 더 사변적일 것도 없는 방식으로 이 작업을 한다. 이것은 그럴 법한 자료들을 재구성해 보라고 하는 것인데, 이런 재구성 작업을 한 다음에는 저자가 이런 가상의 자료에 만들어 놓았을 것으로 추측되는 그럴 법한 조정의 분별 작업discernment of possible adjustments이 이어진다. 이 책이 이룬 이 아이러니한 업적을 간과해서는 안 된다. *Mark as Story*가 처음 출판되었을 때 편집 비평은 서사 비평을 무시했다. 왜냐하면, 이 방식은 편집 비평이 추구하는 목표에 별로 관심이 없는 것처럼 생각되었기 때문이다. (그리고 딱히 눈여겨볼 만한 해석적 목표들이 보인 것도 분명히 아니었다.) 그러나 이제 서사 비평은 편집 비평이 추구하는 목표를 달성하기 위한 훨씬 더 효과적인 수단을 편집 비평보다 더 많이 제공하고 있다.

이야기가 특정한 맥락(1세기 구술 실연) 속에서 수용되었을 때 그 이야기는 그때 무슨 의미를 전달하려 했던 것인지 상상해 보려는 쪽으로 움직임이 일어났는데, 이런 움직임은 또한 정반대 방향으로의 움직임을 의미하기도 한다. 의미라는 것을 수용reception에 연결함으로써 로즈와 듀이와 미키는 독자나 청중이 의미가 생산되는 과정에 필수적으로 하게 되는 그 역할을 눈여겨보라고 우리를 부추긴다. 상상으로 그려진 1세기 실연자와 청중은 **자신들의** 상황을 위해 이야기의 의미를 만든다. 비슷한 방식으로, 현대 독자들도 자신들의 상황을 위한 의미를 발견해야 하는데, 이렇게 얻어진 의미는 서로 다를 수 있다.

여러 곳에 유연하게 적용될 수 있는 탄력성 덕분에 서사 비평은 그저 한 번 지나가고 마는 유행으로 그치지 않았다. 기본적인 면에서, 이 방법론은 한마디로 쓸모가 많다. 이 방법론은 복음서의 플롯, 등장인물, 배경, 수사법 등에 관한 정보를 얻는 데 도움이 되는 효과적인 수단을 제공해 주기 때문이다. 이 유용한 정보로 무슨 일을 할지는 당연히 이 수단을 사용하는 사람에게 달려 있다. 즉 이야기에 참여하는 수준이 있다면, 그것을 규범적normative으로 생각할지, 권위적authoritative으로 생각할지, 혹은 영감을 받는inspired 것으로 생각할지 결정해야 한다. 어떤 경우든 이런 정보는 이야기 안에서 일어나는 일을 아는 데, 그리고 그 이야기가 어떤 방식으로 이야기되고 있는지 평가하는 데 분명히 도움이 된다. 그리고 이것이 바로 시대를 초월해서 사람들 대부분이 이야기를 이해했다고 말하는 바로 그것이다.

따라서 신약학은 이제 다 쓰러져 죽어 가는 낡아빠진 학문이라고 나에게 경고했던 그 사람은 기타를 치는 밴드는 이제 유행 끝물이라고 하면서 비틀즈와 계약하지 않은 데카 레코드Decca Records 회장처럼 보인다. 뒤돌아보면, 서사 비평은 성서학 르네상스의 작은 일부분에 지나지 않았다. 성서학계는 지난 30년 동안 사회과학적 접근방식social-scientific approaches이 나타난 덕분에, 페미니스트feminist 비평과 우머니스트womanist 비평과 후기 식민주의 비평postcolonial criticism 덕분에, 그리고 역사적 예수 연구의 부활 덕분에(이 외에도 흥미로운 흐름이 더 많이 있겠지만 그중 몇 개만 언급하면 위와 같다) 더욱 풍성해졌다. 더구나 모든 혁신과 패러다임 전환에 관한 논의에도 불구하고 역사적 비평 방법 또한 여전히 유효하다는 것이 검증되었고 지금까지 생생하게 나름대로 역할을 잘 감당하고 있다.

어쨌든, 앞서 언급된 신약학의 다양한 분파 중 **어느 것이든** 상관없이 그 영역에서 연구를 진행하는 오늘날 대부분의 신약학자는 내포 독자나 실제 청중이 마가복음 이야기를 어떻게 이해했을지 어느 정도 알고 평가하고 있다. 내가 박사 학위 과정을 밟도록 영감을 주었던 이 책, 로즈와 미키가 1982년에 처음으로 출판했고 1999년에 데이비드 로즈와 조안나 듀이가 개정했고, 이제(2012) 이 세 명의 저자가 함께 재개정판으로 내놓는 *Mark as Story*가 이 사실의 주요 근거다.

부록 1

마가복음의 전체 서사 분석을 위한 연습

1. 이야기 체험

1) 마가복음 전체를 읽든지, 듣든지, 눈으로 보라(DVD 등 영상으로).
2) 당신이 체험한 마가복음의 '이야기 세계'는 어떠한가? 이 예수 이야기에 대한 당신의 첫인상은 무엇인가?
3) 마가 이야기의 한계를 존중할 수 있었는가? 다른 복음서의 내용을 가져와서 이 이야기를 읽지는 않았는가?

2. 시점

1) 예수의 제자 세 사람을 선택해서 그들의 시점으로 이야기를 읽어 보라. 또한 권력자 세 사람을 선택해서 그들의 시점으로 이야기를 읽어 보라.
2) 마가의 이야기 세계 안에서 상상력을 발휘해서, 예수의 색다른 관점, 하나님의 다스리심의 도래, 하나님의 다스리심의 가치관에 대해 논의해 보라.

3. 문체의 특징

1) 제2장에서 다루었던 여러 서사 양식이나 문학적 장치들 중 하나를 선택하라. 마가복음을 읽으면서 그런 요소들이 어디에 나오는지 찾아보고, 찾는 대로 표시해 두라.
2) 그 문학적인 기법이 이야기의 의미나 효과에 어떤 역할을 하는가?

4. 배경 분석

1) 마가복음에서 반복되는 배경을 하나 선택하라. 마가복음을 읽으면서 그런 배경이 나오는 각 경우를 찾아보라.
2) 마가복음을 읽으면서 다음 질문들에 답해 보라. 그 배경에 나오는 등장인물들은 누구인가? 그 장면에서 벌어지는 갈등은 배경과 어떤 관계가 있는가? 그 장면에 나오는 등장인물들은 배경과 어떻게 상호 작용을 하는가? 어떤 분위기를 만들어 내는가?
3) 이 배경과 이스라엘의 과거 이야기에 나오는 배경 사이에 무슨 연관이 있는가? 서로 연관이 있다면, 지금 이 배경을 이해하는 데 그 연관성이 어떤 도움이 되는가?
4) 위의 세 항목에 비추어 볼 때, 이 배경은 이야기 전체에서 어떤 역할을 하는가?

5. 갈등 분석

1) 이야기를 관통하는 갈등 하나를 선택하라(예수와 우주적 악의 세력의 갈등, 예수와 권력자들의 갈등, 예수와 제자들의 갈등).
2) 마가복음을 읽어 나가면서 이 갈등을 추적해 보라.
   - 누가/무엇이 갈등을 야기하고, 그 갈등을 어떻게 고조시키는가?
   - 그 갈등은 무엇에 대한 것인가? 그 갈등에서 문제가 되는 것은

무엇인가?

• 갈등을 벌이는 양측에서 사용하는 전술은 각각 무엇인가?
• 이 갈등은 어떻게 해소되는가/해소되지 못하는가?
• 그 갈등이 해소된/해소되지 못한 결과는 무엇인가?

3) 이 갈등이 이야기를 관통하는 다른 갈등과 어떻게 연관되는가? 마가복음에서 하나님의 다스리심이 이루어지는 데 이 갈등은 어떤 역할을 하는가?

6. 인물 분석 1

1) 다음 등장인물이나 등장인물 집단 가운데서 하나를 선택하라: 예수, 제자들(반석을 포함해서), 반석, 권력자들, 예수께 호의적인 주변 인물들.
2) 빈 종이를 옆으로 돌려서 세 단으로 나누라. 각각의 칸에 다음 항목을 써 넣고 그 아래에 답을 간단하게 달아 보라(마가 이야기에서 직접 인용은 하지 말라).
   • 그 등장인물의 성격을 보여 주는 그의 말은 무엇인가?
   • 그 등장인물의 성격을 보여 주는 그의 행동은 무엇인가?
   • 다른 등장인물들이 그 등장인물에게 직접 말하거나 그 등장인물에 관해 말하는 것 가운데 그 사람의 성격을 설명해 주는 것은 무엇인가?
3) 당신이 적은 답을 살펴보라. 그리고 각각의 칸에 쓴 내용을 서로 비교해 보라. 이 연습을 통해 당신이 그 등장인물에 대해 새롭게 깨달은 사항을 적어 보라.

7. 인물 분석 2

1) 위에서 한 것처럼 등장인물이나 등장인물 그룹을 하나 골라 보라.
2) 마가복음을 읽고 아래의 질문에 답해 보라.
   - 그 등장인물의 특징은 무엇인가?
   - 그 등장인물은 어떤 동기나 목적 때문에 행동하는가?
   - 그 등장인물은 다른 등장인물과 어떤 관계를 맺고 있는가?
   - 그 등장인물은 변화되는가?
3) 당신이 답한 내용을 다시 살펴보고, 그 등장인물의 지배적인 성향을 생각해 보라. 그다음에 그 등장인물의 성향에 대한 프로필을 간략하게 적어 보라.

8. 수사법 분석

1) 다시 한 번, 마가복음 전체를 읽든지, 듣든지, 혹은 DVD로(영상으로) 보라. 이번에는 마가복음을 경험하는 동안 당신이 어떻게 반응하고 있는지에 초점을 맞추어 보라.
2) 이 이야기를 접하는 동안 당신이 느낀 감정, 떠오른 생각, 경험한 정서, 도전받은 내용을 함께 나누어 보라. 이 이야기가 진행되는 동안 당신의 반응은 어떻게 변화했는가? 이야기의 결말에 대한 당신의 반응은 무엇이었는가?
3) 마가의 이야기가 독자/청중에게 무엇을 하는지에 초점을 맞추어 이야기를 읽으면서 새로 깨달은 내용이 있는가? 이 이야기를 경험하면서 당신 자신에 대해 새롭게 깨달은 내용은 무엇인가?

부록 2

에피소드의 서사 분석을 위한 연습

우리는 마가복음을 전체적으로 읽고 각 구절과 에피소드들을 전체적인 맥락에서 해석하기를 권면해 왔다. 다음 연습 문제는 이야기의 작은 부분들을 가지고 서사 분석 연습을 해 보게 하려는 것이다. 서사 분석 도구를 개별 에피소드에 사용하는 방법을 배우면 전체 서사를 분석할 때 그 도구를 잘 사용할 수 있다.

에피소드 분석을 위한 연습은 혼자 해도 되고, 다른 사람과 짝을 지어서 해도 되고, 그룹을 만들어서 해도 좋다. 다음 연습이 모든 에피소드에 다 적용되는 것은 아니고, 어떤 것은 반복되기도 한다. 그러므로 나중에 실제로 이런 분석법을 적용할 때는 연습했던 것 중에서 가장 적절하다고 생각하는 것을 골라서 해 보기 바란다. 개인이나 그룹은 소논문이나 실연 준비를 위해 한 가지 에피소드를 놓고 모든 연습 문제를 적용해 볼 수도 있다.[1]

1 마가복음에서 한 가지 에피소드를 자세하게 분석해 놓은 좋은 예를 보려면 David Rhoads, "The Syrophoenician Woman in Mark: A Narrative-Critical Study," *Journal of the American Academy of Religion* 62 (1994): 342-75를 보라. 다른 연습 문제와 질문을 위해서는 Mark Allen Powell, *What Is Narrative Criticism?* (Minneapolis: Fortress Press, 1990), 103-5를 보라.

1. 에피소드 이해하기

1) 1단계
    - 두 사람이 짝을 지어 그 에피소드를 각자 조용히 읽거나 살펴보라.
    - 두 사람 다 책을 덮고, 한 사람이 다른 사람에게 자기가 읽은 것을 될 수 있는 대로 하나하나 자세히 이야기해 주라.
    - 둘이 함께 그 에피소드를 다시 보면서, 이야기할 때 정확하게 기억한 부분과 빠뜨린 부분, 덧붙인 부분, 바꾸어 놓은 부분은 무엇인지 살펴보라.
2) 2단계
    - 두 사람이 에피소드를 조용히 다시 읽거나 살펴보라.
    - 두 사람 다 책을 덮고, 이번에는 다른 사람이 먼저 이야기를 했던 사람에게 자기가 읽은 것을 될 수 있는 대로 자세하게 이야기해 주라.
    - 이야기를 하면서 빠뜨린 부분과 덧붙인 부분과 바꾸어 놓은 부분은 무엇인지 함께 점검해 보라.
3) 위의 두 단계를 거치면서 알게 된 것을 바탕으로, 내용을 분명하게 이해하기 위해 하나하나 질문해 보라(모두 답할 필요는 없다).

2. 화자에 주목하기

1) 에피소드를 읽거나 들으면서, 화자가 우리의 읽기 경험을 어떻게 유도하는지 주의를 기울여 보라. 화자의 역할이 무엇인지 생각해 보라.
2) 다음 질문을 생각해 보라.
    - 화자는 청중에게 어떤 어조와 태도로 말하는가? 화자가 단어를

선택하거나 이야기하는 방식에 대해 뭔가 발견한 것이 있는가?

- 청중의 신임을 얻기 위해 화자는 어떤 말을 하는가? 화자는 당신이 어떤 등장인물들과는 일체감을 갖게 하고, 어떤 등장인물과는 거리를 두게 하려고 어떤 방법을 사용하는가?
- 화자는 당신에게 어떤 감정을 일으키는가? 어떤 방식으로 그렇게 하는가?
- 화자는 등장인물의 생각이나 감정을 어떻게 이해하는가?
- 화자가 청중에게 따로 설명해 주는 내용은 무엇인가?
- 화자는 여러 등장인물들에 대한 청중의 태도를 어떤 방식으로 인도해 가는가?

3. 여러 인물들의 시점

1) 에피소드에서 등장인물 한 명을 선택하고, 그 등장인물의 시점에서 그 이야기를 다시 말해 보라. 즉, 당신이 선택한 인물의 이름을 '나'로 바꾸어 놓고 마치 당신이 그 사람인 것처럼 그 이야기를 다시 말해 보라.
2) 다음 질문에 답해 보라.
   - 등장인물의 시점에 대해 당신은 무엇을 배웠는가? 다른 등장인물들과 그의 관계에 대해서는 무엇을 배웠는가?
   - 당신은 자신을 그 등장인물과 동일시했는가? 그때 어떤 느낌이 들었는가?
   - 이야기를 이런 방식으로 말하거나 읽을 때, 이야기의 강조점이 어떻게 달라지는가?
   - 그 등장인물은 어떤 그룹을 대표하는가? 그 사실은 그 등장인물의 시점에 어떤 영향을 줄 수 있을까?

3) 그 에피소드에 나오는 다른 등장인물을 선택해서 같은 과정을 진행해 보라.

4. 문학적 스타일 특징 찾기

1) 당신이 선택한 에피소드에서 수사법적인 특징을 찾아보라.
   - "왜냐하면"이나 "이는 …"으로 시작하는 설명 부분
   - 단어나 구절 반복
   - 복선과 회상
   - 2단 점진법
   - 전형적인 장면type-scene처럼, 복음서에 나오는 다른 에피소드들과의 유사성
   - 한 에피소드 안에 다른 에피소드 삽입
   - 비슷한 에피소드들이 모여서 좀 더 큰 단락을 형성함
   - 중앙 집중식 유형이나 교차 대칭적 구도로 된 구절이나 에피소드
   - 세 가지 이야기가 시리즈로 연결된 경우
   - 질문 유형
   - 수수께끼나 비유
   - '옛 말씀'을 인용하거나 그것을 암시하는 구절
   - 예언과 성취
   - 아이러니
   - 기타
2) 다음 질문을 해 보라.
   - 특정한 문학적 기법을 알면 그 에피소드의 등장인물과 갈등과 배경을 더 잘 이해하는 데 어떻게 도움이 되는가?

- 이 문학적 기법들이 그 에피소드를 읽는 독자들에게 어떤 영향을 미치는가?
- 이 문학적 기법을 사용해서 당신이 직접 간단한 이야기를 지어서 이야기해 보라.

5. 배경에 대한 질문들

1) 그 에피소드의 시간적 배경, 공간적 배경, 문화적 분위기를 모두 찾아보라. 그 배경과 관련 있는 항목들로는 무엇이 있는가?
2) 다음 질문을 해 보라.
   - 이 배경은 어떤 분위기를 전달하는가(적막함, 다급함, 제한함 등)?
   - 이 에피소드의 역동성에 영향을 주는, 보다 큰 우주적인 문맥은 무엇인가?
   - 이 에피소드의 배경을 조명해 주는, 이스라엘의 역사와 관련된 무엇인가가 있다면, 그것은 무엇인가?
   - 이 에피소드에서 배경은 갈등과 사건과 문제들과 어떻게 연관되는가? (배경이 문제를 야기하거나, 긴장을 조성하거나, 보충 설명을 제공하는가?)
   - 에피소드의 등장인물들에 대해서 배경은 어떤 사실을 말해 주는가? (배경으로 인해 등장인물들이 두려워하거나, 용기를 내거나, 외로움을 느끼는가?) 그 등장인물들은 배경에 대해 각각 어떤 태도를 취하는가?
   - 이 배경이 로마 제국 통치 아래 있는 이스라엘과 직간접적으로 어떻게 연관되는가?
   - 마가복음 전체 구조에서 이 배경은 어떤 역할을 하는가?

6. 이야기 따라잡기

1) 에피소드를 한 줄 한 줄 자세히 읽어 보고 한 문장이 다음 문장과 어떻게 연관되는지 살펴보라. 한 문장이 그다음 문장과 어떤 식으로 이어지는가? 왜 이 행동이나 사건이 그다음에 일어나는가? 이 대화에서 왜 이 등장인물은 상대방의 말에 그런 말로 대답하는가? 분명한 연결 고리가 있는가? 그렇다면 그것은 무엇인가? 그 에피소드 자체에서 단서를 얻어 대답해 보라.
2) 당신은 무엇을 깨달았는가? 왜 어떤 부분이 그 이전 부분에 이어서 나오는지 이해하기 어려웠다면, 그 부분을 다시 자세히 살펴보라.
3) 이제는 어떻게 이 에피소드가 그 앞에 나오는 에피소드와 이어지는지, 혹은 그다음에 나오는 에피소드와 어떻게 이어지는지 질문해 보라. 이 에피소드는 더 큰 패턴을 이루는 에피소드들의 한 부분인가? 중앙 집중식 구도인가? 세 가지 에피소드로 이루어진 시리즈 중 한 가지 이야기인가? 전형적인 장면인가? 복선이나 회상인가? 예언, 또는 예언의 성취인가? 그 밖에 다른 어떤 것인가? 이런 연결들이 당신이 공부하고 있는 에피소드를 이해하는 데 어떻게 도움이 되는가?
4) 이 에피소드가 마가복음의 전체 플롯에서 전환점이나 돌파구가 되고 있는가? 만일 그렇다면 어떻게 그런 역할을 하고 있는가?

7. 갈등 분석

1) 이 에피소드의 갈등이 어떤 유형인지 확인해 보라.
   - (한 사람 마음속의) 내적 갈등
   - 사람들 사이의 갈등
   - 자연 현상과의 갈등

- 사회나 권력자들과의 갈등
- 초자연적인 존재와의 갈등

2) 갈등의 전개 과정을 추적하라.
   - 갈등의 근본 원인은 무엇인가?
   - 누가 갈등을 야기하는가?
   - 무엇이 그 갈등을 고조시키는가?
   - 그 갈등은 해소되는가? 어떻게 해소되는가? 아직 해소되지 않은 갈등이 있는가?
   - 이 갈등이 해소된 것으로 인해서 더 깊은 갈등이 생기지는 않는가?
   - 만약 그 갈등의 본질이 지닌 특징을 표현한다면 무슨 말로 하겠는가?

3) 갈등을 평가하라.
   - 이 갈등에서 중요한 것이 무엇인지 한 문장으로 진술해 보라.
   - 이 갈등에서 양쪽 당사자들이 각자 견지하고 있는 신념과 가치관이 무엇인지 확인해 보라.
   - 이 갈등은 어떤 방식으로 하나님의 다스리심이 임하게 하거나, 아니면 이를 방해하는가?

8. 등장인물 분석

1) 에피소드에 나오는 등장인물들이 누구인지 말해 보라(사람이든, 사람이 아닌 존재이든).

2) 한 인물을 선택하고, 다음 사항을 가능한 한 자세하게 많이 적어 보라.
   - 그 등장인물이 하는 말

- 그 등장인물이 하는 행동
- 다른 사람들(화자를 포함해서)이 그 인물에 대해 하는 말
- 그 인물이 다른 인물들과 상호 작용하는 방식

3) 바로 위에서 자세하게 기록한 내용에 근거해서 그 인물의 특성을 밝혀 보라.
4) 다음 질문에 답해 보라.
   - 그 등장인물을 움직이게 하고 그에게 동기를 부여하는 것은 무엇인가? 그 등장인물의 욕망이나 목적은 무엇인가? 그 인물의 신념과 가치관은 무엇인가?
   - 사회 체제에서 그 인물은 어떤 위치를 차지하고 있는가? 그의 사회적 위치는 다른 등장인물들과의 상호 작용을 어떻게 설명해 주는가?
   - 그 등장인물은 발전하는가? 변화하는가?
   - 그 등장인물은 다른 인물들과의 비교나 대조를 통해 더 잘 드러나는가?
   - 이 에피소드가 마가복음 전체에서 이 인물이 담당하는 역할과 어떻게 맞아떨어지는가?

9. 판단 기준 확인하기

판단 기준은 서사 안에 암시적으로 또는 노골적으로 드러나는 규범(신념, 태도, 가치관, 행동)인데, 청중은 이 규범으로 등장인물들을 평가하게 된다. 긍정적인 기준들은 부정적인 기준들과 대응을 이룬다는 것을 기억하라.

1) 무엇을 근거로 이 에피소드에서 견지하는 판단 기준이 이런저런 것이라고 말하는가? 화자가 한 말인가? 믿을 만한 등장인물이 하

는 말이나 행동인가? 하나님의 말씀인가? 성경 말씀인가? 신뢰할 수 없는 등장인물들의 나쁜 말이나 행동인가(해서는 안 될 일을 보여 주는 식으로)? 그 외에 다른 것이 있는가?

2) 위의 질문에 근거해서 이 에피소드에서 암시적인, 또는 노골적인 판단 기준을 찾아보라.

3) 바로 앞에 있는 두 번째 단계에서 밝혀낸 기준들을 근거로 등장인물들을 평가해 보라. 긍정적인 기준을 몸으로 보여 주는 인물은 누구인가? 부정적인 기준을 몸으로 보여 주는 인물은 누구인가?

4) 이 에피소드에서 찾아볼 수 있는 기준들은 마가복음 전체라는 더 큰 (이원적인) 기준과 어떻게 맞아떨어지는가? 이 기준들은 이야기의 우주적 실제와, 그리고 이스라엘과 로마 제국의 정치적 권위 및 권세와 어떻게 관련되는가?

10. 수사적 효과: 그때와 지금

1) 이 에피소드 연구에 근거할 때, 이 단락이 2천 년 전 처음 청중에게 어떤 영향을 미쳤을 것이라고 생각하는가? 그들을 놀라게 했을까? 그들의 믿음을 북돋아 주었을까? 그들을 정죄했을까? 그들의 위선을 드러냈을까? 희망을 주었을까? 행동하도록 부추겼을까?

2) 이 이야기는 공동체 안에서 어떤 관계들을 조성하는가?

3) 오늘날 청중에게 비슷한 효과를 줄 만한 이야기를 만들어 보든지, 아니면 그런 유형의 현대적인 이야기를 떠올려 보라(개인적인 경험담, 일화, 영화, 소설 등).

4) 그 이야기를 다른 사람에게 해 주고, 그것이 어떤 영향력을 나타내는지 보라.

11. 읽기의 윤리에 대한 질문들

1) 이 에피소드는 당신의 가치관이나 신념에 어떤 영향을 미치는가?
2) 당신이 살고 있는 특정한 사회에서 당신이 차지하고 있는 특정한 위치(성별, 교육 수준, 고향, 인종과 민족적 정체성, 종교, 직업, 정치적 성향, 가족, 경제적 수준 등)는 당신이 이 에피소드를 이해하는 데 어떤 영향을 주었는가?
3) 다른 사회적 위치에 처한 사람과 이 이야기를 함께 읽고 대화해 본다면, 당신이 이해한 내용이 강화되거나 바뀔 것이라고 생각하는가?
4) 당신은 이 에피소드에서 견지하는 신념과 가치관에 동의하는가? 왜 그런가?
5) 이 에피소드가 어떤 사람에게는 부정적인 영향을 미칠 수 있을까? 어떤 방식으로 그럴 것이라고 생각하는가? 그런 상황에서 당신의 책임은 무엇인가?
6) 당신이 이 에피소드를 진지하게 받아들인다면 당신의 삶과 책무는 어떻게 변화될 것이라고 생각하는가?

부록 3

에피소드를 배우고 말하기 위한 연습

우리는 마가복음이 실연 문학이라는 점을 강조했다. 다시 말하면, 이 복음서는 모여 있는 사람들 앞에서 실연하기 위한 목적에서 만들어졌다는 것이다. 오늘날 실연으로 이루어지는 마가복음을 경험해 본다면 마가 이야기의 구술적인 역동성oral dynamics을 더욱 잘 이해할 수 있다. 마가복음 안에 나오는 이야기나 가르침을 현대 언어로 이루어지는 실연으로 경험할 때, 종이에 인쇄된 것에서 구술/청취oral/aural 경험으로의 매개체 변화가 이루어진다. 매개체 변화는 이중적이다. 곧 실연자는 이야기의 서사 목소리가 되고, 듣는 사람은 그 이야기를 듣는 관객이나 청중이 된다.

마가 이야기 실연을 그룹으로 하는 몇 가지 방법이 있다. (1) 참자가들은 자신이 선택한 이야기를 공부해서 모임에서 실연해 볼 수 있다. (2) 참가자들은 연속 시리즈로 이루어진 여러 이야기, 예를 들어 복음서의 서두 부분이나 예루살렘으로 여행하는 이야기, 혹은 처형당하는 이야기 등을 배워서 실연할 수 있다. (3) 복음서 전체를 실연이나 읽기를 위해 참가자들의 수에 따라 여러 부분으로 나눌 수 있다. 이렇게 할 경우, 나중에 토론하기 위한 시간도 고려해서 복음서를 경험하는 데 필요한 전체 소요 시간을 2시간반에서 3시간 정도로 정해 놓으라. (4) 위의 세 가지 선택 사항 중에서 하나는 그룹 차원을 넘어서 학교라든지 예배 공동체와 같은 공동체 앞에서 실연될 수 있다.

몇몇 개인이나 그룹은 번역된 텍스트를 한 자 한 자 그대로 외워서 할 수도 있다. 어떤 사람들은 단어 하나하나를 다 외우지 않더라도 이야기의 요지를 아주 상세하게 잘 전달할 수 있을 정도로 이야기를 충분히 잘 배워서 할 수도 있다. 혹은, 사람들에게 이야기가 의미 있게 다가갈 수 있도록, 또한 그 이야기에 몰입할 수 있도록 이야기를 잘 낭독하는 법을 배워서 하는 사람도 있을 것이다. 이야기를 배우면 우리는 성경을 마음으로 품어 안아서 우리의 것으로 만들고 다른 이들에게 말해 줄 수 있게 된다.

아래에 나오는 연습의 목표는 (1) 우리에게는 생소하지만, 복음서가 원래 전해지던 방식, 곧 구술 매체oral medium를 통해 복음서를 경험하는 것 (2) 복음서를 더욱 잘 이해하고 그 복음서가 갖는 잠재적 효과를 증진하는 것 (3) 오늘날의 경험으로서 복음서 이야기와 강력하게 부딪혀 보는 것이다.

1. 이야기에 익숙해지라. 에피소드를 알기 위한 방법으로, 〈부록 2〉에 있는 연습 문제를 활용하라. 다음은 주요 단계들이다.

1) 두 사람이 짝을 지어(혼자 하려면 그에 알맞게 조정해서) 다음을 연습하라.

- 본문을 조용히 읽고 공부하라. 둘 중 한 사람이 먼저 텍스트 원문에 최대한 가깝게 상대방에게 이야기하고, 상대방은 텍스트를 보지 말고 자신의 짝이 해 주는 이야기를 들어라. 그러고 나서, 이야기의 어떤 상세한 부분을 놓쳤는지 찾아보라.

- 서로 역할을 바꾸어, 그대로 해 보라.
- 대답은 하지 말고, 한 줄 한 줄 질문만 해 보라.

2) 텍스트에 나오는 등장인물의 대명사를 바꾸어서 그 등장인물의 시점에서 이야기하라. 예를 들면, 만약에 고침을 받은 맹인으로서 이야기를 한다고 할 때, 일인칭 시점이 반영되도록 대명사라든지 호칭을 바꿔 보라. 여러분 각자가 그 등장인물들이 느끼는 감정을 느껴 보고 그 말하는 어조도 맞춰서 해 보라. 이렇게 하면 실연자는 대화를 말하는 데 도움이 되고, 등장인물들이 서로에게 보이는 반응을 더 잘 이해할 수 있게 된다.
3) 이야기를 한 줄 한 줄 따라가면서 어떤 행동이나 대화가 그다음에 나오는 행동이나 대화와 어떤 인과관계나 연결점이 있는지 살펴보라. 각각의 세부 사항들이 어떻게, 그리고 왜 이전에 나온 부분을 따르고 있는지 질문해 보라. 이렇게 하면 다음에 어떤 이야기가 나오는지 기억하기 쉬워진다.
4) 하나의 이야기 안에서 벌어지는 사건의 진행을 간단한 행동이나 대화의 순간들이 이어진 것으로 상상해 보라. 예를 들면, (1) 악성 피부병 환자가 예수께 온다. (2) 그가 예수께 도움을 구한다. (3) 예수께서 그의 부탁에 반응하신다. 이런 식으로 말이다. 등장인물들이 말하거나 행동할 때 어느 부분에서 일어서는 동작을 하는지 상상해 보라. 이렇게 연습하면 여러분은 이야기하면서 그 이야기의 장면들을 눈으로 보듯이 시각화할 수 있다. 이렇게 하면 여러분은 청중에게 "당신이 본 것"을 말하는 셈이 된다.
5) 이야기를 극으로 재현하라. 여러분은 자신의 전부를 통해 이야기를 구현해 내고 있다는 사실을 기억하라. 이렇게 연습하면 여러분은 여러분의 온몸으로 이야기를 기억할 수 있을 것이다.

2. 이야기를 마음으로 연습하라

- 보지 않으면서 각각의 행을 다섯 번씩 반복해서 한 줄 한 줄 익히라. 여러분이 추가한 것은 무엇인지, 빠뜨리거나 바꾼 것은 무엇인지, 계속 점검해 보라. 첫 줄을 다 익혔으면, 다음으로 두 번째 줄을 다섯 번 연습하라. 그러고 나서 첫 번째 줄과 두 번째 줄을 한꺼번에 해 보라. 이런 식으로 끝까지 해 보라.
- 여러분이 마음으로 다 알 때까지 이야기 전체를 계속 반복하라. 이야기를 인쇄해서 갖고 다녀라. 그래서 혹시 잊어버린 부분이 있다면 다시 익히도록 하라.
- 이야기를 익히는 자신만의 방법을 개발하라. 다른 사람들에게 말하든지, 녹음 장치에 녹음해서 반복해서 듣든지, 행동으로 해 보든지, 혹은 자신이 이야기를 익히는 데 도움이 되는 패턴이 무엇인지 종이에 정리해 보라.
- 일단 그 이야기를 충분히 익혔으면, 그 이야기를 **어떻게** 말해 줄 것인지에 집중할 수 있다.

3. 말하라

- 이야기의 성격에 적절하고 자연스러운 방식으로 당신의 친구에게 그 이야기를 하라. 이것은 "실연"을 위한 설정과는 별개로 하라. 여러분이 원한다면 평범하고 직설적인 방식으로 그 이야기를 친구에게 해 줄 수 있다. 혹은, 여러분이 "본" 것을 적절한 동작과 감정을 넣어서 말해 줄 수도 있다.
- 이제 그 이야기를 여러 사람 앞에게 실연하되, 마치 당신이 친구에게 말해 줄 때 했던 것처럼, 마치 한두 사람에게 말하듯이 하라. 당신이 추구해야 할 목표는 이 이야기가 가진 의미와 잠

재적 효과를 가장 적절하고 자연스럽게 전달할 수 있는 방법으로 그 이야기를 하는 것이다.

- 그 이야기를 어떻게 전달할 것인지 실험해 보라. 어떻게 일어설까? 몸짓은 어떻게 할까? 등장인물들의 대화는 어떻게 변화시켜 볼까? 어느 부분에서 어떻게 강조를 할까? 이야기의 속도는 어떻게 조절할까?

4. 실연 연습

이야기하는 방법은 다양하다. 목소리 어조와 억양, 목소리 크기와 이야기하는 속도, 몸짓이나 표정, 자세나 움직임 등 이 모든 것은 여러분이 이야기할 때 나름대로 특징을 만들어 주는 역할을 한다. 여러분의 목표는 이야기 단락과 그것이 가진 잠재적 효과를 충분히 이해해서 그 해석에 충실한 실연 방법을 찾는 것이다. 여러분은 이야기 단락을 "실연"한다. 하지만 당신이 배우actor라고 생각하지 말고 이야기꾼이라고 생각하라. 이야기를 충분히 익혔다면, 그다음에 이야기 단락을 실연하는 기술을 좀 더 세련되게 다듬고 확장하는 데 도움이 되는 몇 가지 연습 방법이 있다.

목소리: 이야기를 할 때는 목소리 음색과 억양, 목소리 크기와 이야기하는 속도를 생각하라. "서브텍스트"subtext, 문학 작품의 배후에 숨은 의미는 여러분이 그 텍스트를 **어떻게** 말하느냐에 따라 여러분이 만들어 내는 메시지다. 텍스트를 어떻게 전달하느냐에 따라 기쁨과 놀람, 심각함과 빈정댐, 혼란스러움 등을 전달할 수 있다. 연습 삼아서 각 행을 다른 방식으로 읽어 보라. 그다음에 여러분이 생각하기에 그 행의 의미를 잘 전달할 수 있고 여러분이 원하는 효과를 만들어 내는 데 가장 효과적인 방법을 고르라.

표정과 몸짓: 이것은 행마다 알맞은 몸짓을 찾아내야만 하는 것처럼, 그렇게 추가되어야 할 일로 여겨지지는 않는다. 될 수 있는 대로 아끼라. 극적인dramatic 방식보다는 제안하는 방식으로 몸짓을 사용하라. 몸짓이나 표정은 텍스트의 의미와 효과를 전달하기 위한 일부분일 뿐이다.

움직임: 배경에 변화를 주기 위해서 실연장을 돌아다니거나, 혹은 이야기의 어떤 측면이나 이야기의 효과를 드러내 보이려고 청중에게 가까이 가거나 청중과 멀어질 수도 있다. 다시 말하지만, 이런 움직임은 뻣뻣하게 또는 기계적으로 할 것이 아니라, 이야기하기의 일부분이 되게 하라.

성격 묘사(들): 화자로서 다른 등장인물의 대사를 말하게 될 때, 그 등장인물에 맞춰서 살짝 다르게 표현하고 싶을 수도 있다.

- 등장인물이 말하는 대사의 목표와 목적을 정하고 그것에 적절한 억양을 부여하라.
- 그 대사를 연기할 때, 마치 두 사람이 대화하는 것처럼 보이려고 오른쪽으로 180도 돌았다가 다시 왼쪽으로 도는 동작을 하지 말라. 마치 두 사람이 서로 대화를 나누는 것처럼 보이려면, 오른쪽으로 왼쪽으로 살짝만 방향을 바꿔 가며 대사를 하라.
- 여러분은 그려 내려고 하는 등장인물을 포함하여 모든 대본을 **무대 밖에 있는** 청중을 대상으로 연기할 수도 있다. 혹은 어떤 등장인물의 대화 부분을 연기할 때 여러분이 말을 걸고 있는 가상의 등장인물이 마치 지금 **무대 위에 있는** 것처럼 대화를 할 수도 있다.

감정: 감정은 다급함부터 놀람과 웃음에 이르기까지 광범위하다. 여러분이 하는 이야기나 가르침에 적합한 방식으로 감정을 표현하라.

팁: 연습이나 실제 실연을 하기 전에 스트레칭 등으로 몸을 풀어 주라. 대본을 옆에 두고 필요하면 참고하라. 이야기꾼으로서 자신의 역량을 강화하는 방법으로 스토리텔링 안내서나 실연 매뉴얼을 참고하라.

5. 토론을 위한 돌아보기 질문들

실연자에게:

- 이야기를 익히는 과정은 어땠습니까? 잘 되었습니까?
- 마가복음 이야기 단락이나 마가복음에 대해 무엇을 배웠습니까? 혹시 여러분의 관점이 바뀌었습니까?
- 화자가 되어 보는 것은 어땠습니까? 여러 등장인물들의 역할을 해 보는 것은 어땠습니까?
- 당신이 생각하기에 이야기 단락이 청중에게 주는 잠재적 효과는 무엇입니까?

청중에게:

- 읽는 것과 비교해 볼 때 이야기 단락을 듣는 것은 어떻게 다릅니까?
- 이야기 단락이나 마가복음에 대해 새롭게 깨달은 것은 무엇입니까?
- 이야기를 들으면서 무엇을 느꼈습니까? 이런 감정을 불러일으킨 것은 이야기에 대한 어떤 점이었습니까? 혹은 이야기가 전해지는 어떤 방식이 그런 감정을 만들어 냈습니까?

실연자와 청중에게:

- 이런 경험들이 구술 문화oral cultures가 일반적이던 1세기의 복음서(그리고 신약성서)의 기원에 대한 당신의 사고방식을 어떤 식으로 바꾸어 놓았습니까?
- 이야기 중에서 여러분이 깊은 의미가 있다고 생각한 부분, 혹은 의견을 달리한 측면이 있었습니까?
- 이 경험이 어떻게 여러분이 성서와 맺는 관계에 관해 다르게 생각하도록 했습니까? 여러분은 성서를 이런 식으로 더 많이 경험해 보고 싶은 마음이 생겼습니까?

성서 발췌 부분을 실연한 것이나 익히는 것에 관한 가이드, 그리고 마가복음과 여러 성서 텍스트를 음성과 영상으로 녹음한 것에 관한 정보나 실연 실황을 보려면 다음 웹사이트를 방문해 보라. www.biblicalperformancecriticism.org, www.nbsint.org

제3판을 위한 선별된 참고문헌

Anderson, Janice Capel, and Stephen D. Moore, eds. *Mark and Method: New Approaches in Biblical Studies*. 2nd ed. Minneapolis: Fortress Press, 2008.

Bolt, Peter G. *Jesus' Defeat of Death: Persuading Mark's Early Readers*. New York: Cambridge University Press, 2004.

Boring, M. Eugene. *Mark: A Commentary*. Louisville: Westminster John Knox, 2006.

Blount, Brian. *Go Preach! Mark's Kingdom Message and the Black Church Today*. Maryknoll: Orbis, 1998.

Broadhead, Edwin K. *Mark*. Sheffield: Sheffield Academic, 2001.

Byrne, Brendan. *A Costly Freedom: A Theological Reading of Mark's Gospel*. Collegeville: Liturgical, 2008.

Carter, Warren. *The Roman Empire and the New Testament: An Essential Guide*. Nashville: Abingdon, 2006.

Collins, Adela Yarbro. *Mark: A Commentary*. Minneapolis: Fortress Press, 2007.

Culpepper, R. Alan. *Mark*. Macon, GA: Smyth & Helwys, 2007.

Danove, Paul L. *The Rhetoric of Characterization of God, Jesus, and Jesus' Disciples in the Gospel of Mark*. New York: T & T Clark, 2005.

Donahue, John R., and Daniel J. Harrington. *The Gospel of Mark*. Collegeville: Liturgical, 2002.

Driggers, Ira Brent. *Following God Through Mark: Theological Tension in the Second Gospel*. Louisville: Westminster John Knox, 2007.

Duran, Nicole Wilkinson, Teresa Okure, and Daniel Patte, eds. *Mark*. Minneapolis: Fortress Press, 2011.

Gray, Timothy C. *The Temple in the Gospel of Mark: A Study in its Narrative Role*. Tübingen: Mohr Siebeck, 2008.

Hanson, James S. *The Endangered Promises: Conflict in Mark*. Atlanta: Scholars, 2000.

Hartman, Lars. *Mark for the Nations: A Text-and Reader-Oriented Commentary*. Eugene: Wipf and Stock, 2010.

Hearon, Holly E., and Philip Ruge-Jones, eds. *The Bible in Ancient and Modern Media: Story and Performance*. Eugene: Wipf and Stock, 2009.

Henderson, Suzanne Watts. *Christology and Discipleship in the Gospel of Mark*. Cambridge: Cambridge University Press, 2006.

Hooker, Morna D. *Endings: Invitations to Discipleship*. Peabody, MA: Hendrickson, 2003.

Horsley, Richard. *Hearing the Whole Story: The Politics of Plot in Mark's Gospel*. Louisville: Westminster John Knox, 2002.

Horsley, Richard A., Jonathan A. Draper, and John Miles Foley, eds. *Performing the Gospel: Orality, Memory, and Mark: Essays Dedicated to Werner Kelber*. Minneapolis: Fortress Press, 2006.

Iverson, Kelly R., and Christopher W. Skinner, eds. *Mark as Story: Retrospect and Prospect*. Atlanta: Society of Biblical Literature, 2011.

Kaminouchi, Alberto de Mingo. *But It Is Not So among You: Echoes of Power in Mark 10:32-45*. London: T & T Clark International, 2003.

Kim, Seong Lee. *Mark, Women, and Empire: A Korean Postcolonial Perspective*. Sheffield: Phoenix, 2010.

Levine, Amy-Jill, and Marianne Blickenstaff, eds. *A Feminist Companion to Mark*. Sheffield: Sheffield Academic, 2001.

Liew, Tat-seong Benny. *Politics of Parousia: Reading Mark Inter(con)textually*. Leiden: Brill, 1999.

Malbon, Elizabeth Struthers, ed. *Between Author and Audience in Mark: Narration, Characterization, Interpretation*. Sheffield: Phoenix, 2009.

Malbon, Elizabeth Struthers. *Mark's Jesus: Characterization as Narrative Christology*. Waco: Baylor University Press, 2009.

Malbon, Elizabeth. *In the Company of Jesu*s. Louisville: Westminster John Knox, 2000.

Maloney, Elliott C. *Jesus' Urgent Message for Today: The Kingdom of God in Mark's Gospel*. New York: Continuum, 2004.

Marcus, Joel. *Mark: A New Translation with Introduction and Commentary*. New York: Doubleday, 2000-2009 『앵커바이블 마가복음, 1, 2』(CLC, 2016).

Merenlahti, Petri. *Poetics for the Gospels? Rethinking Narrative Criticism*. London: T & T Clark, 2002.

Moloney, Francis J. *The Gospel of Mark: A Commentary*. Peabody, MA: Hendrickson, 2002.

Moloney, Francis J. *Mark: Storyteller, Interpreter, Evangelist*. Peabody, MA: Hendrickson, 2004.

Moore, Stephen. *Empire and Apocalypse: Postcolonialism and the New Testament.* Sheffield: Phoenix, 2006.

Painter, John. *Mark's Gospel: Worlds in Conflict*. London: Routledge, 1997.

Resseguie, James. *Narrative Criticism and the New Testament: An Introduction*. Grand Rapids: Baker Academic, 2005.

Rhoads, David. *Reading Mark, Engaging the Gospel*. Minneapolis: Fortress Press, 2004.

Rhoads, David, and Kari Syreeni, eds. *Characterization in the Gospels: Reconceiving Narrative Criticism*. New York: T&T Clark, 1999.

Sabin, Marie Noonan. *Reopening the Word: Reading Mark as Theology in the Context of Early Judaism*. New York: Oxford University Press, 2002.

Samuel, Simon. *A Postcolonial Reading of Mark's Story of Jesus*. London: T & T Clark, 2007.

Schildgen, Brenda Deen. *Crisis and Continuity: Time in the Gospel of Mark*. Sheffield: Sheffield Academic, 1998.

Shiell, William. *Delivering from Memory: The Effect of Performance on the Early Christian Audience*. Eugene: Wipf and Stock, 2011.

Shiner, Whitney. *Proclaiming the Gospel: First-Century Performance of Mark*. Harrisburg, PA: Trinity Press International, 2003.

St. Claire, Raquel. *Call and Consequence: A Womanist Reading of Mark*. Minneapolis: Fortress Press, 2008.

Stewart, Eric C. *Gathered around Jesus: An Alternative Spatial Practice in the Gospel of Mark*. Eugene: Wipf and Stock, 2009.

Swanson, Richard. *Provoking the Gospel of Mark: A Storyteller's Commentary*. Cleveland: Pilgrim, 2005.

Thatcher, Tom, and Stephen Moore, eds. *Anatomies of Narrative Criticism: The Past, Present, and Futures of the Fourth Gospel as Literature.* Atlanta: Society of Biblical Literature, 2008.

Upton, Bridget Gilfillan. *Hearing Mark's Endings: Listening to Ancient Popular Texts through Speech Act Theory*. Leiden: Brill, 2006.

van Iersel, Bas M. F. *Mark: A Reader-Response Commentary*. Translated by W. H. Bisscheroux. Sheffield: Sheffield Academic, 1998.

Watson, David F. *Honor among Christians: The Cultural Key to the Messianic Secret*. Minneapolis: Fortress Press, 2010.

Watts, Rikki. *Isaiah's New Exodus and Mark*. Tübingen: Mohr-Siebeck, 1997.

Witherington, Ben, III. *The Gospel of Mark: A Socio-Rhetorical Commentary*. Grand Rapids: Eerdmans, 2001.

Yamasaki, Gary. *Watching a Biblical Narrative: Point of View in Biblical Exegesis*. London: T&T Clark, 2007.